평화의
여러 가지 얼굴

IPUS 평화인문학 총서 009

평화의 여러 가지 얼굴

초판 1쇄 발행 2020년 8월 15일

편저자 김성철·이찬수
펴낸이 오세정
편집 박희자
디자인 장혜원
인쇄 교학사

펴낸곳 서울대학교출판문화원
주소 08826 서울 관악구 관악로 1
도서주문 02-889-4424, 02-880-7995
홈페이지 www.snupress.com
페이스북 @snupress1947
인스타그램 @snupress
출판등록 제15-3호

ISBN 978-89-521-2951-2 93340

이 저서는 2010년 정부(교육과학기술부)의 재원으로
한국연구재단의 지원을 받아 수행된 연구임(NRF-2010-361-A00017).

009 IPUS 평화인문학 총서 | 서울대학교 통일평화연구원

평화의 여러 가지 얼굴

김성철, 이찬수 편

서울대학교출판문화원

서문

지속가능한 평화의 구축을 위하여

김성철, 이찬수

1. 평화의 긍정적 가치들

평화를 구체화시키려면 평화와 관련한 긍정적 가치를 확대하거나 부정적 요소를 축소시켜야 한다. 널리 알려진 평화학자 요한 갈퉁Johan Galtung도 비슷한 생각을 했다. 그는 평화를 다음과 같이 규정한 바 있다.

$$평화_{peace} = \frac{공평_{equity} \times 조화_{harmony}}{상처_{trauma} \times 갈등_{conflict}}$$

'공평'과 '조화'가 확대되거나, '상처(트라우마)'와 '갈등'이 줄어들 때 평화가 커진다는 것이다. 평화에 해당하는 긍정적 가치를 확장할수록, 평화를 방해하는 부정적 요소를 축소할수록 평화가 커진다는 뜻이다. 이 책에서는 이러한 문제의식을 가지고 평화에 해당하는 긍정적인 가치를 열두 가지로 세분화해 집중적으로 분석했다. 열두 가지는 ① 생태, ② 공정성, ③ 공공성, ④ 신뢰, ⑤ 공존, ⑥ 대화, ⑦ 합의, ⑧ 화해, ⑨ 안보, ⑩ 법치, ⑪ 민주주의, ⑫ 통합이다.

이들 열두 가지가 평화의 '가치'이기만 한 것은 아니다. 평화의 조건이자 요소이기도 하고, 방법이자 결과이기도 하다. 평화의 형식이자 내용이기도 하고, 상태이자 목적이기도 하다. 이들은 서로 분리되지 않는다. 서로가 서로 속으로 침투하며 서로 다른 이름으로 스스로를 드러낸다. 상관적이고 호혜적이다. 이들은 서로 얽혀서 때로는 이상적 가치로, 때로는 인간적 심성과 실천적 행위로, 때로는 미래적 목적으로 작동한다. 모두 그 자체로 평화의 다른 이름이자 얼굴들인 것이다.

그렇다고 해서 평화의 하위 개념은 아니다. 공정이든 화해든, 신뢰든 공존이든, 그 무엇이든, 이들은 그 자체로 인간의 전 영역과 관련된 광범위한 세계이다. 그 하나하나가 역동적이면서 전체적이고, 인간이 추구해야 할 궁극적인 목표이다. 어느 것이든 제대로 성취하기 힘든 인류의 영원한 과제라고도 할 수 있다.

이러한 사실을 의식하면서 이 책에서는 이들이 지향하고 변주해가는 공통의 세계에 초점을 맞추었다. 그 세계를 평화로 보면서 그 구체적인 내용에 대해 분석했다. 다양한 가치들이 공통적으로 지향하는 세계, 즉 평화를 다양한 언어들을 통해 이해하기 위한 시도라고 할 수 있다. 그 다양한 가치들이 평화와 어떤 식으로 연결되는지 다음과 같이 각 항목별로 요약해 볼 수 있다.

1) 생태

생태평화는 "모든 생명이 자유를 누리는 상태와 과정"이라고 정의할 수 있다. 생태 없는 평화는 지속불가능할 뿐만 아니라 도덕적으로도 정당하지 않다. 발전이 지속가능하려면 현세대와 미래세대, 인간과 자연이 공존할 수 있어야 한다. 한국에서는 2000년대 이후 '생명평화운동'이 발전해 왔는데, 평화로운 방법으로 개인과 사회, 그리고 자연이 자유롭고 정의로운 공생의 세계를 만들어 가자는 운동이다. 이러한 운동은 정치적 차원에서 생태민주주의로 나타난다. 생태민주주의는 현세대 인간들만의 평화를 넘어서서 미래세대와 자연, 모든 생명체의 평화까지 꿈꾼다. 이를 위해 사회경제적이고 생물학적인 약자, 미래세대, 비인간 존재들이나 이들의 대리인, 후견인들이 두루 참여하는 정치를 지향한다. 이것이 생태민주주의이다. 이 책에서는 생태평화의 긍정적 사례로 우리나라의 동강댐, 인도의 칩코 운동, 독일 녹색당 운동을, 부정적 사례로 4대강 사업을 들어 설명하고자 한다.

2) 공정성

공정성은 한 사회 제도가 추구해야 할 가장 중요한 요소이며, 사회적 갈등을 해결하고 평화로 나아가게 해주는 핵심요소이다. 문제는 공정성에 대한 인식이 개인적·사회적 배경에 따라 다양하게 나타날 수 있다는 점이다. 공정성 인식 자체가 여러 요소들로 구성되어 있는 것이다. 그런데 한국 사회에서는 공정성 인식을 이루는 다양한 측면에 대한 연구가 충분하지 않다. 무엇이 사회 구성원들 간의 공정성을 구성하는 요소인지에 대한 충분한 합의도 이루어지지 않고 있다. 이러한 사실을 의식하면서 이 책에서는 우선 현대 공정성 이론의 발전 과정을 살펴보면서, 공정성 인식을 구성하는 다양한 요인들에 대해 분석한다. 그리고 공정성 인식의 다차원성을 긍정하는 가운데 사회적 합의와 협력을 이끌어낼 수 있는 발판을 마련한다.

3) 공공성

공공公共이라는 한자어는 사마천의 『사기』에서 "보편적인 가치나 원리를 함께 공유한다"는 뜻으로 처음 사용되었다. 물론 보편적인 가치나 원리가 무엇인지에 대한 논의는 다양할 수 있다. 공공성에 대한 논의도 단순하거나 획일화되어 있지 않다. 가령 자유주의자들은 국가의 개입을 최소화하는 것을 국가의 공공성으로 생각하고, 공동체주의자들은 국가의 적절한 개입이 국가의 공공성이라고 생각한다. 이처럼 상반되는 두 입장이 부딪치면 공공성이라는 말을 같이 쓰면서도 충돌이 일어날 수 있다. 경제발전과 산업화를 지역의 공공성으로 생각하는 지방자치단체와 환경보호와 생명권을 공공성으로 생각하는 시민단체 사이의 갈등이 대표적인 예이다. 이 경우 대화나 중재를 통해서 양자의 공공성이 준거로 하고 있는 세계관을 서로 이해하고, 그것을 바탕으로 더 상위의 공공성을 모색해보는 방법 등을 생각할 수 있다.

4) 신뢰

신뢰란 내(신뢰자truster)가 통제하지 않은 상대방(피신뢰자trustee)의 행동이 나의 가치 또는 이익에 상응할 것이라는 기대이다. 신뢰에는 강제성이 없는 만큼 상대가 배반할지도 모른다는 위험성도 안고 있다. 그렇지만 경험에 대한 각종 연구 덕분에 신뢰가 '협력'에 기여한다는 가설이 사실로 밝혀지기도 했다. 신뢰의 원천에 관한 논의는 신뢰에 관한 인식론의 영역에 속하는데, 크게 두 가지의 해설이 눈에 띈다. 첫째는 신뢰 자체가 도덕이나 의무라고 보는 입장으로, 이것을 보편신뢰라고 한다. 둘째는 합리성에 근거한 해설로서, 이것은 내포된 이익을 둘러싼 특수신뢰이다. 평화는 불신을 이러한 특수신뢰나 보편신뢰로 발전시키는 과정이다. 이 책에서는 지속가능한 평화는 특수신뢰를 보편신뢰로 변화시킴으로써 가능하다는 사실을 밝히고 있다.

5) 공존

공존이라는 말을 하거나 들을 때 흔히 갈등이 해소되어 평화롭고 행복하게 어우러지는 이상적인 상황을 떠올리곤 한다. 하지만 실제로 공존은 기회 부여, 대표성 보장, 상호 이해와 존중, 협력과 교류 등의 여러 측면과 층위에서 다양하게 나타난다. 공존은 지향점이기는 하지만, 거기에만 머무는 것은 아니다. 그보다는 그 지점을 향해 지난하지만 꾸준히 나아가는 실천의 과정에서 형성되고 확산되며, 그 과정에서 대화, 화해, 합의, 신뢰, 공정성, 법치, 민주주의 등의 가치와 연결되며 진행된다는 사실이 중요하다. 북아일랜드의 사례에서 볼 수 있듯이, 생활과 의식 안에 상대의 자리를 인정하는 방식의 공존이 함께 이루어지지 않는 한, 협정과 제도만으로 영향력을 확대하려는 시도에는 한계가 있을 수밖에 없다.

6) 대화

대화는 두 사람 이상의 언어교환 과정이다. 두 말은 두 맥락에서 나왔기에 동일하지 않다. 그래서 서로 갈등하기도 한다. 하지만 이 갈등은 역설적으로 극복의 가능성도 보여준다. 두 말의 교환 과정에 접점이 잉태되면서 갈등이 극복되어 가는 것이다. 대화가 언제나 합리적 합의와 구체적인 실행으로 이어지는 것은 아니라고 해도, 대화와 그로 인한 합의가 갈등을 줄이고 평화의 길로 들어서는 분기점이 되는 것은 분명하다. 대화 상대자들 간에 찾아진 접점이 갈등을 줄이고 평화를 늘리는 계기가 되는 것이다.

이 책에서는 이러한 평화에의 길을 지향하면서 대화란 무엇이며, 대화가 어떤 식으로 평화에 공헌하는지 정리한다. 이를 위해 부버, 가다머, 하버마스 등의 사상을 대화론에 적용하면서 대화의 평화적 구조에 대해서 분석한다. 또한 아일랜드 헌법회의, 제네바 합의, 7·4남북공동성명 등 국내외에서 있었던 정치사회적 합의들을 유의미한 대화의 사례로서 살펴본다.

7) 합의

합의는 당사자들 간의 이해 충돌을 해결하고 폭력적 갈등이나 전쟁 종식을 약속하는 필연적인 과정이자 근간이다. 이 책에서는 특히 국가 단위에서 이루어지는 합의의 중요성과 방법에 대해 검토한다. 그리고 합의를 이행하는 데에 어떤 요인이 영향을 미치는지 살펴보고, 합의의 지속가능성을 확보하기 위한 방법론에 대해 고찰한다. 그 실례로 남북한이 1992년 체결한 남북기본합의서를 분석하면서, 합의가 지속가능하기 위한 조건 및 정책적 시사점은 무엇인지 제시한다.

8) 화해

화해 없이 평화는 실현되기 힘들다. 전술한 평화 도식에서 볼 수 있듯이, 갈등은 평화를 심각하게 저해하는 요인의 하나로 트라우마를 꼽는다. 폭력적 갈등에서 형성된 부정적 경험과 상처가 트라우마이다. 이를 해결하면서 평화가 그 모습을 드러내는데, 그 해결 과정에 필수적인 것이 화해이다. 화해를 통해 트라우마가 해소되기 시작한다. 좀 더 구체적으로 사과, 추모, 진실 규명, 법적 절차 등의 과정으로 연결되어야 한다. 이때 행위자의 수준에 따라, 개인 혹은 시민사회, 국가기구와 국제기구 등의 참여에 따라 화해의 성격과 해결 방법도 달라질 수도 있다. 이 책에서는 이러한 화해의 여러 차원에 대해 정리한다.

9) 안보

이 책의 목표는 '적극적 평화'를 달성하는 데 왜 안보가 중요한지 알아보는 것이다. 무엇보다 국가안보에만 주목하던 기존의 전통 안보론에서 벗어나 인간안보 개념에 주목한다. 인간안보란 무엇인지, 인간안보를 확보하기 위해서 필요한 '안보화'란 무엇인지 등에 대해 정리한다. 나아가 인간안보와 안보화 개념을 실제 사례에 적용하여, 어떻게 인간안보를 성취하고 평화의 구축에 기여하는지도 알아본다. 마지막으로 인간안보 개념이 이 책의 주요 내용들인 여러 가치들과 어떤 연관을 갖고 있는지도 살펴본다.

10) 법치

법치는 서로 다른 인간의 생각과 생활방식이 공존할 수 있도록 조정하는 기술이다. 평화는 법의 목적이고, 법은 평화를 실현하는 수단이다. 평화는 법의 정당성을 판단하는 규범적 기준이 된다. 법은 평화의 내용과 평화 실현을 위한 절차를 규율하는 통제규범이기도 하다. 평화와 법은 공통의 목적을 지향하며 서로에게 영향을 주고받으면서 서로의 의미를 강화시킨다. 이 책에서는 평화의 관점에서 법치의 개념, 조건, 내용, 그리고 한계를 살펴본다.

11) 민주주의

고전적 평화학에서는 평화를 보장할 수 있는 제도적 방안의 하나로 민주주의를 든다. 하지만 대표성의 위기와 극단주의의 등장 등 근래 세계 곳곳에서 관찰되고 있는 대의민주주의의 문제점들은 민주주의 체제가 반드시 평화를 담보하는 것은 아니라는 사실을 보여준다. 이 책에서는 이러한 민주주의 위기의 원인을 민주주의에 내재하는 이론적 충돌에서 찾으면서, 이를 국민투표와 사법심사권이라는 제도를 둘러싼 논쟁으로 살펴본다. 이러한 민주주의의 이론과 제도를 둘러싼 여러 주장들을 종합해 보면 두 가지 중요한 공통점이 발견된다. 즉 각 나라의 민주적 상황과 정치적 맥락에 맞는 제도를 운용하고, 여러 의사결정 단계에서 숙의적 요소를 강화할 때, 비로소 민주주의가 평화를 낳을 수 있다는 것이다.

12) 통합

이 책에서는 분단 문제의 특수성을 통합 이론의 차원으로 이해하면서, 이를 풀어가려면 다차원적이고 다층적인 통합 프로세스가 필요하다는 사실을 드러내고자 한다. 통합에는 지역 통합, 국가 통합, 사회 통합의 세 차원이 있다. 남북 간의 통일 문제를 논할 때도 국가 통합, 지역 통합, 사회 통합의 차원을 고려해야 한다. 국가 통합의 차원에서 동화assimilation, 통합integration, 적응accommodation, 그리고 분리독립 개념을 비교해 보면, 이질성이 크고 갈등이 깊을 때는 상호 간의 차이를 완화하고 포용하는 적응적 관점으로 접근해야 한다. 지역 통합의 차원을 고려하려면 지구적 시장 통합이 정치적 분리주의와 경쟁적 민족주의, 무역분쟁과 맞물려 있는 현실도 보아야 한다. 국제 무역질서에 대한 강대국과 중소국의 입장 차이, 지역 레짐의 부재로 인한 국가 간 갈등, 불균형적 경제성장으로 인한 국내외 격차 등을 고려해야 하는 것이다.

2. 평화의 가치, 역할, 그리고 쟁점

이상으로 평화에 해당하는 열두 가지 가치나 태도들에 대해 간략하게 알아보았다. 이들의 관계를 도표로 만들어 정리하면 다음 표와 같다. 물론 이 표는 가치들의 관계를 설명하기 위한 잠정적인 정리이다. 하나의 가치는 다른 가치와 관계를 맺고 있으며, 경계도 확장적이고 개방적이어서 특정 형식이나 도표 안에 가둘 수 없기 때문이다. 도표를 점선으로 표시한 것도 그런 이유에서이다. 점선은 이들 가치가 서로 밀접한 관계에 있을 뿐만 아니라, 모든 개념들이 분리되지 않고 서로가 서로 속으로 침투하는 관계에 있음을 나타낸다.

표. 평화의 가치, 역할, 쟁점

	평화의 토대	평화의 구축	평화의 공고화
가치	생태 공정성 공공성 신뢰	공존 대화 합의 화해 안보	법치 민주주의 통합
가치의 역할	평화 조성, 갈등 예방	평화의 제도화 과정	평화 정착, 지속가능한 평화
가치 실현의 쟁점	• 생명 인식, 생태민주주의 • 공정의 근거: 비례, 준거구조, 절차, 정당성 • 공공의 기준, 주체, 충돌의 조정 • 특수신뢰에서 보편신뢰로의 이행	• 공존 방식: 공유, 인정, 보상 • 대화의 조건과 중재자 역할 • 합의의 정도, 이행 환경, 당사자의 역량 • 화해에서 진실규명의 위치 • 안보화의 주체	• 법치의 조건: 절차, 내용, 실효성 • 대의·직접민주주의, 절차적·실질적 민주주의 • 통합 영역, 통합 대적응

3. 평화적 가치들의 특징과 상호관계성

1) 가치는 실천의 동력이다

이상의 가치들은 평화를 구체화시키는 동력이다. 흔히 평화를 국가와 같은 거대 집단을 중심으로 설명하는 경향이 있지만, 이러한 가치들은 인종, 계급, 성 등 세부 단위에서부터 평화를 다시 생각하게 해준다. 평화가 국가나 거대 집단 사이의 문제이기 이전에 인간 본연의 문제라는 사실을 되돌아보게 한다. 갈등을 아래로부터 더 실질적인 차원에서 풀어나갈 수 있도록 해준다. 그런 점에서 기존 갈등이론의 대안적 개념이기도 하고, 갈등의 근원을 드러내고 교정하는 동력이기도 하다.

예를 들어 '합의'는 그 단위가 국가이든 집단이든 종족이든 상관없이 갈등 방지 또는 갈등 후 평화구축에 필수불가결한 과정이다. 합의를 평화의 중요한 가치로 생각하면서 적대하는 단위들 사이에 중재의 중요성이 부각되고, 갈등하는 집단들 간의 합의를 저해하는 단위 내 저항 요소에 대해서도 더 구체적인 관심을 갖게 된다.

무력갈등을 겪은 후 협상하고 합의하는 과정에는 내부의 반대가 있게 마련이다. 협상파는 온건하고 타협적인 태도를 보이는 반면, 타협은 곧 패배라고 보는 강경한 소수파는 협상파 지도자를 암살하거나 위해하기도 하는 등 협상 과정에 저항한다. 합의에 관해 논의하려면 합의의 영속성 및 구속성을 의심하게 만드는 상황을 어떻게 극복할지 그 실천적 방도를 모색해야 한다. 그런 점에서 이 책에서 말하는 평화의 가치들은 단순한 이론이 아니다. 이론은 설명을 위한 수단에 머물지만, 가치는 그 가치를 정말 의미있게 받아들이는 이들에게 실천의 동력으로 작용하기 때문이다.

2) 가치는 장애물을 제거한다

가치는 평화적 상태를 저해하는 장애물이 무엇인지 명시해 준다. 이 책에서 제시하는 가치들은 비평화적 갈등이 왜 발생하고 평화를 구축하는 데 무엇이 필요한지 보여준다. 예를 들어 '공정성'이라는 가치는 개인과 집단이 자신이 속한 단위 — 국가, 조직, 기업 등 — 에 헌신하고 협력하게 만든다. 그런데 자신의 기여도에 대한 보상이 공평하다고 생각하지 않으면 저항하게 된다. 가령 자원 약탈에 당면한 인종이나 민족이 지역 자치를 획득하고 개발권을 확보하기 위해 저항하는 것은 자연스러운 일일 수 있다. 그렇다면 중앙 정부는 해당 지역의 인종이나 민족이 기여-보상에 대해 어느 정도 만족할 수 있는 수준의 공공성을 보여주어야 한다. 그렇지 않으면 저항이 무력갈등으로 비화할 수 있게 된다.

미얀마에서는 아웅 산 수치의 지도하에 민주정권이 수립된 이후에도 소수민족 문제가 여전히 무력충돌 형태로 지속되고 있다. 이 문제는 소수민족의 정체성만으로 설명하기 힘들다. 이것은 1948년 독립 당시 아웅 산 장군의 리더십을 따르며 향후 연방 건설에 동의하고 독립에 동참했던 소수민족들에 대한 약속이 지켜지지 않았을 뿐만 아니라, 소수민족이 자신들의 경제적 역할과 가치에 상응하는 보상을 받지 못한 데 대한 불만과 저항에서 비롯된 것이기 때문이기도 하다. 소수민족의 정체성을 인정하고 충분한 경제적 역할과 보상을 제공해 주는 공정한 조건이 제공되면 이들의 무력저항은 완화되고 휴전으로 이어질 수도 있는 것이다.

3) 가치는 갈등 예방의 지침이다

가치는 갈등 예방의 지침이다. 갈등이 아직 생기지 않았어도 갈등의 요인은 곳곳에 도사리고 있다. 평화의 가치는 갈등을 방지하거나 갈등의 요인을 미리 볼 줄 아는 시야를 열어준다. 예를 들어 '생태'라는 가치는 인간을 포함하는 생명들 간의 연결망을 밝혀주고, 이것의 파괴가 가져올 온난화, 황사와 미세먼지, 산성비, 자원고갈, 생물종의 멸종 등의 위험을 경고해 준다. 지금까지는 인간을 중심에 두고 주변을 '환경'으로 보는 도구적 관점이 지배적이었던 반면, '생태'라는 시각에서는 인간 역시 자연의 일부로서 함께 공존하는 존재라는 사실은 물론, 인간의 공격적 탐욕에 의한 재앙적 결과를 예측하게 하고 이를 예방하는 방안도 제시해 준다.

또 생태계의 파괴와 그로 인한 재난은 집단 간 차별, 배제, 갈등 상황을 극명하게 드러낸다는 점에서 폭력 그 자체라고 할 수 있다. 재난 상황에서는 소수집단, 소외집단, 취약집단 등이 더 많은 위험에 노출되며, 이들에 대한 불평등과 부정의가 더 극대화된다. 생태계에 대한 문제의식은 이러한 폭력과 부정의를 예방해야 할 필요성을 분명하게 보여주고, 정치적 차원에서 생태민주주의의 구현으로 이어간다.

이와 유사한 예로 안보, 특히 인간안보 문제를 중심으로 한 안보화를 들 수 있다. 안보화는 위협에 대한 인식이 공론의 장으로 확대되어 정부의 대응을 요구하는 정치화의 과정을 말한다. 안보화는 인간안보의 위협 요소가 무엇이든 간에, 빠르면 위협의 징후가 보이는 시점에, 그리고 늦어도 위협이 발현하는 시점에, 그 위협 요소에 대처해야 한다는 사실을 보여준다. 그리고 정치화는 정책적 논의로의 전환 과정이며, 정부의 개입 또는 정부 간 협의의 형태로 나타난다.

4) 두세 가지만으로도 충분하다

이 책에서는 평화의 가치와 내용을 열두 가지로 풀어서 규명하고 있지만, 평화에 반드시 이들 모두가 필요한 것은 아니다. 이들은 평화를 지키고 만들기 위한 필요조건이기도 하지만, 그저 두세 가지만 충족해도 평화 실현의 충분조건이 될 수도 있다. 가령 북아일랜드 갈등 극복의 경우 대화, 합의, 법치만 있어도 평화구축이 가능했다고 할 수 있다. 아일랜드로의 통합을 원하는 민족주의자와 영국령

유지를 원하는 합병주의자 간의 적대는 종교지도자 간의 대화를 필두로 1998년 벨파스트 협정에 의해 평화적 공존의 단계로 진입하게 되었고, 이후 긴장관계 속에서도 권력 공유에 기초한 자치정부의 설립 등 제도화를 실행하면서 무력충돌은 거의 종식되었다. 또 냉전기 미소 간 군비경쟁 속에서도 반핵운동을 위한 세계적 연대와 미소 양국의 군비통제 노력은 핵전쟁을 피해가게 만들었다. 1986년 고르바초프 소련 공산당 서기장과 레이건 미국 대통령이 서명한 INF 조약도 냉전 말기부터 지금까지 핵군비 경쟁을 차단하는 주요한 역할을 해왔다. 최근 미소 양국 지도자들이 이 조약의 파기를 선언함으로써 그동안의 기여를 무색하게 만들었지만, INF 조약은 이전의 어떤 군비통제 협정보다도 이행에 관한 사찰과 검증이 엄격하게 이루어진 사례로 평가된다.

이상의 예들이 인류에게 평화를 온전히 보장했다고 할 수는 없지만, 적대적 관계에서 새로운 공존의 관계로 이행하는 중요한 계기를 만드는 데 공헌했던 것은 분명하다. 그리고 대화, 합의, 법치(법 또는 제도의 이행)라는 가치가 평화의 충분조건으로 작동했음도 보여준다. 평화구축의 충분조건이라고 해서 이것만으로 영속적 평화가 보장되는 것은 아니지만, 적대적 충돌의 관계에서 벗어나서 공존적 관계로 전이하는 중요한 과정임에는 틀림없다. 이 책에서는 이상과 같은 내용들을 구체적으로 다루고 있다.

4. 책을 만들기까지

이 책의 필자는 모두 열세 명이다. 이들 필자들의 전공 영역이나 관심사도 다양하다. 그런 만큼 필자들의 관심사가 흩어지지 않고 '평화'로 수렴될 수 있도록 주의를 기울였다. 다양성이 단행본으로서의 가치를 더 풍성하게 할 수 있도록 필자 워크숍도 여러 차례 진행했다. 집필 원칙도 공유해서 글의 난이도를 일정한 수준으로 조율했다.

기존의 문헌 연구를 통해 해당 가치와 심성, 태도 등을 평화와 연결시키면서 평화란 구체적으로 무엇인지, 평화를 다른 언어로 번역하면 어떻게 되는지, 평화는 어떻게 어떤 과정을 거쳐서 현실화하는지 등, 더 많은 이들이 평화에 대한 구체적인 상상을 할 수 있도록 평화 연구의 기초를 제공하고자 했다. 각 가치나 심성이 발현하는 과정에서 행위 주체(예: 가해자, 피해자)는 누구이고, 그 행위가 적용되는 층위(예: 개인, 집단, 국가 등)는 어디까지인지, 어떤 방식(예: 급진적, 점진적 등)으로 진행되어 왔는지 등도 분석했다. 이들이 평화유지, 평화조성, 평화구축에 어떤 식으로 작동하는지 그 논리를 분석한 것이다.

그리고 이들 가치와 평화를 향한 인간적 심성들이 각각 분리된 별개의 내용들이 아니라 서로 연결되어 있는 개념이자 상태들이라는 점에서, 하나의 가치와 심성을 다룰 때 좀 더 의식적으로 다른 가치 및 태도와 연계하며 다루었다. 가령 '대화'의 경우는 '합의'나 '화해'의 문제와 연결 짓고, '공정성'은 '공공성'과의 연계성에 대해 다루며, '법치'는 '민주주의'와 연계시켜 다루는 방식이다. 이를 통해 한 장의 한 항목만 읽더라도 다른 장의 다른 개념을 연상시킬 수 있고, 다읽고 나면 평화에 해당하는 공통의 가치와 심성이 도출될 수 있도록 하는 방식을 취했다.

이런 식으로 집필 원칙을 정한 뒤, 이 분야에 대해 여러 해 동안 연구해온 전문 연구자들이 각각 하나의 항목을 맡아 깊이 있게 분석하고 정리했다. 그러면서도 가능한 한 딱딱하고 전문적인 언어는 배제하고 대학생 정도면 읽을 수 있도록 난이도를 조율했다. 목표대로 다 이루어졌다고 할 수는 없지만, 그동안 국내에서는 없던 형식과 내용으로 이루어진 책이라는 사실은 분명하다.

이 책이 평화와 관련한 다양한 가치와 심성들을 연계하고 종합시키면서 '지속가능한 평화'에 관한 새로운 담론을 확산해 나가는 데 기여할 수 있게 되기를 바라마지 않는다.

| 차례 |

3부 | 평화의 공고화

1부

평화의 토대

1 생태

구도완 (환경사회연구소)

이 장에서는 평화를 구축하기 위해서 생태 문제를 어떻게 보아야 하는지, 생태평화는 무엇이며, 이를 이루기 위해서는 어떻게 해야 하는지 살펴본다. 생태 없는 평화는 지탱불가능할 뿐만 아니라 도덕적으로도 정당하지 않다. 지속가능한 발전 개념은 현세대와 미래세대, 인간과 자연의 공존을 지향하고 있으므로 생태평화를 이루어 나갈 수 있는 기본 합의이자 시작점이다.

우리나라에서는 2000년대 이후 생명평화 운동이 발전해 왔는데, 이 운동은 평화로운 방법으로 개인과 공동체/사회, 그리고 자연이 자유롭고, 정의로우면서, 평화롭게 공생하는 세계를 만들어 가는 운동이다. 생태평화를 이루는 데에는 생태민주주의가 중요한데, 이는 현세대 인간들 사이의 평화를 넘어서서 미래세대와 비인간 자연의 평화를 위해 사회경제적·생물학적 약자, 미래세대, 비인간 존재들이나 이들의 대리인, 후견인들이 정치 과정에 참여하는 정치라고 정의할 수 있다.

생태평화의 긍정적 사례로 동강댐, 인도의 칩코 운동, 독일 녹색당 사례를, 부정적 사례로 4대강 사업을 들 수 있다. 생태평화를 이루기 위해서는 지속가능한 발전, 생태적 지속가능성, 생명에 대한 책임, 생태민주정치, 세계시민주의 같은 원칙이 중요하다.

1. 생태와 평화

'생태'라는 말은 표준국어대사전에 의하면 "생물이 살아가는 모양이나 상태"로 정의된다. 달리 말하면 생물이 주변 환경과 관계를 맺으며 생명을 유지하고 변형하는 다양한 상태라고 말할 수 있다. 이 말은 생태학 또는 생태론으로 번역되는 에콜로지ecology라는 말에서 유래했다. 생태학은 독일의 생물학자 에른스트 헤켈Ernst Haeckel이 쓰기 시작한 용어인데, 생물과 주변 환경 사이의 관계를 연구하는 생물학의 분과학문으로 시작되었다. 그런데 환경 문제, 생태위기가 20세기 후반 이후 점점 심각해지면서 이 용어는 정치생태학, 심층생태학, 사회생태학, 생태운동 등 다양한 용어와 결합되어 정치적이고 사회적인 담론으로 널리 쓰이고 있다. 이런 과정에서 '생태'라는 말은 인간활동으로 인한 자연 훼손과 이로 인한 사회적 불평등 문제를 해결하려는 사회적 활동과 깊은 관련을 맺게 되었다.

그러면 생태는 평화와 어떤 관련이 있을까? 평화는 보통 "전쟁이나 폭력이 없는 상태"라는 소극적 의미로 정의되고 이해되어 왔다. 그렇지만 전쟁이나 직접적 폭력은 없지만 사람들 사이에 불평등과 부정의가 만연하다면 이를 평화라고 할 수 있을까? 이 때문에 우리는 평화를 좀 더 적극적으로 정의하고 해석할 필요가 있다. 평화를 적극적인 의미로 정의한다면 "모든 사람들이 자신의 자유를 실현하는 상태와 과정"이라고 할 수 있다.

그런데 사람들 사이의 평등과 정의는 어느 정도 이루어져 적극적 의미의 평화가 실현되고 있지만, 인간 이외 다른 생물들은 고통 속에 있고 비인간 자연은 지탱하기 힘들 만큼 파괴되고 있다면 이 상태가 과연 평화일까? 인간 활동으로 지구 생태계가 급격한 생태위기를 겪고 있는 지금, 생태를 보전하고 유지하지 않으면 인류의 생존과 존속이 어려울 뿐만 아니라 평화도 기대할 수 없다. 기후변화로 북극의 얼음이 녹아내리면 북극곰의 생존이 위태로워지는 데 그치지 않고, 결국 지구 생태계의 연결망을 통해 인류의 생존과 평화가 위태로워진다. 기후변화로 가혹한 가뭄과 홍수, 혹서와 혹한이 자주 일어나고 이로 인해 물과 식량이 부족해지면 이웃 국가나 사회집단 사이의 갈등과 폭력은 심해지고 평화는 더욱 멀어진다.

유엔 기후변화협약 정부간 패널IPCC 4차보고서는 이러한 위험을 다음과 같이 보고한다.[1]

> 기후변화로 인해 인구 이동displacement이 증가할 것으로 예상된다. 이주하는 데 필요한 재원이 부족하여 이주하지 못하는 인구는 극단적 기상현상에 높은 수준으로 노출되며, 특히 개발도상국의 저소득 계층은 이에 취약하게 반응한다. 기후변화는 빈곤 및 경제적 충격같이 이미 확고히 자리 잡은 갈등유발 동인을 악화시킴으로써 폭력적 갈

1 기후변화에 관한 정부간 협의체, 『기후변화 2014 종합보고서』, 2014. (IPCC [illegible] *Change 2014: Synthesis Report*.)

등이 초래하는 위험을 간접적으로 증가시킨다.

기후변화에 관한 국가간 패널은 인류가 기후변화를 통제하지 못할 경우 21세기 안에 지구상 생물종의 약 30%가 멸종에 이를 것으로 전망했다. '평화' 개념을 인류 이외의 생명들과 인류 사이의 평화로 확장한다면 심각한 폭력과 전쟁 상태라고 평가할 수 있다. 인류가 산업혁명 이후 지구 생태계에 미친 영향은 이미 지질학의 시대를 바꿀 만큼 크고도 깊다. 지질학자들은 인류가 지구에 미친 심대한 영향을 고려하여 현 지질시대를 신생대 홀로세가 아니라 인류세라는 새로운 지질시대로 명명할 것을 깊이 있게 논의하고 있다.

이제 우리는 인간들만의 평화가 아니라 모든 생명의 평화, 자연과 함께 공존하는 평화, 즉 생태평화를 상상하는 것이 필요하다. 이렇게 본다면 생태평화는 인간종 중심의 종차별주의specism을 넘어선 적극적인 평화이며, 인간과 자연이 공존하며 폭력을 줄여가는 상태와 과정이라고 정의할 수 있다. 생태평화의 장에는 사회경제적·생물학적 약자는 물론, 비인간 생물과 자연도 주된 행위자로 초대해야 할 것이다. 실제로 반려동물, 농장동물의 고통을 줄이고 복지를 증진시키기 위한 운동과 정책은 이미 꾸준히 발전해 왔고, 심지어 침팬지나 돌고래 같은 동물들을 비인간 인격체non-human person로 보아야 한다는 담론도 힘을 얻고 있다.[2]

에콰도르는 2008년 세계 최초로 자연의 권리를 인정하는 헌법을

[illegible]완, 『생태민주주의: 모두의 평화를 위한 정치적 상상력』 (한티재, 2018), pp. [illegible]53.

공포했다. 이 헌법은 "생명이 재창조되고 존재하는 곳인 자연 또는 파차마마Pachamama(어머니 대지)는 존재와 생명의 순환과 구조, 기능 및 진화 과정을 유지하고 재생을 존중받을 불가결한 권리를 가진다"고 선언한다.[3] 기후변화로 생태위기가 눈앞의 현실로 다가온 시대에 비인간 자연을 배제한 인간들만의 평화는 불가능하다. 생태가 없으면 평화도 없다. 생태 없는 평화는 지탱불가능할 뿐만 아니라 도덕적으로도 정당하지 않다.

이 장에서는 적극적 평화의 핵심 가치로서 생태의 의미와 중요성을 살펴보고, 이와 관련된 개념으로서 지속가능한 발전, 생명평화, 녹색평화, 생태민주주의 등을 검토한다. 이어서 생태평화와 관련된 사례로서 우리나라의 동강댐, 4대강 사업 사례와 인도의 칩코chipko 운동 그리고 독일 녹색당 사례를 살펴본다. 다음으로 안보, 법치, 대화 등 다른 개념들과 생태의 관계를 살펴본 후, 마지막으로 생태평화를 이루기 위한 원칙들을 논의한다.

2. 지속가능한 발전

생태평화는 어떻게 이룰 수 있을까? 자연과 인간이 공존하면서 미래세대와 현세대가 공평하게 자유를 누리며 살아갈 수 있을까?

이러한 의문에 대한 하나의 해결책이 '지속가능한 발전'이다.

3 박태현, 「생태적으로 지속가능한 사회와 헌법: 환경국가 원리 선언」, 『ECO』 제22권 1호 (2018), pp. 14-15.

1960년대 이후 전 세계에서 환경 문제가 심각해지고 인구증가가 폭발적으로 일어나자 유엔을 비롯한 세계적 기구들과 지식인들은 환경을 보전하면서 사회경제적 약자들의 빈곤 문제를 해결할 수 있는 발전 전략에 대해 깊이 논의하기 시작했다. 이러한 흐름 속에서 1987년 유엔 환경과 발전에 관한 세계위원회World Commission on Environment and Development는 『우리 공동의 미래*Our Common Future*』라는 보고서를 발표했다. 이 보고서는 지속가능한 발전, 즉 "미래세대의 필요needs 충족 능력을 저해하지 않으면서 현세대의 필요를 충족할 수 있는 발전"이라는 목표를 제시했다. 이 보고서는 자연의 한계를 직시해야 하고 그 조건 속에서 미래세대와 현세대의 형평성을 고려해야 한다는 점을 분명히 했다. 또한 가난한 사람들의 빈곤 문제를 해결하기 위해서 발전은 꼭 필요하다는 점도 강조했다. 지속가능한 발전 개념은 1992년 브라질 리우데자네이루에서 열린 지구환경정상회의에서 '리우 헌장'이라는 이름으로 채택되어 세계적인 공통 규범으로 자리 잡았다.

지속가능한 발전 개념은 현세대와 미래세대, 인간과 자연의 공존을 지향하고 있으므로 생태평화를 이루어 나갈 수 있는 기본 합의이자 시작점이다. 지구가 인간에게 무한히 자원을 공급하고 오염물질을 정화하는 행성이 아니므로 지속가능성을 고려하며 미래세대가 누릴 수 있는 자연을 남겨두고 현세대가 그들의 필요를 충족해야 한다는 규범은 세대 간 윤리의 기본 명제로 자리 잡았다.

그러나 이 개념은 여전히 인간중심주의의 관점에서 자연과 환경을 인간을 위한 도구적 가치의 관점에서 보고 있다는 한계를 갖는다. 또한 이 개념의 틀 안에서만 문제를 보면, 공업에 바탕을 둔 자본주의적 경제성장을 당연시하고, 기존의 지배적인 사회구조의 불평등, 부정의 구조를 올바로 비판하지 못할 수 있다. 이러한 한계에도 불구하고 지속가능한 발전 개념은 자연이 지탱가능하지 않으면 인류의 생존과 번영이 불가능할 뿐만 아니라 올바르지도 않다는 현실적 인식과 규범적 토대를 분명히 했다는 점에서 중요한 의미를 갖는다. 지구 전체 시스템의 지속가능성이 위협받는 시대에 평화를 구축하기 위해서, 우리는 지속가능한 발전 개념을 토대로 삼아 좀 더 창의적이고 혁신적인 생태평화를 상상하는 것이 필요하다.

3. 생명평화[4]

생태라는 말과 달리 '생명'이라는 말은 우리 문화 속에서 오래전부터 쓰이던 개념이다. 표준국어대사전에 의하면 생명은 "사람이 살아서 숨 쉬고 활동할 수 있게 하는 힘", "동물과 식물의, 생물로서 살아 있게 하는 힘" 등으로 정의된다. 이러한 정의에서 볼 수 있듯이 '생명'이라는 말은 개별 생물이 생존하고 생활하는 원천적인 힘과 관련된다. 그런데 생태학에서 강조하듯이 생물들은 주변 환경이나 다른 생물들과 협동하고 경쟁하지 않는 한 살아가기 어렵다. '생태'라는 용어가 생물들과 주변 환경과의 전체적인 관계와 그 연결망에 관심을 집중한다면, '생명'이라는 말은 생물들이 삶을 살아가는 힘과 그 역

4 이 부분은 『생명평화세상 만들기』(2012)에 실린 필자의 논문(「환경, 생명운동의 흐름」, 「생명평화운동의 필요성」)을 수정·보완한 것이다.

동적인 과정에 집중한다고 볼 수 있다.

우리나라에서는 1970년대 말 이후 생명의 관점에서 현대 사회의 문제를 진단하고 새로운 사회와 문명을 창조하려는 생명운동이 발전하기 시작했다. 1960년대와 1970년대 민주화 운동에 참여한 장일순, 김지하, 박재일 등은 투쟁중심의 사회운동이 갖고 있는 한계를 인식하기 시작했다. 장일순, 박재일, 김영주, 정인재 등은 1970년대 이후 원주에서 주민들이 스스로 사회적 협동을 통해 삶을 살리는 사회운동을 벌였다. 이러한 노력들이 모여 '한살림'이 탄생하게 되었다. 한살림은 1986년 서울의 작은 쌀가게에서 시작하여 지금은 약 60만 가구의 회원이 참여하는 생활협동조합으로 성장했다.

한편 1991년 김종철이 창간한 『녹색평론』은 대안적인 생명운동의 소통 공간이자 이론적인 자원을 제공하는 공론장 역할을 하고 있다. 『녹색평론』은 한국에서 녹색당이 창당하는 데에도 큰 기여를 했다. 1996년에는 전국귀농운동본부가 창립되었다. 이 단체는 생태귀농학교, 도시농부학교 등을 운영하면서 도시텃밭 만들기 운동, 토종종자 보급운동 등을 하고 있다. 생명운동의 생명 담론은 1989년에 발표된 한살림모임의 「한살림선언」에 잘 나타나 있다.[5]

> 성장에 대한 강한 집념은 결과적으로 자본주의와 공산주의를 서로 유사하게 만들어 놓았다. (중략) 양자 모두가 경제성장과 기술진보만을 추구함으로써 중앙집권화된 기술관료에 의한 통제와 지배를 강화시키고 경제적 갈등을 격화시키면서 사회의 균형을 파괴하며 환

---

5 한살림모임, 「한살림선언」, 『한살림』 (도서출판 한살림, 1989), pp. 15-19.

경을 훼손시키면서 자원을 고갈시켜 가고 있다.

그런데 생명운동에서 생명의 개념은 고립된 개별 생명이 아니라 모든 존재와 연결된 전체로서의 생명이라는 의미로 쓰인다. 「한살림선언」에서는 생명을 '통합된 전체'라고 정의한다.

> 진화의 과정에서 보면, 모든 생명은 그 환경으로부터 고립된 존재가 아니고 우주적 관계의 그물 속에서 상호작용을 하면서 연결되어 있는 것이고, 자신 안에 우주적 생명을 지니고 있는 하나의 통합된 전체라 할 수 있다.

「한살림선언」은 "한살림은 새로운 세상을 창조하는 '생명의 통일활동'"이라고 말한다. 다시 말하면 한살림은 '우주적 생명'의 관점에서 자연과 사회를 살리고 더 나아가 민족의 통일을 생각하는 '생명의 대통일 운동'이다.[6]

생명사상은 서구의 생태주의 철학은 물론 동학사상, 노장철학, 불교철학과 결합하여 대안적인 철학으로 발전해 왔다. 이러한 사상적 흐름은 귀농 운동, 공동체 운동, 마을만들기 운동, 생협 운동, 지역화폐 운동 등 다양한 대안적인 사회운동의 이념적 저수지 역할을 해왔다. 이뿐만 아니라 우리 사회에서 산업주의에 대한 대안으로서의 새로운 문화와 가치를 확산시키는 데 중요한 기여를 했다. 그러나 생명담론은 '생명'을 기계나 공업 문명에 대립하는 선험적 가치로 전제하고

---

6 한살림모임, 「한살림선언」, p. 42.

이를 바탕으로 타자를 배제하고 비판하는 경향을 보이기도 한다.[7]

2000년대 이후에는 생명평화라는 말이 널리 쓰이고 있다. 생명평화는 생명평화 운동의 발전과 함께 진화된 개념이다. 생명평화 운동은 평화로운 방법으로 개인과 공동체/사회, 그리고 자연이 자유롭고 정의로우면서 평화롭게 공생하는 세계를 만들어 가는 운동이라고 정의할 수 있다. 이러한 운동은 다양한 사회운동들의 메타 운동으로서 모든 생명이 평화롭게 살아가는 세상, 즉 생명평화 세상을 만들어 가는 장기적이고 근본적인 운동이라고 할 수 있다. 여기에서는 개별 생명이나 자연의 내재적 권리 문제뿐만 아니라 현세대 사람들 사이, 현세대와 미래세대 사이, 인류와 다른 종, 그리고 자연 사이의 정의와 평화 문제가 포괄적으로 논의된다.

생명평화 담론은 생명평화 결사의 활동에 잘 나타나 있다. 생명평화 결사의 생명평화 탁발순례에서 참가자들은 생명을 평화롭게 살리기 위해 대화하며 성찰하는 새로운 운동 형태를 보여주었다.[8] 다

7 주요섭은 루만의 체계이론의 관점에서 「한살림선언」을 비판적으로 재해석했다(주요섭, 「루만으로 본 한살림선언: '작동적 구성주의'를 중심으로」, 한국사회체계이론학회 발표논문, 2018. 5. 25). 그는 생명 담론이 빠질 수 있는 독단론에 대해 다음과 같이 말한다. "생명이라는 구별은 탁월했다. 그러나 그것이 '또 하나의 구별'이 아니라 '최후의 구별'로 선언되었을 때 그것은 도그마가 되고 인식론적 감옥이 되었다. '생명이라는 우상'이 되었다."

8 생명평화 운동의 역사에서 중요한 사건은 2001년 지리산에서 이루어진 '좌우익 희생자와 뭇생명 해원상생을 위한 범종교계 백일기도'이다. 2001년 5월 26일 종교단체와 시민사회단체 등 5천여 명이 지리산 달궁에 모여 '생명평화 민족화해 지리산 위령제'를 열었다. 이후 이 모임의 주창자들은 천일기도를 올리고, 그 후 2003년 11월 15일 지리산생명평화결사를 창립했다. 이들은 2004년부터 매년 '생명평화 탁발순례'를 이어가다가 2008년 마무리를 지었다. 〈http://www.lifepeace.org/xe/main〉 (검색일: 2012. 12. 10)

음은 생명평화 결사의 생명평화 서약문이다.

> 세상의 평화를 원한다면, 내가 먼저 평화가 되어야 함을 압니다. 내 마음의 평화와 세상의 평화가 둘이 아님은, 세상이 곧 나의 반영인 까닭입니다. 평화는 모심과 살림이며, 섬김과 나눔의 다른 이름이요, 함께 어울림이며, 깊이 사귐입니다. 그러므로 생명평화는 사람과 사람과의 관계를 넘어 모든 생명, 모든 존재 사이의 대립과 갈등, 억압과 차별을 씻어내고, 모든 생명, 모든 존재가 다정하게 어울려 사는 길이며, 저마다 생명의 기운을 가득 채워 스스로를 아름답게 빛나게 하는 것입니다.

이 서약문은 세상의 평화를 원하면 내가 먼저 평화가 되어야 한다는 말로 시작한다. 이러한 진술은 세상을 주도적으로 변화시키려는 목적을 갖고 투쟁하고 협력하는 보통의 사회운동과는 차이를 보인다. 서약문은 '나'와 '세상'이 분리된 주체와 객체가 아니라 연결되어 있다는 불교적 세계관을 드러낸다. 평화라는 말은 '전쟁 없는 상태'나 비폭력과 같은 소극적인 의미가 아니라 '모심과 살림', '섬김과 나눔', '함께 어울림', '깊이 사귐'과 같은 적극적인 박애와 호혜의 의미와 연결된다. 그리고 '생명평화'는 사람들 사이의 어울림뿐만 아니라 모든 생명과 존재의 기운을 살리는 어울림으로 정의된다. 서약문은 이러한 가치를 바탕으로 생명존중, 우애, 대화와 경청, 나눔과 청빈, 생태계 보전, 한반도 평화, 공부와 수행을 행하겠다고 서약한다. 그리고 다음과 같이 마무리된다.

> 나는 이제 평화의 등불입니다. 내가 밝힌 한 등의 불빛이 이웃의 등을 밝히고, 이렇게 서로가 서로를 비추어 밝힙니다. 마침내 우리의 삶터와 이 세상이 환히 밝아지는 생명평화의 대동세상이 올 것입니다. 이렇듯 나로 인해 온 누리의 뭇생명, 온 누리의 모든 사람들이 진정으로 평화롭고 행복하기를 서원하며 생명평화 결사를 서약합니다.

서약문이 꿈꾸는 미래는 "우리의 삶터와 이 세상이 환히 밝아지는 생명평화의 대동세상"이고 그 세상은 "뭇생명, 온 누리의 모든 사람들이 진정으로 평화롭고 행복"한 세상이다. 이 서약문의 특징은 세상을 생명평화의 세상으로 바꾸기 위해서는 내가 먼저 평화로운 생명이 되어야 한다고 강조한다는 점이다. 이러한 관점은 전국귀농운동본부를 주도한 이병철의 말 속에서도 잘 나타난다.

> 생태적 인간, 땅에 기반한 건강한 사람이 있어야 생태적 사회가 될 수 있는 거야. 생태적 인간의 출현 없이는 생태적 문명, 생태적 사회가 없어. 근데 생태적 인간이란 뭘까? 생명의 근원성과 삶의 자연성을 회복한 사람, 그런 사람이 생태적 인간이야. 우리가 농촌으로, 땅으로 자연과 함께하는 삶으로 돌아가려 하는 것도 생명의 뿌리, 그 생명의 근원성과 삶의 자연성을 찾을 때만이 내면의 깊은 평화와 삶의 충만함, 생명의 충일함을 얻을 수 있기 때문이지.[9]

생태적 인간으로 변화해야만 내면의 평화를 얻을 수 있고, 그래야

---

9 이병철, 『나는 늙은 농부에 미치지 못하네』 (이후, 2007), p. 271.

만 생태적 문명과 사회를 만들 수 있다는 것이다. 생명평화운동가들은 사람들의 내면적 성찰과 변화에서 세상의 변화의 씨앗을 찾는다. 그러나 현재의 생명평화 운동과 담론은 내면의 평화, 과정으로서의 평화, 사람들 사이의 관계로서의 평화와 같은 미시적 평화 개념에 머물러 있다. 남북한 평화체제, 전 지구적인 평화체제 구축과 같은 정치적이고 거시적인 구조 변화의 기획은 빈 공간으로 남아 있다.

4. 녹색평화

서울대학교 통일평화연구원은 2013년 『녹색평화란 무엇인가』라는 책을 출간하면서 녹색과 평화가 긴밀하게 결합될 수밖에 없다는 새로운 평화론의 기초를 놓았다. 이 책에서 이찬수는 '녹색'을 생태적 질서, 자연과의 유기적 관계성과 연결시키면서 '연대성, 자율성, 생태적 책임성, 민주주의'의 삶을 사는 것이 녹색의 가치에 부응하는 것이며, 이런 삶을 사는 것이 녹색의 사회적 가치를 실천하는 것이라고 하였다.[10] 이찬수가 지적했듯이 녹색은 생태뿐만 아니라 자율, 연대, 책임, 민주와 같은 정치적·사회적 가치와 연결되는 기호이다.

이 책에서 박명규는 "21세기의 평화론은 생태적 지향과 결합되지 않을 수 없다. 사람들 사이의 평화, 국가 간 분쟁해소는 환경과의 화해와 더불어 추구될 때 비로소 충분하게 그리고 효율적으로 구현될

10 이찬수, 「녹색의 평화적 가치와 종교적 생명」, 박명규 외, 『녹색평화란 무엇인가』 (아카넷, 2013), p. 79.

수 있다"고 말한다.[11] 여기서 중요한 점은 녹색평화론이 생태적 지향 혹은 생태적 지속가능성의 관점에서 한반도의 평화구축을 이론적·실천적으로 논의한다는 점이다. 박명규는 분단을 복합재난으로 보면서 남북한의 대립과 갈등을 "생태적인 차원, 생명존중과 평화지향이라는 더 근원적인 맥락에서 바라볼 필요가 있다"고 말한다. 그는 "한반도 차원에서 '지속가능한 생태적 발전'을 이루고 전 지구적 기후 문제, 생태 자원의 문제, 생명존중의 생활문화를 확장해 가려면 환경론적 관점과 평화론의 구상을 공감하는 방식으로 민족 경제공동체를 추진해 가지 않을 수 없다"고 본다.

녹색평화의 관점에서 한반도의 평화를 구축하는 기획은 남북한의 자본주의와 사회주의의 기반인 공업주의, 성장주의를 성찰하고 생태적 지속가능성의 기초 위에서 세계적으로 보편적이고 적극적인 평화와 안보를 만들어 가는 창의적이고 혁신적인 담론이다.

5. 생태민주주의

생태평화를 이루는 데 민주주의는 없어서는 안 될 매우 중요한 가치이자 제도이다. 군주제·귀족제와 같이 소수의 특권층이 대다수 민중들을 배제하고 억압하는 제도와 달리, 민주주의는 모든 사람들이 평등하게 인권을 갖고 있고 이를 바탕으로 자유를 실현할 수 있는 지배 형태이기 때문이다. 그런데 민주주의는 투표권을 가진 현세대

11 박명규, 「녹색평화론의 문제의식과 쟁점들」, 박명규 외, 위의 책, p. 40.

시민 또는 국민들과 같은 법적 주체들이 이들의 다수 의견이나 선호에 따라 공동체의 주된 정책을 결정하는 방식으로 운영된다. 이 때문에 법적 권리가 없는 청소년, 아직 태어나지 않은 미래세대, 그리고 비인간 존재들은 정치 과정에 참여할 수 없고, 이들의 목소리와 권리는 구조적으로 배제된다. 현세대 인간중심의 민주주의는 미래세대와 비인간 자연을 정치 과정에서 배제하기 때문에 미래의 인류 그리고 비인간 생명들에게는 구조적인 폭력일 수 있다.

예를 들면 원전은 건설 후 60여 년간 전력을 생산하지만, 거기서 나온 방사성 폐기물은 안전하게 보관하지 않으면 수만 년간 인간과 자연 생태계에 심각한 방사능 피해를 미친다. 미래세대는 자신들이 사용하지도 않고 그 결정 과정에 참여하지도 않았지만, 원전과 방사성 폐기물을 관리해야 하는 부담을 떠안을 수밖에 없다. 새만금 간척사업으로 4만 제곱미터의 갯벌과 바다가 매립되고 난 후 갯벌에 살던 수많은 생물들이 죽음에 이르렀고 토착 돌고래 상괭이들도 떼죽음을 당했다. 새만금 간척사업에 반대하는 청소년들이 미래세대가 자연을 누릴 권리를 주장하며 소송을 제기했지만, 법원은 이들이 소송을 제기할 권리가 없다고 각하했다.

인간이 폭력과 전쟁 없이 자연과 함께 자유를 누릴 수 있는 길은 없을까? 우리는 그 해답을 생태민주주의에서 찾을 수 있다. 생태민주주의란, 앞서 정의한 바와 같이 현세대 인간들 사이의 평화를 넘어서서 미래세대와 비인간 자연의 평화를 위해 사회경제적·생물학적 약자, 미래세대, 비인간 존재들이나 이들의 대리인, 후견인들이 정치 과정에 참여하는 정치라고 할 수 있다. 인간만이 수많은 종 가운데 유일하게 존엄성을 갖고 스스로 판단하고 책임질 수 있는 능력을 갖고 있다는 지배적인 인간중심주의 가치관에서 본다면 생태민주주의는 막연한 이상으로 보일 수도 있다. 그러나 현세대 인간중심의 민주주의가 사람들 사이의 평화를 이루는 데 한계를 보일 뿐만 아니라 인류의 존속을 위협하고 있는 상황에서 우리는 민주주의를 생태적으로 재구성해야 한다.

생태주의자들 가운데에는 민주주의가 다수결의 원리에 바탕을 두고 있기 때문에 가까운 미래의 자기 이익에 관심을 집중하는 다수 대중은 모두의 것, 즉 코먼스commons인 자연을 훼손할 수밖에 없다고 보는 이들이 적지 않다. 따라서 이들은 민주주의가 아니라 권위주의적인 주체가 강제적인 방식으로 생태를 보호해야만 무임승차자의 문제를 해결하고 생태적 지속가능성을 유지할 수 있다고 주장한다. 그러나 생태위기를 해결하기 위해 권위주의를 불러온다면 자유로운 토론과 숙의 없이 또 다른 배제와 억압이 생길 것이다. 생태위기를 극복하기 위해서는 섣부르게 권위주의에 기댈 것이 아니라 더 많은 소통과 숙의, 더 많은 민주주의를 통해 생태를 살리는 것이 필요하다.

사회경제적·생물학적 약자들과 비인간 생명이 경쟁해야 하는 상황에서 우리는 어떻게 의사결정을 해야 할까? 지구상의 위험risk은 자본과 권력을 독점한 이들이 그 분배를 결정하고, 그 피해는 약자들에게 불평등하게 배분된다. 생태민주주의자들은 위험의 결정 과정에 약자들, 그리고 미래세대와 비인간 존재의 대리인이나 후견인들이 참여해야 한다고 주장한다. 이들이 열린 의사소통 과정에서 평등하게 참여하여 숙의하고 토론할 때, 결정의 과정은 물론 그 결과도 민주적일 뿐만 아니라 생태적일 가능성이 크다는 것이다. 그러나 이러한 의사결정 과정을 거쳐도 반드시 생태적인 결론이 도출되는 것도 아니고, 그 결정으로 인해 생태적 지속가능성이 높아지지 않을 수도 있다. 그럼에도 불구하고 이런 숙의 과정을 통해 우리는 인간 이외의 존재, 지구 전체의 관점에서 현재와 미래를 평가할 수 있고 좀 더 평화로운 미래를 기획하고 상상할 수 있을 것이다.

폭력과 전쟁이 지속되고 있는 현실에서 숙의민주주의를 통해 생태평화를 이루기는 매우 어렵다. 그럼에도 불구하고 인간들이 서로 대화하고 소통하면서 폭력을 줄여나갈 수 있는 역량이 있다고 본다면, 그 인간들이 인간 이외의 종들의 고통과 비참함에 공감할 수 있는 역량도 갖고 있다고 볼 수 있을 것이다. 제러미 리프킨Jeremy Rifkin이 올바로 지적했듯이, 인간의 공감 능력은 작은 공동체 안의 동족에서 같은 나라 국민, 다른 인종들로 확장되었을 뿐만 아니라 다른 종으로까지 확장되었다.[12] 한 조각 빙하에 몸을 실은 북극곰 사진을 보고 사람들은 북극곰 가족의 곤경에 공감하기도 한다. 다른 존재에 대한 공감과 위기에 대한 인식을 바탕으로 생태평화를 위한 담론은 사회적 영향력을 키워갈 수 있다.

사람들 사이의 평등, 자유, 평화도 이루어지지 않고 죽음의 위기에 몰린 이들이 적지 않은데 생태민주주의를 누가 어떻게 실현할 것인가? 생태민주주의자들은 생태위기를 낳은 현재의 공업, 자본, 국가 중심의 체제를 변형하여 약자들이 자신들의 자유를 실현할 수 있는 체제로 전환해야 한다고 주장한다. 소수의 자본과 권력이 지구의 자연을 독점한 현 상태를 유지해서는 생태평화가 이루어질 수 없다.

12 제러미 리프킨(Jeremy Rifkin) 저, 이경남 역, 『공감의 시대』(민음사, 2010).

6. 생태평화의 사례

생태평화는 모든 생명이 억압과 고통을 줄이고 자유를 신장해 가는 과정이라고 말할 수 있다. 이는 하나의 이념에 그치지 않고 현실에서 살아 움직이는 운동이자 실천이다. 여기에서는 동강댐과 4대강 사업 사례, 그리고 인도의 칩코 운동과 독일 녹색당 사례를 통해 생태평화를 생각해 본다.[13]

1) 동강댐

동강댐 반대운동은 사람들이 공론장에서 사회적 토론을 활발하게 함으로써 비인간 자연과 인간이 공존하면서 미래세대의 권리를 보장하는 데 성공한 사례이다. 다시 말하면 생태민주적 과정을 통해 생태평화가 이루어진 모범적인 사례라고 볼 수 있다.

1990년 강원도 영월, 정선 지역의 대홍수를 계기로 정부는 1991년 1월 동강댐 건설 계획을 발표했다. 댐 계획이 발표되자 초기에는 댐 하류에 있는 영월 주민들은 다수가 찬성하고 수몰 피해를 보게 되는 정선군 주민들은 반대 입장을 보였다. 1998년부터 환경운동연합이 자연 생태계 보전을 위해 동강댐 반대운동을 벌이면서 이 문제는 지역 이슈에서 전국적인 이슈로 변했다. 1998년 4월에는 '동강댐 백지화 3개군 투쟁위원회(이하 백투위)'가 결성되었다. 백투위는 서명, 공개질의서, 시위, 각종 집회 등 다양한 자원을 동원하여 댐의 안전성 문

13 동강댐과 4대강 사업 사례는 『기억과 전망』 25호(2011)에 실린 필자의 논문(「생태민주주의 관점에서 본 환경운동 사례연구」)을 수정·보완한 것이다.

제와 환경파괴 문제를 집중적으로 부각시켰다. 1998년 12월에는 영월군 의회와 군수가 동강댐 반대 성명서를 발표했다.

건설교통부와 수자원공사 그리고 댐 건설을 지지하는 전문가들은 홍수 예방과 수자원 공급을 위해 댐 건설이 반드시 필요하다고 주장했다. 수몰 예정 지역 주민들은 보상에 대한 기대로 동강댐 건설을 적극 찬성했다. 이로 인한 주민들 사이의 찬반 갈등은 매우 심각했다. 고요한 산촌마을 사람들이 댐 건설로 인해 분열과 갈등의 고통을 겪어야 했다.

전국적으로는 댐 반대운동 세력이 이념적 정당성을 꾸준히 확산시켜 나갔다. 동강의 아름답고 희귀한 자연 생태계를 보여주는 방송 프로그램이 방영되어 국민 여론에 큰 영향을 미치기도 했다. 또한 물에 잠길지도 모를 동강의 비경을 보기 위해 관광객들이 몰려들면서 동강댐 반대운동은 국민적 지지를 얻을 수 있었다. 동강댐 반대운동 세력은 '정선 아리랑, 뗏목'과 같은 문화적 상징과 '어름치, 수달'과 같은 희귀동물의 생태적 상징을 결합하여 '자연'에 대한 국민적 공감을 얻어내는 데 성공했다.

이러한 과정에서 김대중 정부는 국무총리실 주도로 민·관 공동조사단을 구성하여 공동연구를 하도록 했다. 민·관 공동조사단은 5개 분과로 나뉘어 댐의 안전성, 지역의 생태적·문화적 가치, 경제성, 사회적 영향 등을 평가했다. 이 조사단은 약 1년간의 연구를 통해 동강 유역의 생태적 가치가 대체 불가능한 중요성을 갖기 때문에 댐을 건설하지 않는 것이 타당하다는 결론을 얻었다. 이 연구가 거의 마무리되던 2000년 6월 5일 환경의 날에 김대중 대통령은 '새천년 환경비전'을 선언하면서 아름다운 자연을 보전하기 위하여 동강댐 건설 계획을 백지화하겠다고 발표했다. 이리하여 약 10년간 계속된 동강댐 반대운동은 동강의 자연을 보전하는 결과를 낳고 끝이 났다.

이 사례가 성공한 데에는 1987년의 정치민주화 이후 꾸준히 발전해온 환경운동 조직들의 운동 역량의 성장, 김대중 정부라는 새로운 정치적 기회구조의 확장, 자연 생태계의 가치에 대한 문화적 가치의 확산과 같은 다양한 요인들이 영향을 미쳤다.

이 사례에서는 댐 건설로 인해 피해를 볼 하류 주민들의 위험, 미래세대가 동강의 자연 생태계를 향유할 수 있는 기회 상실의 위험, 동강 유역 희귀 생물종의 생존 위험이 사회경제적 약자, 미래세대, 비인간 존재에게 전가되지 않았다. 또한 민·관 공동조사단의 조사 과정에서 명시적이지는 않았지만 사회적 약자, 미래세대, 비인간 존재를 대리할 수 있는 생태학자, 문화인류학자 등이 참여하여 이들의 위험에 대해 숙의하는 과정을 거쳤다. 이렇게 볼 때 동강댐 사례는 생태적 가치와 숙의적 절차를 모두 실현시킨 생태민주주의와 생태평화의 성공 사례라고 평가할 수 있다.

2) 4대강 사업

4대강 사업은 민주주의가 후퇴할 때 사람들 사이의 평화가 깨질 뿐만 아니라 자연에 대한 폭력으로 생태평화가 어떻게 훼손되는지를 잘 보여주는 사례이다. 4대강 사업은 전국 주요 하천의 구조를 인공하천으로 바꾸는 대규모 토목사업으로 심대한 생태적·사회경제적 영향을 미쳤다.

이명박 대통령은 대통령 후보 공약으로 한반도 대운하 계획을 발표했고, 집권 이후 이 사업을 추진하기 시작했다. 그러나 2008년 봄 미국산 쇠고기 수입반대 촛불시위가 전국을 휩쓸게 되자, 그는 한반도 대운하 사업을 추진하지 않겠다고 선언하고, 대신에 임기 내에 4대강 정비사업을 추진하겠다고 발표했다. 이렇게 하여 2009년부터 4대강 사업이 본격적으로 추진되기 시작했다. 2009년 11월에는 환경부가 4개월 만에 환경영향평가 협의를 마쳐 사계절 조사가 필요한 대규모 토목사업에 대한 환경영향평가를 졸속으로 시행했다는 비판을 받았다. 문화재 조사, 예비타당성 검토 등 법적 절차도 위법적으로 졸속 진행되었다고 시민사회단체들은 강하게 비판했다.

대통령 선거 과정에서부터 한반도 대운하 반대운동을 벌였던 환경운동 조직들은 일관되게 반대운동을 벌여 나갔다. 2008년 3월에는 운하반대 전국교수모임이 발족해서 반대운동의 주된 주체가 되었다. 2009년 11월에는 국민소송단이 4대강 사업 위헌위법심판 소송을 제기했다. 2010년 3월에는 천주교 주교회의가 4대강 사업에 반대하는 입장을 밝혔다. 같은 해 4월에는 전국 사찰 50여 곳과 불교신도 1만여 명이 서울 조계사에서 '4대강 생명살림 수륙대제'를 개최했다. 5월에는 경북 군위 지보사의 문수 스님이 '4대강 사업을 중단하라'는 유서를 남기고 소신공양하는 비극적인 사건이 발생했다. 7월에는 환경운동연합 활동가 5명이 이포보와 함안보의 고공 공사현장에 올라가 농성을 시작했다. 이러한 광범한 반대운동에도 불구하고 이명박 정부는 공사를 강행했다.

4대강 사업은 사회경제적 약자들에게 어떤 위험을 전가했는가? 팔당, 양수리 두물머리 등에서 유기농업을 하던 농민들은 수변 레저시설 공사 때문에 삶의 터전을 빼앗기고 말았다. 반면 토건 세력과 강 주변 토지소유자들에게는 개발 이익을 얻을 수 있는 기회가 생겼다. 피해와 이익의 불균등 배분이 개발국가의 사업을 통해 구조화되었다. 개발이익은 소수가 전유하지만 건설비용과 환경관리 비용은 국민 모두가 세금으로 부담하는 피해자 부담의 역설이 이 사례에서도 나타났다. 이러한 생태계 파괴는 미래세대가 자연 하천을 누릴 권리를 빼앗고 이들에게 생태파괴의 위험을 전가한다.

이와 같이 4대강 사업은 시공간적으로 미치는 생태적·사회경제적 영향이 크지만, 숙의적 절차는 물론 형식적인 법적·제도적 절차도 무시되었다. 환경영향평가, 사전환경성 검토, 문화재 조사, 예비타당성 검토 등 다양한 절차들이 진행되는 과정에서 많은 문제들이 제기되었다. 사회경제적 약자, 미래세대, 비인간 생물종 들의 대리인이 정책 과정에 참여하는 일은 이루어지지 않았다. 이 때문에 이들의 목소리를 공중들에게 직접 알리기 위해 환경단체, 종교인들이 거리로 나서고 직접 행동을 조직했다. 자유민주주의의 대의체제가 생태적 보전이라는 목표와 절차적 정당성을 모두 충족시키지 못하는 상황에서 시민사회는 정책 과정 밖에서 사회운동과 종교의식으로 대안적 공론장을 형성했다. 이 사례에서 보듯이, 민주주의가 후퇴하고 녹색 공론장이 억압되면 생태는 훼손되고 사람들 사이는 물론 사람과 자연 사이의 평화도 사라진다.

3) 인도의 칩코 운동

인도 히말라야의 우타르 프라데시주에서 1970년대 초반부터 일어난 칩코 운동은 가난한 나라 여성들이 자신들의 삶을 지키기 위해 벌인 운동이 어떻게 자연과 사람을 함께 살리는 생태평화 운동으로 발전할 수 있는지 잘 보여주는 사례이다. 칩코chipko란 힌두어로 '무엇을

껴안는다'는 의미이다.[14]

우타르 프라데시주 차몰리Chamoli 구역 만들 마을 사람들은 노동자 조합을 결성하여 소나무 수액을 원료로 하는 공장을 세워 생계를 유지해 왔다. 그런데 1971년 인도 정부는 테니스 라켓을 만들어 파는 사이먼 사에 대규모 벌목을 허가해 주었다. 그러자 조합원들은 이에 저항하여 1973년 3월 27일 대규모 시위를 일으켰다. 정부는 결국 벌목 허가를 철회하고 그 허가량 전부를 노동자 조합에 이양했다. 그런데 홍수에 취약한 이 지역에 산림국이 1974년 1월 다시 벌목 계획을 발표했다. 이 계획을 알게 된 지도자 바트C. P. Bhatt와 동료들은 나무를 껴안고 지켜내자고 제안했고, 이 지역 여성들은 벌목꾼들에 맞서 나무를 껴안고 농성을 이어갔다. 주 정부는 결국 벌목과 산사태의 관계를 조사하는 위원회를 구성하고 벌목꾼들을 철수시켰다. 2년간의 조사 끝에 이 지역은 생태적으로 민감하기 때문에 벌목은 위험하다는 결정이 내려졌다.

칩코 운동은 가난한 이들, 특히 여성들이 자신들의 삶을 지키기 위해 삶의 터전인 숲을 비폭력적인 방법으로 지켜냄으로써 자연과 인간의 공존을 가능하게 했다는 점에서 중요한 의미를 갖는다. 이 사례를 통해 자연을 지키는 일은 사람들의 삶을 지키는 일과 긴밀하게 연결되어 있으며, 또한 평화로운 방법으로 삶을 지키는 일이 가능할 뿐만 아니라 큰 반향을 불러일으킨다는 점을 알 수 있다.

---

14 이상헌, 『생태주의』(책세상, 2011), pp. 142-143.

4) 독일 녹색당

독일 녹색당을 생태평화의 중요한 사례로 살펴보는 이유는 이 정당이 사회운동 정당으로 시작하여 평화를 생태의 관점에서 새롭게 재구성하는 정치가 가능하다는 것을 보여주었기 때문이다. 독일 녹색당은 전 세계 녹색당 가운데 가장 성공적인 사례 가운데 하나이다.

1977년 '환경보호 녹색(후보) 리스트'라는 지역의 정치운동 단체로 시작한 서독 녹색당은 1998년 선거에서 6.7%를 득표하여 2005년까지 연방정부 차원에서 사민당과 연립정부를 구성했다.[15]

송태수에 의하면 독일 녹색당의 정치적 뿌리는 이른바 '68세대'를 낳은 1960년대 독일 학생운동과 그 후 1970년대에 활발해진 신사회운동으로 거슬러 올라간다.[16] 1968년 유럽을 혁명적인 상황으로 만든 68세대 젊은이들은 나치 범죄자들이 여전히 사회의 요직에 남아 있는 상태에서 베트남 전쟁을 지지하고 미국의 무기를 배치하는 권위주의 정부와 기성세대에 대해 강력하게 저항했다. 이런 흐름 속에서 독일 녹색당은 여성, 환경, 평화운동 등 신사회운동 그룹, 마르크스주의자들 등 다양한 배경과 정치적 지향을 가진 집단들이 '녹색'이라는 깃발 아래 모인 완전히 새로운 형태의 정당으로 시작했다. 이 정당에서 사회운동은 정치적 에너지의 원천이었다. 1975년 빌Wyhl 지역에서의 원전건설 반대투쟁은 거의 1년간 지속되었다. 강력한 운

15 독일 녹색당은 서독 녹색당으로 시작했으나 1990년 독일 통일 이후 동독 지역의 동맹 '90과 연대하였고, 1993년에는 이 정당과 동맹 '90/녹색당이라는 정당으로 통합했다. 여기에서 독일 녹색당은 서독에서 시작한 서독 녹색당과 통일 이후 녹색당을 모두 포함하는 의미로 사용한다.

16 송태수, 「독일 녹색정치와 함의」, 구도완 외, 『녹색당과 녹색정치』(아르케, 2013).

동에도 불구하고 정부는 원전 정책을 바꾸지 않았고, 1979년에는 새로운 중거리 핵미사일을 서독에 배치하기로 결정했다. 1981년에는 30만 명이 참가해서 군축과 평화를 위한 시위를 벌였다.

독일 녹색당의 주도자들은 이러한 강력한 생태, 평화, 여성 운동의 흐름 속에서 1977년부터 지방 선거에 진출하기 시작했다. 1980년에는 '생태적, 풀뿌리 민주주의적, 사회적, 비폭력적'이라는 가치를 내걸고 '녹색Grünen'이라는 이름으로 공식 창당했다. 1983년에는 연방의회 선거에서 5.6%를 득표하여 27석으로 원내 교섭단체를 구성하는 데 성공했다. 1990년 독일 통일 후 서독 녹색당은 동독의 동맹 '90과 연대하여 "모두가 독일에 대해 말하고 있지만 우리는 기후에 대해 이야기한다"는 구호를 내걸고 1990년 12월 선거에 참여했다. 이 선거에서 서독 녹색당은 4.8%밖에 득표하지 못했지만, 동맹 '90은 6.1%를 득표하여 8개 의석을 확보했다. 이들은 1993년에 동맹 '90/녹색당이라는 정당으로 통합한 후 정치적 부침을 겪었지만, 1998년에서 2005년에 이르는 기간 동안 사민당과 연립정부를 구성하여 중요한 변화를 이루는 데 성공했다. 이들은 탈원전 정책, 생태적 세제개혁 등을 성공적으로 추진했고, 태양광발전 지붕 10만 개 프로그램 등을 도입했다.

독일 녹색당은 창당 초기에는 정당에 반대하는 정당, 즉 '반-정당 정당anti-party party'으로 불릴 만큼 생태, 평화, 여성 문제 등에 대해 급진적인 대안을 제안하는 사회운동 정당이었다. 그러나 근본주의자들이 점차 당을 떠나고 현실주의자들이 당을 주도하면서 현실주의적인 정책 정당으로 변화했다. 1980년의 강령과 달리 2002년 강령은 '생태적인 사회적 시장경제'를 선언했고, 풀뿌리 민주주의 대신

민주주의의 일반적 가치와 대의민주주의를 수용했다. 이 강령은 "생태는 지속가능성이다. 자결自決이 자유를 실현시킨다"는 슬로건을 내세웠다.

독일 녹색당 사례는 생태평화라는 가치가 사회운동 영역이나 마을, 지자체 차원뿐만 아니라 국가 차원에서도 실현될 수 있다는 사실을 보여준다. 생태적 지속가능성의 바탕 위에서 모두를 위한 자유를 실현하는 생태평화의 이상을 현실 정치 속에서 실현해 갈 수 있다는 사실을 독일 녹색당 사례를 통해 알 수 있다.

5) 사례들의 함의

이상 살펴본 네 개의 사례는 생태를 지켜나가는 것이 적극적인 평화를 이루는 데 얼마나 중요한지를 잘 보여준다. 동강댐 사례에서는 자연을 지키는 것이 미래세대와 모든 생명을 살리는 길임을 알 수 있다. 인도의 칩코 운동 사례에서는 숲에 의존해서 살아가는 사람들, 특히 여성들이 숲을 지킴으로써 자신들의 삶과 자연을 함께 살릴 수 있었다. 자연이 거대 자본에 의해 사유화될 위기 앞에서 인도 주민들은 숲을 지킴으로써 자연을 지탱가능하게 관리하여 적극적으로 생태평화를 만들 수 있었다. 우리나라의 4대강 사업 사례는 개발 권위주의 정부가 공론장을 사사화하면서 어떻게 생태평화를 파괴할 수 있는지를 잘 보여준 사례이다. 마지막으로 독일 녹색당 사례는 사회운동이 어떻게 정당으로 발전하여 현실 정치 속에서 생태평화를 이룰 수 있는지를 보여준 사례이다.

이 네 개의 사례를 통해 우리는 다음과 같은 함의를 얻을 수 있다.

첫째, 생태평화를 만들어 가는 주체는 자연에 의존해 살아가는 민중들, 자연의 고통에 민감한 시민들 등 생태적 위험에 민감하며 비인간 존재와 소통할 수 있는 시민들이다. 이들은 계급, 민족, 국가와 같은 좁은 '우리 집단'을 넘어서서 생태적 세계 시민으로서 생태평화의 가치를 실천할 수 있는 사람들이다.

둘째, 개발과 경제성장에 자원을 집중하는 권위주의 정부는 자연을 파괴할 뿐만 아니라 사회적 갈등을 심화시켜 생태평화의 커다란 걸림돌이 된다. 이명박 정부는 자연과 민주주의를 크게 훼손했고, 독일의 보수적인 정치구조는 원전, 환경파괴, 군비증강을 통해 생태평화를 위협했다.

셋째, 독일 녹색당과 녹색정치 사례에서 보듯이 생태평화는 마을, 지자체 수준을 넘어서서 국가 차원에서도 실현가능하며, 이를 통해 생태적 지속가능성의 바탕 위에서 사람과 자연이 모두 잘 사는 세상을 만들 수 있다.

7. 생태의 관점에서 본 안보, 법치, 대화

생태평화는 평화의 다양한 가치들과 연결되어 있다. 생태평화의 관점에서 보면 안보, 법치, 대화 등의 적극적 평화의 가치가 새롭게 해석될 수 있다. 먼저 전통적인 국가안보 개념에서 한발 더 나아가 인간안보 개념에서 보면 안전한 물, 공기, 토양과 같은 환경은 안보의 기본적인 토대이다. 기후위기 시대에 환경 혹은 생태적 지속가능성을 우선에 두지 않으면 인간의 생존이 위협받기 때문에 인간의 안보를 위해서도 생태평화를 구축하는 것이 중요하다.

생태평화의 가치는 법치의 형식으로 실현될 수 있을까? 우리 헌법은 국민들이 "건강하고 쾌적한 환경에서 생활할 권리"를 보장하며, 또한 "국가와 국민은 환경보전을 위해 노력해야" 할 의무를 부과하고 있다. 이런 헌법 조문은 인간중심주의라는 한계를 갖고 있지만, 생태를 보전하고 이를 누릴 모든 사람들의 권리를 명확히 하고 있다는 점에서 중요한 의미를 갖는다. 이 책 10장에서 볼 수 있듯이 평화가 법의 목적이고 법은 평화를 실현하기 위한 수단이라면, 21세기 생태위기 시대의 법은 생태평화를 실현하기 위한 수단이 되어야 할 것이다. 정치 공동체의 공동 규범이자 규율인 법은 자연, 즉 모두 또는 공통의 것commons을 지키고 새롭게 만드는commoning 수단으로 재구성되어야 할 것이다.

생태평화를 이루기 위해서는 대화가 필요하다. 우리 인간은 비인간 존재와 인간의 언어로 대화하기는 어렵지만, 신호나 기호를 주고받으며 소통할 수는 있다. 비인간 존재들은 고통스러운 소리나 몸짓, 또는 집단적인 죽음이나 번성으로 인간들에게 신호를 보낸다. 인간들은 이런 신호를 해석하고 이를 바탕으로 인간들 사이에서 대화하고 토론하고 숙의할 수 있다. 생태평화를 평화적 방법으로 이루기 위해서는 약한 사람들, 약한 종들이 누구인지, 이들의 생존과 안녕을 회복하기 위해서는 무엇을 어떻게 해야 하는지 사람들이 대화하고 숙의해야 한다.

8. 생태평화를 향하여

우리는 자연에 대한 폭력이라는 구조적인 폭력을 그대로 두고 인간들만의 평화를 유지하는 것은 불가능해진 시대에 살고 있다. 이러한 문제를 인식한 사람들이 지속가능한 발전, 생명평화, 녹색평화, 생태평화의 담론을 실천하고 있다. 이 담론들 가운데에는 사회적 약자들의 정의와 평등을 중시하는 담론도 있고, 비인간 존재의 내재적 가치를 강조하며 종차별주의를 넘어서야 한다고 강조하는 담론도 있다. 이러한 차이에도 불구하고 이들은 자연과 인간에게 가해지는 구조적·문화적 폭력을 줄여나가는 과정 속에서 적극적인 평화의 이상이 실현된다는 점에 공감한다.

생태평화를 실현하기 위해서는 몇 가지 기본적인 원칙을 성찰하는 것이 필요하다. 첫째, 생태평화를 이루기 위해서는 세계적인 차원에서 지속가능한 발전을 이루어 나가는 것이 필요하다. 지속가능한 발전은 자연의 한계 안에서 인간들 사이의 불평등과 불의, 빈곤을 줄여 나가자는 인류 공동의 목표이다. 이러한 담론은 생태평화 담론의 기본 토대이다. 생태평화를 이루기 위해서는 생태적 위기를 근거로 현재의 불평등, 부정의와 같은 구조적 폭력을 용인하는 담론을 올바로 비판하는 것이 필요하다. 세대 간의 형평성과 함께 현세대의 계급, 민족, 인종, 국가, 젠더 불평등을 바로잡는 것이 생태평화의 주된 과제이다.

둘째, 생태적 지속가능성의 관점에서 인간의 행위와 담론을 모든 과정에서 검토하고 숙고해야 한다. 생태위기가 국지적 차원을 넘어서 전 지구의 위기로 확산되었기 때문에 사전주의 원칙precautionary principle을 모든 제도와 문화 속에서 자리 잡도록 하는 것이 중요하다.

셋째, 인간중심주의를 넘어서서 모든 생명에 대한 인간의 책임을 고려하는 것이 중요하다. 우리 문화 속에서 당연한 것으로 받아들여져 온 인간예외주의, 인간에 대한 특권의식을 성찰하고 인간 이외의 생명들에 대한 직접적·구조적·문화적 폭력을 줄여나가는 것이 필요하다. '인간을 위한 발전'과 '비인간 존재와의 공존'이라는 두 가치는 생태평화 안에서 함께 추구해야 할 목표이다. 인류세가 화두로 떠오르고 있는 21세기에 생태평화 담론은 '인간을 위한 발전'이 '인간만을 위한 발전'이 아니라는 인식에 바탕을 두고 있다.

넷째, 권위주의를 넘어서서 생태적이면서 민주적인 정치를 발전시키는 것이 필요하다. 기후변화로 인해 생태적 위기가 경제위기, 사회위기로 전환될 위험이 점차 커지고 있다. 이런 상황에서 권위주의 국가나 집단이 '우리 집단'의 안녕을 위해 '그들 집단'(사람과 비인간 자연을 모두 포함)을 배제하는 생태권위주의 정치를 실행할 가능성도 커지고 있다. 이러한 정치는 단기적으로는 문제를 해결할 수 있을지 모르지만, 장기적으로는 심각한 사회적 배제와 억압, 그리고 회복하기 힘든 생태적 영향을 미칠 수 있다. 이런 상황에서 옛 자유주의에 바탕을 둔 국민국가 중심, 인간 중심의 평화 담론을 넘어서서 생태적이고 민주적인 정치, 생태민주주의 정치를 통해 구조를 전환해 나가는 것이 필요하다.

다섯째, 국제적인 평화, 남북 간의 평화도 생태평화와 세계시민주의 관점에서 새롭게 기획하는 것이 필요하다. 박명규가 「녹색평화론의 문제의식과 쟁점들」(2013)에서 올바로 지적했듯이, 한반도 차원에서 '지속가능한 생태적 발전'을 이루고 전 지구적 기후 문제, 생태 자원의 문제, 생명존중의 생활문화를 확장해 가는 것이 중요하다. 남북 환경협력이나 경제협력은 좁은 민족주의, 배타적 민족주의가 아니라 생태적 세계시민주의(코스모폴리턴주의)의 관점에서 추진해야 할 것이다.

자연을 착취의 대상으로 여겨왔던 문명이 자신의 완벽한 성공으로 인해 생태사회 위기를 맞고 있다. 이런 위기에 민감하게 반응하는 사람들이 생태평화를 이루기 위해 다양한 운동을 벌이고 있다. 이 운동들은 자연과 공존하기 위해 인간중심의 문명을 비판하고 대화와 화해의 가치를 인간 너머로 확장하고 있다. 배외적 민족주의, 국가주의, 인종주의가 기승을 부릴수록 생태평화의 가치는 사람들의 운동 속에서 살아서 변화를 이루어 갈 것이다.

2 공정성[1]

박효민(서울시립대학교), 김석호(서울대학교)

1. 들어가는 말

어린아이들과 시간을 보내본 경험이 있는 사람이라면, 이들이 꽤 어린 시절부터 공정함에 대한 감각을 가지고 있다는 것을 알게 된다. 예를 들어, 두 아이가 똑같은 행동을 했는데 자신의 친구에게는 사탕을 주고 자기에게는 사탕을 주지 않는다면 금세 울음을 터뜨리고 말 것이다. 반면 자신만 두 개의 사탕을 들고 있다면 친구에게 기꺼이 하나를 양보하는 모습도 종종 보게 된다. 이러한 모습 때문에 혹자는 인간의 공정성에 대한 감각이 거의 본능적이거나, 혹은 진화적 산물로 우리 유전자 안에 뿌리 깊게 박혀 있는 것이 아닌가 추측하기도 한다. 그 기원이 무엇이든 공정성이 우리의 삶에 매우 큰 부분을 차지하고 있는 것만은 사실이다.

1 이 글은 『사회와 이론』 제27권(2015)에 실린 필자들의 논문(「공정성 이론의 다차원성」)을 기반으로 재구성한 것이다.

왜 우리는 사회의 공정성fairness[2]에 관심을 기울이며, 이는 어떤 의미가 있을까? 우리는 평생을 살아가면서 다양한 사회 집단에 노력과 자원을 투자한다. 사람들이 사회 집단에 투자를 하는 이유는 이와 같은 협력을 통해 개인적으로 노력하였을 때보다 더 좋은 결과를 얻을 수 있다고 믿기 때문이다. 그렇기 때문에 우리는 자신에게 주어진 대가reward가 자신이 마땅히 받아야 양에 실제로 부합하여 공정한 결과를 낳았는지, 혹은 그 결과가 도출되는 과정이 공정하였는지에 대해 늘 관심을 기울인다.

보상의 공정성에 대한 인식이 중요한 이유는 단지 개인적인 이유만은 아니다. 공정성이 사회적으로도 중요한 이유는 사람들이 이를 바탕으로 자신이 속한 조직을 긍정적으로 평가하거나, 감정적 애착을 높이고, 생산성을 증가시키며, 소속 집단을 위해 헌신하고 협력하려는 태도를 공고히 하고, 궁극적으로 조직의 규칙이나 가치를 따르기 때문이다. 반대로 한 사회의 구성원들이 자신이 속한 집단이 공정하지 않다고 느낀다면, 집단 내 개인들은 서로 반목하고 사회적 갈등이 깊어지며, 종국에는 서로 자신의 합당한 몫을 찾기 위해 투쟁하

---

2 정치철학적 논의에서 대체로 정의justice와 공정성fairness은 구분되어 사용되기도 한다. 예를 들어 1958년 출간된 존 롤스John Rawls의 논문 제목이자, 1971년 간행된 '정의론'의 하나의 장 제목, 그리고 1985년 단행본의 제목이기도 한 '공정성으로서의 정의Justice as Fairness'라는 표현은 정의justice에는 여러 요소가 있을 수 있으며, 공정성은 보다 협의 혹은 정의를 달성하는 하나의 요소로 간주하고 있다. 실제로 롤스는 정의를 이루는 '과정'의 공정함을 강조하는 의미에서 '공정성으로서의 정의'라는 표현을 사용하였다. 그러나 한편 대부분의 사회심리학적 공정성 논의에서 정의justice와 공정성fairness 두 개념은 대체로 단어는 같은 뜻을 가진 것으로 간주된다. 이는 일상적인 용례와는 다소 차이가 있으나 학술적 용어로 재정의된 것으로 간주할 수 있다. 이에 대한 보다 자세한 논의는 박효민·김석호, 「공정성 이론의 다차원성」, 『사회와 이론』 제27권 (2002), pp. 219-260 참조.

게 되는, 쉽게 말해 평화가 깨진 상태가 될 것이다. 이 때문에 공정성은 사회 체계가 추구해야 할 가장 중요한 목표로 인식되어 왔다.[3]

그런 만큼 공정성의 중요성에 대한 논의는 인류의 지성사를 통해 오랜 시간에 걸쳐 이루어져 왔으며, 현대의 여러 사회과학 분야에서도 중요한 논의의 주제로 자리 잡고 있다. 뿐만 아니라 최근 한국에서는 정치·경제적 사회제도뿐 아니라 개개인의 일상생활에서도 공정성에 대한 요구가 증가해 왔다. 특히 공정성 인식이 집단 내 질서 행위, 통합, 정체성 등에 영향을 미치고, 이것이 궁극적으로 사회의 평화 유지에 미치는 영향을 생각해 본다면, 평화를 이해하기 위해서는 공정성에 대한 이해가 필수적이다.

그러나 아이러니한 것은 많은 사람들이 공정한 사회를 꿈꾸고, 많은 정치지도자들이 공정성에 대해 강조해 왔음에도 불구하고, 한국 사회의 공정성은 여전히 불만족스럽다는 점이다. 이와 같은 현상은 부분적으로 우리 사회가 가지고 있는 여러 구조적 모순이 충분히 해결되지 못하였다는 데에서 비롯된 것도 사실이다. 그러나 한편으로 여기에는 무엇이 공정한 상태인가에 대해 사회 구성원 간 합의가 제대로 이루어지지 않고 있다는 점도 한몫을 한다.

사실 공정성이라는 것은 하나의 객관적 실체처럼 판단하기 힘든 요소들이 있다. 예를 들어 일반적인 지각능력을 가진 여러 사람이 동시에 빨간 사과를 본다면 모두 "빨갛다"라고 말하겠지만, 이 사람들이 우리 사회에서 일어나는 하나의 현상을 보고 모두 하나같이 이것은 "공정하다" 혹은 "공정하지 않다"고 말할 가능성은 매우 낮다.

---

3 John Rawls, *A Theory of Justice* (Harvard University Press, 1971).

왜냐하면 한 사안이 공정한가, 그렇지 않은가 하는 판단은 각 개인이 한 사안의 어떤 측면에 초점을 맞춰 바라보는지, 어떤 목적으로 판단을 하는지, 혹은 어떤 상황에서 판단하는지에 따라 달라질 수 있기 때문이다. 다시 말해 공정성에 대한 평가는 여러 복잡한 차원으로 구성되어 있으며, 이와 같은 공정성의 복잡성을 인정하지 않는다면 공정함에 대한 사회적 합의가 만들어질 수 없다는 점은 자명하다.

이 장에서는 주로 사회학적 공정성 연구들에 대해 소개한다. 개인마다 공정성을 바라보는 관점이 다른 것과 같이, 각 학문 분야도 각기 다른 방식으로 공정성에 접근을 한다. 이 중 사회학의 이론들, 특히 교환이론적 공정성 이론은 주로 적은 수의 사람들이 일상에서 일어나는 교환관계 내에서 나타나는 공정성 인식이 어떻게 만들어지는지 설명하고 있다. 시기적으로는 현대 공정성 이론이 태동한 1960년대 이후 최근까지의 이론 발전 과정을 되짚어 보고, 특히 공정성 이론이 공정성 인식에 영향을 미치는 여러 요인들을 발견해 내는 과정을 통해 공정성 인식에 영향을 미치는 요인들에 초점을 맞춰 살펴보고자 한다.

2. 초기 공정성 이론의 비례성proportionality 규칙

사람들이 공정함에 대해 서로 다투는 것은 서로 자신의 이익을 가능한 크게 만들려는 이기심 때문이기도 하겠지만, 다른 한편으로 서로가 무엇이 공정한지에 대한 생각이 다르기 때문일 경우도 많다. 무엇이 공정한가 혹은 어떤 것을 공정하다고 할 것인가에 대한 생각은 인류의 사상사에서 가장 오래된 주제였다. 이 때문인지 역사상 가장 오래된 함무라비 법이나 우리나라 고조선의 8조법에도 많은 조항들이 법을 어긴 자에게 공정한 처벌을 내리는 원칙을 설명하고 있다.

실제로 공정함에 대한 논의의 시초는 멀리 고대 그리스 철학까지 거슬러 올라간다. 아리스토텔레스는 그의 저작『니코마코스 윤리학』에서 최초로 분배정의의 원칙을 제시하였는데, 이 원칙에 따르면 두 사람에게 주어지는 보상이 두 사람이 기여한 바에 비례하여 분배되었을 경우 보상은 공정한 상태를 이루게 된다.[4] 이와 같은 아리스토텔레스의 주장은 1960년대에 이르러 애덤스와 호만스를 통해 집단 내에서 보상이나 권리, 책임, 부담 등이 어떻게 분배되는지를 논의하는 분배공정성distributive justice 이론으로 되살아나게 된다.[5]

애덤스와 호만스의 공정성 이론 연구는 크게 두 가지 이론적 배경을 가지고 있다. 하나는 교환이론의 전통으로, 이 전통에 의하면 사람들은 교환관계 내에서 자신의 이익을 추구하고자 하며, 따라서 자신이 투자한 자원과 이를 통해 얻어진 보상의 가치에 대해 공정성을 평가하고 이에 따라 정서적·행동적·인지적으로 반응한다는 것이다. 다른 하나의 이론적 배경은 상대적 박탈감relative deprivation에 관한 연구이다.[6] 즉 개인이 공정성을 평가하는 데 있어 절대적인 기준

4 Aristotle, *The Nicomachean Ethics* (New York: Oxford University Press, 2009).

5 이에 대한 논의는 J. Stacy Adams, "Towards an Understanding of Inequity," *The Journal of Abnormal and Social Psychology*, vol. 67, no. 5 (1963), pp. 422-436; George C. Homans, *Social Behavior: Its Elementary Forms* (Jovanovich, 1974)에 자세히 나타나 있다.

6 James A. Davis, "A Formal Interpretation of the Theory of Relative Deprivation," *Sociometry*, vol. 22, no. 4 (1959), pp. 280-296.

을 가지고 자신의 보상에 대해 공정성을 인식하는 것이 아니라, 다른 사람과의 비교를 통해 자신의 보상에 대해 공정성을 평가하는 경향이 있다는 것이다. 따라서 개인이 공정성을 평가하는 과정은 독립적이기보다는 다른 준거 대상과의 비교의 과정이 필수적이다.

이러한 배경에서 나타난 애덤스와 호만스의 공정성 이론은 형평이론equity theory으로 불렸는데, 그 이유는 이들의 이론이 분배 결과의 공정성을 평가하는 데 있어 투입에 따른 보상의 형평성에 초점을 맞추었기 때문이다. 이 원칙에 의하면 개인에게 주어진 보상이 그 개인이 집단의 성과물을 산출하는 데 기여한 비율에 비례하여 분배가 되면 이를 공정한 상태로 볼 수 있고, 그 비율이 어긋난다면 공정하지 않은 상태가 된다. 예를 들어 호만스의 연구는 직장 내에서 더 오랜 기간 근무하고 더 많은 책임을 지는 위치에 있는 사람이 더 짧은 기간 동안 근무하고 더 적은 책임을 지는 사람과 같은 보수를 받는다면 이 보수를 부당하다고 여긴다는 점을 발견했다. 이 경우 일을 해온 기간이나 조직 내에서 맡고 있는 책임 등이 일에 대한 기여도로 간주되어 공정성 평가의 기준으로 작용했다고 볼 수 있다.

애덤스는 이와 같은 공정성의 비례적 요소를 간단한 수식으로 표현하였다. 자신의 기여를 I_A, 그에 따른 보상을 O_A, 다른 사람의 기여를 I_B, 다른 사람의 보상을 O_B라고 하였을 경우 공정성은 다음과 같은 공식에 의해 평가된다.

$$O_A \,/\, I_A = O_B \,/\, I_B$$

즉 자신의 기여와 보상의 비율이 인접한 다른 사람의 기여와 보상

간의 비율과 같은 경우 이 관계는 형평을 이룬 것으로 인식하게 되며, 그렇지 못한 경우 형평성을 잃은 것으로 간주된다는 것이다. 이 공식은 간단하게 보이지만 공정성 인식을 도출하는 과정을 최초로 공식화하였다는 의미가 있다.

형평이론의 주 관심사 중 하나는 공정성 인식이 행동에 미치는 영향이다. 형평이론 연구들에 따르면 사람들은 형평의 원칙이 깨진 관계에서 감정적·인지적·행동적 차원에서 반응을 보인다. 분배가 공정하지 않은 경우 사람들은 감정적인 괴로움distress을 느끼게 되며, 이후 연구들은 괴로움의 감정이 여러 부정적 감정들로 이루어져 있다고 주장하였다. 또한 이 부정적인 감정의 크기는 자신에게 주어진 보상이 정당한 보상과의 괴리가 커질수록 이에 비례하여 나타난다.

여기서 흥미로운 점은 이러한 부정적인 감정은 자신의 기대보다 보상이 적은 경우뿐 아니라 자신의 기대보다 보상이 많은, 이른바 과대보상의 경우에도 나타난다는 점이다.[7] 즉 사람들은 자신이 받기로 기대한 것보다 적게 받을 때뿐만 아니라 많이 받을 때도 부정적인 감정을 느낀다. 다만 이 둘 간에 느껴지는 감정의 종류는 달라서, 과대보상일 경우에는 죄책감guilt이나 부채감indebtedness과 같은 감정들을 가지게 되나, 과소보상의 경우에는 분노anger, 실망disappointment 등의 감정을 느끼게 된다.

---

7 예를 들어 Bo Anderson, Joseph Berger, Morris Zelditch, and Bernard P. Cohen, "Reactions to Inequity," *Acta Sociologica*, vol. 12, no. 1 (1969), pp. 1-12 혹은 Elaine Walster, Ellen Berscheid, and G. William Walster, "New Directions in Equity Research," *Journal of Personality and Social Psychology*, vol. 25, no. 2 (1973), pp. 151-176 등이 실험을 통해 이와 같은 결과를 증명하였다.

공정성 인식에 수반되는 감정적 반응에 대한 연구들은 초기에 보상 수혜자의 자기 보고식 설문에 의존하여 감정의 강도나 종류 등을 측정하였으나, 이후 연구들은 이를 보다 객관적인 측정 도구를 사용하여 측정하였다. 마콥스키[8]는 보상의 공정성에 따른 생리적 반응을 보기 위해 각성 정도를 파악할 수 있는 피부의 반응skin conductance을 측정하여 공정성 인식에 대한 반응은 보상 후 2-3초 내로 매우 즉각적으로 일어난다는 점을 발견하였다. 또한 공정한 보상에 비해 불공정한 보상을 받을 때 더 큰 반응을 일으키며, 과소보상이 과대보상보다 더 강렬한 각성 효과를 주는 것으로 나타났다. 이에 더해 최근에는 기능성 자기공명장치fMRI를 이용하여 공정성 인식에 대한 뇌의 활동을 연구하기도 한다. 이 연구에서는 공정한 대우를 받았을 경우 뇌에서 긍정적 감정을 관장하는 부분ventromedial PFC이 활성화되는 반면, 불공정한 대우를 받았을 경우에는 뇌에서 부정적 감정을 관장하는 부분insula이 활성화된다는 것이 나타났다.

또 한 가지 흥미로운 사실은, 과소보상에서 나타나는 부정적 감정은 과소보상에서 나타나는 부정적 감정에 비해 그 효과가 뚜렷하게 나타나지 않는다는 점이다. 애덤스와 호만스는 형평의 원칙이 깨진 보상에 대한 감정적 반응은 자신에게 유리할 때보다 자신에게 불리할 때 더 강하게 나타날 것이라는 점을 예견하였는데, 이후 오스틴이나 하쏘, 마콥스키 등은 실험을 통해 과소보상은 같은 정도의 불공정한 과대보상에 비해 효과가 훨씬 크게 나타나는 이른바 공정성

---

8 Barry Markovsky, "Injustice and Arousal," *Social Justice Research*, vol. 2, no. 3 (1988), pp. 223-233.

인식의 비대칭성asymmetry을 확인하였다.[9] 예를 들어 10만 원을 받기로 한 사람이 12만 원을 받았을 때 느끼는 부정적 감정과, 10만 원을 받기로 한 사람이 8만 원을 받았을 때 느끼는 부정적 감정을 비교해 보면, 같은 2만 원의 차임에도 불구하고 전자의 경험보다는 후자의 경험이 부정적 감정으로 미치는 영향이 훨씬 강하다는 것이다.

형평이론가들은 공정성 인식이 감정적 측면에 미치는 영향뿐 아니라 사람들의 행위적 측면에 미치는 영향에 대해서도 연구하였다. 사람들은 불공정한 보상을 겪는 경우 부정적인 감정을 경험하게 되며, 이러한 부정적 감정들을 제거하고 관계의 공정성을 회복하려 노력하게 되는데, 이는 불공정한 관계에 있는 사람들의 행동반응으로 이끈다. 예를 들어 과대보상을 받는다고 생각하는 노동자의 경우 시간당 급여를 받는 경우에는 더 많은 물품을 생산하려 노력하거나, 생산 실적에 따라 급여를 받는 경우에는 더 질 좋은 제품을 생산하려 노력한다는 것이 밝혀졌다. 그러나 반대로 과소보상을 받는 경우에는 생산성을 저하시키거나, 때에 따라서는 자신의 손실을 메꾸기 위해 스스로 이익을 취하는 행동들을 한다. 예를 들어 자신의 보상이 부족하다고 느끼는 회사원이 회사의 물품들을 개인적으로 사용하거나 훔치는 행위 등을 들 수 있다. 또한 이러한 조정을 통한 공정성의 회복이 불가능한 상황이라면 사람들은 자신의 이익을 관철시

9 특히 하쏘의 두 연구 Guillermina Jasso, "On the Justice of Earnings: A New Specification of the Justice Evaluation Function," *American Journal of Sociology*, vol. 83, no. 6 (1978), pp. 1398-1419와 Guillermina Jasso, "A New Theory of Distributive Justice," *American Sociological Review*, vol. 45, no. 1 (1980), pp. 3-32는 비대칭성에 대한 기념비적 논문으로 인정받고 있다.

키기 위해 갈등을 표출시키거나 혹은 관계 자체를 끊어버리는 경우도 발생하게 된다.

지금까지 살펴본 초기 공정성 이론은 형평의 원리에 입각하여 집단 내 개인이 공정성을 평가하는 원리 및 공정성 인식의 감정적·인지적, 그리고 행동적 측면의 반응에 대하여 폭넓은 관점을 제시하였으며, 이후 공정성 연구를 위한 대략적인 틀을 제시하였다는 데 큰 의미가 있다. 그러나 형평이론은 적용 범위에 있어 몇 가지 한계점을 보였다.

가장 중요한 문제점은 이 이론이 지나치게 합리적 교환관계와 자신의 이익을 극대화하려는 이기적인 동기를 통해 공정성 인식을 설명하려 했다는 점이다. 이 때문에 형평이론에서 상정하는 행위자 역시 자신의 이익을 극대화하려는 '경제적 인간Homo Economicus'으로 제한되었다. 형평이론은 제한된 교환관계, 즉 생산성 향상을 위한 조직을 중심으로 논의를 발전시킨 결과 상황적 맥락에 따라 교환관계의 성격이 달라질 수 있으며, 이에 따라 교환관계에 임하는 개인의 태도, 감정, 행위 등이 다양한 모습을 띠게 된다는 점을 고려하지 않았다. 예를 들어 우리가 처음 만나는 사람과 어떠한 물건을 교환할 때 나타나는 태도는, 같은 물건이라 하더라도 자신의 가족이나 친한 친구와 교환할 때의 태도와 매우 다를 텐데 이에 대한 고려가 부족하다.

초기 형평이론은 또한 공정성 인식이 같은 조직 내에서 같은 일을 하는 동료들을 대상으로 이루어지는 국지적 비교local comparison를 통해 형성되는 과정에 주목하였다. 그러나 이러한 국지적 비교는 두 비교 당사자가 동시에 과대보상을 받거나 과소보상을 받는 경우 공정성 인식이 왜곡될 수 있다는 점을 설명하지 못한다. 예를 들어 최저임금이 시간당 8천 원인데 A는 시간당 7천 원을 받고 다른 동료 B는 5천 원을 받는 경우, 형평이론에서 제시된 공식에 의하면 A는 자신이 과대보상을 받는 것으로 인식해야 하나, 실제 최저임금을 고려한다면 두 근로자 모두 과소보상을 받고 있는 것이다. 국지적 비교는 이러한 공정성 인식의 왜곡을 설명하기 어렵다.

이와 더불어 이 이론은 기여도에 비례하는 보상을 공정한 보상이라 주장하면서, 조직의 과업을 수행하기 위해 직접적으로 투입된 노력이나 자원의 양이 보상을 결정한다고 보았다. 그러나 실제로 많은 보상이 개인들이 실질적으로 투입하지 않은 조건, 예를 들어 성별이나 인종, 출신 지역과 같은 귀속지위ascribed status에 의해 결정된다는 점을 설명하지 못한다는 한계를 지닌다.[10]

마지막으로 형평이론은 공정성을 판단하는 원칙을 두 가지 측면, 즉 기여와 이에 비례한 보상의 측면에서만 판단하고 있는데, 이는 공정성 인식 과정을 지나치게 단순화하였다는 한계가 있다. 즉 공정성을 판단하는 기준이 기여에 대한 보상의 측면에 국한되어 있으며, 공정성을 판단하는 대상 역시 과정을 제외한 결과에만 집중하고 있다.

따라서 이후 공정성 연구들은 보상의 공정성을 평가하는 영역이 보상의 결과 측면뿐만 아니라 보상이 결정되는 과정, 혹은 집단의 과업을 수행하는 과정에서의 대인관계 측면 역시 중요한 역할을 한다는 점을 발견하였다. 또한 공정한 분배를 판단하는 기준 역시 기

10 어떤 개인이 노력을 통해 남성 혹은 여성이 된다거나, 자신의 선택에 의해 인종을 결정하여 그것이 보상 수준에 영향을 미치는 상황은 일반적으로 생각하기 어렵다. 하지만 능력이나 성과가 동일함에도 불구하고 성, 인종 등 개인이 결정할 수 없는 요소들이 보상 수준에 영향을 미치는 경우는 어렵지 않게 찾아볼 수 있다.

여에 대한 보상의 측면뿐만 아니라, 경우에 따라서 집단 구성원의 보상의 균등한 분배, 혹은 수혜자의 상황에 따른 보상의 필요성 등을 고려해야 한다는 점 등을 들어 공정성 평가규칙이 단순하지 않다는 점을 주장하였다.

3. 공정성 인식의 요인

형평이론 이후 공정성 연구는 크게 두 방향으로 발전되었다. 한 방향은 보상의 수준 이외에 공정성 인식의 다양한 선행요인들에 대한 연구들이다. 이 연구들은 보상을 받는 사람들의 개인적 상황이 공정성 인식 형성에 미치는 영향을 연구하였다. 다른 한편으로 공정성 인식을 결정하는 원칙에 관한 연구들은, 그동안 공정성 인식이 주로 관심을 기울여 온 기여에 따른 보상의 결과 이외에 어떠한 원칙에 의해 만들어지는가 하는 점에 주목하여 공정성 원칙의 복합적인 모습을 연구하였다.

1) 공정성 평가자의 개인적 특성이 공정성 인식에 미치는 영향

공정성 인식의 다양한 선행요인 중 개인적 특성과 관련된 요인에 대한 연구는 크게 공정성 평가자의 지위특성status characteristic, 감정상태, 그리고 개인의 가치관 등이 공정성 인식에 미치는 영향을 중심으로 이루어져 왔다.

우선 가장 중요한 것은 한 사람의 사회적 위치가 공정성 인식에 어떻게 영향을 미칠까 하는 문제이다. 예를 들어 교환관계가 동등한 재화를 1:1로 교환한다면 소위 말하는 '갑질'과 같은 부당한 이득을 챙기는 현상은 어떻게 가능한 것인가? 일상생활에서 나타나는 이와 같은 질문들은 공정성 인식과 사회적 지위 간의 관계에 대한 질문으로 연결된다.

형평이론에서 제시하는 국지적 비교는 보상의 수혜자가 자신의 기여도와 보상의 비를 인접한 다른 수혜자와 비교함으로써 이루어진다. 이때 문제는 두 비교 대상자가 동시에 과소 혹은 과대 보상을 받게 되는 경우 공정성 인식을 왜곡할 수 있다는 점이다. 또한 형평이론은 보상 수준을 결정하는 요인으로 결과에 대한 기여도를 가장 중요하게 제시하고 있는데, 노력에 의해 바꿀 수 없는 여러 개인적 특성 역시 보상의 수준을 결정한다는 점에서 형평이론은 한계가 있다는 점이 나타났다.

이와 같은 문제를 해결하기 위해 연구자들은 지위가치 이론status value theory을 발전시켰다.[11] 이 이론에 따르면 보상의 수혜자는 자신의 기여도뿐만 아니라 자신의 사회적 지위가 가지는 가치에 상응하는 보상 수준과 자신의 보상을 비교한다. 이를 위해 우선 보상의 수혜자는 사회 전체적으로 공유된 보상에 대한 기준을 인지하고 있어야 하는데, 이를 준거구조referential structure라고 하였다. 준거구조 중 특히 개인이 어떤 특성을 지닌 범주에 포함되는가 하는 범주구조categorical structure를 통해 인종, 성, 출신지역, 연령 등 기여도에 직접적

11 이에 대한 대표적인 논문으로는 Joseph Berger, Cecilia L. Ridgeway, and Morris Zelditch, "Construction of Status and Referential Structures," *Sociological Theory*, vol. 20, no. 2 (2002), pp. 157-179 참조.

으로 연관이 없는 속성이 공정성 인식에 미치는 영향을 설명하였다. 즉 개인은 범주구조에 따른 사회적 지위를 바탕으로 "자신과 비슷한 상황"에 있는 사람들이 그 사회에서 어느 정도의 보상을 받는가 하는 기대 수준을 만들어내고, 이 기대 수준과 자신의 실제 보상을 비교하여 보상의 공정성을 평가하게 된다는 것이다.

예를 들어 고등학교를 졸업한 10년 차 여성 서비스업 종사자는 자신이 속한 사회 내에서 같은 범주, 즉 고등학교 학력, 10년 경력, 여성, 서비스업 종사 등의 범주에 속한 사람들이 일반적으로 어느 정도의 보수를 받는지에 대한 기대를 가지고 있으며, 이러한 기대와 자신의 실질적인 보수 수준을 비교하여 자신의 보수에 대한 공정성을 판단하게 된다.

여기서 문제가 되는 것은 때로는 자신이 기여하지 않는 것으로 인해서도 보상이 달라질 수 있다는 점이다. 예를 들어 여성이 남성에 비해 평균적으로 임금이 낮다는 것은 널리 알려진 사실인데, 남성이라는 것이 노력의 결과라고 할 수는 없을 것이다. 인종이나 국적도 마찬가지이다. 사회에 따라 특정 인종이나 국적 여부에 따라 여러 다른 보상을 차등적으로 받는 경우가 발생하는데, 어떤 인종으로 태어났다는 것, 혹은 어떤 국가의 국적을 가지고 있다는 것이 개인의 노력의 결과는 아닐 것이다. 그럼에도 불구하고 이와 같은 지위의 차이에 따라 보상이 달라지는 구조가 존재하며, 이는 사회의 불평등을 만들어내는 요소로 작용하기도 한다.

사회적 지위와 더불어 공정성 인식의 결과로서 감정적 반응은 초기 형평이론에서부터 많은 연구자들의 관심사였으며, 초기 공정성 연구들은 감정을 주로 공정성 인식과 이후 결과들을 연결하는 매개 수단으로 연구해 왔다. 즉 자신의 보상이 불공정하다고 인식되는 상황이 개인의 감정에 미치는 영향과 더불어, 이때 생성된 부정적 감정이 어떻게 행위 차원의 반응을 매개하는지에 대한 연구가 주를 이루었다.

이와 반대로 최근의 공정성과 감정 사이의 관계에 대한 연구들은 감정이 어떻게 공정성 인식 과정에 영향을 미치는지에 대하여 설명하고 있다. 예를 들어 이전까지는 공정성 인식이 이성적 판단에 근거한다는 관점이 지배적이었으나, 최근 연구들은 감정이나 기분mood 등이 공정성 인식을 형성하는 데 미치는 영향을 분석하기도 한다. 이와 같은 연구들은 감정적 반응은 어떠한 사건에 대한 인지적 판단보다 더 즉각적으로 나타나며, 이후 인지적 측면의 공정성 인식에 영향을 준다고 주장한다. 또한 감정은 개인의 현재 상황과 이전의 사건을 연결하는 역할을 하여, 이를 통해 개인은 과거의 경험과 현재의 상황을 조합하여 공정성 인식을 만들어내기도 하며, 마지막으로 감정이 공정성에 대한 전반적 평가를 내리는 데 영향을 미친다고 주장한다. 감정이 공정성 인식에 미치는 영향에 관한 연구는 개인들은 긍정적 상태일 때 공정성에 대해 상대적으로 느슨한 잣대를 들이대는 반면, 부정적 상태일 경우 기여와 보상에 대한 비율을 보다 정확하게 판단하려 하는 경향이 있다는 점을 발견하였다.[12] 즉 부정적 정서 상태인 경우 사람들은 공정성 판단에 보다 엄격해진다는 것이다. 이러한 연구들은 보상 수혜자의 감정적 상태가 공정성 인식의

12 Susan T. Fiske and Shelley E. Taylor, *Social Cognition: From Brains to Culture* (Sage, 2013).

형성에 영향을 미칠 수 있음을 보여준다.

공정성 인식은 개인이 가지는 지위특성, 감정상태와 더불어 공정성 판단자의 가치에 의해서도 영향을 받는다. 여러 가치관 중 공정성 연구자들의 관심을 많이 받아 온 것은 사회적 가치지향SVO, Social Value Orientation이 공정성 인식에 미치는 영향이다. 이 척도는 가치를 지닌 대상을 분배할 때 얼마나 자신 혹은 타인에게 유리한 결과를 선호하는가 하는 정도를 측정하는 도구로, 사회적 가치지향 척도에 응답하는 형태에 따라 대체로 개인의 지향성을 크게 친사회적pro-social 지향, 개인주의적individualistic 지향, 경쟁적competitive 지향 세 가지로 분류한다. 친사회적 지향을 가진 사람들은 개인의 이득보다는 전체 집단 수준에서 가장 높은 보상을 선호하는 반면, 개인주의적 지향을 가진 사람은 타인의 보상을 고려치 않고 자신의 보상 수준을 높이는 데 집중하려는 경향을 보인다. 한편 경쟁적 지향을 가진 부류는 자신이나 타인의 절대적인 보상 수준에 주목하기보다는, 자신과 다른 사람의 보상 수준의 차이에 집중하여 상대에 비하여 자신의 보상 수위가 더 높은 보상 체계를 선호한다.

친사회적 지향을 지닌 사람들이 개인주의적 혹은 경쟁적 지향을 지닌 사람들에 비해 다른 사람들의 행동을 보다 도덕성과 공정성의 관점에서 해석하려고 하는 경향이 있으며, 또한 분배의 결과를 인식함에 있어서도 개인주의적 혹은 경쟁적 지향을 지닌 사람들에 비해 공정성과 호혜성의 기준을 충족시키려 노력하는 경향이 있다. 또한 사회적 가치지향이 분배의 규칙 선택에 미치는 영향에 대해 살펴보면, 친사회적 지향을 지닌 실험 대상이나 개인주의적 지향을 지닌 실험 대상 모두 공정성의 원칙이 위배되었을 때 부정적 감정을 나타내는 것은 공통적이지만, 친사회적 지향의 실험 대상자는 불공정한 분배에 대해 개인적으로 사후 보상을 하는 경우에도 부정적 감정이 줄어들지 않은 반면, 개인주의적 지향을 지닌 사람은 사후 보상을 통해 개인의 보상이 늘어난 경우 부정적 감정이 줄어드는 것으로 나타났다. 이는 공정성의 원칙을 중요시하는 동기가 다르다는 점을 보여주는데, 즉 개인주의적 지향의 사람들은 자신의 보상이 충분히 주어진 경우 전반적인 공정성 원칙은 중요하게 생각하지 않는 반면, 친사회적 지향의 사람들은 공정성 원칙 그 자체에 가치를 두는 것으로 해석할 수 있다.

이와 더불어 문화적 가치 역시 공정성 인식에 영향을 미치는 요인 중 하나로 연구되어 왔다. 문화적 배경이 공정성 인식에 미치는 영향에 관한 연구는 주로 개인주의와 집단주의 문화 간의 공정성 인식 차이에 대한 연구들이다. 집단주의 문화가 강한 중국은 개인주의 성격이 강한 미국에 비해 내집단 구성원들에 대한 분배에 있어 평등의 원칙을 더 중요시하는 경향이 발견되기도 한다.

교환관계에서 개인이 느끼는 공정성은 물론 보상의 절대적인 양에 의해 많은 부분이 결정된다. 하지만 위에서 살펴본 바와 같이 개인적 특성과 공정성 인식 간의 관계에 관한 연구들은 공정성 인식이 객관적인 기여도와 이에 비례하는 보상 수준에 의해서만 결정되지 않고 개인이 가지고 있는 지위특성, 감정상태, 가치 등에 의해 많은 영향을 받는다는 것을 보여주었다. 이는 공정성 인식이 주관적 요소에 의해 변화될 수 있음을 증명하고 있다. 이어지는 부분에서는 개인이 처한 상황적 맥락이 어떻게 공정성 인식에 영향을 주는지에 대해 살펴보도록 한다.

2) 상황적 배경과 공정성 인식

개인적인 요인들과 더불어 개인이 처해 있는 상황적인 배경 역시 공정성 인식 형성에 중요한 역할을 한다. 특히 상황적 특성은 공정성 인식의 형성에 직접적으로 영향을 미치기도 하지만, 개인적 요인이 공정성 인식에 미치는 영향을 조절하거나 공정성 인식으로부터 나타난 감정적 혹은 행동적 반응에 직접 영향을 미치는 경우도 있다. 여기에서는 여러 상황적 맥락 중 권력구조, 기준점, 그리고 관계적 맥락 등이 공정성 인식에 미치는 영향에 대해 살펴보도록 한다.

가장 먼저 살펴볼 것은 권력과 정당성의 문제이다. 교환이론에서 권력에 대한 연구는 개인적인 능력보다는 연결망의 구조로 인해 발생되는 이른바 구조적 권력에 관심을 기울여 왔으며, 교환이론을 바탕으로 발전된 공정성 이론 역시 이와 같은 구조적 권력이 공정성 인식에 미치는 영향에 대해 연구해 왔다. 쿡과 에머슨[13]은 실험을 통해 교환의 연결망 구조가 권력을 생성해내는 과정을 설명하였는데, 이 실험에서 피실험자들은 자신의 권력을 이용해 이득을 취할 수 있는 기회가 주어지더라도 자신의 이익을 극대화하려는 동기와 더불어 공정성의 원칙을 준수하려는 동기를 동시에 가지고 있어 자신들에게 주어진 권력을 모두 사용하지 않는다는 것을 발견하였다.

다른 한편으로 권력의 정당성이 불공정한 분배를 정당화하기도 한다. 토마스의 연구팀 연구자들은 실험에서 조직 내에 보상의 분배

13 Karen S. Cook and Richard M. Emerson, "Power, Equity and Commitment in Exchange Networks," *American Sociological Review*, vol. 43, no. 5 (1978), pp. 721-739.

를 불공정하게 제시한 다음, 피실험자들이 이와 같은 불공정한 구조를 변화시키기 위하여 자신의 자원을 들여 집단행동에 참여하는 경향이 얼마나 되는지 관찰하였다. 그 결과 집단의 불공정한 보상을 결정하는 권력이 정당화되고 이에 대한 지지를 얻은 경우에는 집단행동을 통해 불공정한 구조를 바꾸려는 노력을 적게 하는 반면, 분배 권력이 정당화되지 않은 경우에는 집단행동에 참여하는 비율이 더 큰 것으로 나타났다.[14] 또한 헤그베트와 존슨은 기존의 연구 결과들을 토대로 권력의 정당화와 공정성 인식 간의 관계에 대한 몇 가지 이론적 예측을 제시하였다.[15] 이들은 불공정한 분배에 대한 정당화 혹은 지지가 강할수록 행위자는 덜 불공정하다고 여길 것이며, 분배 권력에 대한 정당화 혹은 지지가 강할수록 행위자는 불공정성을 적게 느낀다는 점을 발견하였다. 이러한 연구들은 조직의 권력구조와 그 권력의 정당성 확보 여부에 따라 구성원들이 분배의 공정성을 다르게 인식할 수 있다는 점을 보여준다.

상황을 인식하는 기준점anchor이 있는지 여부는 개인의 판단에 큰 영향을 미친다. 인지심리학 연구들은 개인들이 어떤 대상에 대하여 판단을 할 때, 판단을 내리기에 앞서 제시된 기준점에 따라 사람들의 인식이 편향을 일으킨다고 주장해 왔다. 예를 들어 전망이론prospect theory에 따르면 사람들은 보험, 도박 등 불확실성이 있는 상황에

14 George M. Thomas, Henry A. Walker, and Morris Zelditch, Jr, "Legitimacy and Collective Action," *Social Forces*, vol. 65, no. 2 (1986), pp. 378-404.

15 Karen A. Hegtvedt and Cathryn Johnson, "Justice Beyond the Individual: A Future with Legitimation," *Social Psychology Quarterly*, vol. 63, no. 4 (2000), pp. 298-311.

서 어떤 값을 추정하거나 장래의 위험, 이익, 손실 등에 대한 대비를 하는 행동을 할 때, 미리 제시된 임의의 값을 기준으로 판단을 도출해 내려는 경향이 있는데, 이를 기준점 효과anchoring effect라고 한다.[16] 이와 같은 경향은 공정성 이론에도 영향을 미쳤는데, 마콥스키는 여러 상황을 제시하는 예화vignette의 상황에서 사람들의 반응을 알아보는 실험을 통해 상황적 맥락에 관한 정보가 어떻게 사람들의 공정성 인식을 왜곡시키는지를 관찰하였다.[17] 그 결과 실험 참가자들이 어떤 제시된 기준점에 대해 반대contrast 혹은 동화assimilation되는 방향으로 자신의 공정성 인식을 왜곡한다는 것이 드러났다.

사회적 맥락에 따른 차이도 존재한다. 초기 공정성 이론이 전체적인 생산성에 초점을 맞춘 조직에서 형평의 원칙에 관심을 기울였으며, 이러한 연구에서는 각 개인 역시 자신의 이익을 최대한으로 추구한다는 가정을 통해 경제적 인간 행위자 모형을 상정하였다. 그러나 실제로는 많은 경제적 거래관계 역시 보다 큰 사회적 관계 내에서 영향을 받는다는 점을 고려한다면, 공정성 인식 역시 그 인식 과정이 일어나는 사회적 맥락에 따라 영향을 받는다는 것을 고려해야 할 필요가 있으며, 이후 연구들은 공정성 이론을 다양한 상황에서

---

16 전망이론은 심리학자 카너먼과 트버스키에 의해 발전된 이론으로 이후 행동경제학의 모체가 되었다. Daniel Kahneman and Amos Tversky, "Prospect Theory: An Analysis of Decision under Risk," *Econometrica*, vol. 47, no. 2 (1979), pp 263-291은 전망이론을 소개한 가장 유명하고도 중요한 논문으로 인정받고 있으며, 한국어로도 번역된 카너먼의 『생각에 관한 생각(*Thinking, Fast and Slow*)』(김영사, 2018)은 전망이론의 연구를 집대성한 책이다.

17 Barry Markovsky, "Anchoring Justice," *Social Psychology Quarterly*, vol. 51, no. 3 (1988), pp. 213-224.

적용해 보았다.

공정성 준거집단의 연결망과 공정성 인식에 대한 최근 연구에서는 개인이 준거로 삼을 수 있는 타인들과 어떤 연결망을 가지고 있는가에 따라 공정성 인식이 바뀐다는 점이 드러났다.[18] 예를 들어 연결망 내에 있는 다른 사람들의 보상이 다양할수록, 그리고 불평등 정도가 심할수록 자신의 보상을 덜 공정하다고 여기는 것으로 나타났다. 또한 관계의 특성에 따라 공정성 인식도 변화를 나타내는데, 동거관계에 있을 경우 혼인관계에 있을 때보다 공정성에 대해 강하게 반응하며, 따라서 관계 내 공정성이 깨졌을 경우 그 관계의 지속이 어렵게 될 가능성이 더 높다는 점을 발견하였다. 이 밖에도 문화적 맥락에 따라 자원의 분배에서 주목하는 점이 필요, 평등, 공정성, 이익 등에 따라 다르게 나타나기도 한다.

공정성 원칙의 다차원적 속성에 주목한 학자들은 조직의 목적이 항상 생산성에 맞추어질 수 없으며, 때에 따라서는 전체 조직의 조화, 혹은 조직 구성원들의 복지나 필요에 더 초점을 맞춰야 할 경우가 있다고 주장하였다.[19] 이에 따라 어떤 상황에서는 형평에 원리보다는 평등, 혹은 필요의 원칙이 더 중요시된다. 이에 대해서는 이

18 David Melamed, Hyomin Park, Jingwen Zhong, and Yue Liu, "Referent Networks and Distributive Justice," *Advances in Group Processes*, vol. 31 (2014).

19 공정성 이론의 다차원성에 대해 논의한 대표적인 논문들로는 Morton Deutsch, "Equity, Equality, and Need: What Determines Which Value will be used as the Basis of Distributive Justice?," *Journal of Social Issues*, vol. 31, no. 3 (1975), pp. 137-149; Gerald Leventhal, "What should be done with Equity Theory?," pp. 27-55, in K. Gergen, M. Greenberg, and R. Willis, *Social Exchange* (Springer, 1980) 등을 참조.

후 공정성의 다차원성에 대한 부분에서 좀 더 깊게 다루도록 한다.

4. 공정성의 다차원적 속성

현대의 공정성 이론이 태동한 1960년대부터 1970년대까지 다양한 공정성 연구의 관점이 등장하였지만, 이들은 주로 형평의 원칙을 기준으로 분배공정성의 관점에 관심을 기울여 왔다. 그러나 몇몇 공정성 연구자들은 형평성을 중심으로 한 분배공정성 연구의 한계를 지적하고 공정성의 다차원성에 대해 논의하였다. 대표적으로 레벤탈Gerald Leventhal은 사람들이 상황의 공정성을 평가하는 데 있어 실제로는 다양한 차원을 고려하게 되지만 그동안의 형평이론은 그중 기여나 능력에 대한 고려만을 중요시하였으며, 보상의 공정성을 평가할 때에도 보상의 결정 과정을 함께 고려하기보다는 보상의 결과만을 중요시했다고 주장하였다.

이와 같은 한계를 극복하기 위해서 공정성 연구자들은 보상의 분배 결과뿐만 아니라 보상 결정 과정의 공정성을 연구하고, 동시에 분배의 원칙에 있어서도 형평성이라는 단일 원칙 이외에 필요성이나 평등성의 원칙도 고려하기 시작하였다.

1) 공정성 인식 대상의 확대: 절차공정성

최근 야구나 축구 경기에 비디오 판독 제도라는 것이 생겨났다. 주심이 어떤 상황을 놓친 경우 그 상황을 보다 정확하게 판독하기 위해 녹화된 비디오를 여러 차례 검토하여 최종 결정을 내리는 제도이다. 이 제도는 보다 공정한 판단을 하기 위해 도입되었지만, 실제로 비디오 판독으로 어떤 사안이 결정되면 선수들은 자신에게 불리한 판결이 내려지더라도 예전에 비해 쉽게 수긍하는 모습들을 볼 수 있다. 즉 이 제도는 다른 한편으로 결과의 유불리에 관계 없이 양쪽의 판정에 대한 만족도를 높이는 결과를 가져왔다. 이는 사람들이 공정하다고 여기는 것이 단지 자신에게 유불리함만을 따지는 것이 아님을 보여주는 하나의 예이다.

앞서 살펴본 공정성 연구들은 주로 집단으로부터의 보상이나 책임의 분배 결과에 따라 공정성 인식이 결정된다는 점에 주목한 연구들이었다. 따라서 사람들의 공정성 인식은 자신에게 주어진 보상이 사회적으로 합의된 원칙에 부합하는가 하는 점에 주목하게 된다. 하지만 사람들은 단지 보상의 결과에만 주목하는 것은 아니다. 보상의 수혜자들은 보상의 결과뿐만 아니라 분배 과정이 얼마나 공정한지도 중요하게 고려하며, 이를 분배공정성과 구분하여 절차공정성procedural justice으로 불렀다.

절차공정성은 크게 도구적 모형instrumental model과 집단가치 모형group-value model 두 가지 모형으로 발전해 왔다. 도구적 모형의 절차적 공정성 연구는 최초에는 법원을 통한 갈등조정 과정에서 합의안이 도출되었을 때 어떤 경우에 합의 당사자들의 만족도가 높아지는지에 대하여 이루어졌다. 이 연구에 따르면 사람들이 자신의 보상의 결과가 결정되는 과정에 참여하여 의견을 낼 수 있다면, 이는 결과적으로 자신의 이익을 보호할 가능성이 크다고 의식하게 된다. 따라서 개인들이 보상의 분배에 관한 의사결정 과정에 참여하는 기회가 주어지는 것을 중요하게 여기게 된다.

결과적으로 갈등조정 과정에서 3자의 개입 정도에 따라 결과의 만족도가 어떻게 달라지는지 살펴보면, 피실험자들은 자신에게 주어진 보상의 수준과는 별도로 보상이 분배되는 의사결정 과정에 참여하여 의견을 개진하고 영향력을 미쳤을 경우 결과에 더 만족하는 것으로 나타났으며, 반대로 갈등조정 과정이 전적으로 다른 사람의 개입에 의존하여 이루어진 경우 협상의 결과에 대한 만족도가 떨어지는 것으로 나타났다.[20]

이 모형이 도구적 모형으로 불리는 이유는 이와 같은 상황에서 절차적 공정성은 자신에게 유리한 보상을 이끌어 내기 위한 도구로서 인식이 되기 때문이다. 즉 개인들이 의사결정 과정에 자신의 의견을 낼 수 있을 경우 분배 과정에서 스스로의 이득을 보다 충실히 반영하고, 결과적으로 분배의 결과에 있어 보다 많은 이익을 보장할 수 있을 것이라 생각하기 때문이다. 이와 같은 절차적 공정성의 도구적 설명 모형은 보상의 결과뿐만 아니라 보상의 결정 과정도 중요한 역할을 한다는 것을 보여줌으로써 공정성 이론의 지평을 넓히는 역할을 하였다. 하지만 이러한 절차적 공정성에 대한 도구적 모형은 보상의 분배가 일회적으로 일어나는 경우에 적합한 설명이며, 오랜 시간에 걸쳐 반복해서 일어나는 보상 관계를 잘 설명하지 못한다는 한계가 있다.

타일러와 린드는 보상의 분배 과정에 대한 관심은 도구적 모형에서 제시하는 바와 같이 보상의 수혜자들이 자신의 물질적 이득을 위

20 John Laurens Walker Thibaut, Stephen La Tour, and Pauline Houlden, "Procedural Justiceas Fairness," *Stanford Law Review*, vol. 26, no. 6 (1974), pp. 1271-1289.

해서만 이루어지는 것이 아니라 비도구적 동기에 의해서도 발생한다고 주장하였다. 이들의 집단가치 모형group-value model에 의하면 개인들은 절차적 공정성이 자신에게 직접 물질적인 이득을 주기 때문이 아니라, 절차적 공정성이 주는 상징적·심리적 가치를 중요하게 생각하기 때문에 이를 중요시한다.[21] 집단가치 모형은 우선 개인들은 장기적인 사회적 관계를 통해 자신의 정체성을 확보하기 때문에 어떤 집단에 대한 소속감을 중요시한다고 가정한다. 동시에 개인은 자신이 집단에서 어떤 대우를 받는가를 중요시 여기는데, 왜냐하면 집단이 자신을 어떻게 대하느냐가 개인이 집단에서 찾으려는 자신의 정체성을 형성하는 데 중요한 요소로 작용하기 때문이다.

타일러는 집단에 속한 개인이 집단의 절차적 공정성을 파악하는 데 중요하게 여기는 세 요소를 제시하였다. 집단의 구성원들이 집단의 보상을 분배하는 권위체제가 절차적으로 공정하다고 느끼기 위해서는, 우선 분배를 결정할 권위를 가진 대상이 분배의 수혜자에게 손해가 가지 않는 방향으로 일을 할 것이라는 신뢰trust가 있어야 한다. 이는 단순히 어떤 개인에게 더 이득을 주는가의 문제가 아닌, 집단적으로 각 사회 구성원들에 대해 공정한 결과를 돌려주고자 노력한다는 믿음을 포함한다. 다른 한 요소는 분배의 수혜자를 사회의 한 구성원으로 완전히 인정한다는 느낌으로standing, 만일 한 개인이 집단으로부터 권리와 의견에 대해 존중받는다는 느낌을 받는다

21 E. Allen Lind and Tom Tyler, *The Social Psychology of Procedural Justice* (Springer, 1988); Tom Tyler, "The Psychology of Procedural Justice: A Test of the Group-Value Model," *Journal of Personality and Social Psychology*, vol. 57, no. 5 (1989) pp. 830-838 등 참조.

면 자신이 속해 있는 집단이 보다 공정한 절차를 가지고 있다고 느낄 것이다. 마지막으로 분배를 결정하는 권위체제가 공정하고 차별적이지 않아야 하는데neutrality, 이는 집단의 권위체제가 정직하고 편향되어 있지 않으며 일관적이고 사실에 입각한 의사결정을 내리는 것을 의미한다. 이들이 수행한 실험 결과에 의하면 위에 제시된 세 요인들이 긍정적으로 평가될수록 개인은 집단 내에서 존중받는다는 느낌과 더불어, 집단 외적으로는 자신이 속한 집단에 대하여 자부심을 가지게 되며, 이를 통해 집단지향 행동의 빈도와 자아 존중감이 올라가는 것으로 나타났다

이와는 별도로 레벤탈 역시 절차적 공정성을 평가할 수 있는 6개의 규칙을 제시하였다. 이는 ① 분배 과정은 시간적으로나 대상에 대해 일관적으로 적용되어야 한다는 '일관성의 규칙', ② 분배 과정은 분배자의 개인적 이익을 고려해서는 안 된다는 '편견 억제의 원칙', ③ 분배 과정은 가능한 많은 정확한 정보와 의견을 바탕으로 이루어져야 한다는 '정확성의 원칙', ④ 분배 과정에서 잘못된 점은 즉시 수정할 수 있어야 한다는 '수정가능성의 원칙', ⑤ 분배 과정은 그 분배의 영향을 받는 모든 하위집단의 기본적 이해, 가치, 전망 등을 아우를 수 있어야 한다는 '대표성의 원칙', 그리고 ⑥ 분배 과정이 분배 당사자의 개인적인 도덕 및 윤리 수준을 충족시켜야 한다는 '윤리성의 원칙' 등이다.[22]

한편 타일러는 그간의 공정성 이론을 지배해 온 '이기적 행위자'

22 Gerald Leventhal, "What should be done with Equity Theory?," in K. Gergen, M. Greenberg, and R. Willis, *Social Exchange* (Springer, 1980), pp. 27-55.

의 가정에 의문을 던지면서, 사회 구성원들의 행위를 이끄는 것은 자신의 이익을 추구하려는 도구적 동기만이 아니라 사회적 동기social motivation에 의해서도 영향을 받는다고 주장하면서, 이러한 사회적 동기로 태도, 가치, 정체성, 절차적 공정성, 동기 기반 신뢰 등 다섯 가지 요소를 제시하였다.

절차공정성에 대한 최근의 연구에 따르면, 절차적 공정성은 한정된 조직 내에서뿐 아니라 사회 전체의 질서를 유지하는 데도 중요한 역할을 한다. 사회의 질서를 유지하는 사법기관은 기본적으로 사회 구성원들의 행위를 통제, 감시, 처벌하는 역할을 하기 때문에 사회 구성원의 자발적 동의 없이는 제대로 작동하기가 힘들다. 따라서 법원, 경찰과 같은 사법기관들은 기관의 역할을 수행하는 데 있어 사회 구성원으로부터 정당성을 확보하는 것이 성공적인 역할 수행의 관건이 된다.

최근 연구에 따르면 절차적 공정성은 시민들에게 사회의 통제 기제에 대한 정당성을 부여하는 데도 중요한 역할을 한다. 예를 들어 경찰행정에 있어 시민들의 자발적 신고 및 협조가 상당히 중요하며, 사회 전체의 준법 의식을 높이는 데도 법과 규칙에 대한 자발적인 동의와 복종이 필요한데, 시민들이 사법기관의 절차가 공정하다고 생각할수록 경찰을 비롯한 사법 당국의 활동에 정당성을 부여하며, 이는 결과적으로 경찰의 치안활동에 협력하려는 태도나 법을 준수하려는 태도로 나타나게 된다는 것이다.[23]

---

23 타일러의 일련의 연구는 경찰행정 측면에서 큰 의미가 있는 것으로 평가되고 있다. 이에 대한 연구는 Tom Tyler, "Procedural Justice, Legitimacy, and the Effective

2) 공정성 인식 척도의 다양화

분배공정성과 절차공정성의 논의가 공정성 판단의 대상에 관한 문제라면, 다른 한편으로 공정한 분배를 어떻게 달성할 것인가 혹은 분배의 공정성을 어떤 기준으로 판단할 것인가 하는 원칙의 문제 역시 공정성 이론의 발전에 중요한 부분을 담당하고 있다.

초기 공정성 이론은 개인이 상황의 공정성을 판단할 때 단일한 규칙, 즉 투입한 자원에 합당한 보상이 주어졌는가를 기준으로 한다고 가정하였다. 이는 초기 공정성 이론이 주로 교환이론을 바탕으로 조직 내에서 효율적인 과업 달성을 위한 적정한 보상 기준을 찾는 노력에서 시작되었기 때문이다. 물론 실제로 많은 상황에서 이와 같은 투입 대비 보상을 중요시하는 형평의 개념이 주된 공정성 인식의 기준이 되지만, 공정성을 인식할 때 실제로는 다른 공정성 인식 원칙들도 혼합되어 사용된다.

분배의 원칙 혹은 공정성 인식의 원칙은 크게 형평equity과 평등equality, 필요need 세 가지 원칙으로 구분되어 연구되어 왔다. 우선 형평equity의 원칙은 앞서 살펴보았듯이 공정성 이론의 초기부터 가장 중요하게 인식되어 왔던 원칙이다. 이 원칙에 따르면 집단 내에서 개인의 보상과 책임의 분배가 개인의 기여도에 따라 결정될 때 보상은 공정하다고 인식된다. 따라서 형평성의 원리는 주로 조직에서 구성원들 간 경쟁을 일으킴으로써 전체적인 성과 수준을 올리는 데 효

Rule of Law," *Crime and Justice*, vol. 30 (2003), pp. 283-357; Tom Tyler, *Why People Cooperate: The Role of Social Motivations* (Princeton University Press, 2010); Tom Tyler, "Trust and Legitimacy: Policing in the USA and Europe," *European Journal of Criminology*, vol. 8, no. 4 (2011), pp. 254-266 등을 참조.

율적인 원칙으로 자리 잡았다. 그러나 이러한 원칙은 현대 산업자본주의 사회에서 크게 두드러진 원칙일 뿐, 이와는 다른 원칙들도 존재한다.

평등equality의 원칙은 한 집단 내 수혜자들이 기여도나 다른 지위 특성 요인에 영향을 받지 않고 모두 동등한 보상을 받는 원칙을 뜻한다. 형평의 원칙이 구성원들 간 경쟁을 통해 성과를 높이는 효과가 있지만 그에 대한 반작용으로 구성원들 간의 상호 존중을 약화시키는 경향이 있는 반면, 평등의 원칙은 주로 구성원들 간의 기여도나 사회적 지위 등의 영향력을 최소화시킴으로써 구성원들 간의 조화와 화합을 꾀하거나 유지시키는 데 유리하다.

마지막으로 필요need의 원칙은 보상의 수혜자가 필요로 하는 자원의 양에 맞추어 사회적 자원이나 보상, 책임 등을 분배하는 것을 말한다. 이는 주로 구성원의 복지, 개인의 계발 등이 목적인 경우에 주로 사용된다.

사람들은 형평과 평등은 보상과 책임에 대한 분배의 측면이 강하다고 느끼는 반면, 필요는 개인의 계발과 발전에 연관된 원칙으로 인식한다. 또한 친밀한 관계에서는 형평보다는 평등의 원칙이 더 중요시되는 경향이 있으며, 평등한 분배는 형평과 필요에 의한 분배보다 전반적으로 구성원들의 만족도를 높이기도 한다. 또한 집단의 문화가 분배의 규칙을 정하는 데 영향을 미치기도 하는데, 집단이 경제적 이익에 치중하는 경우 형평의 원칙이, 관계적 목적을 추구하는 경우 평등의 원칙이, 그리고 구성원들의 발전을 목적으로 하는 경우 필요의 원칙이 다른 원칙에 비해 중시된다는 것을 알 수 있다. 하지만 이러한 원칙은 상호 배타적으로 작용하기보다는 상대적인 중요성이 달라지는 것으로 이해하는 것이 보다 적절할 것이다. 또한 개인들은 상황의 공정성을 평가할 때 각 원칙의 중요성에 따라 위의 세 가지 기준에 각각의 가중치를 부여하여 종합적인 공정성 인식을 도출한다.

5. 공정성과 평화

한 사회에서 구성원들이 느끼는 공정성의 수준은 사회의 평화적 지속에 큰 영향을 미친다는 측면에서 공정성과 평화, 그리고 평화와 관련된 가치들과 긴밀한 관계를 가진다. 특히 공정성은 이 책에 소개되고 있는 신뢰, 합의, 통합, 공존 등을 이루는 데 중요한 요인으로 작용하며, 평화를 만들어 나가는 데에도 역할을 한다.

신뢰는 무엇보다도 공정성과 긴밀하게 연관된다. 앞서 밝힌 바와 같이 개인들은 자신의 시간과 노력, 자원 등을 공동체에 투자하고 이로부터 유·무형의 보상을 받기를 원한다. 따라서 자신이 투여한 가치에 대한 보상의 기대치를 가지기 마련이며, 항상 이 기대치와 자신이 받은 보상을 비교하게 된다. 이 기대치와 다른 보상을 받을 경우, 그리고 특히 그와 같은 불공정한 처우가 지속적으로 반복될 경우 자신이 속한 사회의 일련의 교환 과정에 대해 불신을 하게 되며, 사회에 대한 헌신도가 계속해서 떨어지게 된다.

합의를 만들어 내는 데 있어서도 공정성은 핵심적인 역할을 한다. 절차적 공정성 논의에서도 이야기한 것과 같이 합의를 이루기 위해서는 합의 당사자 간의 공정성이 우선 확보되어야 하기 때문이다.

이때 공정성이라는 것은 결과적인 보상의 공정성도 물론 중요하지만, 합의에 이르는 과정이 얼마나 공정하고 구성원들의 목소리를 다양하게 반영하였는가 하는 점도 중요하게 작용한다. 결과가 자신에게 불리하더라도 그 과정이 공정했다고 여기면 사람들은 보다 쉽게 합의에 이르기도 한다.

물론 현실에서는 불공정한 합의도 종종 일어난다. 한쪽이 다른 한쪽보다 많은 권력을 가지고 있는 경우 공정성이 확보되지 않더라도 합의가 이루어지기도 한다. 국제관계에서 강대국과 약소국 간의 합의를 가장한 불공정한 강제나, 종종 뉴스에 등장하는 대기업과 중소기업 간의 불공정한 거래 등은 공정성이 낮은 상태에서의 합의이다. 그러나 이러한 합의가 진정한 '합의'인가에 대해 생각해 볼 여지가 있으며, 또한 불공정성을 기반으로 한 합의가 단기적으로는 평화로워 보일 수 있지만 장기적으로 결국 갈등의 요소를 계속해서 안고 가거나 오히려 갈등을 키워나가는 것을 쉽게 볼 수 있다. 이러한 점에 비추어 공정성이 확보되지 않은 합의는 평화를 지향하는 합의라 볼 수 없다.

궁극적으로 한 사회가 공정성을 확보하려는 이유는 한 사회의 통합과 공존을 지속하기 위해서이다. 무인도에 표류한 로빈슨 크루소에게는 공정성이라는 개념이 필요하지 않을 것이다. 그는 자연이 허락하는 한에서 모든 것을 자신이 원하는 대로, 자신이 원하는 만큼 가질 수 있으며, 다른 사람의 몫은 중요하지 않다. 그러나 우리가 사는 세계에서는 매일매일의 선택이 공정성과 연결되는데, 이것은 개개인의 선택이 다른 사람의 몫에 영향을 미치는 사회에 살고 있기 때문이다. 한 사람의 행동이 다른 사람의 합당한 권리를 침해하는 경우 사회의 갈등은 증폭될 것이며, 모든 인간사회는 어떤 권리가 어떤 식으로 보호되어야 하는지를 규정해 왔고, 이것이 무너진 사회는 통합과 공존에 실패하는 경우들을 역사적으로 많이 보아 왔다.

한 사회가 공정성을 중요시하고 이를 위한 제도를 만드는 것은 윤리적 측면에서 자신의 몫과 다른 사람의 몫을 정당하게 나눈다는 측면도 있지만, 궁극적으로는 그것을 통해 통합과 공존을 이루고자 한다는 측면이 더 중요하다. 우리가 '만인의 만인에 대한 투쟁' 상태의 정글에서 사는 것이 아니라면, 혹은 그러한 사회를 바라지 않는다면, 통합과 공존을 위해 자신의 몫을 추구하는 방법과 결과에 있어 공정성을 유지해야 하며, 이를 유지시킬 수 있는 제도를 구성해야만 한다.

6. 맺음말

이 장에서는 공정성 논의의 기초가 되는 개념과 주요 이론을 제시하였다. 한 사회의 공정성 수준은 집단에 속한 사람들이 자신의 집단에 가지는 감정과 정체성에 영향을 미치고, 그로 인해 집단에 얼마나 헌신하고 협력할 것인가를 결정하는 중요한 역할을 한다. 따라서 공정성이 훼손된 사회는 사회적 갈등과 반목에 휩싸이게 되고 평화와 조화의 가치가 약해질 수밖에 없다는 점에서 공정성은 평화의 유지에 중요한 역할을 하게 된다.

최근 한국 사회는 사회 전반에 걸쳐 공정성에 대한 요구가 날로 증가하고 있다. 이는 기본적으로 우리의 사회체계가 그동안 경제적 성장에 초점을 맞추어 오면서 사회 전체의 효율성을 높이는 데 주력하고, 각 구성원의 다양한 측면을 고려한 보상의 분배나 처우의 개선 등이 상대적으로 우선순위에서 밀려 왔기 때문이다. 다시 말해 그동안 한국 사회는 앞서 살펴보았던 공정성의 여러 다른 원리보다 형평의 원리를 지나치게 강조해 왔다. 그러나 이제는 어느 정도 경제적 성과를 이루어내어 이러한 시점에 적합한 적정한 분배에 대한 원칙과 방법을 모색해야 할 시기가 되었다.

그러나 공정성 인식은 객관적인 보상 수준뿐 아니라 수혜자의 다양한 개인적·상황적 요인에 의해 주관적으로 결정되는 부분이 많다. 특히 문화와 가치관을 소유하고 있는 현대 사회의 각 구성원 집단 사이에서 한 사회 내에 합의된 적절한 공정성의 원칙을 발견하고 이를 발전시켜 나아가야 하는 것은 점점 더 어려운 과제로 떠오르고 있다. 현재 우리가 겪고 있는 성별 간, 세대 간, 지역 간, 계층 간 사회적 갈등의 양상은 이러한 측면을 잘 보여주고 있다. 따라서 이러한 상황을 해결하기 위해서는 공정성에 대한 정치·철학적 논의와 사회적 합의를 만들어내려는 노력이 진행되어야 한다.

최근 공정성 연구에서 주목할 만한 변화는 인간의 감정적 측면이 공정성 이론을 이루는 독립적인 한 부분으로 자리 잡고 있다는 점이다. 공정성 이론은 인간의 합리적 선택이 행위를 이끈다는 교환이론을 바탕으로 시작되었다. 따라서 공정성 이론에서도 감정은 초창기부터 많은 주목을 받아 왔으나, 그 연구의 범위가 공정성 인식이 행위나 인지의 측면으로 발전되는 데 매개체로서의 역할을 하는 것으로 한정되었다. 그러나 최근 많은 연구들이 공정성 이론에서 감정의 역할이 과소평가되어 왔음을 지적하면서 감정의 역할에 대한 연구가 이루어지고 있다.

사회적 딜레마social dilemmas 역시 공정성 이론과 연계되어 연구되어야 할 분야이다. 사회적 딜레마는 개인 수준의 합리성이 집단 수준의 합리성과 배치가 되는 상태를 말한다. 죄수의 딜레마라든가 공유지의 비극과 같은 상황이 사회적 딜레마의 대표적 사례이다. 이러한 사회적 딜레마의 해결 방안은 사회의 갈등을 줄이고 구성원 간 협력을 이끌어내는 단초를 제공한다. 그동안 많은 연구들은 집단적 감시체제 수립을 통한 보상과 처벌의 공정한 분배를 통해 사회적 딜레마를 해결할 수 있다고 주장해 왔다. 즉 공정성, 특히 절차적 공정성이 낮을수록 사회적 딜레마 상황에서 협력 정도가 현저히 낮아지는 것으로 나타났다. 그러나 두 이론 간 이와 같은 유사성에도 불구하고 사회적 딜레마 혹은 협력의 문제에 대해 공정성을 통해 해결 방안을 모색하는 연구는 활발히 이루어지지 않았다.

끝으로 공정성은 사회의 평화를 추구하는 많은 다른 요소들과 밀접하게 연관되어 있다. 공정성이 확보되지 않는다면 사회 구성원 간 신뢰를 구축하고 그에 기반한 합의를 이끌어내는 것이 불가능할 것이며, 궁극적으로 사회의 통합을 저해하고 공존을 위협하는 일이 벌어질 것이다. 평화의 가치를 추구하기 위해서는 공정성이 우선 확보되어야 하는 중요한 이유가 여기에 있다.

3 공공성

조성환 (원광대학교 원불교사상연구원)

1. 들어가는 말

세월호가 침몰한 지 7개월이 지난 2014년 겨울에 〈공공성 '꼴찌 국가' 한국, 세월호와 '공공성'〉이라는 제목의 TV 보도가 난 적이 있다.[1] 이 기사에 의하면, SBS와 서울대학교 사회발전연구소(소장 장덕진 서울대 사회학과 교수)가 1년 동안 공동 연구한 결과 세월호 사태의 원인은 '공공성'에 있다는 결론이 나왔다고 한다. 구체적으로는 '공공성'이 의미하는 바를 사회학자들의 견해에 따라 공익성, 공정성, 공개성, 그리고 공민성(시민성)으로 보고 각 항목마다 수치를 통해서 국가별 순위를 매겨본 결과 한국이 꼴찌였다는 것이다. 실제로 세월호를 둘러싼 문제들을 조사해 보면 하나같이 이 네 가지 가치, 즉 공익성, 공정성, 공개성, 시민성에 역행하고 있었고, 결국 세월호 문제가 한국 사

1 2014년 11월 9일 SBS 뉴스 취재파일. 〈http://news.sbs.co.kr/news/endPage.do?news_id=N1002675154〉

회의 공공성 부재가 초래한 비극이었음을 알 수 있다는 것이다.

이 조사는, 그 결과에 대해서는 찬반 양론이 있을 수 있겠지만, 공공성과 다른 가치들과의 연관성을 생각하는 데 있어서 하나의 참고가 될 만하다. 즉 오늘날 우리 사회에서 말하는 '공공성' 개념에는 공익성, 공정성, 공개성, 공민성(시민성) 등 다양한 가치들이 포함되어 있다. 이 외에도 사람에 따라서는 공평성이나 평등성 또는 배려나 공감 같은 사회적 가치를 의미하는 말로도 공공성 개념을 사용할 수 있다. 그런 의미에서 오늘날 우리가 사용하는 공공성은 '사회적 가치'의 총체를 의미한다고 할 수 있다.

따라서 공공성을 둘러싼 문제는 결국 '가치관'의 문제로 귀결된다. 어떤 가치를 우선시하느냐에 따라서 추구하는 공공성도 달라지기 때문이다. 가령 같은 경제 문제라고 해도 '평등'이라는 가치를 중시하는 사람은 국가의 시장개입이 공공성을 추구하는 것이라고 생각할 것이다. 반면에 '자유'라는 가치를 중시하는 사람은 국가의 시장개입을 최소화하는 것이 공공성을 실현하는 것이라고 주장할 것이다. 이처럼 공공성은 지향하는 가치에 따라서 그 내용도 달라지게 된다.

그렇다면 문제는 공공성에 대한 서로 다른 요구를 어떻게 조절하고 중재하여 합의를 이끌어 낼 수 있을 것인가에 달려 있다. 바로 여기에 '공공성과 평화'의 문제가 대두된다. 공공성에 대한 상이한 요구들을 세련되게 조정하지 못하면 갈등과 폭력이 난무하게 되고, 결국 평화가 깨지는 상황이 발생하기 때문이다. 이러한 예는 최근에 한반도를 둘러싼 정치상황에서 쉽게 찾아볼 수 있다. 각 나라가 추구하는 상이한 공공성을 대화와 협상으로 해결하고자 할 때에는 한반도나 국제관계에 평화 무드가 조성되지만, 그렇지 못할 경우에는 전쟁 위협 상황이 되거나 국민감정이 고조되는 것이다.

이렇게 보면 공공성과 평화의 문제는 결국 '공공성의 공공성' 문제라고 할 수 있다. 달리 말하면 '메타-공공성'이라고도 할 수 있다. 즉 공공성을 추구하는 방식이 공공적이어야 한다는 것이다. 양자가 모두 납득할 수 있는 공통의 합의를 도출해 낼 수 있을 때, 그리고 그런 방식으로 문제를 해결하고자 할 때 비로소 평화가 실현될 수 있기 때문이다.

이하에서는 이러한 문제들을 염두에 두면서 공공성의 개념과 공공성을 둘러싼 갈등의 사례를 중심으로 논의하고자 한다.

2. 공공성의 정의

1) 공공성의 범람

'공공성'은 어원적으로 보면 "모두와 함께한다"는 의미의 동사 '공공公共'에서 파생된 추상명사로 공유성, 공개성, 공익성, 공정성, 공평성 등을 포괄하는 의미로 사용되고 있다. 뿐만 아니라 그 대상도 한층 폭넓어 의료의 공공성, 교육의 공공성, 방송의 공공성, 기업의 공공성, 건축의 공공성, 미술의 공공성, 교회의 공공성 등과 같이 거의 모든 분야에 걸쳐 사용되고 있다.

공공성은 한자로는 '公共性', 영어로는 'publicity'나 'publicness'로 쓰는데, publicity나 publicness는 주로 '공개성'을 의미한다. 따라서 publicity나 publicness는 오늘날 한국 사회에서 사용되는 공공성의 쓰임에 비하면 그 의미나 대상이 제한적이다. 또한 흔히 공공성의 사전적 정의로 제시되고 있는 "널리 사회 일반에 이해나 정의를 지니는 성질"(『廣辭苑』 第6版, 岩波書店, 2008) 또는 "개인이나 단체가 아닌 일반 사회 구성원 전체에 두루 관련되는 성질"이라는 설명은, 조한상이 지적하고 있듯이 오늘날 한국 사회에서 사용되고 있는 공공성 개념을 충분히 포섭하고 있지 못하다.[2] 사전적 정의는 단지 '공공'이라는 어원에 입각한 개념적 설명에 불과할 뿐, 실제로 지금 한국 사회에서 사용되고 있는 공공성의 포괄적인 의미를 담아내고 있는 것은 아니다.

공공성이라는 말이 지니는 이와 같은 포괄성과 확장성은 상반되는 두 가지 측면을 지닌다. 하나는 그것이 오늘날 한국인에게 중요시되고 있는 가치라는 점이고, 다른 하나는 개념이 지닌 지나친 포괄성과 확장성이 오히려 그것에 대한 이해와 실천을 약화시킨다는 점이다.

먼저 공공성이라는 말은 공유성, 공개성, 공익성, 공정성, 공평성 등을 대표한다는 점에서 일종의 '사회적 정의' 개념을 연상시킨다. 가령 '의료의 공공성'이라고 할 때 대부분은 "보다 많은 사람들에게 의료 혜택이 돌아갈 수 있도록 하는 것"을 말한다. 그리고 이를 위해서는 국가가 환자와 병원 사이에서 조정자 역할을 할 필요가 있다.[3] 이것은 의료의 공공성이자 동시에 국가의 공공성이라고 할 수 있다. 즉 사회적 공공성을 실현하기 위해서 국가가 민간에 개입하

2 조한상, 『공공성이란 무엇인가』 (책세상, 2010), p. 15.

3 김공회, 「의료보장성 확대를 넘어 의료공공성 강화로」, 『한겨레신문』(온라인), 2017년 8월 17일. 〈http://www.hani.co.kr/arti/economy/economy_general/807164.html〉

는 것이 국가의 공공성이라는 것이다. 이것은 공공성의 문제를 생각하는 데 있어서 민간의 자율보다는 국가나 병원과 같은 공적 기관의 공적 책임을 강조하는 입장이다.

그러나 공공성을 국가가 아닌 시민의 입장에서 접근하는 시각도 있다. 가령 '교육의 공공성' 강화는 국·공립 학교의 확대를 의미하는 것이 아니라 민주시민교육을 강화하는 것을 의미한다는 것이다. 즉 교육의 자율성 강화가 곧 교육의 공공성 강화라는 입장이다.[4] 이 입장은 교육에 대한 국가의 간섭이 어떤 방향으로 이루어져야 하는가의 문제뿐만 아니라, 간섭 자체가 옳은가라는 문제까지 함축하고 있다. 국가의 간섭은 오히려 민간의 자율성을 훼손시킬 수 있고, 그것이 교육의 공공성을 해친다는 견해도 가능하기 때문이다. 이것은 국가적 공공성에 대해서 '시민적 공공성'이라고 할 수 있을 것이다. 실제로 하버마스Jürgen Habermas는 '공권력에 대한 비판적 영역'을 '시민적 공공성'으로 위치 지우고 있다.[5]

한편 공공성이라는 말이 거의 모든 영역에서 사회적 정의의 대명사로 사용되고 있는 현상은 오히려 공공성이라는 말을 공허하게 만들 수도 있다. 지칭하는 범위가 너무 넓기 때문에 아무것도 지칭하지 않는 결과를 초래할 수 있기 때문이다. 이와 같은 위험성을 경계하기 위해서라도 먼저 공공성이라는 개념을 신중하게 사용할 필요가 있다. 즉 자신이 말하는 공공성이 어떤 차원의 공공성인지, 가령

---

4 이인규, 「교육의 공공성이란 무엇인가?」, 『에듀프레스』(온라인), 2018년 10월 31일. 〈http://www.edupress.kr/news/articleView.html?idxno=2971〉

5 사이토 준이치 저, 윤대석·류수연·윤미란 역, 『민주적 공공성』 (이음, 2009), p. 50.

기회균등을 가리키는 공평성인지, 아니면 정보공개를 의미하는 공개성인지 등등을 먼저 명시하는 작업이 선행되어야 한다.

아울러 자신이 어떤 철학적·정치적·경제적 입장에서 공공성을 논하는지도 분명히 밝힐 필요가 있다. 가령 국가의 책임을 강조하는 입장에서 공공성을 논하고 있는지, 아니면 민간의 자율을 중시하는 입장에서 공공성을 논하고 있는지 등등. 왜냐하면 이 경우에는 공공성 자체에 대한 논의가 중심이라기보다는 국가나 민간의 역할에 대한 논의가 주가 되기 때문이다. 이처럼 공공성에 관한 논의는 그것을 말하는 사람이 어떠한 세계관을 가지고 있는지, 또는 "어떤 정의론을 택하고 있는지"[6]에 따라 그 내용이 달라지게 된다.

이러한 문제들을 해결하기 위한 출발점으로 우리는 먼저 공공성이라는 말이 어떻게 시작되었는지를 살펴볼 필요가 있다. 어원에 입각해서 공공성이라는 말을 사용한다면 다소의 혼란을 피할 수 있기 때문이다.

2) 공공성의 어원[7]

'공공'이란 말은, 일찍이 김태창이 지적하고 있듯이 사마천의 『사기史記』에 처음 등장하는 개념이다.[8] 한나라 문제 시대에 법을 총괄하

6 정태인 강연, 이수연 정리, 「공공경제, 공공성과 정의의 경제학」, '새로운 사회를 여는 연구원' 홈페이지. 〈http://saesayon.org/2012/07/06/11344/〉

7 이 장에서 논하는 '공공' 개념의 역사에 대해서는 조성환, 「동학이 그린 공공세계」, 원광대학교 원불교사상연구원 편, 『근대한국 개벽종교를 공공하다』(모시는사람들, 2018)의 'II. 공공 개념의 역사적 전개'를 참고하였다.

8 김태창 구술, 이케모토 케이코 기록, 조성환 역, 『공공철학대화』(모시는사람들, 2017), p. 73.

고 있던 장석지張釋之가 문제文帝에게 "법이란 제아무리 천자라 할지라도 천하와 더불어 공공公共해야 합니다"라고 한 말이 최초의 용례이다. 여기에서 앞의 공公은 '모두에 해당한다'는 함축을 담고 있고, 뒤의 공共은 '함께한다'는 뜻이다. 그래서 '공공公共'은 "(법과 같이) 모두에게 공통으로 해당하는 궁극적인 원리나 가치를 함께 실천한다"는 말이 된다. 『사기』에서는 이 공통의 원리가 법法이 되지만, 철학적인 세계관이나 가치를 가리킬 경우에는 도道나 리理로 확장된다. 이 원리나 가치는 학파나 시대에 따라 달라지는데, 가령 명나라나 조선에서는 공공해야 할 대상이 성리학의 최고 가치인 '리理'로 제시되었다. 유교에서 말하는 '윤리'가 그것이다. 이러한 용례를 원용하면, 현대 한국에서의 '공공의 리'라고 한다면 헌법 제1조에 명시된 '민주공화'를 들 수 있다. 다만 유교의 윤리倫理가 천리天理라고 하는 성리학의 우주론에서 연원하는 개념이라면, 민주공화는 국가 차원에서 공공해야 할 원리로 설정되고 있다는 점에서 차이가 있다.

한편 '공공' 개념은 '공'과 혼용되어 쓰이기도 하였다. '공공의 리公共之理'를 줄여서 '공리公理'라고 부르거나 '공公'을 '모두가 공유하다'는 의미의 동사로 사용하는 것이 그러한 예이다. 가령 명나라의 양명학자 왕양명王陽明이 "학문이란 특정 개인이 사유하는 것이 아니라 모두가 '공公'하는 것이다"고 하거나,[9] 19세기 말에 서양어의 번역어로 쓰인 '만국공법'의 '공公'이 그러한 예이다. 여기에서 '공'은 특

9 王陽明, 「答徐成之」, 『王文成公全集』(外集三). 김태창, 「실천적 공공지(公共知=良識)를 지향하여: 동아시아로부터 시동하는 공공철학으로의 전환시도」(『월간 공공철학』 29호, 2013년 5월)에서 재인용.

정 집단이나 국가를 가리키는 말이 아니라 집단과 집단, 국가와 국가 사이에 공통되는 원리, 또는 그 원리를 공유하는 행위를 가리키고 있다.

이와 같은 '공공' 또는 '공' 개념에 변화가 생기기 시작한 것은 서세동점西勢東漸 시기이다. 일본 최초의 환경운동가로 알려져 있는 다나카 쇼조田中正造는 '공공'을 '사회'나 '인민'과 유사한 의미로 사용하고 있다. '공공은 사회적'이라거나 '인민공공'이라는 말이 그러한 예이다.[10] 이 경우에 공공은 영어로 말하면 public에 대응된다. 한편 1930년대에 와쓰지 테쓰로和辻哲郎는 『윤리학』에서 '공공'에 '성性'을 붙인 '공공성'이라는 말을 사용하였다.[11] 그리고 공공의 대상도 국가 차원으로 제한시켰다. 즉 '국민으로서의 공공성'을 가장 큰 규모의 공공성으로 본 것이다.[12] 따라서 와쓰지에게서의 '공공'은 사회나 시민보다는 국가를 가리킨다고 할 수 있는데, 비슷한 시기에 조선총독 미나미 지로南次郎는 이것을 '공公'이라고도 하였다. "개인을 희생해서 국가에 봉사하라"는 '멸사봉공滅私奉公'에서의 '공公'이 그것인데,[13] 이때의 '공公'은 '국가'를 지칭한다. 오늘날 우리가 '공공'이라는 말을 들으면 '정부'나 '국가'의 이미지를 떠올리는 것은 여기에서 기인하고 있다. 즉 이 시기부터 일본에서는 '공공'과 '공'을 정부나 국가를

10 小松裕, 金泰昌 編, 『田中正造—生涯を公共に献げた行動する思想人』(東京大學出版會, 2010).

11 山脇直司, 「3·11以後の公共性」, 『談』 no. 98 (水曜社, 2013), p. 22.

12 와쓰지 데쓰로 저, 최성묵 역, 『인간의 학으로서의 윤리학』(이문출판사, 1993), p. 135.

13 이윤옥, 「일본 천황을 위한 '멸사봉공' 알고나 쓰나」, 『오염된 국어사전』(인물과 사상사, 2013).

의미하는 말로 쓰기 시작한 것이다. 그러나 칸트식으로 말하면 멸사봉공과 같은 논리는 이성의 공적/공공적public 사용이 아니라 '사적 사용'에 속한다. 즉 공직자로서 국가의 명령에 따르는 행위에 불과하다. 이에 대해 칸트는 조직이나 상관의 명령이 잘못되었을 경우에는 그것을 비판할 자유가 있는데, 이것을 '이성의 공적 사용the public use of reason'이라고 하였다.[14]

이상을 정리해 보면, 우리가 오늘날 사용하는 형용사나 명사적 의미에서의 '공공'이나 '공공성'이라는 말은 19세기 말부터 본격적으로 사용되기 시작한 개념으로, '공공장소'나 '공공기차(중국)' 등이 그러한 예이다. 그러나 이 말에도 '모두가 공유하다'는 공공의 본래 의미는 남아 있다. 다만 '모두'의 대상이 자연이나 우주가 아니라 국가나 시민의 차원으로 제한되어 사용되고 있을 뿐이다.

3. 공공성을 둘러싼 문제들

1) 쟁점

공공성에 관한 논의의 쟁점은 주로 정치와 경제 영역에서 나타나는데, 크게 두 가지로 요약될 수 있다. 하나는 모두에 공통되는 궁극적 원리나 가치를 '무엇'으로 설정할 것인가이고, 다른 하나는 그것을 '어떻게' 실현할 것인가이다. 즉 무엇이 공공성이고, 그것을 어떻게

14 "Kant's Account of Reason," *Stanford Encyclopedia of Philosophy* (online), Nov. 1, 2017. 〈https://plato.stanford.edu/entries/kant-reason/#PubUseReaImpCom〉

구현할 것인가이다. 전자는 오늘날과 같이 다양한 가치가 공존하는 지구촌 시대에 대두되고 있는 문제이고, 후자는 동일한 가치를 추구한다고 해도 개인이나 집단에 따라 서로 다른 방식을 취할 수 있다는 점에서 논란이 된다. 또한 이 문제와 관련해서 부수적인 문제가 따라올 수 있는데, 하나는 서로 다른 공공성이 대립할 경우에 그것을 어떻게 조정할 것인가이고, 다른 하나는 공공성을 실천하는 행위주체가 어떠해야 하는가이다.

먼저 '무엇'이 공공성인가에 관한 문제를 살펴보면, 가령 경제학에서 모두에게 공통되는 궁극적 원리를 '자유로운 이윤 추구'로 삼을 수도 있고 '공평한 분배'로 정할 수도 있다. 전자는 개인의 권리를 중시하는 입장이고, 후자는 사회적 공익을 강조하는 입장이다. 전자를 강조하면 자유주의 경제학을 옹호하게 되고, 후자를 강조하면 국가의 개입을 인정하게 된다. 이러한 예는 일상생활에서도 흔히 발견할 수 있다. 가령 흡연 장소를 제한하는 법률에 대해서 두 가지 입장이 가능할 것이다. 개인의 자유를 중시하는 입장에서는 이 법률이 모두에게 공통되는 '자유'라는 공공적 가치를 훼손시켰다고 주장할 것이다. 반대로 사회적 책임을 강조하는 입장에서는 타인의 건강을 위해서는 개인의 흡연의 자유를 제한하는 것이 공공적이라고 주장할 것이다.

더 비근한 예로는 지하철에서 노인에게 자리를 양보하는 문제를 둘러싼 갈등을 들 수 있다. 서구적 가치를 선호하는 젊은 층은 개인주의를 공공성의 원리로 생각하여 나이에 상관없이 누구나 빈자리에 앉을 권리가 있다고 말할 것이다. 반면에 유교적 가치를 중시하는 노년층은 연장자에게 자리를 양보하는 것이 당연하다고 생각할 것이다. 이것은 세대에 따라 공공성의 기준이 다른 데에서 오는 문제이다. 이러한 차이는 세대뿐만 아니라 직업, 성별, 지역 등에 따라서도 발생할 수 있다.

이와 같이 공공성은 자신이 준거로 삼는 공공성의 원리에 따라 그 내용이 달라지게 된다. 그래서 공공성의 문제는 결국 각자가 무엇을 공공성의 원리로 생각하느냐의 문제로 귀결된다. 공공성의 원리가 다른 경우에 그것들을 어떻게 조정할 것인가가 공공성을 실현하는 데 있어서 중요한 문제가 된다. 한편 동일한 공통의 가치를 추구한다고 해도 그것에 도달하는 방법이 다를 수도 있다. 가령 일제강점기에 자유와 독립은 거의 모든 한국인에게 공공의 가치였다. 그런 점에서 공공성의 궁극적인 가치였다고 할 수 있다. 그러나 그것을 획득하기 위한 방법은 크게 두 가지로 나뉘었다. 하나는 무력항쟁이고, 다른 하나는 평화운동이다. 대종교는 만주에서 일본 군대를 상대로 전투를 벌였고, 천도교는 국내에서 평화적인 만세운동을 기획하였다.

2) 행위 주체

공공성을 실현하는 주체는 개념적으로 '공민'이라고 부를 수 있다. '공민'은 citizen의 번역어로, 전통시대에도 제한된 계층에 대해 사용된 개념이다. 가령 조선시대에는 국가에 속하는 사람을 공민公民으로, 개인이나 기구에 속하는 사람을 사민私民이라고 하였다. 이 경우에 공민은 "국역을 담당할 수 있는 경제적 기반을 갖춘 자영농민을 지칭하는 양민"을 말한다.[15] 오늘날 한국 사회에서는 공민 대신에

15 정상호, 「동아시아 공민 개념 비교 연구」, 『동북아연구』 제27권 1호 (2012), pp. 7-8.

국민이나 시민이라는 말을 사용하고 있다.

그러나 국민이나 시민은 "국가나 도시에 속해 있는 사람"이라는 공간적 제약성을 띠는 개념이다. 이러한 한계를 극복하기 위해서 최근에는 '세계시민'이라는 개념도 등장하고 있다. 하지만 '시민'이라는 말에는 '공민'에 담겨 있는 공동체성이라는 뉘앙스는 담겨 있지 않다. 그런 점에서 '시민' 대신에 '공민' 개념을 쓰고 있는 조혜인의 관점은 주목할 만하다.[16] 그러나 이 경우에도 개인이 왜 공민이 될 수 있는지에 대한 존재론적 설명이 필요하다. 즉 individual로서 독립된 존재가 어떻게 동시에 '공통의 가치를 공유하는' 공공적인 존재가 될 수 있는지에 대한 해석이 요구된다.

아마도 이러한 점을 염두에 두고 20세기 초의 천도교 이론가인 오상준은 '공개인公個人'이라는 개념을 사용했을 것이다(『초등교서』, 1907).[17] '공개인'은 '공공적인 개인'이라는 뜻으로, 서양의 개인 개념을 동학적 인간관의 토대 위에서 수용한 결과이다. 동학적 인간관에 따르면 한 사람 한 사람은 독립된 하늘이자 동시에 전체의 하늘과 연결되어 있는 존재이다. 가령 "모든 사람은 하늘님을 모시고 있다 侍天主"[18]고 할 때에는 모든 인간이 전체 하늘로 이어져 있는 공공적

16 조혜인, 『공민사회의 동과 서』 (나남, 2009).

17 오문환, 「천도교(동학)의 민주공화주의 운동과 사상」, 『정신문화연구』 2007년 봄호, 제30권 1호(통권 106호). 『초등교서』의 번역은 정혜정, 『동학 문명론의 주체적 근대성: 오상준의 『초등교서』 다시 읽기』 (모시는사람들, 2019) 참조.

18 최제우, 『동경대전』 「주문」과 『용담유사』 「교훈가」. 『동경대전』과 『용담유사』의 원문과 번역은 이규성, 『최제우의 철학』 (이화여자대학교출판부, 2012), p. 145, p. 188 참조.

존재임을 말하고 있다. 한편 "내가 하늘이다我卽天"고[19] 할 때에는 각자가 존엄하고 평등한 존재임을 의미한다는 점에서 서양의 '개인' 개념에 가깝다.

이와 유사하게 다산 정약용은 "인간은 다른 인간과 서로 의존하는 존재"라는 의미에서의 '인인상여人人相與'적 인간관을 제시하였다.[20] 일반적으로 유학에서는 인간과 인간 사이에 지켜야 할 덕목을 오륜으로 제시하지만, 그것이 상호의존적 인간관에 의해 뒷받침되고 있는 것은 아니다. 반면에 다산 정약용은 처음부터 인간은 공공적 존재로 출발한다는 인간관을 제시하고 있다는 점에서 그의 인간관은 '공민' 개념에 잘 부합되고 있다.

이러한 공공적 인간관과 윤리관이 잘 어우러진 사례가 아프리카의 우분투ubuntu이다. '우분투' 개념에 대해서는 몇 년 전에 한국의 방송매체에 소개된 이래로 인터넷상에서 화제가 된 적이 있다. 그 내용은 대체로 다음과 같다.

> 아프리카 부족을 연구하던 인류학자가 아프리카 아이들에게 게임을 제안했다. 1등을 하면 아프리카에서는 보기 힘든 싱싱하고 달콤한 딸기가 가득 담긴 바구니를 상으로 주겠다고 했다. 그런데 아이들은 인류학자의 얘기가 끝나자마자 마치 약속이라도 한 듯 손을 잡고 바구니를 향해 달리기 시작했다. 그리고 모두들 딸기를 나누어 먹었

19 최시형, 『해월신사법설』 「기타」. 『해월신사법설』의 원문과 번역은 김용휘, 『최시형의 철학』 (이화여자대학교출판부, 2011), p. 230 참조.

20 조성환, 「한국의 공공철학, 그 발견과 모색: 다산·세종·동학을 중심으로」, 『동학학보』 제32권 (2014), pp. 233-240.

다. 인류학자가 물었다. "1등에게 과일을 모두 주려고 했는데 왜 손을 잡고 같이 달렸지?" 그때 아이들이 마치 합창이라도 하듯 한목소리로 대답했다. "우분투!" 한 아이가 덧붙여 말했다. "다른 아이들이 모두 슬픈데 어떻게 나만 기분 좋을 수 있겠어요?"[21]

여기에서 '우분투'는 아프리카 반투족의 언어로 "당신이 있기에 내가 있다I am because you are"는 뜻이다. 넬슨 만델라 전 남아프리카공화국 대통령이 강조했던 말로도 유명한데, 만델라와 함께 아파르트헤이트 철폐운동을 전개했던 데즈먼드 투투는 '우분투'의 의미를 다음과 같이 설명하고 있다.

> 우리는 인간이 되는 법을 배우기 위해서 다른 인간을 필요로 한다. 그 누구도 완전한 존재로 세상에 태어나지 않았기 때문이다. 우리가 다른 사람으로부터 배우지 않았다면 말하고 걷고 생각하고 먹는 법을 알지 못할 것이다. 아프리카인들에게 고독한 인간이라는 말은 개념 자체가 모순이다. 우분투는 인간의 본질이다. (…) 우분투는 데카르트와 같이 "나는 생각한다, 고로 존재한다"를 말하는 것이 아니라, "나는 (공동체에) 속한다, 고로 나는 존재한다"를 말하고 있다.[22]

이에 의하면 '우분투'는 아프리카의 인간관을 나타내는 개념으로,

---

21 오연택, 「우분투」, 『국민일보』(온라인), 2019년 5월 28일. 〈http://news.kmib.co.kr/article/view.asp?arcid=0924080322〉

22 Desmond Tutu and John Allen, *God is Not a Christian: And Other Provocations* (New York: HarperOne, 2011), pp. 21-22.

모든 인간은 상호의존적 존재라는 의미이다. 그런 의미에서 우분투적 인간관은 공공적 인간관이라고 할 수 있다. 그리고 이러한 공공적 인간관은 앞서 소개한 아프리카 어린이들이 왜 서양의 어린이들과는 다른 행동을 보여주었는지를 잘 설명해준다. 즉 그들이 다른 친구들보다 먼저 달려서 상품을 독점하려 하지 않고 다른 친구들과 '함께' 달려서 상품을 '공공'하려 했던 이유는 그들이 공공적 인간관을 갖고 있었기 때문이다. 달리 말하면 모든 인간은 상호의존적 존재라는 공공적 인간관이 하나의 통념으로 정착해 있는 사회이기 때문에 아이들의 공공적 행동이 자연스럽게 나올 수 있었던 것이다. 그런 의미에서 이 일화는 아프리카적 인간관에 토대를 둔 아프리카적 공공성의 실천 사례라고 할 수 있다. 아마도 다산 정약용이나 오상준이 제시한 인간관도 이와 크게 다르지 않을 것이다.

기타지마 기신北島義信에 의하면, 아프리카의 공공적 인간관은 남아공에서 인종차별 정책(아파르트헤이트)을 철폐할 때에도 사상적 기여를 하였다. "당신이 있기에 내가 있다"고 하는 우분투적 인간관은 흑인 피해자가 백인 가해자를 단죄하는 방식을 취하지 않고 단지 진실을 말하게 함으로써 상대를 용서해 주는 '평화적 화해'를 가능하게 했다는 것이다.[23] 그런 의미에서 남아공의 진실과 화해 위원회Truth and Reconciliation Commission는, 장일순 식으로 말하면 가해자가 피해자를 보듬어 안는 일종의 '보듬는 혁명'[24]을 구현하였다고 할 수 있다.

---

23 기타지마 기신 저, 조성환 역, 「한국·일본의 근대화와 민중 사상: 아프리카의 관점을 중심으로」, 『한국종교』 제43집 (2018).

24 김익록 엮음, 『(무위당 장일순 잠언집) 나는 미처 몰랐네 그대가 나였다는 것을』 (시골생활, 2013), p. 70.

아프리카 어린이의 사례와 진실과 화해 위원회 사례는 한국 사회에서의 공공성 문제를 생각하는 데 있어서 하나의 참고 자료가 될 만하다. 오늘날 한국 사회에서 공공성이 실현되지 않는 이유 중의 하나를 '공공적 인간관'의 부재로 볼 수 있기 때문이다. 오늘날 우리가 상정하고 있는 인간관은 자유롭고 독립된 '개인'과 시장에서 이윤을 추구하는 '시민'이다. 이러한 인간관 위에서 상호 간의 협력과 배려를 추구하는 공공성을 요구하고 있는 것이다. 즉 인간관은 개인적인데 윤리관은 공공성을 지향하고 있는 상황이다.

물론 자유롭고 독립된 개인들 사이에서의 공공성의 추구도 얼마든지 생각할 수 있다. 그러나 그것이 가능하려면 개인들 간의 협력과 배려, 신뢰 같은 '사회적 자본'들이 동반되어야 한다. 하지만 오늘날 한국 사회의 현실은 그렇지 못하다. 상호 간의 협력보다는 경쟁이 상위의 가치로 설정되어 있기 때문이다. 젊은이들이 교육에서는 입시경쟁으로, 사회에서는 취업경쟁으로 시달리고 있다. 한국인의 자살률이 높은 것도 이러한 환경과 무관하지 않을 것이다. 이러한 사회적 분위기에서 타인의 이익까지 배려하는 공공성을 요구하는 것은 애초부터 무리이다. 아프리카 어린이의 사례가 한국 사회에서 화제가 되었던 것도 이러한 사회적 상황을 반영하는 반증이라고 할 수 있다.

4. 공공성의 조정

여기에서는 공공성과 공공성이 충돌할 경우에 어떻게 조정할 것인가에 대해서 몇 가지 사례를 들어서 살펴보고자 한다. 편의상 층위별로 나누어 보면 시민과 지역, 지역과 지역, 인간과 자연, 세대와 세대 등으로 분류될 수 있다.

1) 시민과 지역

먼저 전북 정읍시에서 논란이 된 '소싸움장 건립' 문제를 예로 들어 보자. 정읍시는 오래전부터 내장산 자락의 5만 8천여㎡ 부지에 113억 원을 들여 민속 소싸움장(5천㎡)과 축산체험장 등으로 구성된 축산 테마파크를 만들 계획이었다. 그러나 2017년부터 시민단체의 반대로 실행에 옮기지 못하고 있었다. 동물학대를 반대한다는 정읍 시민들의 1인 릴레이 시위가 이어졌고, 그 결과 마침내 2019년 7월 3일 정읍시는 시민단체의 의견을 수용하고 소싸움장 건립을 백지화 한다는 결정을 내렸다.[25]

이 사례는 서로 다른 공공성을 주장하는 두 단체 사이의 갈등을 잘 보여주고 있다. 즉 지자체에 있어 가장 우선시되는 공공성은 지역의 경제활성화인 반면에, 시민단체의 경우에는 동물의 생존권이 더 중요한 공공적 가치로 인식되었던 것이다. 그런 의미에서 공익과 공생의 대립이라고도 할 수 있다. 지역적 공공성의 기준을 경제적 이익으로 생각하는 지자체와 생명의 존중으로 생각하는 시민단체가 대립한 것이다. 실제로 1인 시위에 참여한 정읍시 주민 최은희 씨는 SNS에 다음과 같은 말을 남겼다.

---

25 백도인, 「정읍시, '동물학대 논란' 소싸움장 건립 백지화…시민단체 '환영'」, 『연합뉴스』(온라인), 2019년 7월 3일. 〈https://www.yna.co.kr/view/AKR20190703114700055〉

> 3년간의 가치 있는 싸움, 255회의 즐거운 시민 1인 시위. 그동안 함께 응원해주신 여러분 감사합니다. 이 일에 함께하며 해월 선생님의 삼경三敬 사상이 늘 심중의 주춧돌이었습니다. 사람과 동물과 만물이 모심과 살림 속에 꽃피는 어여쁜 세상을 위해 즐겁게 계속 나아가겠습니다.

여기에서 해월은 최제우의 뒤를 이어서 동학을 이끈 최시형崔時亨을 말하고, 그의 '삼경 사상'은 경천敬天 · 경인敬人 · 경물敬物 사상을 가리킨다. 해월은 사람은 물론이고 사물(동식물을 포함)까지도 하늘처럼 공경해야 비로소 도덕의 극치에 도달할 수 있다고 하였다.[26] 이 사상은 현대 한국 사회에서는 1980년대에 시작된 한살림운동으로 부활되었는데, 최은희 씨는 그와 같은 생명운동의 일환으로 1인 시위를 한 것이다. 즉 동학에서 제기한 생명사상에 대한 공감이 그녀로 하여금 사회적 공공성을 실천하는 공민公民으로 나아가게 하였다. 아마도 다른 시위 참가자들이 1인 시위에 참여한 이유도 최은희 씨와 마찬가지로 생명에 대한 공감, 즉 생명의 공공성을 최우선의 가치로 삼았기 때문일 것이다.

결과적으로 이 사례는 시민들의 공감과 참여, 그리고 이에 대한 지자체의 수용이 관官과 민民 사이의 공공성의 대립을 해결한 경우라고 평가할 수 있다.

---

26 최시형, 『해월신사법설』「삼경」. 원문과 번역은 이규성, 『최시형의 철학』(이화여자대학교출판부, 2011), pp. 192-194 참조.

2) 지역과 지역

이번에는 관官과 관官 사이에 공공성이 충돌하는 경우를 살펴보자. 최근에 14년 간의 논란 끝에 마침내 동학농민혁명 기념일이 제정되었다. 기념일 하나를 제정하기까지 무려 14년이나 걸린 이유는 지자체 간의 기득권 다툼 때문이었다고 한다. 애당초 문체부는 2004년에 '동학농민혁명 참여자 등의 명예회복에 관한 특별법'을 공포한 이후에 동학농민혁명 참여자와 유족의 명예를 회복하기 위해 동학농민혁명 국가기념일 제정을 추진해 왔다. 그러나 전북의 고창군, 부안군, 정읍시, 전주시 4곳의 지자체는 각각 자기 지역에서 일어난 동학농민혁명 사건을 기준으로 기념일을 제정해야 한다는 입장을 고수해 왔다. 고창군은 전봉준이 「무장포고문」을 발표하여 전국적 항쟁을 시작한 4월 25일을, 부안군은 백산대회를 개최한 5월 1일을, 정읍시는 최초의 전투가 벌어졌던 황토현 전승일인 5월 11일을, 전주시는 전주화약일인 6월 11일을 각각 기념일로 해야 한다고 주장해 온 것이다.[27] 지자체 간의 의견대립이 팽팽하자, 결국 문체부가 원로 역사학자들의 의견을 반영하여 기념일을 지정하는 방식으로 결정되었다. 2018년 11월 9일에 문체부는 5월 11일을 동학농민혁명 기념일로 결정했고, 2019년 2월 19일에 정부는 국무회의에서 이와 관련된 안건을 통과시켰다. 정읍시의 주장이 채택된 것이다. 이에 고창군 동학농민혁명기념사업회와 유족회는 "문체부의 선정 결과를 수용한

---

27 홍재희, 「동학농민혁명기념일 싸움…부끄러운 지자체 이기주의」, 『케이렌』(온라인), 2018년 10월 23일. 〈http://www.klan.kr/news_gisa/gisa_view.htm?gisa_category=05090000&gisa_idx=42195〉

다"는 공식 입장을 밝혔다.[28]

이 사례는 지자체와 지자체 사이의 갈등을 정부가 나서서 성공적으로 중재한 경우로 평가할 수 있다. 이것이 가능했던 이유를 전통적인 공사公私 개념을 빌려 설명해 보면, 사私와 사私 사이의 공공성의 충돌을 공公이 해결해 주었기 때문이라고 할 수 있다. 지자체는 한 사람 한 사람의 시민私에 대해서는 공公의 위치에 있지만, 그보다 더 상위의 공公인 정부에 대해서는 사私에 해당한다. 이때 사私로서의 지자체들이 공公으로서의 정부의 의견에 승복한 것이다.

그러나 다른 한편으로는 지자체들끼리 자체적으로 해결할 수 있는 길은 없었을까 하는 아쉬움도 든다. 무엇보다도 동학을 둘러싼 기념일 제정 문제를 14년 동안이나 끌었다는 것 자체가 동학정신에 반한다는 비난을 피할 수 없기 때문이다. 주지하다시피 동학농민혁명은 보국안민輔國安民이라는 국가 차원의 공공성을 실천하기 위해 각 지역 주민들이 연합하여 일어난 민중운동이다. 그런 의미에서 말 그대로 '공공적 시민운동'이라고 할 수 있다. 그런데 이렇게 의미 있는 운동을 기념하는 마당에서 지자체들이 '지역 이기주의'로 대응했다는 인상을 주고 있는 것이다.

그렇다면 문제는 지역 이기주의라는 각자의 이기심을 어떻게 극복하여 상호 간의 합의를 이끌어 낼 수 있는가에 달려 있을 것이다. 이것은 말처럼 쉽지 않다. 누구나 자기 지역이 주장하는 날이 기념일로 제정되기를 바라기 때문이다. 이에 대한 하나의 해결책으로 지

28 백도인, 「고창군 "동학농민혁명 기념일 '황토현 전승일' 선정 결과 수용"」, 『연합뉴스』(온라인), 2018년 11월 21일. 〈https://www.yna.co.kr/view/AKR20181112064000055〉

자체들 간의 중재 역할을 정부에 맡기지 말고 지자체들끼리 알아서 해결하는 방법도 생각할 수 있을 것이다. 즉 원로 역사학자들을 구성해서 객관적으로 기념일을 지정하는 일을 문체부에 맡기지 말고 지자체들이 담당하는 것이다. 만약에 이 작업이 이루어졌다고 한다면 지역 간의 공공성 문제를 해결한 성공적인 사례로 남지 않았을까?

3) 인간과 자연

여기에서 '자연'이란 인간을 제외한 모든 존재를 가리킨다. 가령 동물을 비롯해서 식물, 바다, 산, 공기, 지구, 태양, 달, 별, 우주와 같은 모든 생물과 무생물과 환경을 망라해서 '자연'이라고 부르기로 하자. 오늘날 인류는 '인류세'라는 신조어로부터 알 수 있듯이 지구 환경에 커다란 영향을 끼치는 존재로까지 격상되었다. 인간의 선택이 지구의 운명을 결정하는 시대가 된 것이다. 그렇다면 인류는 지구와 그 안에 살고 있는 구성원들에 대해 어떤 삶의 방식을 취해야 할 것인가? 여기에서는 이것을 편의상 '인류의 공공성' 또는 '인간의 공공성' 문제라고 부르고자 한다. 이 문제는 달리 말하면 인간이 인간 이외의 존재들과 '함께 살아가는 원리'를 탐구하는 문제라고 할 수 있다.

앞서 살펴본 정읍시 소싸움장 건립 문제는 시민과 지역 사이의 공공성을 둘러싼 갈등 사례이기도 하지만, 그와 동시에 시민운동가들의 입장에서 보면 동물과 함께 살아가는 인간의 공공성과 관계되는 문제이기도 하다. 이때 시민운동가들의 입장은 인간과 동물에 '두루 공통되는' 생명의 존엄이라는 가치를 지키자는 것이었다. 그런 의미에서 이 입장은 "모든 생명체가 공통으로 지니고 있는 생명권生命權이라는 공공성의 원리를 지키는 것이 인간의 공공성이다"고 정리할 수 있다.

여기에서 생명체를 '지구'나 '우주'의 차원으로까지 확장하면 인간과 자연의 문제가 된다. 주지하다시피 지구는 인간에게 물과 산소와 자원을 제공하고 있다. 또한 태양은 인간에게 빛과 온기를 주고 있다. 인간은 이러한 자연의 도움 덕분에 살아가고 있다. 그런 의미에서 지구와 태양의 혜택은 일종의 '지구의 공공성' 또는 '자연의 공공성'이라고 할 수 있다. 지구의 공공성이나 자연의 공공성은 동학적 개념으로 말하면 천덕天德에 해당하고, 원불교의 천지은天地恩과 상통한다. 인간의 공공성이란 이러한 자연의 공공성을 훼손시키지 않는 것을 말한다.

그런데 현대 사회에서 과학기술의 급격한 발달로 인해 전통적인 인간의 공공성, 자연과의 공생이라는 가치는 망각되거나 상실되고 말았다. 경제적 합리성(효율성)과 편리성이 공공성의 최우선 순위가 되다 보니 자연과의 공공公共은 뒷전으로 밀리게 된 것이다. 특히 썩지 않는 플라스틱이나 비닐, 또는 인간이 손댈 수 없는 원자력 폐기물과 같은 '문명의 쓰레기'는 인간은 물론이고 지구상에 사는 모든 존재의 생존까지 위태롭게 하고 있다. 이것은 인류가 공공성의 층위를 인간 존재에 국한시킨 결과에 다름 아니다. 즉 인간 이외의 존재의 공공성을 고려하지 않은 데에서 초래된 지구 전체의 공공성의 훼손이라고 할 수 있다.

따라서 이 문제를 해결하려면 공공성의 대상을 인간이나 국가에서 자연이나 지구의 차원으로 확대하지 않으면 안 된다. 이것은 서구화되기 이전 동아시아 사회에서의 공공성의 차원이기도 하였다. '천인합일天人合一'로 표현된 자연과의 합일의 추구가 그것이다. 자연에 반하는 인간만의 공공성을 추구하는 것이 아니라, 정반대로 자연의 공공성과 합치되는 인간의 공공성을 추구한 것이다.

4) 세대와 세대

이 주제도 인간과 자연의 문제와 마찬가지로 특히 오늘날 대두되고 있는 주제 중 하나이다. 2011년에 동일본 대지진에 의해 원전 사고가 발생했을 때 일본에서 나온 자성적 목소리 중의 하나는 "다음 세대에게 살기 좋은 지구를 물려주자"는 것이었다. 이것은 환경오염이라는 점에서는 인간과 지구 사이의 공공성 문제이기도 하지만, 시간적 차원에서 보면 현재 세대와 다음 세대 간의 공공성 문제임을 말해 준다. 즉 다음에 태어날 사람들을 위해서 지금 살고 있는 사람들이 지구를 어떻게 사용해야 하는가에 관한 문제인 것이다. 자기 세대의 편의를 위해서 자원을 고갈하거나 지구를 훼손하는 행위는 '세대 이기주의'라고 할 수 있다.

세대 이기주의는 사회적 차원에서도 생각할 수 있다. 오늘날 대두되고 있는 노인세대와 청년세대 간의 갈등이 그것이다. 가령 청년세대는 취업을 걱정하는데 노인세대는 정년을 연장하고 싶어 한다. 절박한 청년들의 입장에서 보면 노인들의 요구는 '욕심'처럼 보일 수 있다.[29] 이것은 세대 간의 이해가 상충하는 데에서 오는 공공성의 충돌 문제이다. 이 문제를 조정하는 것도 쉽지 않다. 무엇보다도 이것이 세대 간의 공공성에 관한 문제임을 서로가 인식하는 것이 선행되어야 할 것이다.

29 강기택, 「세대 이기주의」, 『머니투데이』(온라인), 2017년 2월 1일. 〈https://news.mt.co.kr/mtview.php?no=2017013118275126774〉

5. 맺음말: 공공성의 새로운 차원

스웨덴의 10대 소녀 그레타 툰베리Greta Thunberg의 연설이 전 세계에 준 충격이 말해 주듯이, 오늘날 인류는 생존의 위기에 처해 있다. 인류가 몸담고 있는 '지구의 평화'가 깨지고 있기 때문이다. 그런 의미에서 환경 문제, 생태 문제야말로 공공성의 최상급에 놓여 있는 문제라고 할 수 있다. 제아무리 인류가 전쟁이 없는 평화를 실현한다고 한들, 제아무리 인간이 마음의 평화를 획득한다고 한들, 이 지구가 인간이 살 수 없는 곳으로 변한다면 그 평화는 아무런 의미가 없기 때문이다. 그런 의미에서 지금은 인간과 인간의 평화는 물론이거니와 인간과 자연의 평화도 고려해야 할 시점이다. '공공성' 개념으로 말하면 '지구적 공공성' 또는 '자연에 대한 인간의 공공성'이 새로운 공공성의 문제로 대두된 셈이다.

근대 세계에서는 '인간'과 '국가'가 공공성의 최상급에 놓여 있었다. 국익을 위해서 다른 보편적 가치가 희생되었고, 인간을 위해서 자연은 수단시된 것이다. 이로 인해 초래된 것이 세계대전과 지구위기이다. 지구위기는 인간은 물론이고 다른 생명체의 생존까지 위협하고 있는 실정이다. 따라서 지금은 인간과 국가를 넘어서는 보다 상위의 '자연'이라는 공공성이 도입되어야 할 시기이다. 동아시아적 개념으로 말하면 하늘(자연)과 땅(국가)과 사람(인간)이 '공공하며' 살 수 있는 천지인天地人 차원의 공공성을 모색해야 한다. 전통적인 개념으로 말하면 천인공공天人公共이나 천인공화天人共和[30]라고 할 수 있다.

---

30 '천인공화'는 『천도교회월보』 제9호(1911)에 수록된 정계완의 「삼신설(三新說)」에 나

이것을 '서구적 근대'라는 범주에 대해서 '지구적 탈근대'라고 명명할 수 있을 것이다. 이처럼 공공성의 차원을 지구의 영역으로 확장해 나가다 보면 그 하위에 속하는 근대적 공공성의 문제들도 자연히 해결의 실마리를 찾을 수 있을지 모른다. 마치 지역 단위의 공공성의 문제들을 보다 상위의 국가 차원에서 접근해 가면 해결의 실마리가 생기듯이 말이다.

오는 개념이다.

4 신뢰

김성철 (서울대학교 통일평화연구원)

1. 신뢰란 무엇인가

'신뢰' 또는 이보다 쉬워 보이는 '믿음'이란 용어는 우리가 일상생활에서 흔히 접하기도 하고 또 많이 사용하기도 한다. 그러면서 우리는 신뢰가 있으면 당연히 협력적이고 평화로울 것이며, 신뢰가 없으면 상호관계에 해악의 위험이 존재할 것으로 생각한다.

신뢰trust란 무엇인가? 신뢰라는 용어가 일상적 사용에 그치지 않아서 오늘날 사회과학자들은 신뢰에 관한 많은 경험적 연구를 진행하고 있다. 경험적 연구를 수행하는 이들은 한결같이 신뢰라는 용어의 의미가 너무나 다양해 매우 혼란스럽다면서 자신의 분석을 위해 신뢰에 관한 기존의 정의를 한정적으로 사용하거나 신뢰를 새롭게 정의하기도 한다.

이 장에서는 사회적 관계에서 신뢰란 내(신뢰자truster)가 통제하지 않은 상대방(피신뢰자trustee)의 행동이 나의 가치 또는 이익에 상응할 것이라는 기대이며 태도라고 정의하고자 한다. 신뢰에는 강제가 존재하지 않다. 신뢰라는 기대나 태도는 신뢰가 아닌 다른 상태에 대한 대비를 상정하기 않는다. 그러므로 신뢰는 배반이라는 리스크를 안고 있는 것도 사실이다. 만일 상대방이 나의 기대에 벗어난 행동을 하면, 즉 상대방이 배반하면 나에게 물질적·도덕적·심리적·정서적 손해가 발생할 가능성이 있다. 이상의 사회적 신뢰와는 조금 다른 정치적 신뢰, 특히 정부에 대한 신뢰가 있는데, 이는 정부가 행하는 정책이 옳으며 공정하다는 신념이라고 정의할 수 있다. 정치적 신뢰는 정치적 행위 주제의 수행력에 대한 평가에 근거한다.

신뢰는 왜 좋은가? 신뢰는 평화에 어떻게 기여하는가? 많은 경험연구의 덕분으로 신뢰가 '협력'에 기여한다는 가설은 이제 아무런 의심 없이 받아들일 수 있게 되었다. 신뢰와 협력 사이에 경험적으로 높은 상관관계가 존재하다는 사실이 이미 입증되었다.[1] 신뢰가 있는 관계는 평화적일 것이라는 점에도 의문의 여지가 별로 없다. 신뢰가 높은 관계는 협력이 잘 되며 적대적인 관계를 낳지는 않을 것이다. 이는 신뢰를 어떻게 정의하는가에 대한 관점이 다르더라도 사실일 것이다. 또 개인 간, 집단 간, 개인과 조직 사이, 국가 간 등 어떤 관계에서도 신뢰는 협력관계에 기여할 것이라는 점도 사실이다. 신뢰는 협력을 가능하게 하고 협력을 설명하는 중요한 가치이자 개념이다. 평화 및 평화구축이 상호 협력을 통해 이루어져야 한다는 점을 생각하면, 신뢰는 분명 이에 필요한 중요한 가치임에 틀림없다.

유의할 점은 신뢰만이 협력을 가능하게 하는 요소가 아니라는 것

1 Kendall W. Stiles, "Trust and International Organization," in *Oxford Research Encyclopedia of International Studies* (Oxford: Oxford University Press, 2014), p. 15.

이다. 불신이 있어도 위계적이고 응징을 요하는 제도 속에서 협력이 가능하기도 한다. 또 불신과 갈등을 극복할 규칙을 포함한 합의를 이루면 그 자체가 신뢰성을 보장하는 첫 단계라고 볼 수 있다. 하지만 신뢰가 있다면 자발적인 협력은 훨씬 더 쉽게 이루어질 것이다.

또 다른 유의할 점은 신뢰에 의한 협력이 반드시 도덕적인 것만은 아니라는 것이다. 예를 들어 갱 조직 구성원들 간에 특수한 양상의 신뢰가 존재하고 협력이 가능한 경우이다. 아무튼 신뢰는 협력을 가능하게 하는 요소이지만, 신뢰가 다른 가치보다 더 중요하거나 더 우월하다는 일방적인 설명은 무리이다.

신뢰는 협력 이외에도 존중심과 자존감을 생성한다. 신뢰와 같은 선의적 기대의 효과는 상대방에 대한 존중심은 물론이고 나에게도 자존감을 낳는다. 예를 들어 신뢰가 존재하는 부부 간의 관계나 부모와 자녀 사이에서는 자발적인 존중심이 있을 것이며, 이는 각자의 자신감과 자존감을 높여줄 것이다.

신뢰는 새로운 지식을 생산한다. 신뢰가 있다면 상대방이 전하는 정보가 나에게 새로운 지식이 될 수 있다. 신뢰가 있다면 상대방과의 관계에서 발생하는 경험이 나에게 새롭고 유용한 지식이 될 수 있다. 그 지식이 반드시 진실을 의미하는 것은 아니지만 말이다.

2. 신뢰는 어떻게 형성되는가

위의 설명은 신뢰가 어떻게 형성되는가 하는 질문으로 이어진다. 신뢰가 협력, 존중, 지식 등에 기여한다면, 그 신뢰가 어디서 나오는가가 중요한 질문일 수밖에 없다. 신뢰의 근거는 무엇인가? 왜 상대방을 신뢰하게 되는가? 불신을 극복하는 방법은 없는가?

사회학적 연구들은 신뢰가 형성되는 배경에 대해 잘 설명하고 있다. 특히 어린이의 성장 배경과 관련해, 일상생활이 규칙적이고 반복적이어서 기대한 대로 이루어지는 과정을 거친 아동에게는 신뢰의 성향이 높다고 한다. 비슷한 맥락에서 사회에 대한 개인의 신뢰는 사회와 가족에 의해 형성된다는 설명도 있다. 좀 더 일반화하여 꾸준한 경제성장, 평화의 상태, 높은 정의의 수준을 경험한 사람은 높은 신뢰를 보이는 경향이 있다고 한다.[2] 그러나 성장 과정이 신뢰에 미치는 영향이 분명하게 입증된 것은 아니라는 점에 유의할 필요가 있다. 폭력이나 혐오를 동반한 단 한번의 사건에 의해 트라우마를 경험한 사람이 가해자가 속한 집단 전체에 대해 불신과 혐오의 감정이 가득차게 될 수 있다.

이상의 설명이 개인의 신뢰가 형성되는 사회적 과정에 관한 설명이기는 하지만, 신뢰라는 기대나 태도의 원천이 무엇인지를 충분히 설명해 주지는 않는다. 신뢰의 원천에 관한 논의는 신뢰에 관한 인식론의 영역에 속한다. 인식론의 영역에서 중요한 개념은 신뢰라는 기대나 태도의 근저에 있는 신뢰성trustworthiness이다. 신뢰성은 내가 상대방을 신뢰할 수 있는 또는 신뢰할 만한 근거 같은 것이다. 신뢰성을 둘러싼 다양한 설명들이 있다. 신뢰성이 합리적 계산의 결과인

2 Carolyn McLeod, "Trust," in Edward N. Zalta, ed., *Stanford Encyclopedia of Philosophy* (Fall 2015 Edition). 〈https://plato.stanford.edu/archives/fall2015/entries/trust/〉

가, 도덕이나 성향인가, 아니면 일종의 감정에서 비롯되는가?

첫 번째는 신뢰성이 계약에 의해 보장된다는 계약론적 설명이다. 예를 들어 어떤 지배인이 남녀고용평등법에 의해 여성 피고용인들을 임용, 임금, 승진에서 남성과 동등하게 대우해 주고 있는 경우를 생각해 보자. 즉 지배인이 피고용인들을 법에 따른 계약대로 대하는 상황으로, 그가 여성 피고용인들을 정말로 평등하다고 믿는지 아닌지는 알 수가 없다. 이 경우 지배인이 법을 신뢰한다고 할 수 있을지는 몰라도, 그가 여성의 능력과 자질에 신뢰성을 두는지는 알 수 없다. 일반적으로 계약은 상대에 대해 내가 가지고 있는 신뢰성을 보장해 주는 역할을 한다. 하지만 위의 예에서는 지배인이 자신의 고용정책에서 중요하게 여기는 것은 법이나 계약이며, 그가 내면적으로 가지고 있는 여성에 대한 신뢰성 여부는 이차적이다.[3] 따라서 계약-신뢰성 간의 관계는 계약 자체가 신뢰성을 발생시킨다기보다는 계약이 신뢰성을 담보해 주는 관계라고 보는 것이 옳을 것이다.

두 번째는 신뢰성의 준거에 대해 가장 면밀하게 접근하는 합리성 설명이다. 합리성은 사회과학의 어느 분과 학문을 막론하고 이론적 바탕을 제공해 주는 중요한 개념 중 하나이다. 합리성은 어떤 이익이나 목표를 성취하는 데 사용가능한 수단들의 효용에 관한 이론을 제공해 준다. 합리성에서 신뢰의 준거로서의 신뢰성은 이익에 관한 것이다. 합리적 신뢰 이론의 발전에는 누구보다도 러셀 하딘Russell Hardin의 기여가 크다. 하딘은 내포된 이익encapsulated interest을 사람들 간의 관계에서 신뢰를 낳는 중요한 요소로 본다. 상대방이 자신의

3 Ibid.

이익에 나의 이익을 포함하고 있으면 나는 상대의 신뢰성을 가지게 된다. 내포된 이익이 존재하면 상호 간 '지속적 관계'를 유지하려 할 것이다.[4] 유의할 것은 내가 이익을 얻기 위해 상대방을 신뢰하는 것이 아니라, 내가 생각하는 이익을 상대방이 이익으로 믿을 때 신뢰성이 발생한다는 것이다. 상대에 관한 정보나 평판이 신뢰성에 기여하지만, 더 중요한 것은 나의 경험을 통한 합리적 판단이고 계산이다. 여기서 신뢰는 도덕과는 무관하며 이익과 관련될 뿐이다. 이 같은 신뢰의 극단적 형태는 담합이라는 협력관계로 나타날 수 있다.

세 번째는 신뢰성에 근거해 신뢰하기보다는 신뢰 자체가 도덕이나 의무라고 보는 설명이다. 위의 합리적 신뢰와는 가장 대비되는 설명이다.[5] 도덕으로서의 신뢰는 상대방의 신뢰성을 경험한 결과가 아니라 상대방의 선의성benignity을 믿어 발생한다.[6] 도덕으로서의 신뢰는 인간에 대한 기본적 태도이며 불확실성에도 불구하고 존재한다고 본다. 도덕으로서의 신뢰는 보편신뢰generalized trust라고 부르는데 타인, 타 집단, 타 국가가 대체로 신뢰할 만하다고 믿는 성향에서 비롯된다. 사회심리학 이론에 기초해 많은 학자들이 보편신뢰를 설명하는데, 보편신뢰를 가진 사람은 일반적으로 상대방의 상호성, 합의 이행, 그리고 선의적 대응에 대해 낙관적이라는 것이다. 보편신

---

4 Russell Hardin, *Trust and Trustworthiness* (New York: Russell Sage Foundation, 2002), pp. 1-26.

5 Eric M. Uslaner, *The Moral Foundations of Trust* (Cambridge: Cambridge University Press, 2000).

6 Toshio Yamagishi, Masako Kikuchi, and Motoko Kosugi, "Trust, Gullibility, and Social Intelligence," *Asian Journal of Social Psychology*, vol. 2, no. 1 (1999), pp. 145-161.

뢰를 가진 사람은 신뢰-협력의 순환관계를 믿으며 신뢰 영역이 개방되어 있어 점차 확대된다고 본다.[7] 신뢰를 도덕으로 보는 것과 유사하게 가치의 공유로 보는 설명도 있다. 나와 상대방이 동일한 가치, 이념, 정서를 공유할 경우 상대방에 대한 신뢰가 존재한다는 것이다. 예를 들어 공산주의 운동가들은 프롤레타리아 혁명과 평등주의 가치를 공유하는 그 자체로 인해 동지의식을 갖고 신뢰와 의리를 지키기도 했다.

이상의 인식론적 설명은 신뢰성의 원천에 관한 철학적 답을 준다. 그러나 이 설명은 당장 신뢰 부재의 상황(뿌리 깊은 불신의 상황) 또는 갈등의 상황에서 신뢰를 어떻게 끌어낼 수 있을까라는 현실적 질문에 대해서는 답을 주지 못한다. 불신, 증오, 갈등을 어떻게 극복할 것인가? 존재하지 않는 신뢰성을 형성, 구축하는 일은 가능한가? 이는 개인 간, 개인과 사회 간, 집단 간, 국가 간 관계에서 드러나는 현실적 문제이다.

여기에는 두 가지 정도의 설명이 가능하다. 첫째, 국제관계 연구자들 사이에는 누적의 프로세스를 통한 신뢰구축을 설명하는 부류가 있다. 이들은 이를 위한 기제로서 신뢰구축 조치CBMs, Confidence-Building Measures를 든다. 신뢰구축 조치는 정보 부재로 인한 불확실성을 없애 상대방의 의도와 행동에 대한 오해를 방지하고, 더 나아가서 당사자 간의 관계에 관한 규칙을 만들어 행동의 변화를 유도한

---

7 Matthew Cawvey, Matthew Hayes, Damarys Canache, and Jeffery J. Mondak, "Biological and Psychological Influences on Interpersonal and Political Trust," in Eric M. Uslaner, ed., *The Oxford Handbook of Social and Political Trust* (Oxford: Oxford University Press, 2018), Kindle Loc. 3466-3512.

다. 이 같은 신뢰구축 조치의 성공 사례로 유럽안보협력회의CSCE, Conference on Security and Co-operation in Europe의 형성 및 발전을 들 수 있다.[8] 신뢰구축은 투명성 확대, 경험의 축적, 규칙의 제정, 행동의 변화를 거쳐 인식과 태도의 변화를 거치는 누적적 과정이다.

둘째로는 구성주의 접근을 들 수 있는데, 나와 상대방 정체성의 인식 그리고 공유된 정체성을 통한 새로운 관계의 구성을 설명한다. 나와 상대방을 어떻게 인식하고 규정하는가가 신뢰 아니면 적대로 나뉘는 출발점이다. 미 국방차관이었던 조지프 나이Joseph S. Nye Jr.가 "만일 당신이 중국을 적으로 취급하면 중국은 적이 될 것이다If you treat China as an enemy, China will become an enemy"고 말했던 것처럼 상호 정체성의 규정이 현실적인 관계가 될 수 있다.[9] 하지만 구성주의는 신뢰에 관한 설명은 아니며, 양자적 관계의 정체성 문제에 초점을 둔다. 따라서 구성주의에서 신뢰에 관한 논의는 파생적인 것에 불과하다.

3. 평화를 위한 길: 특수신뢰에서 보편신뢰로

앞에서 언급한 인식론적 차원에서의 '도덕' 대對 '합리성'의 차이는 신뢰를 보편신뢰generalized trust와 특수신뢰particularized trust로 구분하게

8 OSCE Secretariat's Conflict Prevention Centre, *OSCE Guide on Non-military Confidence-Building Measures* (Vienna: OSCE Secretariat, 2012).

9 Jim Mann, "U. S. Starting to View China as Potential Enemy," *Los Angeles Times*, April 16, 1995. 〈https://www.latimes.com/archives/la-xpm-1995-04-16-mn-55355-story.html〉

하는데, 이 두 가지 신뢰에 관해서는 많은 연구가 이루어졌다. 특히 보편신뢰는 사회적 자산social capital 개념과 연관되면서 사회적 공공 네트워크, 경제성장 등에 많은 영향을 미치고 국제적 협력, 특히 다자주의적 협력의 모멘텀이 되는 것으로 설명되고 있다.

유의할 것은 보편신뢰에 비해 특수신뢰의 가치가 뒤떨어진다는 의미는 아니며, 더욱이 보편신뢰와 특수신뢰의 비교가 선과 악 또는 좋은 신뢰와 나쁜 신뢰의 대비가 아니라는 점이다. 어떻게 하면 불신을 극복할 수 있는가, 어떻게 특수신뢰가 발생하는 유대의 범위를 보다 확장하여 보편신뢰가 가능하게 할 것인가, 그리고 특수신뢰에 기초한 집단들 간의 갈등을 채널링하여 공공재를 더 확대할 것인가 하는 문제가 더 중요하다.

〈표 4-1〉은 두 가지 형태의 신뢰를 비교해 준다. 보편신뢰에서는 상대하는 개인 또는 집단에 대한 신뢰의 인식 기반이 도덕이나 성향이며, 상대에 대한 신뢰를 하나의 의무로 본다. 동시에 보편신뢰는 사랑, 우정과 같은 심성이어서 이데올로기처럼 일정한 성향을 띤다. 이에 비해 특수신뢰는 합리성에 기반한 인지적 과정이라 할 수 있

표 4-1. 보편신뢰와 특수신뢰 비교

구분	보편신뢰	특수신뢰
인식 기반	도덕, 성향	합리성, 전략
동기	의무감, 확신	이익
상호성	확산 상호성	특수 상호성
범위	엷고 넓은 신뢰	두텁고 좁은 신뢰
연관 개념	사회적 자본	후견주의, 담합

다.[10] 합리성이 이익이나 목표에 도달하는 수단에 관한 전략인 만큼, 신뢰는 이익에 종속되는 의미를 지닌다고 할 수 있다. 또는 신뢰와 이익 사이에는 끝없는 긴장이 있어서, 신뢰에 따를 리스크를 없애기 위한 노력이 신뢰를 무의미하게 만들 수 있다.[11]

상호성에 대해서 보편신뢰는 특수신뢰와 대조된다. 보편신뢰나 특수신뢰나 내가 신뢰하는 만큼 상대방이 신뢰로 응하기를 기대한다는 점에서는 마찬가지이다. 그러나 보편신뢰에서는 상호성이 구체적이지 않으며 예측성을 지니지도 않는다. 마치 사랑하는 사람들 사이의 신뢰 같은 것이다. 이들 사이의 관계가 장군 멍군 식의 주고받기가 아닌 것처럼, 신뢰관계로 나타나는 반응은 깜짝 놀랄 만한 선물이거나, 예상치 않았던 슬픔을 함께하는 위로이거나, 오랫동안 병실을 지켜주는 헌신일 수 있다. 자원봉자사들 간의 신뢰도 이와 유사하다. 재능을 기부하는 지속적인 봉사활동이든, 불시의 재난수습을 위한 일회적 자원봉사이든, 참가자들 사이에는 가치의 공유와 함께 보편신뢰도 존재한다. 이 신뢰는 반드시 1:1 식의 주고받기가 아니다. 한 예로 필자는 동네 도서관에서 자원봉사자들이 부득이한 사정이 있을 때 근무시간 대체를 서로 자발적이고 자율적으로 해결하는 것을 보았다. 봉사자 각자는 다른 이에 의해 뒷받침받고 있다는 신뢰감을 지니고 일하고 있었으며, 이로 인해 상호관계는 결코 타산적이지 않았다. 이들 사이에는 막연하지만 든든한 낙관적 신념

---

10 Brian C. Rathbun, *Trust in International Cooperation: International Security Institutions, Domestic Politics and American Multilateralism* (Cambridge: Cambridge University Press, 2012), p. 3.

11 McLeod, "Trust," in Zalta, ed., *Stanford Encyclopedia of Philosophy*, p. 8.

같은 것이 존재한다.

반면 특수신뢰에서는 이익의 상호성이 전제된다. 특수신뢰에서는, A는 X와 관련하여 B를 신뢰한다. A가 B를 신뢰하는 이유가 분명하고 구체적이어서 X에 대한 신뢰성이 있기 때문이다.[12] 특수신뢰에서의 상호성은 특정한 이익에 관련되므로 예측성을 띤다. 보편신뢰에서는 내가 상대로부터 되돌려 받는 것을 당장 기대하지 않으며 그 내용이 구체적으로 무엇일지 모른다. 하지만 특수신뢰에서는 구체적인 이익이 언제 그리고 어떻게 되돌아올지를 기대한다. 특수신뢰에서는 신뢰가 이익에 종속되므로 그것이 독자적 분석 대상이라기보다는 합리성 이론의 한 부분이 되는 측면이 있다.

보편신뢰와 특수신뢰는 신뢰 대상의 범위도 다르다. 보편신뢰가 도덕이고 성향이므로 신뢰의 대상이 광범위하고 보편적인 반면, 특수신뢰는 보통 가족, 친구, 조직 등의 구성원들 사이에서 존재한다.

이상의 이유로 보편신뢰의 사회적 영향, 다양한 차원에서의 협력에 관한 관심이 높아졌고, 또 이와 관련한 연구도 심화되었다. 실제로 보편신뢰가 개인 간, 개인과 사회 간, 집단 간, 국가 간 등의 관계에서 협력에 기여한 것으로 드러나는바, 이 같은 보편신뢰를 확인하고 증진시키는 것이 평화구축의 중요한 과제임에 틀림없다.

보편신뢰라는 추상적 가치를 적극적 평화로 연관시키기 위해, 지난 20여 년 동안 발전한 사회적 자본social capital이란 개념과의 관련성을 눈여겨 볼 필요가 있다. 사회적 자본은 사회 네트워크이며 이와 관련한 상호성과 신뢰성의 규범으로서, 제도와 조직의 발전에 기여

12 Hardin, *Trust and Trustworthiness*, pp. 8-9.

하며 가족이나 친족을 초월한 광범위한 경제 영역을 활성화한다. 사회적 자본은 보편신뢰보다 더 광범위한 개념으로서, 후자가 전자를 구성하는 요소로 간주된다.

보편신뢰가 광범위한 대상들 사이의 협력에 기여하듯이 사회적 자본, 특히 가교자산bridging social capital은 상이한 집단들이 네트워크를 형성하고 서로의 가치와 규범을 인정해 주거나 이해하고 수용하게 만든다. 가교자산은 친족, 가족, 동문, 갱 안에 존재하는 유대자산bonding social capital과는 다르다. 전통적 유대집단 내에는 가치와 규범이 공유되고, 일정한 정체성이 있으며, 사회화를 통해 확립된 질서에 대한 보상이 있고, 배신에 대한 처벌도 있다. 이들 집단 내의 유대는 수준이 매우 높지만, 그 유대가 소속 집단의 경계를 초월하여 타 집단과의 네트워크로 확장되지는 않는다. 더욱이 퍼트남은 가교자산과 유대자산이 역상관관계와 제로섬 관계를 가지고 있다고 본다.[13]

사회적 자산에 관한 논의는, 시민들이 자신이 속한 전통적 유대를 초월하는 시민적 관여가 경제발전의 자산임을 보여준다는 데 의미가 있다. 퍼트남은 사회적 자산의 유무에 따라 유사한 제도라도 서로 다른 효율성을 발휘한다고 보고 이탈리아 남부와 북부의 빈부를 비교 설명한다. 사회적 자산이 높은 북부는 산업화와 정치발전을 이룬 반면, 그렇지 못한 남부는 반대였다.[14] 유사한 맥락에서 프란시스

13 Robert D. Putnam, "E Pluribus: Diversity and Community in the Twenty-first Century The 2006 Johan Skytte Prize Lecture," *Scandinavian Political Studies*, vol. 30, no. 2 (2007), p. 143.

14 Robert D. Putnam, *What Makes Democracy Work: Civic Traditions in Modern Italy* (Princeton: Princeton University Press, 1993).

후쿠야마는 사회적 신뢰가 높은 나라에서는 융통성을 지닌 규모의 비즈니스가 가능하며, 이들이 경쟁에서 살아남음으로써 경제 번영을 가져올 수 있다고 본다.[15]

평화 또는 평화구축에서 필수적인 것은 종교, 인종, 지역, 정치성향 등 집단 간 분열 요소들을 초월한 신뢰관계이다. 정체성을 달리하는 집단 간에도 네트워크가 가능할 때 가교자산이 축적되고 결국 평화적 공존과 협력의 규범이 형성될 수 있을 것이다. 사회적 자산이 보편신뢰를 포괄하면서도 사회적 자산과 보편신뢰는 상호 인과관계를 가지고 있다. 사회적 신뢰의 네트워크는 보편신뢰의 확대를 위한 수단이 되기도 하지만, 보편신뢰는 거래비용을 낮추어 주어 집단의 유대를 초월하는 개인 및 집단 간의 네트워크와 협력을 촉진하기도 한다.

4. 신뢰, 민주주의, 공정성, 법치

신뢰는 민주주의, 공정성, 법치 등 다른 가치들과 연계되어 있다. 신뢰는 민주주의(민주화, 민주적 제도, 민주주의 공고화 포함) 및 공정성 등의 가치를 보장해 주며, 또 이들 가치에 의해 신뢰가 확대된다. 공정성이 있는 정부나 제도에 대해 시민은 더 높은 신뢰를 보낸다. 또한 법은 신뢰를 제도화하며, 제도화된 신뢰는 법치에 기초한 안정에 기여한

15 Francis Fukuyama, *Trust: The Social Virtues and the Creation of Prosperity* (New York: Simon & Schuster, 1996).

다. 이렇게 신뢰와 타 가치들과의 관계는 상호 인과관계에 있는 것으로 파악된다.

민주주의는 기본권, 자유, 기회균등을 보장함으로써 보편신뢰의 사회적 기반을 구축하는 데 기여한다. 이런 의미에서 표트르 스톰카Piotr Sztompka는 민주주의가 신뢰를 생산하는 데 기여하며, 신뢰는 공적 담론의 시민성을 보장하여 민주주의를 지탱해 준다고 주장한 바 있다. 민주주의는 모순적이라고 말할 수 있어서 어떤 의미에서는 불신으로부터 출발한다고 해도 과언이 아니다.[16] "민주주의는 어둠 속에서 죽는다Democracy dies in darkness"라는 워싱턴포스트의 표어는 이런 의미를 지니고 있을 것이다. 민주주의에는 정부의 조직이나 제도에 대한 시민의 감시와 견제가 있어야 한다. 더욱이 대표제의 행동 주체인 정당은 당파적인 조직으로 타 정당에 대해 불신을 가지고 있으며, 정당 내 구성원들 사이에 신뢰가 존재한다면 그것은 특수신뢰이지 보편신뢰는 아니다. 그런데 민주주의, 공고화된 민주주의 체제는 이 같은 불신이나 특수신뢰를 조정하고 채널링하여 공공재를 생산하고 보편신뢰를 확장한다.

그러나 현실에서 민주주의와 신뢰의 관계는 그렇게 간단치 않다. 민주주의-신뢰 연관성에 관하여 이행기 사회의 문제를 들어보자. 이행기 사회에서 과거의 정치사회적 불신이 남아 있는 경우가 많다. 예를 들어 공산주의 체제에서는 개인 간, 개인과 조직 간, 개인과 국

16 Mark E. Warren, "Trust and Democracy," in Eric M. Uslaner, ed., *The Oxford Handbook of Social and Political Trust* (Oxford: Oxford University Press, 2018), Kindle Loc. 2163.

가 간에 신뢰가 부족하며, 각 개인은 상대방에 따라 다른 정체성을 보이는바, 이 같은 경향이 민주화 이행 과정에도 그대로 남아 민주주의 제도의 정착과 발전을 지체시키기도 한다. 공산주의 체제하에서 신뢰하는 가족, 친구에게는 속마음을 드러내지만, 직장이나 조직생활에서는 자신의 내면을 속이면서 체제에는 안전한 외형을 드러내게 된다.[17] 공산주의 종식 후 민주화 이행 과정에서도 이런 과거의 태도가 잔존하는 경우가 허다하다. 민주화 이행기 동안 시민들이 가족, 친구 같은 유대집단의 내적 신뢰에 의존하고 이를 초월한 신생 정부의 제도를 신뢰하지 않는 경우이다. 이는 제도의 비효율성, 시민참여의 지체 및 시민사회의 역할 부재를 낳아 결국 민주화 이행을 지연시킨다. 또는 반대의 경우로, 민주화로 과거의 억압 기제가 제거되어 정치동원이 폭발적으로 확대되어 유대집단 간의 갈등이 악화될 수 있다. 그 결과는 시민 민주역량의 성장이 장애를 받고 공정한 정치 참여 및 감시 기능도 지체되는 이른바 신생 민주주의의 패러독스일 수 있다.[18]

갈등 후 제도 구축과 신뢰의 관계도 용이한 것만은 아니다. 국제비정부기구들이 구호지원을 하는 경우 비효율적이고 부패한 정부조직이나 제도를 통하기보다는 이를 우회하여 구호 수요 집단에 직

---

17 정체성의 위장에 관한 논의로 Václav Havel, "Power of the Powerless," in Václav Havel, et al., *The Power of the Powerless: The Citizens against the State in Central-Eastern Europe* (New York: Routledge, 2015), pp. 23-95; Timur Kuran, "Now Out of Never: The Element of Surprise in the Eastern European Revolution in 1989," *World Politics*, vol. 44, no. 1 (1991), pp. 7-48 참조.

18 Natalia Letki, "Trust in Newly Democratic Regimes," in Uslaner, ed., *The Oxford Handbook of Social and Political Trust*, Kindle Loc. 8757-8833.

접 접근하려는 경향을 보인다. 원래 원조에서 기부자와 수요 집단 사이에는 기대차expectations gap가 존재하는 것이 사실이며, 기부를 받아 분배 활동을 행하는 비정부기구 입장에서는 기대차를 최대한 좁히지 않으면 지속적인 기부를 확보하기 힘들다는 딜레마에 빠지게 된다.[19] 따라서 비정부기구는 기부자의 기대에 부응하기 위해 수요 집단에게 직접 분배하려는 방식을 취하게 된다.

이런 우회 방식이 단기적으로는 구호지원의 효율을 높일 수 있으며, 기부자에게 그 효율을 입증해 주기에 용이한 측면도 있다. 그러나 정부를 우회한 지원은 장기적 관점에서 결코 효율적이라 할 수 없다. 비정부기구들의 우회적 원조로 인해 그렇지 않아도 취약한 신생 정부의 조직이나 제도는 더욱 약해지게 된다.[20] 아프가니스탄과 이라크의 재건 과정에서 실제로 나타났던 일이다. 개발협력을 연구하는 학자들은 신생 정부의 제도 구축과 안정을 위해서라도 비정부기구들이 이들 공식 메커니즘을 잘 활용하고 강화시켜야 한다고 지적한다. 신생 정부의 조직과 제도가 안정화되고 효율을 발휘하게 되면 이에 대한 시민들의 신뢰와 감시 역량이 동시에 높아지게 되고, 이로써 제도 구축과 신뢰 사이에는 긍정적인 선순환 고리가 형성될 것이다.

요약하면, 민주화 이행기 또는 갈등 후 제도 구축에서 신생 정부

---

19 Neven Bondokji, "The Expectations Gap in Humanitarian Operations: Field Perspectives from Jordan," *Asian Journal of Peacebuilding*, vol. 4, no. 1 (May 2016), pp. 1-28.

20 S. Frederick Starr, "Sovereignty and Legitimacy in Afghan Nation-Building," in Francis Fukuyama, ed., *Nation-Building: Beyond Afghanistan and Iraq* (Baltimore: Johns Hopkins University Press, 2006), pp. 115-118.

의 조직과 제도는 분명 사회적 협력을 강화하고 안전을 보장해 주며 리스크를 감소시켜 주어야 한다. 그리고 이 조직과 제도가 시민들의 신뢰의 대상이 되고 동시에 감시의 대상이 되어야 하며, 이로써 신생 정부와 시민 역량은 함께 강화될 수 있다. 외부의 원조 제공자는 이 점을 주지해야 한다. 신생 정부라도 조직과 제도는 익명성을 지녀 그 안에서 일하는 관리나 공무원이 누구인가와는 상관없이 강화될 필요가 있다.[21] 부패한 관리나 공무원은 교체되어야 하지만, 이런 이유로 이들 조직과 제도가 불필요하다거나 폐기해야 한다고 주장할 수는 없다.

신뢰와 연관된 것으로 공정성을 언급하지 않을 수 없다. 공정성이 보장되지 않는 사회에서는 신뢰가 존재하기 힘들다. 구체적으로 민주화 이행 과정 또는 갈등 후 제도 구축에서 정부가 시민들을 정치적·사회적·경제적으로 공정하게 대우하지 않는다면—정확히 말하면 시민들이 불평등하게 취급된다고 느낀다면—신생 정부의 불신을 낳을 것이다. 신생 정부의 수행능력이 시민의 기대를 충족시키는데 시간이 걸리거나 영영 그 기대에 이르지 못할 수도 있다. 이 격차는 경제에서 제이-커브J-curve 현상과 유사한 것으로, 환율 변화와 이에 따른 무역수지 변화 사이에 존재하는 시간차이다. 대체로 신생 정부에 의해 취해진 정책이 효과를 발생하기까지 시민의 기대 상승을 따라가기 힘들다. 예를 들면, 2016년 3월 출범한 미얀마의 아웅산 수치 정권의 통합정책의 딜레마이다. 군부정권의 탄압을 이겨낸

21 Warren, “Trust and Democracy,” in Uslaner, ed., *The Oxford Handbook of Social and Political Trust*, Kindle Loc. 2472-2580.

노벨 평화상 수상자 아웅 산 수치가 이끄는 민족민주동맹은 2015년 총선에서 압승을 거두어 문민정부를 탄생시켰고, 이 정부는 소수민족 분쟁을 종식하고 단합을 도모하는 정책을 최우선으로 추진했다. 신생 문민정부의 정책에 대해 소수민족 구성원들은 장차 연방정부가 형성되면 자신들의 경제사회적 불평등이 극복될 수 있을 것으로 기대하게 되었다. 하지만 분쟁 해결의 관문인 소수민족과의 종전이 제대로 이루어지지 않고 오히려 연합와국군United Wa State Army, 아라칸군Arakan Army 등 소수민족군과 정부군 사이의 전투가 격화됨에 따라 신생 정부와 통합정책은 신뢰와 권위를 유지하기 힘들게 되었다.

공정성은 이행기 사회에서 더욱 첨예한 갈등의 소재가 된다. 이 문제를 해결하지 못하면 신생 정부는 신뢰를 잃고 사회를 통합하기 힘들게 된다.

5. 신뢰의 사례

다음 사례들은 위의 설명보다 복잡한 현실들이다. 이들 사례는 신뢰와 국제적 합의라는 공공재 사이에 긴장이 존재하며, 하지만 이 긴장은 절차와 제도를 통하여 해소될 수도 있음을 보여준다.

1) 사례 1. 중거리 핵전력 협상의 성공: "신뢰하라, 그러나 검증하라"의 역설

로널드 레이건 미 대통령은 1987년 12월 8일 미카일 고르바초프 소련 공산당 서기장과 중거리 핵전력 조약(INF 조약, Intermediate-range Nuclear Forces Treaty)에 서명한 후 그가 자주 쓰던 "신뢰하라, 그러나 검증하라Trust, but verify"는 러시아 속담을 재차 사용하였다. 이 속담을 즐겨 쓴 사람은 레이건 대통령이었지만, 이는 이전부터 미국의 대소련·대러시아 핵통제 협상 및 이행 과정의 원칙을 상징하는 표현이었다고 해도 과언이 아니다. 이 속담은 신뢰는 검증을 통해서 뒷받침된다는 의미일 수도 있고, 이보다 엄격하게 "보는 것이 믿는 것이다Seeing is believing"로서 확인이 무엇보다도 중요하다는 의미일 수도 있다.

중거리 핵전력 조약을 들여다보면 검증 방식이 잘 명문화된 조약의 성립 자체가 신뢰관계의 시작이었으며, 이로써 조약의 이행이 성공할 수 있었음을 알 수 있다. 이 점에서 레이건 대통령의 "신뢰하라, 그러나 검증하라"가 검증 때까지 불신하면서 체면상 신뢰를 보인다는 뜻은 아니었다.

중거리 핵전력 조약은 핵통제 협상 역사에서 전례를 찾아볼 수 없을 정도의 전향적인 협약으로 평가되고 있다. 이 조약은 미소 양국이 사거리 500km부터 5,500km까지의 지상발사 중거리 미사일 일체를 1991년까지 전량 폐기하고 이후 생산·보유·배치를 금지한다는 내용으로, 냉전 말기부터 30여 년간 핵전쟁 가능성 및 핵위협을 감소하고 양국 간 군비경쟁을 억제하는 효과를 발휘하였다.[22] 하지만 중거리 핵전력 조약은 미 트럼프 대통령이 중국의 핵전력 증강과 러

22 조약을 위한 협상 과정에 대해서는 U. S. Department of State, "Treaty Between the United States of America and the Union of Soviet Socialist Republics on the Elimination of Their Intermediate-range and Shorter-range Missiles" 참조. 〈https://web.archive.org/web/20071010153409/〉, 〈http://www.state.gov/www/global/arms/treaties/inf1.html#treaty〉

시아의 위반을 이유로 탈퇴를 선언하였으며 이에 러시아의 푸틴 대통령도 탈퇴를 선언함으로써 2019년 8월로 효력을 상실하고 역사 속에 묻히게 되었다.

1976년부터 소련이 기동성·은닉성·정밀성이 뛰어난 SS-20 신형 중거리 미사일을 배치하기 시작하면서 유럽 전역에 대한 선제 핵공격이 가능하게 되었고, 이로써 유럽 전역에서 소련의 핵우세, NATO의 핵열세가 기정사실화되었다. 이에 미국은 1979년부터 듀얼 트랙으로 대응하였다. 미국은 NATO에 GLCM 순항미사일 464기와 퍼싱-2 탄도미사일 108기를 1983년부터 배치하기로 결정하고 이를 레버리지로 삼아 1981년부터 소련과 협상에 들어갔다. 당시 레이건 대통령은 제로옵션(또는 제로-제로) 제안, 즉 미소 양측이 중거리 및 단거리 미사일을 남김없이 포기한다는 방식을 제안하였다. 고르바초프 서기장의 등극과 함께 협상에 진전을 보여 1987년 말 양 정상이 조약에 서명하기에 이르렀다.

양국 정상의 협력적 태도로 협상이 성공했지만, 그 과정에서 미국 내 협상파(비둘기파)와 강경파(매파) 사이에 첨예한 입장차가 있었다는 점에 주목할 필요가 있다. 협상파와 매파는 각각의 논리를 가지고 조약이 성립될 때까지 대립하였는바, 이들의 입장을 비교하면서 협상파가 미소의 불신을 극복해 나간 과정을 살펴보기로 한다.[23]

첫 번째 입장차는 중거리 핵전력에 대한 인식이다. 매파는 기본적

23 이하 구체적인 협상파 대 매파의 입장차에 대해서는 James H. Lebovic, *Flawed Logics: Strategic Nuclear Arms Control from Truman to Obama* (Baltimore: Johns Hopkins University, 2013), pp. 150-180 참조.

으로 핵전력의 군사적 가치에 초점을 두고 우위superiority의 확보가 무엇보다 중요하다고 믿었던 반면, 협상파는 확장 억제에 미치는 정치적 의미를 고려하는 동시에 핵전쟁 촉발을 차단하는 것이 가장 절실한 과제라고 믿었다.

유럽의 NATO 회원국들은 소련의 SS-20 배치 이전에도 미국의 확장 억제의 신빙성을 우려하고 있었는데, 이 우려는 "미국이 유럽 도시들을 방어하기 위해 자국 도시들을 포기하는 일은 결코 하지 않을 것이다The United States would not trade US cities for European ones"라는 상징적 표현으로 집약되었다. 소련의 신형 미사일 배치는 이 같은 유럽인의 우려를 공포로 내닫게 하였다. 이런 상황에서 워싱턴 당국자들은 미국의 확장 억제에 대한 유럽인들의 의구심을 해소하기 위해서라도 GLCM 순항미사일과 퍼싱-2 탄도미사일로 NATO의 핵전력을 강화해야 한다고 판단했다.

여기서 매파는 소련의 SS-20에 대응한 NATO의 핵전력 강화를 선제타격 수단의 확보라는 군사적 측면만 생각할 뿐, 소련의 정치적 의도, 즉 유럽과 미국을 디커플링하려는 의도에 대해서는 무관심했다. 예를 들어, 헨리 키신저Henry Kissinger는 유럽 내 소련 대 NATO의 핵전력 불균형 상황—서독이 소련의 핵공격권 내에 있지만 서독 내에서 NATO군은 소련을 위협할 핵공격 수단이 없는 상황—을 허용해서는 안 되며, 유럽 내 GLCM과 퍼싱-2 미사일을 유지해야 한다고 주장하였다. 더 나아가서 매파는 NATO가 이른바 고조 우세escalation dominance[24]의 조건을 갖추고 강압 수단을 갖기 위해서 유럽 내 중

24 고조 우세는 상대에게 불리하고 비용을 치르게 하면서 일방적으로 갈등을 고조시킬

거리 핵전력을 확보해야 한다고 주장하기도 하였다.

반면 협상파의 중요한 논리는 유럽에서의 핵무기 사용은 전면 핵전쟁을 촉발할 수 있이므로 소련과 NATO가 아예 선제 핵공격 능력을 가져서는 안 된다는 것이었다. 협상파는 미소 간 불균형의 극복은 물론 핵전쟁 방지를 위해서도 양측이 중거리 핵전력을 전면 포기해야 한다고 주장하였다. 협상파는 또한 미국의 충분한 전략핵 능력과 NATO의 우월한 기술력, 공군력이 소련의 핵공격 작전 능력을 충분히 상쇄시킨다고 보았다. 그리고 협상파는 소련이 미국의 확장 억제의 이완을 노리는 정치적 의도에 주목하면서, 이런 의도를 분쇄시키기 위해서도 중거리 핵전력 전면 폐기를 위한 조약이 필요하다고 주장하였다. 요약하면, 협상파는 중거리 핵전력을 미소 양측이 포기함으로써 발생하는 이익 — 양측에게는 전면적 핵전쟁 방지, 미국에게는 확장 억제의 존속 — 을 우선시하였던 것이다.

둘째는 신뢰성에 관한 것으로 소련의 기만에 대한 입장차이다. 매파는 소련의 기만 가능성을 끊임없이 제기하였다. 미국은 소련의 비밀 생산시설, 저장시설, 재고량을 확인하는 모니터링 시스템에 한계가 있음을 지적하면서, 소련은 미국이 확인한 것만 폐기하고 나머지는 은폐할 것이라고 우려하였다. 이 점에서 유진 로스토우Eugene V. Rostow는 중거리 핵전력 합의가 '소련의 트로이 목마'를 불러들이는 것이라고 보았고, 헨리 키신저는 소련 지도부가 결코 핵전력 우위

수 있는 능력을 갖지만 상대방에게는 이를 허용하지 않는 조건을 말한다. Forrest E. Morgan, Karl P. Mueller, Evan S. Medeiros, Kevin L. Pollpeter, and Roger Cliff, *Dangerous Thresholds: Managing Escalation in the 21st Century* (Santa Monica: RAND Corporation, 2008), 특히 2장 "The Nature of Escalation," pp. 7-45 참조.

정책을 버리려 하지 않을 것이라고 주장하였다. 같은 맥락에서 소련이 중거리 이상인 미사일을 필요에 따라 변형하여 실제로는 중거리 미사일 전력을 유지할 가능성에 대해서 우려하는 이도 있었다. 매파는 또한 미소 관계개선 시기에 소련이 핵전력을 은밀히 강화해도 미국이 엄밀하게 추적하지 않음을 역이용하리라고 보았다. 한마디로 매파는 소련에 대해 강한 불신을 가지고 있었다.

협상파는 기본적으로 검증 확보와 신뢰는 선순환 관계가 있다고 인식하고 있었다. 그들은 소련이 제공한 정보와 미국이 다양한 방식으로 수집한 정보를 비교함으로써 소련의 기만이나 은폐를 방지할 수 있고, 또한 대량 기만이나 은폐는 노출 가능성을 높이므로 크게 우려할 일이 아니라고 생각했다. 협상파는 소련이 일부를 은폐·은닉하더라도, 더 중요한 것은 그것이 과연 NATO에 대한 소련의 우위에 기여하겠는가라고 의문을 제기하였다. 이런 점에서 협상팀의 자문역이던 폴 니체Paul Nitze는 "조약은 서로 연결된 구속과 조치들의 네트워크를 만들어 모니터링을 가능하게 하고 기만의 비용을 높이고 발각될 리스크를 높인다"고 말한 바 있다. 이는 검증 구속력을 지닌 조약에 대한 합의 자체로 신뢰가 보장된다는 의미일 것이다. 구체적으로 검증 시스템에 대해서 제임스 슐레진저James Schlesinger는 "미약하지만 만족할 만하다"고 증언하였다. 이는 상대방인 고르바초프가 검증을 위반할 경우 공공외교 이미지가 추락할 것이므로 이 같은 모험을 하지 않으리라고 보았던 것이다. 한마디로 협상파는 소련의 협력에 무조건 낙관적이었던 것은 아니면서도 검증을 명시한 조약의 성립 그 자체부터 신뢰성이 확인되는 첫 단계라고 보았다. 그리고 이행 과정에서의 협력은 신뢰를 더욱 증진시키고, 이것이 다시 협력을 촉진하는 선순환 관계를 가질 것으로 보았다.

결국 합의 자체가 신뢰를 구성한다고 보는 협상파가 중거리 핵전략 조약 체결의 주역이 되었으며, 협상파의 예상대로 이 조약은 미소 양국에 의해 성공적으로 이행되었다. 조약의 성공은 "신뢰하라, 그러나 검증하라"는 러시아 속담을 최악의 시나리오("검증할 때까지 신뢰하지 말라")로만 해석할 필요가 없다는 점을 보여준다.

검증은 주어진 정보에 기초해 판단하는 작업인데, 그 정보는 다양한 모니터링 시스템에 의해 제공되며, 또 상대방의 의도를 확인함으로써 얻어지기도 한다. 그런데 모니터링 시스템이 절대적일 수는 없으므로 상대방의 의도 확인이 신뢰성을 가지게 되는 데 중요하다.[25] 상대방의 의도는 최종적으로는 검증 규칙을 포함한 조약에 서명한 것으로 확인되며, 이는 상대방이 조약으로 인한 또는 조약에서 비롯된 이익에 가치를 두고 있다는 신뢰성의 근거가 된다. 중거리 핵전력 조약의 사례는 검증 규칙을 포함하는 합의 자체가 상호 신뢰성을 보여주는 행위라는 점을 일깨워 준다.

2) 사례 2. 트럼프-김정은: 특수신뢰의 한계

한반도 비핵평화 프로세스 관련, 트럼프 미 대통령과 김정은 북한 국무위원장은 정상회담뿐만 아니라 서신교환, 트윗 등을 통해 관계를 지속하였는바, 이는 구체적 성과와는 별개로 북미관계에서 전에 없었던 특이한 일이다. 미국 조야의 많은 비판에도 불구하고 트럼프 대통령은 김정은 위원장을 '신뢰'한다고 수차례 표현하였다. 트럼프

---

25 Lebovic, *Flawed Logics*, p. 5.

는 김정은을 정말 신뢰한 것일까, 아니면 신뢰라는 표현으로 협상에로 유인하려 한 것이었을까? 만일 후자라면 신뢰라는 용어는 기만적이다. 전자라 하여도 최고지도자 간 신뢰가 국가 간 신뢰로 이어지기는 결코 용이한 일이 아니다.

어떤 이들은 북미 간에는 신뢰가 없으니 되는 일이 없다고 보면서 비핵평화 프로세스에 본격 진입하기 위해서는 신뢰구축이 선행되어야 한다고 말한다. 다른 이들은 검증이 전제되기만 하면 합의의 이행을 성공할 수 있다는 의미에서 "신뢰하라, 그러나 검증하라"는 러시아 속담을 인용하기도 한다.

트럼프-김정은 간의 신뢰를 논한다면 이는 러셀 하딘Russell Hardin이 말하는 이익에 기초한 특수신뢰에 관한 것이다. 양국관계가 오랫동안 적대적이었으니 여기에서의 신뢰가 상대방의 선의성에 기초한 보편신뢰일 수는 없다. 이들 사이의 신뢰는 오로지 이익에 기초해 있다. 상대방에 대한 나의 신뢰는 상대방의 이익에 나의 이익이 내포됨으로 인해 생기는 신뢰성에 기초한 것이다. 이러한 특수신뢰는 상대방이 나와 '관계의 지속'을 원할 때에만 유지된다. 트럼프는 김정은을 통해 정치적·외교적 성과를 이룩하려 하며, 김정은은 트럼프를 통해 미국과의 관계 개선을 추구한다. 최소한 최고지도자 차원에서는 서로의 이익이 맞물려 있으며, 미약하나마 관계를 지속하려는 신뢰가 있었다고 할 수 있다.

그러나 북미 최고지도자 간의 이런 신뢰, 그리고 이에 기초한 톱다운top-down 방식의 협상은 한계를 지닐 수밖에 없다. 상대가 나의 이익을 실현하는 유용한 매체이기도 하지만, 이런 관계의 지속에 대해 확실한 기대를 하기 힘들다. 미국 정부의 관료와 전문가들은

NPT 체제의 유지와 미국의 핵독점 및 핵우월성 견지를 주된 국가이익으로 본다. 북핵과 관련해 미국 조야의 딜레마는, 비핵화 조건의 양보와 제재 완화로 북한의 핵전력이 오히려 강화되지 않을까 하는 우려와, 반대로 양보 없이 제재 유지를 고집할 경우 비핵화가 힘들지 않을까 하는 우려 사이의 충돌이다. 이 같은 불확실성 속에서 김정은은 미국을 상대하고 안전보장을 확보하는 데 핵무기만 한 것이 없다고 판단할 것이다.

북미 정상 간의 관계와 국가 간 신뢰 사이에는 괴리가 있을 수밖에 없다. 정상 차원의 이익과 국가적·제도적 차원의 이익은 다르다. 북한에서는 김정은의 이익이 곧 국익이기도 하고 국익이 김정은의 이익이기도 하지만, 미국에서는 트럼프 대통령이 미국의 국익을 대리한다고 말하기 힘들다. 트럼프의 독특한 성향과 권력욕이 외교정책의 난맥상—예를 들어 미·중 무역전쟁, 중거리 핵전력 조약의 파기, 시리아 내전에서 미군 철수, 우크라이나 대통령에 자신의 정적 수사 압력, 이란과의 전쟁 위기—을 낳은 것을 보면 더욱이 그러하다.

트럼프 개인의 이익이 미국의 제도(의회 및 행정부)에 의해 제약되지 않으면 미국의 국익은 훼손된다. 즉 지도자 간에 상호 이익이 얽혀 있고 이를 확인할 수단에 합의하면 신뢰 부재의 상황으로부터 탈피할 수 있지만, 이들 간의 관계가 국가 간 신뢰로 발전하기 위해서는 최소한 개인의 이익이 제도화된 국익과 상충되지 않아야 한다. 김정은이 국익을 대표하는 북한과 제도화된 국익이 존재하는 미국은 사정이 전혀 다르다.

여기에서는 사례 1에서 얻은 교훈에 비추어 다음 두 가지를 지적할 수 있다. 첫째, 트럼프 대통령의 김정은에 대한 신뢰라는 표현은 그의 정치적 동기에서 비롯된 것으로 미국의 제도화된 이익과도 충돌한다. 둘째, 북미 사이에서 검증 절차가 잘 명문화된 합의를 도출하는 것 자체가 신뢰를 입증하는 것이며, 만일 그런 합의가 이루어지기라도 한다면 성공적 이행 가능성 또한 높을 것이다. 그러나 상황은 그렇지 않다. 지금까지 비핵화 관련 북미 갈등—1993년 1차 핵위기, 1994년 제네바 합의의 파기, 2005년 9·19 공동성명의 이행 실패—은 신고 또는 검증을 둘러싸고 발생했다는 점에 주목해야 한다. 더 중요한 것은 이들 갈등이 신고와 검증에 관한 규칙을 사전에 제대로 합의하지 않고 발생했다는 점이다.

6. 맺음말

이 장에서는 일상에서 흔히 사용하고 학문적 연구대상이 되는 '신뢰'라는 가치에 대해 살펴보았다. 신뢰를 어떻게 정의하든 신뢰가 협력을 촉진하는 것임에는 틀림없다. 신뢰는 그 범위에 따라 보편신뢰와 특수신뢰로 나뉜다. 보편신뢰는 유대의 경계를 확장한 것이므로 이를 증진시키는 일은 평화 실현을 위한 중요한 과제이다. 양자관계에서 전략적 이익을 둘러싸고 발생하는 신뢰를 특수신뢰라고 부르지만, 협력을 촉진한다는 점에서는 보편신뢰와 마찬가지이다.

평화는 불신을 신뢰로 발전시키는 과정이다. 지속가능한 평화는 특수신뢰를 보편신뢰로 변화시킴으로써 가능할 것이다.

어떻게 이 같은 발전과 변화가 가능한가? 갈등하는 양자관계(특히 국가 간 관계)에서, 만일 양자가 협상을 통해 합의안에 갈등 해결의 규칙을 포함한다면, 이것이 각자의 신뢰성을 입증하고 상호 신뢰를 보여주는 첫 행위가 된다. 양자는 규칙의 이행으로 신뢰가 무르익는다. 불신관계를 극복하고 신뢰성을 확보하는 일, 그리고 특수신뢰를 보편신뢰로 확장하는 일이 평화의 가능성을 높이고 평화의 영속성을 보장하는 일이다. 사회심리학적 연구에서는 신뢰 형성에 성장 과정의 경험이 중요하다고 설명하지만, 성인이 되어서도 일상의 자발적 봉사의 경험이 사회적 신뢰를 증진할 것으로 보인다.

신뢰가 평화를 구축하는 데 있어 다른 가치보다 우위라고 말할 수는 없다. 신뢰는 민주주의, 공정성 등의 가치와 연관되어 상호 인과관계를 이룬다. 신뢰는 고립된 가치가 아니며, 민주적 제도의 정착 그리고 공정한 대우에 대한 믿음과 밀접한 관계에 있다. 또 이들 가치는 이 책의 다른 가치들과 얼개를 형성하면서 평화를 뒷받침한다.

2부

평화의 구축

5장 공존

6장 대화

7장 합의

8장 화해

9장 안보

5 공존[1]

천경효 (서울대학교 통일평화연구원)

1. 들어가는 말

'공존'이라는 단어의 의미는 직관적으로 다가온다. 하나 이상의 것들이 함께 존재하는 것. 조금 더 풀어 말하자면 주체로서의 '나'와 시간과 공간을 공유하는 하나 이상의 개체 혹은 집단이 존재하고 있음을 인지하는 상태를 공존이라 할 수 있다. 사실 인간은 홀로 존재할 수 없는 존재이기에 공존은 어찌 보면 인간의 기본적 조건이고 숙명으로까지 보인다. 하지만 철학적 사유가 아니라 사회적 논의로서의 공존을 말할 때에는, 단순히 함께 존재하는 것을 넘어서서 최소한 서로에게 당장 위해를 가하는 행위를 하거나 혹은 가할 의도를 보이지 않고 비폭력 상태가 유지되는 것을 가리킨다.[2]

1 이 글은 『통일과 평화』 제11집 2호(2019)에 실린 필자의 논문(「적극적 평화로서의 공존의 가치」)을 수정·보완한 것이다.

2 Eugene Weiner, ed., *The Handbook of Interethnic Coexistence* (New York: Continuum, 1998).

인간 활동의 사회적 영역을 생각할 때 공존이 문제가 되는 것은 다양한 집단 사이의 다름 때문이다. 언어, 역사적 기억, 종교, 경제 활동 양식, 문화적 전통 등 집단 간의 차이를 만들어내는 요인은 실로 다양하다. 함께 같은 곳에서 오랜 기간 생활을 공유해온 집단 간에는 앞서 언급한 다양한 요인들 중에서 공유하는 부분이 넓어질 것이고, 따라서 우리가 종족이나 민족으로 부르는 범주 내의 구성원들 간에는 종종 운명 공동체라는 인식이 형성되기도 한다. 이러한 집단들이 한 공간을 더불어 점유하며 서로 간에 갈등양상을 보일 때 공존이 문제의 중심에 서게 된다. 다양한 방식으로 서로의 다름을 드러내는 집단 간에 이해와 존중, 수용이 이루어지지 못할 때 오해와 차별, 나아가 혐오, 배제까지 일어날 수 있으며, 감정적인 수준에서의 적대감이 물리적 폭력과 인명 살상으로까지 이어지기도 한다는 것을 우리는 과거의 경험에서, 현재의 실상에서 충분히 보아오고 있다.

갈등과 폭력의 대척점에서 화해와 평화를 생각할 때 평화의 가치로서 공존이 지니는 의미를 진단하고자 하는 것이 이 글의 목적이다. 이를 위해 공존을 위한 제도와 인식의 조건, 공존의 형태와 방식, 그리고 공존의 실례들을 살펴보고, 실천적 기제로서 공존이 지니는 중요성을 이해하고자 한다.

2. '우리' vs. '그들': 자문화 중심주의와 문화상대주의

공존을 생각할 때 우선적으로 떠올리는 것은 제도적 장치이다. 하지만 제도적 장치에 앞서 우선 공존이라는 것이 어떠한 상황에서 문제로 인식되는지를 살펴볼 필요가 있다. 공존을 서로 다른 집단이 삶의 공간을 공유하며 존재하는 것이라고 할 때, 서로 다르다는 것이 무엇을 의미하는지를 먼저 규정할 필요가 있다. 이 글에서는 서로 다름을 정치, 경제, 사회 등 제 영역을 포괄하는 넓은 의미의 문화의 차이에서 유래되는 것으로 본다.

인류학에서는 문화를 "한 집단 내에서 공유되고 세대에 걸쳐 전해지는 지식, 관습, 의례, 전통, 신앙 등 인간사회의 모든 측면을 포함하는 생활양식의 총체"로 정의한다.[3] 인간 생활양식의 총체로서의 문화는 세계관을 포함하는 정신적인 부분과 물질적인 부분 모두를 포함하는 개념으로, '나'와 '나 아닌 저들'을 구분하게끔 하는 정체성의 근원이 되기도 한다. 나의 정체성이란 홀로 있을 때는 가늠하기 어려우며, 다른 누군가를 만났을 때 비로소 그 대비되는 차이에 근거하여 '나'에 대해 인식하게 되는데, 이때 다름 혹은 같음을 가늠하는 기준들이 상당 부분 문화라는 범주에 포함된다.

누군가를 나와 다르다고 판단하는 것의 기준은 다름 아닌 '나'이고 '나의 것'이다. 나와 다르게 생긴 사람, 나와 다르게 말하는 사람, 나와 다른 음식을 먹는 사람, 나와 다른 신을 믿는 사람, 나와 다른 옷을 입는 사람 등, 나를 중심에 두고 볼 때 '나와는 다름'이 인지될 수 있는 것이다. 어떠한 사람이라도 익숙한 것에 대해서는 친밀감과 편안함을 느끼는 반면, 낯설고 나와 다른 것에 대해서는 정도의 차이는 있으나 대체로 어색함과 불편함을 느끼기 마련이기 때문에, 이는

3 M. Ann Brown, "Anthropology and Peacebuilding," in Roger Mac Ginty, ed., *Routledge Handbook of Peacebuilding* (London & New York: Routledge, 2013), p. 137.

인간의 보편적인 경향으로 볼 수 있다. 문제는 나와 다른 것에 대해 이보다 강한 부정적 감정, 예를 들어 거부감, 혐오감, 적대감 등을 느끼고 이를 표출할 때이다. 이러한 부정적 감정과 행동은 내가 나와 다른 그 무엇인가에 대해 알지 못한다는 사실, 즉 불확실성에 기반한 공포에서 유래한다고 보는 시각도 있다.[4]

나를 중심에 두고 나와는 다른 집단 및 문화에 대해 열등하거나 미개하거나 비인간적이라고 생각하는 태도를 자문화 중심주의라고 한다. 나와 나의 문화를 정상적이고 합리적·이성적인 것으로 보는 반면, 타인과 그들의 문화를 비정상적이고 비합리적·비이성적인 것으로 판단하는 이러한 태도는 다른 집단과 어울려 살아갈 때 가장 위해가 되는 요소 중 하나이다.[5]

나와는 다른 생활양식에 대해 낯섦을 느끼는 것은 전술하였다시피 누구에게나 지극히 자연스러운 반응이지만, 이러한 일차적인 낯섦을 부정적인 방향으로 왜곡하여 상대를 비난하고 폄하하는 자문화 중심적 태도가 만연한다면 공존을 위한 기본적 요건의 구성 자체가 어려워지게 된다. 서로를 인정하고 받아들이며 존중하는 태도가 갖춰질 때 비로소 의미 있는 공존의 논의가 시작될 수 있기 때문이다.[6]

---

4 이에 대한 논의는 Mary Douglas, *Purity and Danger* (New York & London: Routledge, 2002)의 6장 참조.

5 Ken Booth, "Step Towards Stable Peace in Europe: A Theory and Practice of Coexistence," *International Affairs*, vol. 66, no. 1 (1990), p. 21.

6 Louis Kriesberg, "Changing Forms of Coexistence," in Mohammed Abu-Nimer, ed., *Reconciliation, Justice, and Coexistence: Theory and Practice* (New York: Lexington Books, 2001), p. 48.

자문화 중심주의에 대한 비판으로부터 그 극복 방안으로 제시된 것이 문화상대주의이다. 문화상대주의의 핵심은 모든 문화는 그 문화가 지속되어 온 맥락에서 이해되어야 한다는 것이다. 인간 생활양식의 총체로서의 문화란 특정 인간집단이 살아온 환경에 적응하는 과정에서 만들어지고 전승되어 온 것이므로, 그 문화 구성원의 입장에서 바라볼 때 비로소 그 의미와 가치를 제대로 파악할 수 있다는 생각이다.

문화상대주의의 이러한 입장을 가장 잘 드러내는 표현 중 하나가 '문화 구성원의 시각from native's point of view'으로 그 문화를 이해해야 한다는 것이다. 다른 집단의 생활양식이 일견 이상하고 이해하기 어렵게 보이더라도, 그들이 처한 환경에서 문제를 해결하는 방식으로 오랜 기간 지속되어 온 맥락을 고려한다면 충분히 그들 입장에서는 합리적인 선택의 결과라는 점을 이해할 수 있다.

물론 문화상대주의는 이론에서보다 실제에서 적용되기 훨씬 어려운 가치이다. 누구나 원론적으로는 모든 문화가 존중받아야 한다는 생각에 쉽게 동의하기도 하지만, 막상 자신이 현실에서 다른 문화와 부딪혀 갈등을 겪게 되면 공정하고 합리적인 시각을 견지하기 쉽지 않기 때문이다. 서로 다른 생활양식과 가치를 가지고 있는 집단들 간의 공존을 이야기하려면 문화상대주의적 시각이 기본 토대가 되어야 함은 분명하지만, 현실에서 문화상대주의를 적용할 때 그 범위와 한계를 어떻게 볼 것인가에 대해서는 이견이 존재한다. 특히 인권, 윤리, 도덕과 같은 일견 절대적 가치로 보이는 개념과 문화를 연관시킬 때 다양한 논의와 논쟁이 발생하는데, 여기서는 일반적으로 절대적 문화상대주의와 비판적 문화상대주의로 구분되는 두 입장의

내용에 대해 살펴보기로 한다.[7]

1) 비판적 문화상대주의

비판적 문화상대주의Critical Cultural Relativism는 문화상대주의의 기본적 입장은 견지하되, 모든 문화의 가치와 행위를 무조건적으로 존중하는 것에는 비판적인 태도를 보인다.

이슬람 문화권에서 전통적으로 행해지던 여성 성기 절제FGM, Female Genital Mutiliation/FGC, Female Genital Cutting를 예로 들어보자.[8] 여성 성기 절제는 4-12세 정도의 여아에게 주로 행해지는데, 생식기의 일부 혹은 전체를 절제하고 봉합하는 행위를 말한다. 여성 성기 절제가 문제가 되는 것 중 한 가지는, 이 행위의 직접적 대상이 유소아이며 이들의 의지와는 상관없이 강제된다는 점이다. 여성 성기 절제는 주로 나이든 여성이나 남성에 의해 행해지는데, 소독과 마취 등이 매우 불량하거나 전무한 상태에서 면도날 등을 사용하여 이루어지기 때문에 감염과 출혈의 위험이 높다. 실제로 다량의 출혈로 인한 쇼크사와 감염으로 인한 사망도 상당수 발생하는 것으로 알려져 있으며, 여성 성기 절제 과정에서 정신적 트라우마를 입는 경우도 많은 것으로 드러난다.

---

7 문화상대주의와 윤리, 도덕, 인권 등에 대한 자세한 논의는 Xiaorong Li, "A Cultural Critique of Cultural Relativism," *American Journal of Economics and Sociology*, vol. 66, no. 1 (2007), pp. 151-172 참조.

8 FGM/FGC를 '여성 할례'로 번역하기도 하지만, 유태인들 사이에서 행해지는 남성 할례와 동등하게 놓고 비교하기에는 의례적 의미나 물리적 행위에서 차이가 크며 FGM/FGC가 대상자들에게 주는 위해적 측면이 희석될 수 있으므로, 이 글에서는 원어의 직역어인 '여성 성기 절제'라는 표현을 사용한다.

여성 성기 절제는 절제와 봉합에 이르는 과정에서 신체 괴사와 변형 등 여러 부작용 및 합병증의 소지가 있으며, 이후 결혼 초야에 남편이 봉합된 성기를 다시 개방하는 과정에서 다시금 심각한 신체적·정신적 고통을 유발하는 문제점이 있다. 실제 인터뷰들을 보면 부작용으로 인해 평생 배변활동을 제대로 하지 못하는 등 정상적인 일상생활을 할 수 없거나, 임신은 했으나 출산이 불가한 상태로 신체가 변형되어 출산 시 고통을 겪거나 사망한다거나, 봉합으로 인해 생리혈이 체외로 배출되지 못하여 심각한 복부감염이 일어나는 등, 여성 성기 절제와 관련된 부작용에 대한 증언을 어렵지 않게 찾아볼 수 있다.[9]

이러한 인권 침해적이고 폭력적인 행위도 문화상대주의라는 명분 아래 존중받아야 할까? '그들의 전통'이라는 측면에서 보자면, 해당 문화권에서 여성 성기 절제라는 행위는 여성성을 인정하고 나아가 여성의 성적 순결성을 보호한다는 의미를 지닌다고 볼 수 있다. 하지만 비판적 문화상대주의는 모든 문화는 존중할 만한 가치가 있되, 문화에 대한 존중은 결코 인간보편윤리Universal Human Ethics보다 상위에 있지 않음을 역설한다. 즉 생명의 존엄성, 선택의 자유, 인권 등 문화를 뛰어넘는 인류 보편적인 가치를 훼손하고 누군가에게 폭력

9 여성 성기 절제와 이를 둘러싼 논쟁에 대한 상세한 내용은 Susie Costello, et al., "In the Best Interest of the Child: Preventing Female Genital Cutting (FGC)," *British Journal of Social Work*, vol. 45 (2019), pp. 1259-1276; Lisa Wade, "The Politics of Acculturation: Female Genital Cutting and the Challenges of Building Multicultural Democracies," *Social Problems*, vol. 58, no. 4 (2011), pp. 518-537; Mary Nyangweso, *Female Genital Cutting in Industrialized Countries: Mutilation or Cultural Tradition?* (Santa Barbara: Praeger, 2014) 등을 참조.

과 위해를 가하는 행위는 문화상대주의라는 이름으로 정당화될 수 없다는 것이다. 비판적 문화상대주의의 입장에서 보자면, 인간보편윤리를 위반하지 않는 선에서 다양한 문화는 이해받고 존중받을 수 있는 것이다.

2) 절대적 문화상대주의

절대적 문화상대주의Absolute Cultural Relativism는 그 명칭에서 드러나듯이 앞서 설명한 문화상대주의의 기본 자세, 즉 해당 문화 구성원의 시각이 가장 중요하다는 입장을 견지한다.

앞서 언급한 이슬람 문화권의 여성 성기 절제를 예로 들어보자. 해당 구성원들 간의 합의에 의해 오랜 기간 지속되어 온 전통이라면 이것을 외부인의 시각에서 야만적이거나 무지한 행위라고 쉽게 단정할 수는 없다는 것이다. 그렇다면 절대적 문화상대주의는 인권을 중시하지 않는 것일까?

절대적 문화상대주의를 인권과 생명을 경시하는 입장으로 보는 것은 매우 피상적인 이해이다. 절대적 문화상대주의가 경계하고자 하는 것은 보편성이라는 이름하에 벌어질 수 있는 자문화 중심적 시각이라는 점을 주목할 필요가 있다. 인간보편윤리라는 것은 누구에 의해 규정되는가? 인권, 생명존중, 개인의 선택자유 등은 모두 고귀한 가치로 생각되지만, 어디까지가 인권보호의 범주이고 어디까지가 생명존중의 범위인지에 대한 인류 보편적 합의란 존재하지 않는다. 이런 상황에서 자칫하면 권력을 가진 집단, 보다 구체적으로는 서구 근대성에 기반한 가치들이 인류 보편성이라는 미명하에 다른 집단에게 강요될 위험이 있으며, 그 또한 자문화 중심적 폭력이 될

수도 있는 것이다.[10]

생명은 존중되어야 하며 인간은 존엄성을 가진다는 명제에는 누구나 찬성할 것이다. 그러면 다음의 예를 생각해보자. 식물인간 상태에 빠져 현대 의학으로는 더 이상 치료와 회복이 불가능하고 감정과 의사 표현을 전혀 할 수 없는 상황의 환자가 있다고 할 때, 이 사람의 존엄성을 확보하는 것은 계속되는 연명치료일까, 아니면 고통을 줄이는 안락사일까? 아무런 정신적·신체적·감정적 활동을 하지 못하고 앞으로도 개선의 여지가 없는 사람의 심장을 여러 의료장치를 동원해 물리적으로 뛰게 하는 것이 과연 생명을 존중하는 것인지, 그것이 그 사람의 존엄한 삶을 지키게 하는 것인지에 대해서는 서로 다른 의견들이 맞설 것이다.

즉 절대적 문화상대주의는 인간보편윤리라는 것이 지닐 수 있는 상대성에 대해 비판적 시각을 견지하며, 그에 비해 문화상대주의의 가치가 하위에 있어야 할 필연적 이유가 없다는 점을 강조한다고 볼 수 있다. 이러한 절대적 문화상대주의의 시각은 정치적·사회적·군사적 권력의 우위에 있는 집단의 가치가 보편성이라는 이름으로 강제되는 것을 경계한다는 점에서 공존의 방식과 가치를 논의함에 있어 중요한 시사점을 지닌다.

10 Alison Dendes Renteln, *International Human Rights: Universalism Versus Relativism* (New Orleans: Quid Pro, 2013), pp. 83-84.

3. 공존을 바라보는 시각: 과정적 접근

공존이 문화가 서로 다른 집단 사이에서 문제가 되는 것이고, 그 문화의 다름을 어떻게 바라볼 것인가를 문화상대주의의 관점을 통해 이해할 수 있다면, 다음으로는 공존 자체를 어떻게 바라볼 것인지 규정할 필요가 있다. 공존은 어떠한 상태를 가리키는 말인가, 아니면 그 상태를 향한 과정을 말하는 것인가? 폭력은 없으나 교류가 없는 상태를 소극적 평화로, 교류와 협력이 활발한 상태를 적극적 평화로 나누어 구분하는 것이 유용한가?

앞에서 말한 바와 같이 공존을 이야기할 때 전제되는 최소한의 조건은 서로 위해의 의도가 없거나, 아니면 위해를 가하는 행동을 하지 않는 상황이다. 서로 얽혀서 전쟁을 벌이고 있는 상태를 공존이라고 보기는 어렵다. 폭력의 부재를 상정한다는 점에서 공존에 대한 논의는 자연스럽게 평화와의 연결고리를 찾게 된다. 공존을 평화의 개념과 연결시켜 이야기할 때, 물리적인 충돌이나 폭력이 없는 경우를 소극적 평화, 상호 교류와 통합이 일어나는 공존을 적극적 평화의 맥락에서 논의하는 경우가 일반적이다. 하지만 현실의 사례를 보면 이러한 이론에서의 기본적 조건을 적용하거나 판단하기 어려운 상황들이 종종 눈에 띈다. 물리적 폭력이 현재는 중지된 상황이라 해도 그 지속기간이나 종결의 시점을 특정하기 어려운 경우가 존재하며, 합의나 협정이 이루어지고 있는 과정인 경우에는 그 방향성을 섣불리 가늠해내는 것이 현실적으로 쉽지 않기 때문이다. 특히나 기존에 심각한 갈등을 경험한 사회post-conflict society의 경우, 표면적으로는 중재 또는 합의에 의해 공존이 유지되고 있는 것으로 보여도, 그

저면에 위해의 의도나 행동이 조성되고 있는지 그 여부를 명확하게 규명해내는 것 자체가 현실적으로 가능하지 않을 수 있다.

이러한 현실적인 부분을 고려할 때, 공존은 소극적 평화로서의 공존과 적극적 평화로서의 공존이라는 이분법적 접근보다는 과정적 접근processual approach을 통해 이해할 때 현재의 상태를 진단하고 앞으로의 단계와 방향성을 짚어나가는 데 있어 보다 효율적일 수 있다. 다시 말해 물리적 폭력은 제거된 상태이지만 다른 제도적·사회적·문화적 공유가 이루어지지 않고 있는 상태로부터, 상호 존중과 합의에 기반하여 제도적·사회적·문화적 공유가 일상화된 상태로 향하는 일련의 스펙트럼을 상정하고, 그 안에서 다양한 공존의 형태와 방식을 논의하는 것이 보다 현실적인 접근일 수 있다. 공존을 단면적 현상이 아니라 시간에 따른 과정으로 파악한다면 사실상 많은 국가와 사회가 상황과 정책에 따라 이 스펙트럼상에서 방향을 달리하여 움직이거나 혹은 한쪽으로 점진적으로 이동해 가는 양상을 볼 수 있을 것이다.[11] 학자들에 따라서는 이러한 연속선상에서 공존의 보다 완성된 형태로 화해reconciliation를 들기도 한다.[12] 공존의 다양한 모

11 Janel B. Galvanek and Katrin Planta, *Peaceful Coexistence? "Traditional" and "Non-Traditional" Conflict Resolution Mechanisms* (Berlin: Berghof Foundation Operations, 2017), p. 41.

12 Azra Hromadzic, ""Smoking Doesn't Kill; It Unites!" Cultural Meanings and Practices of "Mixing" at the Gymnasium Mostar in Bosnia nad Herzegovina," in Claire McGlynn, et al. eds., *Peace Education in Conflict and Post-Conflict Societies: Comparative Perspectives* (New York: Palgrave Macmillan, 2009), p. 122; Michael Ignatieff, "Afterwords: Reflections on Coexistence," In Antonia Chayes and Martha Minow, eds., *Imagine Coexistence: Restoring Humanity After Violent Ethnic Conflict* (San Francisco: Jossey-Bass, 2003), p. 325.

습과 관련된 실제 사례들은 뒤에서 다루도록 한다.

4. 공존의 형태를 결정하는 요인: 통합과 부과

공존을 과정적 접근으로 본다고 할 때, 공존의 형태는 매우 다양한 스펙트럼상에서 나타나게 된다. 이러한 공존의 형태를 결정하는 요인에 대해 크리스버그는 집단 간 통합의 정도degree of inter-communal integration와 일방에 의한 부과의 정도degree of unilateral imposition를 두 축으로 하여 〈표 5-1〉과 같이 제시한 바 있다.[13] 즉 적당한 수준의 통합을

표 5-1. 집단 간 관계의 형태와 차원[14]

부과의 정도	통합의 정도		
	낮음	보통	높음
일방적이고 극심	추방 분리 직접 식민지배	아파르트헤이트	노예제
양방적이고 보통	간접 식민지배	지배 격리 우위	강제적인 동화
상호적이고 거의 없음	합의된 분리	자치 다문화주의 다원주의	자유로운 동화

13 Louis Kriesberg, "Changing Forms of Coexistence," in Mohammed Abu-Nimer, ed., *Reconciliation, Justice, and Coexistence: Theory and Practice* (New York: Lexington Books, 2001), p. 49.

14 Ibid., p. 50의 표.

보이면서 일방에 의한 부과가 심각하게 크지 않을 때를 의미 있는 공존의 상태로 보고 있다. 이 두 가지 요인에 대하여 간략하게 설명하자면 다음과 같다.

1) 통합의 정도

통합의 영역을 세분화한다면 제도, 문화, 정체성 등의 차원으로 나누어 살펴볼 수 있겠으나, 집단 간 통합의 정도는 서로 다른 집단 구성원 간에 사회적 상호작용이 어느 정도 일어나는지와 직접적인 관계가 있다. 기본적으로 물리적으로 충돌하지 않으며 공존하고는 있으나 교류가 차단된 사회, 즉 주거지가 구분되고 집단 간 경제적·사회적 활동 역시 각기 구분된 영역에서 수행되고 있는 사회라면 사회적 상호작용의 정도는 매우 미미할 것이며, 이러한 사회에서는 제도, 문화, 정체성의 통합 정도 역시 매우 낮은 수준을 보일 것이다.

집단 간 상호작용의 빈도와 범위는 각 집단의 종교, 문화, 종족성 등이 서로 얼마나 수용가능한지에도 영향을 받는다. 이러한 수용성은 앞서 설명한 문화상대주의적 태도가 구성원 개개인과 사회 전반에 얼마나 내재되어 있는가에 의해서 좌우되지만, 기존의 공통분모가 어느 정도 되는지도 중요한 변수가 된다. 예를 들어 서로 다른 종교를 가지고 있지만 종족적으로 유사한 경우, 혹은 서로 종족적으로는 확연히 구분되지만 같은 자연환경에서 생활양식을 공유해온 경우 그렇지 않은 경우보다 서로에 대한 수용성은 높아질 여지가 크다.

2) 일방에 의한 부과의 정도

일방에 의한 부과 역시 제도, 문화, 종교 등 다양한 영역에서의 수준을 측정할 수 있다. 수적으로 일방이 우세한 경우, 정치적으로 일방이 권력을 독점한 경우, 경제적으로 일방이 우위에 있는 경우, 군사적으로 일방이 다른 집단을 지배하에 둔 경우 등 여러 가지 층위에서 일방의 영향력이 상당한 수준에 이를 때는 의미 있는 공존이 이루어지고 있다고 보기 어렵다. 식민주의에서 식민 지배자와 피지배자가 함께 시공간을 공유하며 일상을 공유하는 경우에도 이를 공존의 형태로 보기보다는 착취와 억압, 지배구조에 초점을 맞추어 보는 것은 일방에 의한 부과가 극심한 상태이기 때문이다.

일방에 의한 부과의 극단은 강제된 동화이며, 강제된 동화는 기본적으로 해당 집단의 정체성을 말살하고 그들의 언어와 문화를 억제한다는 점에서 공존과 정반대 지점에 위치한다고 볼 수 있다. 일방에 의한 부과 정도는 억압, 배제, 심지어는 추방까지도 가져온다는 점에서 평화와 연관된 여러 가치 중 공정성과 밀접하게 연관된다.

5. 공존의 방식: 공유, 인정, 보상

공존의 형태가 통합과 일방에 의한 부과에 의해 결정된다면, 그러한 형태가 궁극적으로 추구하려는 목적에 따라 공존의 방식이 다르게 나타난다. 다시 말해 공존의 형태가 형식적인 구분을 가능케 한다면, 공존의 방식은 공존을 통해 이루고자 하는 내용적 측면을 보여준다고 할 수 있다. 이 중에서 공유, 인정, 보상에 초점을 맞춘 공존의 방식을 다음과 같이 네 가지 형태로 살펴보고자 한다.

1) 집단 간 권력 공유

집단 간 권력 공유power-sharing among groups는 정부의 행정, 입법, 사법 영역에서의 권력을 언어, 종교, 종족 등으로 구분되는 집단 간에 나누는 것을 제도화한 상태를 말한다. 이를 위해서는 사회집단 간의 대화와 합의가 선행되고 협정 등의 형태로 제도화되어야 한다.

이론적으로 볼 때 권력 공유는 크게 두 가지 형태의 민주주의에서 이루어지는데, 연합 혹은 공동 민주주의consociational/communalist democracy와 합의 혹은 통합 민주주의consensual/integrative democracy가 이에 해당한다.[15] 두 가지 민주주의 모두 공존을 지향하기 위해 권력 공유를 활용하지만, 전자는 종족이나 종교 등으로 분할된 집단들의 정체성을 정치활동의 중요한 부분으로 인식하여 주요 집단을 포함하는 방식을 취하는 반면, 후자는 종족이나 종교집단이 지니는 부정적인 영향력을 경계하여 다종족·다집단 국가의 형태가 아닌 동맹의 형태를 지향한다는 차이점이 있다. 물론 이러한 형태의 민주주의들은 현실정치에서는 명확하게 구분되기보다 훨씬 모호하거나 혼합된 양상으로 나타나게 된다.

권력 공유가 이루어진다고 해서 다양한 집단의 평화적 공존을 보장하는 것은 아니다. 해당 정치체제의 구조, 사회적 의견, 이미 존재하는 집단 간 갈등의 성격과 범위, 집단 내 정치관계 등 여러 요인에 따라 권력 공유의 실효성이 좌우되기 때문이다. 보다 부정적인 경우 권력 공유에 대한 반향으로 인해 기존의 갈등이 더 심화되기도 한

15 Christine Bell, *Political Power-sharing and Inclusion*: *Peace and Transition Processes* (Edinburgh: Political Settlements Research Programme, 2018).

다. 특히 집단 간 갈등이 무력으로 표출되는 사회에서 권력 공유를 통해 공존을 모색할 경우 폭력에 대한 보상으로 여겨질 수 있으며, 권력 공유라는 개념 자체가 일반대중보다는 엘리트층에 초점을 맞추고 있다는 점에서 비판을 받기도 한다.[16]

2) 다문화주의

다문화주의multiculturalism는 이론적으로는 다양한 문화를 지닌 집단이 차별을 겪지 않고 평등한 기회를 보장받으며 함께 사회를 구성하는 상태를 말한다. 여기서 말하는 다양한 집단은 대개는 언어, 신앙, 관습, 의식주 등을 공유하며 종족 혹은 문화 정체성을 갖는 무리를 가리킨다. 다문화주의의 예로는 캐나다·호주 등이 종종 사례로 언급되나, 그 성취도가 어느 정도 성공적인지에 대해서는 상당한 논란이 있다. 공식 정책상으로 다양한 문화를 지닌 집단과 커뮤니티에 대한 평등한 대우를 표방하는 것과는 별개로, 현실에서 그 정책이 작동하는 기제, 그리고 사회 전반의 다문화에 대한 인식 등에서 모두 성공적으로 다문화주의를 달성한 경우는 사실상 찾기 어렵다는 지적도 있다.[17]

역사와 문화, 사회경제적 조건이 서로 다른 집단이 모두 동등한 수준에서 인정받고 교류의 대상이 되는 것이 달성하기 어려운 이상향이라면, 다문화주의에서 현실적으로 눈여겨봐야 할 것은 법제화

---

16 Ibid., p. 1.

17 Catherine Frost, "How Canada Killed Multiculturalism," *Canadian Ethnic Studies*, vol. 43, issue 1/2 (2011), pp. 253-264.

된 기회보장과 소수집단에 대한 사회적 인식의 수준이다. 사회경제적으로 우위에 있거나 수적으로 다수인 집단에 비해 상대적으로 열악한 위치에 있는 소수집단에 대한 정치적·경제적·사회적 기회보장과 지원이 법적·제도적으로 마련되는 것과 동시에, 해당 사회가 어느 정도 소수집단에 대해 열린 태도를 견지하고 있는지에 따라 해당 사회에서 다문화주의가 공존의 가치를 함양하는 데 미치는 영향력을 이해할 수 있다. 법제화의 경우 제도화된 수치를 확인하는 것과 더불어, 실제로 그러한 제도와 법의 수혜 정도를 질적으로 파악하는 작업이 필요하다. 사회적 인식의 경우, 소수집단과 다문화에 대한 사회적 이해도와 수용도의 수준을 알아보는 것에 더해 타 문화에 대한 열린 태도가 공교육을 통해 확산되는 정도를 가늠해야 한다.

최근에는 문화 다양성 이해 교육이나 세계시민 교육도 상호 존중에 기반한 공존을 모색한다는 점에서 다문화주의와 유사한 맥락에서 주목을 받고 있다.

3) 자치주의

자치주의autonomy는 언어, 종교, 종족성에 있어 타 집단과 구분되며 특정 지역에서 오랜 기간 주거를 함께하며 정체성을 공유하는 집단이 스스로를 자율적으로 다스릴 권리를 갖는 것을 말한다. 한 국가 안에서 자치권을 가지는 지역에 대해 흔히 자치주 혹은 자치구라는 명칭을 사용하는데, 이러한 명칭이 반드시 자치의 수준을 보장하는 것은 아니다. 중국의 경우 신장위구르, 티베트, 네이멍구, 광시좡족, 닝샤후이족의 5개 자치구를 가지고 있으나, 갈등과 충돌의 여러 사례로 말미암아 중앙정부의 영향력이 자치권을 침해한다고 볼 여지가 충분하다.

캐나다 퀘벡의 경우 정치적으로는 연방정부에 대해 다른 10개의 주province와 동등한 정도의 자치권을 갖는다. 하지만 프랑스계 주민이 다수 거주하며 프랑스권 문화에 대한 자의식이 높은 곳으로 흔히 '캐나다 속의 작은 프랑스'라고 여겨진다. 주의회에 의해 프랑스어가 공용어로 정해진 바 있으며, 실제로 프랑스어를 모국어로 하는 인구가 전체 90%에 육박하는 문화적 특징으로 인해 프랑스 문화와 전통에 대한 보호와 보존이 절대적으로 이루어지고 있다는 점에서 문화적 자치권을 행사하는 지역으로 볼 수 있다. 퀘벡 주민의 대다수가 스스로의 정체성을 프랑스인이나 캐나다인이 아닌 '퀘벡인Quebecois'으로 표시한다는 것도 이를 뒷받침한다.[18]

정치적 혹은 문화적 자치권을 가진 지역이 연방정부 및 다른 주들과 안정된 공존의 상황을 만들어내지 못할 경우 이는 종종 독립의 요구로 이어지며, 대외적뿐 아니라 자치 지역 내부에서도 갈등과 분쟁의 원인이 된다. 자치권을 주장하는 집단에서는 자치주의를 달성하는 것을 독립의 선절차로 생각하는 경우가 적지 않다는 점에서 연방정부는 자치권을 인정하는 데 보수적인 태도를 견지하는 경우가 많다.

4) 적극행동

적극행동affirmative action는 차별을 폐지하고 불평등을 구제하기 위

18 Leigh Oakes and Jane Warren, *Language, Citizenship, and Identity in Quebec* (New York: Palgrave Macmillan, 2007).

한 미국의 법적 조치로, 1965년 린든 존슨 대통령이 행정명령 제 11246호를 통해 정부가 고용에 있어 인종·종교·국적에 따른 차별이 없도록 '적극행동'을 취할 것을 명한 데서 시작되었다. 후에 차별의 요인에 젠더가 추가되었으며, 이를 기반으로 하여 연방기관, 공공기관, 교육기관 등에서 차별을 금지할 뿐 아니라 사회적으로 열악한 환경에 있거나 역사적으로 차별을 받았던 집단에 대해 보상이라는 차원에서 구제조치를 취하는 행동까지를 적극행동의 범주에 포함시킨다. 미국이 아닌 다른 국가에서는 소수집단에 대한 채용 쿼터제 등을 유사한 것으로 볼 수 있다.

미국에서 흑인 학생의 경우 대학입학 사정에서 가산점을 주거나 백인 학생과는 다른 기준을 적용하는 방식의 적극행동을 두고 여러 차례 대학을 대상으로 한 소송이 있었으며, 적극행동이 역차별의 기제로 사용되어 선의의 피해자를 양산하며 사회의 책임을 개인에게 부과하는 것은 부당하다는 비판이 있다. 노예제라는 역사적 경험으로 인해 사회구조적으로 약자의 위치에 놓이게 된 흑인들에 대해 가산점을 주거나 백인과는 다른 기준을 적용해 그 차이를 보완하고자 하는 적극행동의 결과로 역차별을 당하거나 공정한 기회를 얻지 못하게 되는 무고한 백인이 발생한다는 논의가 대표적이다.

이와 비슷한 논쟁은 한국 사회에서도 찾아볼 수 있다. 한국 사회에서 북한이탈주민은 사회적 소수자에 해당한다고 볼 수 있다. 한반도와 그 부속도서를 영토로 하는 대한민국 헌법에 의해 북한이탈주민은 남한주민과 다를 바 없는 대한민국의 국민으로 인정된다. 북한이탈주민들은 남한에 입국하게 되면서 정착지원법에 따라 다양한 지원을 받게 되는데, 이 중에서 특히 논란의 여지가 많은 부분이 대학입학과 관련된 혜택이다. 한국 사회의 높은 교육열에 취업이 어려워진 사회적 상황까지 더해지면서, 북한이탈주민들이 대학입학에서 받게 되는 혜택을 부정적으로 바라보는 시각이 늘어난 것이다. 북한이탈주민에 대한 대학입학과 취업에서의 혜택은 남한사회에서 소수자에 머물고 있는 집단의 대표성을 보장하고 교육과 직업훈련의 기회를 지원하고자 하는 취지에서 마련된 것이다. 공존을 위한 이러한 노력이 누군가에게는 부당하고 공정하지 않은 제도로 보이기도 한다는 점에서, 공존과 공정성 간의 관계를 어떻게 설정하고 이해할 것인지 생각할 필요가 있다.

6. 평화의 다른 가치들과 공존의 연관성

의미 있는 공존은 전술한 바와 같이 과정적 접근으로 이해될 수 있기 때문에, 그 과정에서 다른 여러 가지 사회적 가치들과 어떻게 맞물리느냐에 따라 성공적인 결과를 가져오기도 하고, 때론 오히려 갈등을 증폭시키기도 한다.

우선 공존의 기본 개념으로 서로 위해를 가하지 않는 상태를 상정한 것에서 나타나듯, 폭력이 없는 비폭력 상태는 서로 다른 집단이 함께 어울려 살아가기 위한 최소한의 필수조건이라고 볼 수 있다. 전쟁이나 내전의 공포 속에 고의적인 인명 살상이 일어나는 상태는 공존의 범주에 포함될 수 없기 때문이다. 비폭력이라는 시작점을 지나고 나면 대화를 통해 합의를 이루어야 한다. 공존을 고민하는 사회는 이미 그 안에 갈등요인이 오랜 기간 존재해 온 경우가 많다. 폭력은 멈춘 상태이지만 서로를 신뢰하기는 어려운 상대가 원만한 합의에 바로 도달하는 것은 현실적으로 불가능하다. 특히 기존에 이미 갈등이 상당했던 사회에서는 어떤 방식으로든 화해 혹은 이행기 정의transitional justice의 시도가 있어야 다음 단계로 나아가는 것이 가능해지는데, 즉 충돌은 자제하고 있지만 그 비폭력 상태를 유지하기 위해서는 나와 너의 잘못에 대한 인식과 인정의 움직임이 요구되는 것이다.[19] 물론 화해의 시도가 있었다고 해서 곧바로 신뢰가 구축되지는 않는다. 우리만큼 저들도 평화를 바랄 것이라는 짐작, 우리와의 약속을 저들이 지킬 것이라는 기대, 그리고 우리도 저들과의 약속을 지키겠다는 의지를 바탕으로 지속적으로 대화를 진행해 갈 때 그 과정에서 신뢰가 형성되며, 궁극적으로는 서로 수긍할 수 있는 합의를 이끌어내는 것이 가능해진다.

합의는 이루는 것보다 지키는 것이 더 어려울 수 있다. 서로 다른 집단이 오랜 기간 대화를 통해 합의를 이끌어냈다 해도, 각 집단 내부에서는 이에 대해 다른 의견들이 존재할 수 있으며, 이미 이루어진 합의를 재고하거나 폐기하는 움직임도 일어날 수 있기 때문이다. 특히나 도출된 합의안이 어느 일방에 공정하지 않은 내용을 포함한다면, 이 합의가 지속되기 어려운 상황은 가중되기 마련이다. 따라서 공정성이 부재한, 한쪽에 부당한 강요와 강제가 포함된 내용은 비록 그 외연이 합의의 형식을 띤다고 해도 진정한 합의라고 보기는

19 Huma Haider, "(Re)imagining Coexistence: Striving for Sustainable Return, Reintegration and Reconciliation in Bosnia and Herzegovina," *The International Journal of Transitional Justice*, vol. 3 (2009), p. 93.

어려울 것이다.

합의를 통해 얻어진 내용이 내부적·외부적인 상황에 의해 지속되기 어려워질 때, 법치와 민주주의라는 제도적 부분이 뒷받침이 된다면 공존의 조건은 어느 정도 강화될 수 있다. 각 집단 내부에 이견이 있더라도 민주주의와 법치를 통해 서로 의견을 교환하고 대표성 있는 결론을 도출하는 과정이 제도화되어 있다면, 합의로 이룬 성과가 막무가내로 무효화되는 위험은 방지할 수 있을 것이다. 이러한 제도화와 더불어 서로 다른 집단 간에 동화가 아닌 통합이 상당 수준 이루어진다면, 그 사회는 평화롭고 의미 있는 공존의 상태를 보인다고 할 수 있다.

7. 공존의 실천: 공존의 현실적 사례

지금까지 살펴본 것처럼 공존은 그 형태와 방식에 따라 다양한 형태로 나타난다. 이러한 이론적 접근을 통해 공존의 개념을 이해하는 것과 동시에, 현실에서 드러나는 공존의 상황을 통해 공존의 어려움을 살펴보는 것 역시 필요하다. 특히 공존에 있어서 어려움을 겪고 있는 실제 사례의 경우 공존의 실천을 위한 조건과 요인들에 대해 현실적인 시각을 제공해 줄 수 있기 때문이다.

여기에서는 남한 내 북한이탈주민과 북아일랜드의 사례를 살펴보도록 한다. 이 두 사례는 정치적·사회적 조건이라는 측면에서 서로 상당한 차이를 보인다는 점에서 공존의 현실적 상황의 다양한 층위들을 효과적으로 보여줄 수 있는 예로 포함되었다. 남한 내 북한이탈주민의 경우 집단 간 정치경제적 조건에 더해 인식론적인 차원에서의 외연적 범주와 내면적 범주 사이에 갈등이 일어날 때 겪게 되는 사회적 공존의 어려움을 보여준다. 반면 북아일랜드의 경우는 정치적 갈등 및 폭력을 제도적으로 해결하여 공존을 모색하는 과정에서 역사적 경험과 기억이 지니는 영향력을 가늠할 수 있는 중요한 사례를 제공한다. 이 사례들을 통해서 공존의 형태와 방식과는 별개로, 공존의 실천을 위해 상대 집단에 대한 인식론적 전환과 역사적 기억과 경험에 대한 화해와 이해가 필수적임을 알 수 있다.

1) 남한 내 북한이탈주민

대한민국에 입국한 북한이탈주민의 수는 이미 2016년 하반기에 3만 명을 넘어섰다. 물론 전체 인구에 비하면 수적으로 적은 집단에 속하지만, 여러 지원 정책과 미디어를 통해 북한이탈주민에 대한 논의와 담론이 활발하게 이루어지면서 대다수 남한주민의 인식 속에는 북한이탈주민이 대한민국의 중요한 구성원으로 자리 잡았다고 볼 수 있다.

북한이탈주민이 남한사회에서 차지하는 위치는 매우 독특하다. 헌법에 의해 대한민국 주민으로 포함되어 남한 입국과 동시에 그 법적 지위를 인정받지만, 실제로는 국가보안법에 의해 적대세력으로 규정된 사회주의 체제 출신으로 인식되어 입국의 의도와 경로 등에 대해 필수적으로 조사를 받는 대상이기도 하다. 사회문화적인 부분에서는 문제가 더 복잡해진다. 북한이탈주민은 같은 언어를 사용하며 같은 문화전통을 향유해 온 한민족의 일원으로 여겨지는 동시에, 분단기간 동안 남한과는 다른 방식으로 변화해 온 북한의 사회문화를 반영한다는 점에서 이질적인 생활습관을 지닌 존재로 경계의 대상이 되기도 한다. 언어적인 면을 예로 보자면, 북한이탈주민은 같은 언어를 사용한다는 점에서 통역 없이 완벽한 소통이 가능한 같은 민족이지만, 북한 특유의 억양과 단어를 사용한다는 점에서 남한주민과는 문화적으로 분명히 구별되는 집단이기도 한 것이다.

완전히 같지도, 그렇다고 완전히 다르지도 않은 애매한 위치의 북한이탈주민에 대한 남한주민의 인식도 양가적인 양상을 보인다. 즉 북한주민이라는 추상적 범주에 대해서는 기본적으로 같은 민족이며 언젠가는 통일이 되어 함께 살아야 할 형제라는 막연한 동질성을 느끼지만, 막상 남한사회에 함께 거주하고 있는 북한이탈주민에 대해서는 동질성보다는 이질감을 더 느낀다거나, 나와 직접적인 상호작용을 하는 이웃으로 받아들이는 데는 거부감을 보이기도 한다.

남한주민이 북한이탈주민에 대해 가지는 생각과 거리감에 대한 서울대학교 통일평화연구원의 통일의식조사 결과를 보면 이러한 부분은 명확하게 드러난다. 북한이탈주민을 조선족이나 동남아인과 같은 타민족 이주자 집단에 비해서는 가깝게 생각하지만, 막상 동업상대자나 결혼상대자로 관계를 맺는 것에 대해서는 상당한 거리감을 표명하고 있음을 알 수 있다.[20] 이러한 막연한 정서적 거리감에서 더 나아가, 북한이탈주민 지원정책과 관련하여 이들을 '공정하지 않은' 혜택을 받아 남한주민인 나의 생활에 위협이 될 수도 있는 불편한 경쟁상대로 인식하여 배타적이거나 차별적인 태도를 보이는

20 이에 대한 보다 자세한 내용은 정동준 외, 『2018 통일의식조사』(서울대학교 통일평화연구원, 2019), pp. 167-169 참조.

경우도 있다.

북한이탈주민을 사회적으로 포용하려는 제도적인 장치는 어느 정도 마련되어 있다고 볼 수 있다. 학교교육, 직업교육과 취업 등에서 북한이탈주민에 대한 혜택이 마련되어 있으며, 신체적·심리적 건강의 증진을 위해서도 다양한 지원이 이루어지고 있다. 하지만 이러한 제도만으로 만족할 만한 공존의 단계에 다다를 수 있는 것은 아니다. 앞서 다문화주의를 설명하면서 언급한 바와 같이, 상대에 대한 인식과 태도가 존중과 포용, 이해와 교류에 기반하고 있을 때 정서적이고 문화적인 부분에서 공존의 가치가 달성되고 있다고 볼 수 있을 것이다.

또한 이러한 인식은 상호적이어야 한다. 남한주민에게 북한이탈주민을 이해하고 포용하라고 하는 것만으로는 상호관계가 성립되지 않는다. 북한이탈주민 역시 그들이 나서 자라고 교육받아왔던 환경과는 매우 다른 남한사회의 가치를 존중하고 받아들이는 것이 필요하며, 남한주민들을 향해서도 배척하거나 비판적인 태도 대신 인정과 대화를 하려는 자세가 필요하다. 정부의 정책으로 공존의 형태는 갖출 수 있더라도 그 내용을 채우는 것은 일방의 노력만으로는 불가하다는 점을 인식할 때, 남한주민과 북한이탈주민은 서로에게 도움이 되는 방식으로 함께 어울려 살아갈 방법을 모색할 수 있을 것이다.

2) 북아일랜드

북아일랜드는 영국으로부터의 독립과 아일랜드 공화국으로의 통합을 원하는 민족주의자nationalist와 영국령을 유지하기 원하는 합병주의자unionist 간의 대립으로 말미암아 극심한 갈등과 무장폭력을 겪어 왔다. 1960년대부터 시작되어 약 30여 년간 지속된 이 분쟁 사태는 민족주의 진영이 대부분 구교이고 합병주의 진영의 대다수는 신교이긴 하지만, 종교적인 갈등이 아닌 민족/종족적·정치적 갈등의 성격을 지닌다.[21]

북아일랜드의 갈등은 민족주의자와 합병주의자 양측 무장세력의 계속된 충돌로 말미암아 비정기적 혹은 낮은 수준의 전쟁이라고도 불린다. 이 갈등은 일반인 1,840명을 포함해 총 3,500명 이상의 희생자를 남겼으며, 갈등과 연관된 폭탄테러에 의해 북아일랜드 내에서는 물론 영국과 유럽 지역에서까지 사회기반시설이 파괴되기도 했다. 이러한 인명 피해와 물질적 피해 외에도 계속된 충돌과 긴장상태로 인해 특히 어린이와 젊은 층이 정신적·심리적 트라우마를 겪는 사회적 문제가 발생하였다. 갈등기간 동안 치안과 질서 유지를 위해 영국군이 파견되었고, 이들의 개입과 함께 '평화의 벽Peace Wall'으로 알려진, 구교와 신교 거주지를 물리적으로 분리하는 장벽들이 세워졌다.

오랜 갈등과 분쟁 끝에 양측은 1998년 성금요일 협정으로 잘 알려진 벨파스트 협정Belfast Agreement을 맺는 데 성공하였고, 이는 종종 합의를 통한 평화협정과 공존의 상징으로 거론된다. 이 협정의 내용은 권력 공유에 기반한 자치정부 설립과 구교도를 50% 이상 포함하도록 하는 경찰조직의 대대적 개편을 포함하였다. 하지만 협정 이후에도 양측의 무력충돌은 아일랜드 공화국군IRA, Irish Republican Army이 무장투쟁 포기를 선언한 2005년까지 끊임없이 계속되었다. 아일랜드

21 북아일랜드의 갈등은 "The Troubles"라고 불리기도 한다.

공화국군의 비무장화 이후 무력충돌은 크게 감소하였지만, 그렇다고 서로에 대한 적대감이 사라졌다고 보기는 어렵다. 구교도와 신교도의 거주지를 분리하는 장벽들은 협정 이후에도 계속하여 공고하게 세워졌고, 협정 후 8년이 지난 2007년이 되어서야 민족주의자와 연합주의자 양측 정당이 권력을 공유하는 북아일랜드 공동자치정부가 기능을 하게 되었다.[22]

북아일랜드 갈등의 사례는 공존을 구성하는 다층적인 측면을 잘 보여준다. 대화에 의한 합의로 평화협정을 이끌어냈지만, 권력 공유에 기반한 자치정부 설립과 같은 제도의 실행은 합의 이후에도 많은 시간과 노력을 필요로 했다. 또한 제도적으로 보자면 상호 비폭력, 권력 공유와 같은 공존의 조건들이 마련되었으나, 신뢰와 존중에 바탕을 둔, 북아일랜드 주민의 생활과 인식상에서의 공존은 그보다 훨씬 뒤처져 있는 것으로 보인다. 정치적 의견이 다른 집단 간에는 여전히 콘크리트와 철조망으로 이루어진 흉물스러운 장벽들이 '평화의 벽'이라는 모순적인 이름을 지닌 채 존재하며, 이로 인해 구교도와 신교도는 주거뿐 아니라 교육, 상업, 문화활동 등에서 서로 완전히 분리된 삶을 살고 있다. 이에 더해 최근 유럽연합에서의 영국 탈퇴Brexit를 둘러싼 움직임은 북아일랜드의 미래와 직접적으로 연결되면서 민족주의자와 합병주의자 사이의 평화적 공존을 불안정하게 만드는 요인으로 작용하고 있다.

22 북아일랜드 갈등의 역사적 맥락과 평화협정 과정에 대한 자세한 설명은 구갑우 「아일랜드섬 평화협정 20년: 아일랜드섬이 한반도에 주는 교훈은 무엇일까?」, 이찬수 외, 『세계의 분쟁: 평화라는 이름의 폭력들』(모시는사람들, 2019), pp. 23-244 참조.

공존을 협정과 제도로 재단하여 이야기하는 것은 그리 어려운 일이 아니다. 하지만 삶과 의식 안에 상대의 자리를 인정하는 방식의 공존이 함께 이루어지지 않는 한, 협정과 제도의 영향력에는 한계가 있을 수밖에 없다는 점을 상기해야 한다. 앞으로 다가올 미래를 주도할 젊은 층의 의식전환이라는 측면에서 이루어지고 있는 구교와 신교 사이의 역사 및 종교에 대한 통합교육과 같은 장기적 시도가 이루어질 때, 북아일랜드에서의 공존은 한층 안정적이고 지속가능해질 것이다.[23]

8. 평화를 향한 공존: 지향에서 실천으로

공존이라고 하면, 특히나 평화적 공존이라고 하면, 모든 갈등이 해소되고 문제가 해결되어 모두가 평화롭고 행복하게 어우러지는 이상적인 상황을 떠올리는 경향이 있다. 하지만 실제로 공존은 기회 부여, 대표성 보장, 상호 이해와 존중, 협력과 교류 등 여러 측면과 층위에서 다양하게 나타난다고 보는 것이 현실적일 것이다. 물론 이상적인 수준의 평화적 공존을 하나의 지향으로 삼을 수는 있겠으나, 공존의 진정한 가치는 그 지향점을 설정하는 데 있다기보다 그곳을 향해 지난하지만 꾸준히 나아가는 실천의 과정에서 찾을 수 있을 것

23 Shelley McKeown, "Social Psychology and Peacebuilding," in Roger Mac Ginty, ed., *Routledge Handbook of Peacebuilding* (London & New York: Routledge, 2013), pp. 125-126; Anthony Oberschall, "History and Peacebuilding," Ibid., p. 179.

이다. 이 글에서는 평화와 연결되는 가치로서의 공존을 이해하는 데 있어 과정적·실천적 접근이 필요함을 공존의 형태, 방식과 현실 사례를 통해 진단해 보았다.

당장 전쟁이나 내전을 벌이고는 있지 않지만 서로 대화가 중단된 상태의 공존에서, 합의는 쉽지 않지만 대화의 통로는 활발하게 작동하고 있는 상태로, 더 나아가 모든 이가 같은 수준의 정치적·경제적 생활을 영위하는 데는 아직 한계가 있으나 상호 이해와 협력을 위한 제도를 마련하는 단계로, 멈추지 않고 한 걸음씩 나아가는 의지와 노력이 있을 때 비로소 공존의 가치가 형성되고 확산될 수 있다. 그 과정에서 대화, 화해, 합의, 신뢰, 공정성, 민주주의, 법치 등 여러 가치가 지니는 상호 연관성은 매우 중요하다.[24]

북아일랜드에 세워진 '평화의 벽'에서 상징적으로 보이듯, 장벽을 세움으로써 얻어낼 수 있는 평화는 제한적이며 소극적일 수밖에 없다. 평화를 향한 공존의 모색에서 실천가능성을 높이기 위해서는 정치경제적 조건의 불평등을 해소시킬 수 있는 제도적 정비와 더불어, 사회문화적 차이에 대한 열린 시각을 견지할 수 있는 의식에 있어서의 개선이 요구된다. 정부나 국가 수준에서의 정책 및 합의뿐 아니라 사회 구성원들이 성숙된 시민의식을 갖출 때 공존의 실천은 더욱 동력을 얻을 수 있으며, 이상적 지향이 아니라 실천적 지표로서의 함의를 지닐 것이다.

---

24 Louis Kriesberg, "Changing Forms of Coexistence," in Mohammed Abu-Nimer, ed., *Reconciliation, Justice, and Coexistence: Theory and Practice* (New York: Lexington Books, 2001), p. 63; Merav Moshe, "Peacebuilding: A Conceptual Framework," *International Journal of Social Welfare*, vol. 10 (2001), p. 19.

6 대화[1]

이찬수 (보훈교육연구원)

1. 들어가는 말

평화는 흔히 '폭력이 없는 상태'라고 한다. 하지만 인류 역사상 어떤 형태든 폭력이 없어본 적은 없다. 물리적 폭력은 축소되어 가고 있지만, 성과지향적 신자유주의 사회에 접어들면서 '힘'을 키우기 위한 경쟁이 일상화되고, 그만큼 폭력은 더 구조화되며, 자신도 모르는 사이에 교묘하게 내면화된다. 그런 점에서 폭력이 없는 상태라는 평화 규정은 지극히 이상적이거나 희망적인 정의일 뿐이다. 좀 더 현실적인 정의가 필요하다. 그 대안 중의 하나가 평화를 '폭력을 줄이는 과정'으로 규정하는 것이다.[2]

---

1 이 글은 『통일과 평화』 제11집 2호(2019)에 실린 필자의 논문(「대화의 평화적 구조」)을 수정·보완한 것이다.

2 이찬수, 『평화와 평화들: 평화다원주의와 평화인문학』 (모시는사람들, 2016), pp. 84-86; 李贊洙, 「平和はどのように成り立つのか: 減暴力と平和構築」, 『リーラー「遊」』 vol. 10 (京都: 文理閣, 2018), pp. 65-88.

폭력을 어떻게 줄일 수 있을까? 폭력은 더 큰 힘이 작은 힘을 위협하거나 억압해 피해와 아픔을 주는 행위이다. 힘의 크기에는 차이가 있을 수 있지만, 그 크기가 폭력의 원인이 되지 않도록 하려면 힘들 간에 다툼이 아니라 조화가 이루어져야 한다. 누군가 어디선가 겪는 아픔에 대해 공감하고, 그런 아픔이 없는 세상을 희망하면서, 서로가 서로의 상황과 형편을 인정하고 이해해야 한다. 그럴 때 힘의 차이가 갈등보다는 조화로 이어진다. 서로를 이해하고 인정하는 근본적인 길은 당사자들 및 관계자들 간의 대화이다. 대화가 폭력을 줄이는 길에 들어서는 동력인 것이다.

이 글에서는 이러한 평화에의 길을 기대하면서 대화란 무엇이며, 대화가 어떤 식으로 평화에 공헌하는지, 부버Martin Buber, 가다머Hans-Georg Gadamer, 하버마스Jürgen Habermas 등의 입장에서 아이디어를 얻어 정리해보고자 한다. 그 과정에 아일랜드 헌법회의, 제네바 합의, 남북적십자회담, 7·4남북공동성명 등 국내외에서 있었던 정치사회적 합의들을 의미 있는 대화의 사례로서 맥락에 맞게 간단하게 살펴보고자 한다.

이들 대화는 한결같이 '합의문'의 형태로 구체화되었다는 점에서, 대화는 상이한 입장들이 언어적으로 합의에 이르기까지의 모든 과정이라고도 할 수 있다. 물론 합의 이후 그 합의의 내용을 구체화시키는 과정 역시 넓은 의미에서 대화의 영역에 속한다. 대화는 단순히 실천과 무관한 언어적 수다만이 아니기 때문이다. 대화가 반드시 합리적 합의와 구체적인 실행으로 이어지는 것은 아니라고 해도, 대화와 합의가 어떤 식으로든 갈등을 줄이고 평화의 길로 들어서는 분기점이 되는 것은 분명하다. 대화 참가자들 간에 찾아진 '접점'이 갈등을 줄이고 평화를 늘리는 계기가 되는 것이다.

이러한 관점을 가지고 전술한 사상가들의 이상적 대화론이 현실에서는 어떻게 나타나는지, 그 이상과 현실 사이의 관계도 살펴볼 것이다.

2. 대화의 정의와 논리

대화의 한자상 의미는 '마주하고對 이야기하기話'이다. 고대 그리스어에 기반을 둔 영어 dialogue는 '통하여/사이에서/교차하여dia 말하기logos'이다. 두 사람 이상의 언어 교환이다. 즉 대화는 두 가지 말의 교환 과정인 것이다. 두 가지 말은 두 가지 맥락에서 나왔기에 동일하지 않다. 동일하지 않은 그 차이가 드러나는 과정에 차이 혹은 그 조건을 인정하지 않으면서 갈등으로 이어진다. 그러나 역으로 두 말의 교환 과정에 차이와 차이의 조건에 대해 이해하면 접점이 잉태된다. 그만큼 갈등도 극복된다. 접점의 잉태, 산출, 확대가 좁은 의미에서 대화의 목표라고 할 수 있다.

1) 존재론적 규정

대화의 이러한 목표에 부합하려면 한편이 말할 때 다른 편은 들어야 한다. 말하고 듣는 주체가 상호 순환적이어야 한다. 말하고 듣는 과정에 오해가 유발되기도 하지만, 접점이 형성되며 서로를 이해하게 되기도 한다. 그래서 대화는 내가 '너'에 대한 이해를 도모할 뿐만 아니라, 내가 너에 의해 제대로 이해되기를 바라는 상호적 행위이다.

대화 과정에서 '너'는 나에 의해 이해되는 만큼만 '너'이다. 마찬가지로 대화 행위에서 '나'는 나 자체로 존재하는 것이 아니라, 너에 의해 이해되는 만큼만 '나'가 된다. 대화에서 너 없는 나, 나 없는 너란 있을 수 없다. 대화에서 나를 규정해 주는 것은 너인 것이다.

이와 관련해 일본의 철학자 우에다 시즈테루上田閑照는 대화에서 자기의 존재방식은 자기가 '종從'이 되고 상대를 '주主'로 삼는 데서 성립된다고 말한다.[3] 대화는 그저 말마디만 오가는 행위가 아니고 단순한 정보 전달도 아니다. 근원적 차원에서 보면 대화는 상이한 주체의 교환 행위이다. 주체의 교환 행위에서 내가 나로 존재하게 된다. '언어는 존재의 집'[4]이라는 하이데거Martin Heidegger의 관점에 충실한 규정이라고 할 수 있겠다. 말하며 사는 인간의 존재방식은 '대화적'이라는 뜻이다.

이러한 대화의 자세는 철학자 부버Martin Buber가 말한 '나-너Ich-Du'의 관계와 '나-그것Ich-Es'의 관계에서도 잘 보인다. 부버에 의하면 세계에서 가장 근원적인 언어는 '나-너'이며, 그러한 언어는 나의 온 존재를 기울이고서만 가능하다. 내가 온 존재를 기울일 때에야 내 앞의 대상은 '너'가 되며, 그 '너'로 인해 '나'도 비로소 '나'가 된다.[5] '나' 자체란 없다. 진정한 나는 너와의 관계에서만 나가 된다.

"태초에 관계가 있다"는 말처럼,[6] 인간은 독자적 혹은 개별적 존

3 上田閑照,『禪佛教-根源的人間』(東京: 筑摩書房, 昭和 48), pp. 156-157.

4 마르틴 하이데거 저, 신상희 역,『숲길』(나남, 2008).

5 마르틴 부버 저, 표재명 역,『나와 너』(문예출판사, 1988), p. 6, p. 17.

6 위의 책, p. 25. 이 번역서에서는 "처음에 관계가 있다"로 되어 있으나, 이 글에서는 문맥에 더 어울리게 "태초에 관계가 있다"로 표현했다.

재가 아니다. 유아가 부모와 대화하며 아이로 성장하고, 학생은 선생을 전제하는 개념이며, A가 B, C, D…와의 관계 안에서 비로소 A로 기능하고 존재한다. 이처럼 근원적 차원에서 나는 너를 내 안에 들이는 방식으로 존재한다. 그래서 대화는 주체의 상호 전이이며, 인간이 자신의 본래적 정체성을 확인하는 과정이기도 하다.

2) 해석학적 지평

대화는 자신과는 다른 언어를 통해 스스로를 이해하는 과정이기도 하다. 변화의 상황 속에 놓여 있는 자신을 이해하는 과정이다. 새로운 이해를 위해서는 타자의 새로운 언어를 수용해야 한다. 이때 새로운 언어의 주체인 타자를 단순히 자신의 수단이나 도구로만 여기지 않고, 나와 다른 그대로 이해하려고 해야 한다. 대화는 서로 다르기 때문에 요청되는 것이다. 그런 맥락에서 대화는 '다름'이 '틀림'으로 와전되지 않고 다른 그대로 이해할 수 있는 길이다. 다름 속에서 공통 지점을 파악하는 행위라고도 할 수 있다.

공통 지점은 대화 상대자가 처한 현실과 기본 자세에 따라 결정된다. 해석학적 철학자 가다머Hans-Georg Gadamer는 '친밀성'과 '소원성'의 양극에서 '해석'이 이루어진다고 보았는데,[7] 그 핵심은 저마다의 '선이해preunderstanding'에 있다. 이때의 선이해는 편견bias이나 협의의 부정적 선입견prejudice과 동의어가 아니다. 가령 '편견'이 신념, 감정, 행동의 측면에서 부정적으로 가지고 있는 선입견인 데 비해, '선이해'

7 J. M 커널리, T. 코이트너 저, 이유선 역, 『해석학과 과학』(민음사, 1993), p. 51, pp. 107-108.

는 역사적 전승이 해석자 안에서 만나 끝없이 형성되어 온 인식의 지평을 의미한다. 이미 주어져 있던 인식의 지평에 근거해 새로운 텍스트 혹은 상황을 이해할 수 있게 되는 것이다.[8]

모든 해석은 선이해에 기반한다. 선이해가 해석을 방해할 수도 있지만, 선이해 없는 해석은 불가능하다. 모든 해석은 자신의 선이해적 지평 위에서 이루어진다. 그래서 오해의 과정도 품고 있지만, 그러한 오해 없이는 이해도 불가능하다. 이해는 일정 부분 오해를 함축한다. 그러한 창조적 오해를 통해 다른 맥락에서 나온 말들이 일정 부분 '합의'로 나아가게 되는 것이다. '소통communication'이 '더불어com 하나가 되는unio' 행위라면, 두 말의 합일을 지향하는 대화는 의미상 소통과 다르지 않다고 할 수 있다.

이때 두 말의 거리가 멀면 그만큼 만남이 가져다주는 도전적 의미도 크다. 물론 거리가 너무 멀면 대화의 자리 자체가 성립되지 않을 것이다. 대화는 다름 속에서도 무언가 상통성이 있을 것으로 예상되는 정도의 거리에 있을 때, 무엇보다 그 다름이 서로에게 아픔의 원인으로 작용하고 있을 때, 아픔이 아니라 조화와 일치라는 유용한 의미를 가져다줄 수 있을 것이라고 판단될 때 하게 된다. 그런 점에서 대화는 오해에서 오는 아픔의 치유와 그 이전으로의 회복을 위한 적절한 수단이다.

---

8 Hans-Georg Gadamer, *Truth and Method* (New York: Crossroad, 1982), pp. 235-240.

3. 소통적 행위와 전략적 행위

이 글의 관심사 중 하나는 이러한 선험적 차원의 대화론이 실제로 현실에서는 어떻게 나타나는가이다. 아무리 "태초에 관계가 있다"고 하더라도 이러한 대화론이 그 자체로 평화의 기초가 되는 것은 아니다. 대화가 평화에 공헌하려면 인간 존재의 대화적 구조를 인정하고 인식할 수 있어야 하지만, 현실은 그에 미치지 못할 때가 많다. 현실은 하버마스가 말하는 '의사소통 행위'보다는 '전략적 행위'로 인한 갈등이 더 지배적이다.

주지하다시피 하버마스는 인간 존재의 대화적 구조를 의식하면서 그 구체화를 위한 '의사소통 행위론'을 펼친 바 있다. 의사소통은 대화를 통해 서로의 주장에 대한 타당성을 합의해 가는 합리적 과정이다. 이러한 의사소통이 인간의 사회생활과 사회구성 및 사회형성의 근간이다.[9] 하지만 현실에서는 상대방에게 나의 영향력을 일방적으로 미치게 하려는 행위가 더 빈번하다. 하버마스는 이런 행위를 '전략'이라고 부른다. '전략'은 나의 영향력을 상대방에게 미치고 확대시키기 위한 행위이다. 상대가 나의 의도에 맞는 행위를 하게 하기 위한 수단도 전략의 일환이다. 서로 간의 타당한 합의보다는, 상대에 대한 나의 영향력을 자기 존재의 더 큰 척도로 삼는다.

이러한 전략적 행위는 내 앞의 대상을 일종의 사물처럼 만든다. 전략적 행위의 대상은 내 앞에서 나를 위한 수단일 뿐, 있는 그대로

---

9 장춘익, 「하버마스: 비판적 사회이론의 정립과 정치적 실천의 회복을 위한 노력」, 『사회비평』 11 (1994) 참조.

의 인격이 아니다. 하버마스에 의하면 정치적 차원의 '권력', 경제적 차원의 '화폐'는 상대를 내 기대에 맞추게 하는 대표적인 수단이다. 권력이나 화폐를 이용해 전략적으로 상대가 자신의 기대에 부응하도록 하게 하는 것이다. 전략적 수단을 이용하는 행위로 인해 사회는 '생활세계'로 기능하기보다는 차가운 '체계'가 더 강화된다.

4. 생활세계와 체계

하버마스의 표현을 빌리면 언어적 의사소통 행위로 사회화, 사회통합, 문화적 전승이 이루어지는 사회 영역이 이른바 '생활세계Lebenswelt' 이고, 화폐나 권력으로 행위를 조정하는 경제와 행정 등의 영역이 '체계System'이다.[10] 의사소통적 합리성에 기반해 지속적으로 생활세계를 구축해 가야 하지만, 근대에 들어 화폐와 권력으로 인간의 행위를 조정하는 경향이 더 커졌다. 그러면서 생활세계는 도리어 억압되고 그만큼 차가운 체계가 형성된다. 생활세계와 체계가 분리되고 권력이나 화폐가 언어적 합의를 대체하는 현상이 벌어지고 있는 것이다.

이를 바로잡으려면 민주적 의사결정을 통해 제정한 법으로 '체계'를 간접적으로 통제해야 한다. 이때 법이라는 것도, 법학자인 웅거

10 정선기, 『문화사회학 가치의 제도화와 생활양식』(충남대학교출판문화원, 2011), p. 89; 김재현, 「하버마스에서 공론영역의 양면성」, 이진우 엮음, 『하버마스의 비판적 사회이론』(문예출판사, 1996), p. 132.

Roberto Unger의 표현을 빌리면 '사제로서의 기능'보다는 '예언자로서 기능'할 수 있어야 한다. 웅거에 의하면, '법의 사원'에서 기성의 지배적 법리를 수호하는 법률가가 일종의 '사제로서의 법률가'에 해당한다면, 예언자로서의 법률가는 더 좋은 민주주의적 가능성과 이상적 삶에 대한 원대한 기대를 가지고 대안 사회를 만들어 가기 위한 실천을 하는 자이다. 사제로서의 법률가가 모순적이고 결함이 많은 현실을 기존 법체계 안에 조작적으로 통일시키는 방식을 따름으로써 하버마스가 말한 '체계'에 공헌한다면, 예언자로서의 법률가는 합리적 '공론의 장'에 기반한 '생활세계'를 구성하는 데 기여한다. 이러한 맥락에서 법률가가 예언자로서의 기능을 수행할 때 이른바 생활세계의 형성에 기여할 수 있다는 것이 웅거의 입장이라 할 수 있다.[11]

하버마스의 표현으로 다시 돌아오면, 체계가 경제와 행정의 효율성을 추구할 수 있도록 하되, 언어적 의사소통으로 확립된 개인적이고 사회적인 삶을 침범하지 않도록 하는 한에서 그렇게 해야 한다는 것이다. 생활세계가 지닌 의사소통의 합리성으로 '생활세계의 식민화'를 바로잡아야 한다는 것이다. 하버마스가 말하는 '생활세계의 식민화'는 예를 들어 해설하면 다음과 같다.

> 2014년 세월호 침몰 사고 이후 세월호를 인양하는 문제에 있어, 당시 여당의 한 국회의원은 세월호 인양을 반대하는 논리로 '비용'의 문제를 지적한 적이 있다. 세월호를 인양하는 문제는 생활세계에서

11 로베르트 웅거 저, 이재승 역, 『비판법학운동』 (앨피, 2019), pp. 27-28, pp. 143-146.

의 생명이 가진 의미나 생명의 존엄성, 국가가 국민을 책임지겠다는 일종의 상징의 문제로 생각할 수 있는데, 인양을 반대했던 국회의원은 이런 의미와 상징의 문제를 단순히 경제적인 문제로 환원해버렸다. 이런 구체적인 사건은 최소투자 최대이익이나 이윤창출을 목적으로 하는 경제체계의 논리가 상징과 의미의 영역인 생활세계의 논리에 침투한 것으로 생각해볼 수 있다. 하버마스는 이러한 생활세계의 식민지화를 '사회병리적 현상'으로 규정하고 이를 극복하고자 한다.[12]

생활세계의 식민화는 인간에 의한 인간의 사물화이기도 하다. 인간이 인간을 사물화 내지 수단화하는 흐름을 바로잡는 근간이 합리적 의사소통이다. 우리의 주제대로 하면 '대화'라고 할 수 있다. 물론 대화 참여자들이 합의를 지향하기는 하지만, 합의 자체가 대화의 목적은 아니다. 아무리 합의라고 해도 어떤 특정 목적을 대화 상대자들의 형편보다 앞세우는 한, 대화의 행위자들은 서로가 서로에게 수단이 될 가능성이 커지기 때문이다. 그것은 '전략적 행위'에 지나지 않는다. 이것은 '생활세계'에 공헌하기보다는 '체계'를 강화시키는 도구가 된다.

이와 반대로 자유로운 의사소통이란 현 상황, 상대의 처지를 있는 그대로 인정하는 자세와 연결된다. 이런 자세야말로 대화의 시작이고 소통의 토대이다. 대화는 '인간 대 인간'으로 있는 그대로 마주함으로써 성립된다. 이것은 내 앞의 너를 너 그대로 보면서 비로소 내가 나로 성립한다는 부버의 철학적 입장과 상통한다.

12 김덕영, 『사회의 사회학』(길, 2016), p. 443.

5. 듣기의 평화론

이렇게 상대의 말을 '들음'으로써 타협이 이루어지고 자신도 변화하고 성숙해진다. 대화는 일방적 말하기가 아니다. 일방적 말하기는 대화가 아니라 독-백mono-logue이다. 대화는 서로 듣고 말하는 상호적 행위의 형식을 하고 있다. 듣고 말하기는 둘 다 불가결하지만, 이 가운데 더 중요한 하나를 꼽으라면 '듣기'이다.

말하기는 내 밖으로 내보내지만, 듣기는 내 안으로 받아들인다. 들음으로써 네가 이해되고, 그렇게 이해되는 만큼 나도 변화한다. 나의 변화의 동력은 너의 말을 듣는 데 있다. 나의 변화가 결국 합의로 이어지는 동력이 된다. 나의 변화가 나의 손해로 이어질까 염려할 수는 있지만, 그럼에도 불구하고 대화가 참여자 및 관계자 모두에게, 궁극적으로는 자신에게도 이익이 된다는 인식이 대화를 성공으로 이끈다. 듣기가 대화의 근간이다.

조선의 성왕인 세종은 여느 왕보다도 회의를 자주 했고, 신하들과 대화를 많이 했다. 세종은 고전의 언어에 대한 토론을 통해 그 메시지를 현실 정치에 적용하는 '경연'을 월평균 5회꼴로 개최했는데, 이는 역대 다른 어떤 왕보다 훨씬 많은 수치이다.[13] "세종은 신하의 말을 끝까지 '들음'으로써 다른 사람의 입장을 이해하는 한편, '경청'하는 그 자체만으로도 반대자들의 마음을 얻는 경우가 많았다." 그러면서 좀처럼 화를 내지 않고 평정심을 유지했으며, 충분히 토론하면

13 박현모, 「세종의 회의 운영 방식」, 대화문화아카데미 편, 『소통문화의 지형과 지향: 소통을 낳는 대화, 대화를 낳는 문화를 위하여』(대화문화아카데미, 2010) 참조.

서도 회의가 형식에 그치지 않도록 했다. 회의 결과가 현실에 긍정적으로 반영될 수 있도록 회의 참가자들을 믿어주고 결정된 내용을 신하에게 일임하는 방식을 취했다.[14] 듣기의 중요성을 보여주는 역사적 사례라고 할 수 있다.

물론 현실에서, 특히 현실 정치나 외교에서는 말하기를 더 중시한다. 말로 상대를 설득하거나 제압해 나, 우리, 자기 집단의 이익을 더 챙기기 위해서이다. 전술했듯이 하버마스가 '생활세계'가 '체계'에 의해 침식당하는 현상을 '생활세계의 식민화'라고 명명했는데, 그것은 '체계'의 근간인 도구(적 합리)성만을 확대시키면서 생활세계 내의 의사소통적 행위가 위축되는 현상을 비판하기 위해서였다. 말하기만을 중시하는 태도는 자신의 목적을 위해 상대를 도구화시킨다. 서로가 서로에게 말하려고만 하면 서로 하려는 말 속에 전제되어 있는 '자기중심성들'끼리 충돌하며 팽팽한 긴장으로 이어지고, 때로는 힘의 역학에 따라 파괴적 갈등도 일어난다. 평화라는 이름으로 폭력이 발생하는 것이 이러한 이치이다.

가령 김정은의 평화와 트럼프의 평화가 충돌하는 이유는 저마다 자신에게 유리한 평화를 상정하고 기대하기 때문이다. 무엇이 옳고 그르냐를 일단 논외로 한다면, 저마다 자신에게 유리하도록 이끌기 위해 상시로 힘을 키운다는 점에서는 마찬가지이다. 일본의 아베 정권이 '적극적 평화주의'라는 말을 평화학의 용법과는 반대로 사용하면서 일본중심의 '힘에 의한 평화'를 재구축하려는 시도는 전형적으로 목적중심적·전략적·도구적 행위이다. 실제로 아베 정권은 '적극

---

14 위의 글, p. 224, p. 230 참조.

적 평화주의'를 영어로는 proactive peace strategy(선도적 평화 전략) 또는 proactive contribution to peace(선도적 평화 공헌)로 표현하면서 마치 일본이, 좁게는 아베 정권이 평화에 기여라도 하는 냥 선전하지만, 이러한 행위는 하버마스의 표현을 빌리면 합리적 대화가 아니라 생활세계를 침식시키는 전략적 행위이다.

대화는 힘에 의한 제압이 아니다. 갈퉁Johan Galtung의 표현과 같이 '적극적 평화'가 구조적이고 문화적 차원에 이르기까지 폭력이 없는 상태를 의미한다면, 그것은 힘의 우위에 기반한 일방적 말하기로는 이루기 어렵다. 정말로 평화를 원한다면 대화 상대자의 말을 들을 수 있어야 한다. 더욱이나 '적극적 평화'는 말하기에 머물지 않고 듣기의 기술을 요구한다. 듣기야말로 상대방을 인정하고 수용하는 행위이기에, 거기서 적극적 평화의 기초가 다져진다. 폭력이 구조화하거나 문화화하는 이유는 '힘에 의한 평화'를 당연시하는 데서 형성된다. 폭력의 구조화는 따뜻한 '생활세계'가 아니라 차가운 '체계'가 견고해지는 현상이다. 거기에는 '인간의 얼굴'이 없다. 대화는 그 원리에 충실할수록 세계를 인간화시킨다. 이처럼 평화는 먼저 들으면서 갈등을 지양하고 합의로 나아가는 대화의 과정을 근간으로 한다.

6. 숙의민주주의, 아일랜드 헌법회의의 경우

물론 이러한 대화가 간단한 것은 아니다. 단박에 이루어지지도 않는다. 가까운 사람들 간의 일상적 이야기 정도가 아니라, 다양한 가치관을 가진 이들이 이해관계가 얽힌 심각한 사안에 대해 논의하는 상황이라면 더욱 그렇다. 가령 어떠한 '사실판단'에 관한 주장보다는 '가치판단'에 관한 주장을 대화의 주제로 삼는 경우는 타협이나 합의가 더 어렵다.[15] 사실판단은 벌어진 사실을 확인하는 상대적으로 단순한 행위인 데 비해, 가치판단은 판단하는 이의 인식론, 세계관, 나아가 구체적인 도덕적 실천과 연결되어 있다는 점에서 쉽사리 합의로 이어가기 힘들다.

이처럼 정당화해야 할 내용이 무엇이냐에 따라 대화는 지난한 시간을 요하기도 한다. 대화의 주제가 복잡해질수록 더 많은 사람이 더 오랫동안 충분히 의논해야 한다. 이러한 대화는 숙의deliberation의 과정이기도 하다. 개인들 간 대화 행위는 물론 특히 공공의 의제를 다루는 대화일수록 숙의의 과정이 요청된다. 숙의는 전문가들은 물론 일반 시민들 다수가 참여해 특정 문제에 대해 깊이 생각하고 충분히 의논하는 과정이다. 하버마스는 다음과 같이 말하였다.

> -토의 정치의 절차가 민주주의 과정의 핵심을 형성한다.
> -토의 과정을 통해 걸러지는 정치적 의사소통은 이러한 생활세계의 자원들에, 그러니까 자유로운 정치문화와 계몽된 사회화, 그리고 무엇보다 형성된 결사체들의 주도적 발의에 의존한다.
> -이 토의의 장 속에서 사회 전체와 관련되고 규제를 필요로 하는 문제들에 관해 일정 정도 합리적인 의견 형성과 의지 형성이 일어난다.[16]

15 윤선구, 「합리적인 의사소통」, 대화문화아카데미 편, 위의 책, pp. 30-31.
16 위르겐 하버마스 저, 한상진 외 역, 『사실성과 타당성』(나남, 2010), pp. 398-399, p. 401, p. 405.

비인간적 '체계'의 논리에 굴복하지 않으려는 시민사회의 적극적 태도가 합리적 결론으로 이어진다는 것이다. 그럴 때 시민사회가 참여하는 민주주의적 '공론의 장'이 확보된다. 공공의 의제와 관련된 숙의가 이러한 공론의 장의 형성에 기여하는 것이다. 이것이 이른바 '숙의민주주의deliberative democracy'이다.

숙의민주주의의 사례는 아일랜드에서 2012년 12월부터 2014년 3월까지 시민참여로 구성된 '헌법회의The Convention on the Constitution'에서 잘 볼 수 있다.[17] 2011년 총선에서 주요 정당들이 헌법 개정에 시민참여를 보장하겠다고 약속한 이래, 2012년 7월 아일랜드 상·하원의 의결로 헌법회의가 구성되었다. 헌법회의 구성원들은 기간 중 급여나 보수 없이 실비로 활동비만 지원받았다. 헌법회의는 중립적인 의장 1명과 여러 정당 등 모든 그룹에서 의석 비율대로 선발된 정치인 33명, 지역 및 사회경제적 배경을 안배해 추첨으로 선발된 66명(남녀 33명 각각 동수)의 시민 핵심패널(core panel)로 구성된 회의체였다. 시민 예비패널shadow panel 66명도 별도로 두었다. 헌법회의가 헌법 개정 시안 18개를 제출할 때까지 각 지역 단위에서 관련 회의를 번갈아 개최했고, 회의 내용은 인터넷 실시간 중계 형식으로 일반에게 공개했다.

이상의 회의를 유지하는 원리는 물론 지속적 대화였다. 구성의 원리를 합의하는 데도 대화가 필요했고, 100명의 회의체가 각종 현안을 결의해 가는 과정도 대화였다. 말하고 듣는 대화의 과정이 공평

17 이지문, 「시민주도형 개헌사례와 과제」, 『시민이 직접 쓰는 개헌안, 어떻게 만들 것인가』(6월 민주포럼 외 공동주최 토론회 자료집, 2017. 7. 19) 참조.

하게 교차하면서 합의가 이루어지고 갑론을박하던 여론의 조화로 이어졌다. 정부나 의회가 헌법회의의 권고내용을 그대로 수용할 의무가 있었던 것은 아니지만, 4개월 내에 헌법회의의 권고사항에 대해 조치를 해야 한다는 규정에 따라 회의의 결의 사항 가운데 대통령 출마 자격을 35세에서 21세로 하향 조정하는 규정과 동성결혼 허용 여부를 논의한 뒤, 국민투표에 부쳐 최종적으로 '동성결혼 조항'이 통과되었다. 정치인과 시민이 1년 4개월 간 시도한 숙의 과정은, 거기서 도출된 결과가 무엇이냐와 상관없이, 대화의 역사에서 그 자체로 의미가 크다고 할 수 있다.

7. 대화의 종류와 중재자의 역할

물론 숙의가 대화의 전부는 아니다. 대화의 스펙트럼은 넓다. 대화에는 농도 혹은 밀도의 측면에서 느슨한 형태의 일반적 대화도 있고, 좀 더 전문적인 갈등해결 프로세스도 있다. 일상사를 다루는 편안한 소통이 전자에 해당한다면, 숙의와 같은 대화는 후자에 해당한다. 또 대화의 목적의 측면에서 자신의 이익을 극대화하기 위한 전략적 타협으로서의 대화가 있는가 하면[18] — 물론 바람직한 형태의 대화라고 하기는 힘들다 — 자기 자신과의 내면적 대화 같은 것도 있을 수 있다.[19] 이 모든 것이 대화이기는 하되, 이 글에서 관심을 기

18 김연철, 『협상의 전략』 (휴머니스트, 2016).

19 넬슨 만델라 저, 윤길순 역, 『나 자신과의 대화』 (RHK, 2013)에서 따온 말이다. 이

울이는 대화는 숙의는 물론이거니와 밀도 있는 '촉진적 대화facilitated dialogue'와 같은 형태이다. 공론의 장을 형성하기 위한 시민참여의 대화는 물론, 중재자가 포함된 갈등해결 프로세스와 같은 것이 전형적인 촉진적 대화라고 할 수 있다.

일이 복잡하게 꼬여 있을수록, 당사자들 간 힘의 역학관계가 불평등할수록 중재자가 더 필요하다. 중재자는 단순히 대화의 상대자를 대화의 테이블에 앉히는 정도에 머물지 않는다. 회의의 의장이나 사회자 수준에 머물지 않고 대화를 기획 및 구성하고, 관련자들이 서로 충돌하지 않도록 질서를 잡으며, 상보적 해결책을 찾을 수 있도록 돕는 역할을 한다. 힘의 불균형이 심하면 약자를 좀 더 후원하고 대화의 균형을 잡아간다. 특히 대화 관계자들이 갈등관계에 있는 상황일수록 쟁점을 규명하고 문제를 풀어가며 합의 및 화해의 단계에 이르도록 조정자 역할을 한다.[20]

갈퉁은 여러 종교의 가르침에서 힌트를 얻어 갈등 해결을 위한 '초월 방법tanscend method'이라는 것을 제시한 바 있는데,[21] 그 핵심은 갈등 당사자들이 상생win-win할 수 있도록 모두에게 도움이 되면서도 당사자들이 동의할 수 있는 상위의 가치를 제공하며 이끌어 갈 때

책은 자신과의 대화 방법론을 다루고 있는 것은 아니다.

20 강영진, 「갈등 해결을 위한 대화의 과정과 진행자의 역할」, 대화문화아카데미 편, 앞의 책, pp. 119-121.

21 Johan Galtung, "Conflict Transformation by Peaceful Means (The Transcend Method)," *United Nations Disaster Management Training Program* (2000); Bishnu Pathak, "Johan Galtung's Conflict Transformation Theory for Peaceful World," *Transcend Media Service* 2016. 8. 29. 〈https://www.transcend.org/tms/2016/08/johan-galtungs-conflict-transformation-theory-for-peaceful-world-top-and-ceiling-of-traditional-peacemaking/〉

갈등이 해결되어 간다는 것이다. 중재자가 갈등을 해소하기 위해서는 현안을 다루면서도 상위의 상생적 가치와 대안을 제시하고 접점으로 인도할 때 갈등 당사자들도 대화와 타협, 그리고 갈등 전환의 길로 들어서게 된다는 것이다.

이처럼 대화를 통한 합의로 이끌기 위해, 중재자에게는 문화적 차이에 대한 이해와 그 차이를 풀어가는 세심함도 필요하다. 가령 갈등이 증폭되어 분노 혹은 화가 나는 경우, 그 화에도 문화적 차이가 있을 수 있다. 한국인이 화를 내는 경우는 "상대방을 가해하거나 힐책하는 데 있기보다는 자신의 화난 심정을 '전달'"함으로써 상대로부터 공감과 수긍을 얻어내고 화해를 이끌어내기 위할 때가 많다.[22] 일본이나 서구 문화에서 화anger가 "상대에 대한 적대감을 의미"하는 것과 질적으로 다를 수 있다는 것이다. '화'의 의미에 대한 문화적 상황 혹은 차이를 얼마나 이해하고 수용하느냐에 따라 상이한 문화권에 속한 이들 간에 갈등이 증폭될 수도 있고, 화해로 이어질 수도 있다. 복잡한 기제가 작동하는 대화일수록 현명한 중재자의 역할이 크다고 할 수 있다.

8. 북미 대화와 한반도

어떻든 대화에는 중재자가 중요하다. 힘의 균형이 달라 어느 한쪽이 선뜻 대화를 요청하기 힘든 경우일수록 더욱 그렇다. 북미 간 대화

---

22 최상진, 『한국인 심리학』(중앙대학교출판부, 2000), p. 359.

에 문재인 대통령이 중재자로 나섰던 것도 북한과 미국 간 힘의 역학관계가 달랐기 때문이다. 그리고 사실상 미국보다는 북한이 더 대화를 필요로 하는 상황에 있기 때문이며, 미국·일본·중국 등 주변국보다는 한국이 평화를 더 필요로 하기 때문이다. 북한이 미국과 대화에 나서면서 가져올 평화가 한반도 전역에 더 긴요하기 때문이다. 필요로 하는 자가 중재자로 나서고, 필요한 자가 대화의 길에 나설 수밖에 없는 것이다. 문재인 대통령의 중재로 김정은 위원장과 트럼프 대통령이 만나게 되었던 사례가 대표적이다.

이미 알려진 사실이지만, 2018년 1월 북한의 김정은은 평창 동계올림픽에 참가할 의사가 있다고 천명했다. 문재인 대통령은 2018년 1월 4일 트럼프 대통령과 전화 통화하면서 평창 올림픽 기간에 한·미 연합군사훈련을 일시 중단하자고 선제적으로 제의했고, 트럼프 대통령은 이를 수용했다. 그리고 실제로 미국은 각종 대북 제재 규정들에 가능한 한 예외조항을 만들어 북한이 올림픽에 참가할 수 있는 길을 터주었다. 그에 호응하며 북한이 평창 올림픽에 참가하면서 남북미 관계는 급진전되었다. 올림픽 이후 3월 문재인 대통령은 북한의 비핵화와 한반도 평화를 위해서라도 한·미 연합훈련은 일정 부분 불가피하다는 사실을 이해해달라며 북측을 진심으로 설득했고, 북한이 수용하면서 다시 판문점 남북정상회담으로 이어졌다. 싱가포르와 하노이에서의 북미정상회담에 이어 2019년 6월 판문점에서의 3차 북미정상회담에 이르기까지, 문재인 대통령은 중재자로서의 역할을 톡톡히 감당했다. 특히 판문점 북미정상회담 중에는 조연 역할을 자처하면서 북미회담의 성공을 이끌었다. 트럼프 대통령은 "문 대통령 덕분에 평화적으로 많은 진전을 이룰 수 있었다"며 문

대통령의 중재자 역할을 높게 평가했다. 중재자가 어려운 대화를 실행할 수 있도록 촉진하는 역할을 할 수 있다는 사실을 적절히 보여준 실례라고 할 수 있다.

9. 대화의 평화적 구조와 평화다원주의

이렇게 남북 간, 북미 간 접점을 찾아가는 과정은 평화와 직결된다. 대화의 과정, 특히 접점을 찾아가는 과정이 평화의 길이다. 상이한 입장들이 만나 공통의 지점을 확인해 가는 과정은 차이로 인한 갈등을 차이들 간 조화로 이어가는 과정이라 할 수 있다. 다양성들 간에 조화를 이루어 가는 과정이야말로 평화의 전형적인 모습이다.

대화는 평화를 구체화시키는 길이며, 평화는 대화의 형태로 모습을 드러낸다. 대화는 상이한 두 주체 간의 접점을 산출하며 이들 간 갈등을 줄이는 형태로 평화를 만든다. 대화는 평화로 가는 과정이자 수단이다. 그 과정과 수단이 평화로 이어진다면 그것은 대화가 평화의 구조를 하고 있다는 뜻이다. 마찬가지로 평화에 본질이 있다면 그것은 대화라는 형식으로 자신의 모습을 드러낸다. 평화의 조성 및 구축 과정 역시 대화의 구조를 하고 있는 것이다. 달리 말하면 평화의 구성 주체가 여럿이라는 뜻이고, 그 여럿 사이에 조화를 이루어 나가는 과정이 지금까지 본 대로 대화의 주체와 중재자들이 접점을 찾아가는 과정과 같다는 뜻이다.

물론 현실에서는 평화마저 자기에게 유리하게 만들어 가려는 '자기중심적 평화주의ego-centric pacifism'가 주류를 이루고 있다. 자기중심적 평화주의는 평화라는 목적을 자기중심적 수단을 써서 구체화하려는 태도이다. 목적은 동일한 평화에 두고 있는 것 같지만, 현실에서 드러나는 것은 다양한 자기중심성들뿐이다. 그러다 보니 평화라는 이름의 갈등과 폭력이 지속된다.

현실에서 평화는 대문자 단수Peace가 아니라 소문자 복수peaces라는 사실을 일단 긍정해야 한다. '평화'가 아니라 '평화들'이다. 대문자 단수로서의 평화는 다양한 평화들 간의 대화를 통해 조화를 이루어 가는 과정의 형태로만 드러난다. 그렇게 상위의 공통적 평화를 찾아가는 과정이 있을 뿐이다. 대화를 통해 다양한 입장들 간의 조율과 조화를 이루어 가는 과정이 평화이다. 이러한 입장을 '평화다원주의pluralism of peaces'라고 할 수 있다.[23] 여러 가지 평화들이 갈등과 폭력으로 이어지지 않고 상호 긍정을 통한 상위의 평화로 나아갈 수 있도록 하는 근본적인 행위가 대화인 것이다.

여러 평화들 간에 조화를 이루어 나가야 한다. 상이한 힘의 역학관계에서 오는 피해, 즉 폭력으로 인한 상처를 없애거나 줄여가야 하는 것이다. 평화는 폭력으로 인한 상처를 치유할 뿐만 아니라, 애당초 그러한 상처를 만들지 않는 구조를 만들어 가면서 그 모습을 드러낸다. 평화구축peace-building은 이러한 과정을 집약하고 있는 용어이다. 폭력을 지양하며 그만큼 평화를 이루어 가기 위한 행위의 근간에는 대화가 있다. 이를 통한 접점의 모색, 즉 합의가 평화의 기초이다. 그런 점에서 평화가 대화적 구조를 가질 뿐만 아니라, 대화 역

---

23 이찬수, 『평화와 평화들: 평화다원주의와 평화인문학』(모시는사람들, 2016), pp. 57-62.

시 평화적 구조를 갖는다.

이 말을 적극적으로 해석하면 상처와 아픔을 축소시키는 대화여야 한다는 뜻이다. 평화운동가 로젠버그Marshall Rosenberg는 대화 자체가 비폭력적이어야 한다는 차원에서 NVCNonviolent Communication, 즉 '비폭력적 소통' 개념을 제시하고 확산시켜 왔다. 그에 의하면, 비폭력적 소통의 근간은 '자비로운 연결compassionate connection'이다. 언어 자체보다 그 언어에 담긴 '마음'이 더 중요하며, 소통도 연민에 기반해야 한다compassionate communication는 것이다.[24] 그것이 상처를 치유하는 기초라는 것이다. 이렇게 대화는 평화의 다른 얼굴이고, 평화는 대화를 통해 그 모습을 드러낸다. 대화의 심층에서 평화 지향성을 읽을 수 있고, 평화의 심층에서 대화의 구조를 읽을 수 있게 된다. 심층에서 통하는 보편적 접점을 찾아가는 일이야말로 대화의 목적이자 평화의 근간이라고 할 수 있다.

10. 남북공동성명의 의의와 정치적 대화의 한계

그 접점 혹은 공통 지점을 객관화하는 증거 중 하나가 '협약문'이다. 일반적으로 협약문은 객관성을 확보하기 위해 법적인 내용을 주로 담는 '법적인 평화' 개념에 치중하는 경향이 있지만,[25] 분명한 사실은

24 마셜 B. 로젠버그 저, 캐서린 한 역, 『비폭력 대화』(바오, 2004), p. 4, pp. 18-19, p. 24.

25 김연철, 『70년의 대화: 새로 읽는 남북관계사』(창비, 2018), pp. 300-301.

협약문으로 인해 쌍방이 동의하는 지점이 일정 부분 구체화된다는 것이다. 그렇게 드러나는 동의의 지점이 평화의 모습이다. 그런 점에서 협약의 과정 자체가 평화의 과정이기도 하다. 대화의 한 가지 결실로서의 평화협정은 갈등 혹은 분쟁을 종식시키기 위한 상호 계약이며, 그 계약이 평화의 가능성을 구체화시키는 기초이다.

가령 전쟁 분위기의 연장선에 있던 남북 간에 상대적으로 만남이 잦아지게 된 배경에도 '7·4남북공동성명', '남북기본합의서', '6·15선언', '판문점선언', '평양선언' 등 각종 합의문의 역사가 있다. 분단 이후 최초의 정상급 합의였던 7·4남북공동성명도 이것을 잘 보여준다. 1971년 8월 12일 대한적십자사 최두선 총재가 남북 이산가족 상봉을 위한 대화를 하자는 제의에 북한이 호응하면서 '남북적십자회담'이 진행되었다. 남북한은 1972년 8월까지 25차례의 예비회담을, 1972년 8월부터 1973년 7월까지 7차례의 본회담을 진행했다. 그 과정에 정치적 문제를 논의하기 위한 실무자 간 비밀 접촉이 남북을 오가며 진행되었다. 이후 이후락 중앙정보부장이 평양에서 김일성을 만나는 등 정치적 대화가 지속되었다. 그 결과 1972년 7월 4일 분단 이후 처음으로 '남북공동성명'이 채택되었다. 그리고 남북공동성명 제6항 및 1972년 11월 4일에 합의한 '남북조절위원회 구성 및 운영에 관한 합의서'에 따라 남북한 정치적 협의기구인 '남북조절위원회'도 설치되었다. 남북조절위원회는 1972년 8월 북한이 중단을 선언할 때까지 공동위원장 회의 3회, 본회의 3회 등 총 6회의 회의를 개최하였다. 비록 양측의 입장 대립으로 더 이상 진행되지는 못했지만, 통일을 주제로 하는 남북 간 첫 대화의 결실이었다고 할 수 있다. 박정희 정권 당시 남북관계를 '대화가 있는 대결의 시대'로 규정했었는데, 1970년대 남북 간에는 대결 구도는 그대로면서도 본격적인 대화와 합의의 가능성을 구체화시킨 시대였다는 점에서는 의미가 있다. 실제로 7·4남북공동성명에서 천명한 '자주'·'평화'·'민족대단결'이라는 3대 원칙은 이후 남북한 간 접촉과 대화의 기본 지침으로 작용해 오고 있다는 점에서 더욱 그렇다.

물론 이러한 과정에 대화의 이론적 원리가 얼마나 진지하게 적용되었는지 일일이 파악하기는 힘들다. 즉 전술했던 이상적 대화의 논리를 그대로 보여주는 사례라고 말하기는 어렵다. 그렇더라도 남북 간 수십 차례 왕래와 접촉이 있었다는 사실 자체가 남북 간 공동의 지향이 기존의 갈등을 넘어선 사례인 것은 분명하다. 상호적 대화의 결과인 것이다.

11. 평화의 중층성, 제네바 합의와 햇볕정책

대화가 타협을 이끌어내고, 타협은 전쟁을 멈추며 역사도 바꾼다. 북미 간 제네바 합의가 그 사례이다. 1994년 10월 1일 제네바에서 북한과 미국 사이에 이른바 '제네바 합의문'이 발표되었다. 북한의 IAEA 탈퇴로 드러난 한반도의 위기상황이 실제 전쟁의 가능성으로 치닫던 1994년 5~6월, 북한은 미국이 경수로를 건설해 준다면 핵 재처리시설인 방사화학실험실을 해체할 수 있다는 성명을 내놓았다. 미국의 셀리그 해리슨이 평양에 가서 북한의 진의를 파악했고, 지미 카터 전 대통령이 평양을 방문해 김일성 주석과 회담했다. 카터가 김일성에게서 핵 프로그램을 동결할 의사를 확인하면서 북미 간 대화는 급진전되었다. 이것이 10월 제네바 합의로 이어졌고, 이 합의는 1994년 여름 한반도 전쟁 위기를 평화적으로 수습하는 데 결정적 역할을 했다.

물론 제네바 합의의 실질 이행 과정에는 한계도 있었다. 합의 이후 미국의 의회가 공화당 중심으로 재편되면서 민주당 클린턴 정부에서 약속했던 대북 경수로 건설을 위한 지원이 제대로 되지 않는 등 합의문은 문안대로 시행되지 못했다. 그러자 북한에서 미사일 대포동 1호 발사 실험으로 대응했고, 위기가 다시 고조되었다. 이즈음 정권을 잡은 한국 김대중 정부의 햇볕정책으로 남북미 간 대화의 분위기가 살아났지만, 합의문의 이행에는 여전히 한계가 있었다. 그럼에도 불구하고 지속적인 대화와 그로 인한 합의가 전쟁과 같은 위기 상황을 극복하는 역할을 했다는 사실도 분명하다.[26]

이러한 합의는 대화를 통해 이루어진다. 물론 합의는 어렵고 대화의 과정은 종종 복합적이고 중층적이다. 가령 대화 이론에서 중요한 것은 듣기 기술이지만, 현실에서 대화 참여자가 무조건 듣기만 할 수는 없다. 듣기 역시 말하기를 전제하는 개념이기 때문이다. 그래서 현실에서 듣기와 말하기는 동시에 이루어지거나 복합적 과정을 거쳐 진행된다.

평화도 마찬가지이다. 평화는 획일적인 방법과 단계에 따라 이루어지는 것이 아니다. 평화유지peace keeping, 평화조성peace making, 평화구축peace building을 단계적으로 설명하기도 하고 때로는 단계적으로 작동할 수도 있지만, 복합적이거나 동시적으로 작동하기도 한다. '소극

26 이삼성, 『한반도의 전쟁과 평화』(한길사, 2018), pp. 220-265 참조.

적 평화negative peace'와 '적극적 평화positive peace' 역시 그 개념적 차이와는 달리 실제로는 분리되지 않는다. 이들은 융합적으로 이루어지기도 한다. 온 세계, 전 인류가 같은 단계를 밟아나가는 것은 아니다. 어느 지점에서는 때로 일시적이나마 '힘에 의한 평화 유지'가 불가피하면서도, 그렇다고 해서 '적극적 평화'의 상태를 포기하는 것은 아니다. 힘이 있으면서도 먼저 대화를 요청하고 힘을 약자에게 나누어 주기도 한다.

김대중 정부의 대북 햇볕정책이 그 사례라 할 수 있다. '햇볕정책'이라는 말은 북한의 반발과 그 은유적 모호함 때문에 '포용정책'으로 변경되었지만, 어떤 용어를 사용했든 핵심은 '접촉을 통한 변화'에 초점을 두고 있다는 것이다. 여기서 변화란 교류와 협력을 통해 북한을 개혁과 개방으로 이끌면서 냉전적 남북관계를 탈냉전으로 전환한다는 뜻이 담겨 있다. 그것은 기본적으로 남북 간 접촉을 통한 상호 이해의 확장과 차이의 인정을 통한 공존의 길이라고 할 수 있다.[27]

햇볕정책은 김대중 정부 대북정책의 철학이었다고 할 수 있다. 햇볕정책은 분단이라는 현실, 남북의 서로 다른 시간, 그리고 있는 그대로의 북한을 먼저 인정하는 데서 출발했다. 이러한 입장에서 북한에 먼저 손을 내밀고 북한의 긍정적 반응을 유도하는 정책이었던 것이다.

27 김연철, 『70년의 대화: 새로 읽는 남북관계사』, pp. 207-208.

12. 회복적 정의의 평화학적 의미

물론 햇볕정책은 갑자기 하늘에서 뚝 떨어진 정책이 아니다. 그것은 남북 간에 끊일 듯 이어져 온 대화 분위기의 연장이다. 여전한 갈등에도 불구하고 인류가 물리적 폭력을 줄여왔을 뿐만 아니라, 구조적이고 문화적인 폭력이 없는 세상마저 꿈꾸게 된 힘은 대화였다. 대화는 접점을 추구하고, 그 과정에서 상대방을 이해하게 되며, 상처의 원인을 치유하기 위한 해결책도 보인다. 서로에 대한 이해는 대화의 필수적인 과정인 것이다. 위안부 문제, 강제징용 판결, 독도 문제를 둘러싸고 한일 간에 벌어지고 있는 최근의 팽팽한 긴장은 대화 상대자들이, 특히 일본이 대화의 기본 원리를 간과한 데서 벌어진 일이다. 물론 한국의 책임이 전혀 없는 것은 아니다. 서로의 사유방식, 문화적 판단 양태 등에 대한 상호 몰이해가 기초에서부터 상승작용을 하면서 대화가 더욱 어려워지게 되기 때문이다.

이와 관련해 최근 대두되고 있는 '회복적 정의restorative justice'는 가해자와 피해자는 물론 사건의 관계자 모두의 화해를 추구한다는 점에서 대화가 평화로 이어지도록 하는 데 의미가 크다. '회복적 정의'는 기존의 '응보적retributive 법의 운용justice' 체계에 대한 대안으로 메노나이트 계열의 평화운동가들이 주창하면서 활성화되어 가고 있는 새로운 사법 패러다임이다.[28] 피해자는 물론 가해자와 공동체 모두의 회복을 이루려는 새로운 시도이다. 법 앞에서의 평등을 내세우

28 하워드 제어 저, 손진 역, 『회복적 정의란 무엇인가』(KAP, 2010)가 이 분야의 대표적인 책이다.

면서도 실제로는 평등의 이름으로 불평등을 유지하는 기존 사법 원리의 한계를 의식하고서,[29] 회복적 정의는 "피해자, 가해자, 공동체가 잘못을 시정하고 화해와 안전을 촉진하는 해결책 찾기"에 집중한다.[30] 상처의 원인을 쌍방이 치유하고 결국 화해로 나아가는 것을 목적으로 한다. 그 과정에 피해자와 가해자의 관계 회복, 피해자의 명예 회복을 이루고, 이를 계기로 사회적 전환 효과transformative effect까지 얻는다.

이러한 회복적 정의의 이론은 갈등하는 당사자들 사이에서 대화가 어떤 원리로 이루어져야 하는지 잘 보여준다. 회복적 정의에 입각한 대화는 누군가의 책임을 묻기보다, 왜 지금 누군가가 아파하고 있어야 하는지를 먼저 묻고 듣는다. 오랜 갈등과 상처로 인해 쉽사리 풀리지 않는 남북관계도 마찬가지이다. 남북 문제의 세부 원인과 책임을 규명하는 일을 다 무시할 수는 없지만, 더 당면한 과제는 큰 힘으로 작은 힘을 압도해 피해와 아픔을 불러일으켜 온 저간의 행위—그것이 어디에서 온 것이든—를 비판적으로 성찰하는 것이다. 남북 간에든 북미 간에든, 나아가 한일 간에든, 어디선가 자행되는 폭력은, 그것이 물리적 폭력이든 구조적 폭력이든, 비판 및 극복되어야 하고, 또 지속적으로 축소시켜 가야 한다. 이것이 평화 연구와 운동의 근간이다.

자기중심적 힘의 논리를 앞세우는 모든 행위는 비판하고 극복해 가야 한다. 평화학은 힘 있는 이가 약자의 현실에 대한 공감empathy을

29 위의 책, p. 99.
30 위의 책, p. 207.

동력으로 약자의 아픔으로 들어갈 것을 요청한다. 그 공감으로 약자를 양지로 끌어올려야 한다고 주문하고 독려하는 것이 평화학의 핵심이다. 폭력을 줄이기 위한 평화적 태도와 지향이 현실 정치에 개입해야 하는 이유도 여기에 있다. 그 개입의 기본적 방법이 대화이다. 소통이고 숙의이다. 아울러 이런 대화를 진작시키기 위한 중재자의 역할도 중요하다. 대화는 평화에의 길이자 평화를 열어주는 문이다. 대화의 원리는 평화의 형성 과정과 구조가 어떻게 되어 있는지도 잘 보여준다. 대화의 길에는 종종 암초도 있고 굴곡도 있지만, 한반도는 분명히 대화로 인한 평화의 기운이 점차 커져가고 있다.

7 합의

최규빈 (서울대학교 통일평화연구원)

1. 들어가는 말

'합의'는 좁은 의미에서 당사자 간의 의견 일치를 위해 협의된, 주로 법적인 구속력을 가진 약속을 의미한다. 시대와 상황에 따라 합의는 다양하게 이해되어 왔기 때문에 보편적으로 수용가능한 합의의 개념을 정의하는 것은 쉽지 않다. 그럼에도 분명한 사실은 인류 역사가 시작되고 공동체를 구성하는 다양한 단위 혹은 당사자 간의 관계가 항상 원만하게 조정된 것은 아니며, 각자의 이익과 입장을 보호하고 분쟁과 충돌을 방지하기 위해 인류는 합의를 지속해 왔다는 것이다.

합의에 이른다는 것은 대화와 타협을 시도한다는 것이며, 비폭력적 방법으로 평화를 달성하는 길이기도 하다. 당사자 간의 이해 충돌을 해결하고 폭력적 갈등이나 전쟁 종식을 약속한다는 점에서 합의는 평화조성peacemaking을 위한 중요한 행위이다. 합의의 주체는 개인, 국가, 시민사회, 국제기구 등 다양할 수 있으나, 국가는 여전히 중요한 행위자이다. 이에 따라 합의는 '외교'라는 주권 국가의 행위의 결과로 간주할 수 있다.

이 장에서는 우선 평화를 형성하는 수단으로서의 합의는 무엇이며, 합의가 평화를 담보하지 못하거나 지속가능하지 않다면 합의 이행에 영향을 미치는 요인은 무엇인지 살펴보고자 한다. 다음으로는 남북한이 1992년 체결한 남북기본합의서를 검토함으로써 합의가 지속가능하기 위한 조건 및 정책적 시사점에 대해 알아본다.

2. 합의의 중요성과 방법

1) 합의란 무엇인가

국립국어원 표준국어대사전에 의하면 '합의合意'는 "서로 의견이 일치함 또는 그 의견"을 뜻한다. 합의는 인간관계, 비즈니스, 국제관계 등에서 폭넓게 이루어지며, 합의의 주체도 개인, 기업, 시민사회, 국가, 국제기구 등으로 매우 다양하다. 그렇지만 이 장에서는 합의를 국가 단위가 주로 참여하는 이행 의무가 수반되는 약속으로 제한하고자 한다. 따라서 합의는 국가가 당사자가 되어 체결하는 공식적인 문서나 조약을 의미한다. 합의agreement와 조약treaty은 비슷한 의미로 사용되지만, 1969년 '조약법에 관한 비엔나 협약Vienna Convention on the Law of Treaties'에 따르면 조약은 서면 형식으로 국가 간에 채결되고 국제법에 의해 규율되는 국제적 합의를 의미한다.[1]

1 외교정책이나 국제법 관점에서 조약은 헌장Charter, Constitution, 규정Statute, 규약Covenant, 협정Agreement, 협약Convention, 의정서Protocol 등 다양하게 사용될 수 있다.

합의는 분쟁을 조정하기 위한 노력이자 평화조성을 위한 결과물로 이해할 수 있다.[2] 상호 간의 입장이나 의견의 불일치가 존재하지 않는다면 이를 극복하기 위한 노력도 필요 없을 것이지만, 인류 역사는 그러하지 못했음을 우리는 알고 있다. 국가 간의 갈등은 오늘도 계속되고 있으며, 2018년 한 해에만 76,000명이 집단폭력organized violence으로 사망했고, 52건의 국가 단위의 무력분쟁state-based armed con-

표 7-1. 국가 간 무력분쟁과 평화협정(1989~2010)[3]

당사국	해결 통로	최대 분쟁 강도 1989~2010(이전)
이란 대 이라크	유엔 안전보장 이사회	전쟁
차드 대 리비아	국제 사법 재판소, 유엔 평화 유지군	전쟁
모리타니 대 세네갈	양자 간 합의	낮음
중국 대 소련/러시아	양자 간 합의	낮음
에리트레아 대 예멘	국제 사법 재판소	분쟁
이스라엘 대 요르단	양자 간, 미국 지원	(전쟁)
에콰도르 대 페루	4 보장 국가 (미국, 아르헨티나, 브라질, 칠레)	낮음(전쟁)
카메룬 대 나이지리아	국제 사법 재판소	낮음
보츠와나 대 나미비아	국제 사법 재판소	분쟁
에리트레아 대 에티오피아	유엔, 아프리카 통일 기구	전쟁

출처: Uppsala Conflict Data Program Conflict Encyclopedia.

2 유엔 사무총장이었던 부트로스 부트로스갈리Boutros Boutros-Ghali는 1992년 보고서 「평화를 위한 의제」에서 평화조성을 "적대세력이 평화적 수단을 통해 합의에 이르게 하는 활동"으로 정의하였다. UN doc. A/47/277-S/24111 "An Agenda for Peace" (June 17, 1992), para. 20.

3 Peter Wallensteen, *Understanding Conflict Resolution*, 3rd. (London: Sage, 2012), p. 93.

flict을 기록했다.[4] 국가 단위에서 당사자 간의 이견이나 분쟁을 무력에 의존하지 않고 평화적 방법으로 해결하기 위한 것이 '외교'라고 할 때, 합의는 교섭이나 조정, 중재를 통해 도출되는 결과물인 것이다.

2) 합의와 외교

갈등의 당사자들이 반드시 합의를 선호하는 것은 아니다. 양자 간 힘의 비대칭이 클 경우 당사자들은 일방적인 강압을 시도하며 무자비한 폭력을 동원하여 상대를 굴복시키는 경우도 있다. 또한 쟁점에 대한 첨예한 대립이 있을 경우 합의에 이르는 과정이 순탄하지 않다. 서로 간의 입장 차를 확인하고 이를 줄이기 위한 치열한 과정이 수반되며 교섭 중지와 재개가 반복되기 마련이다. 특히 국가 간의 교섭은 최종 합의가 나오기까지 비밀리에 진행되는 경우가 많다. 또한 양자 혹은 다자간 합의가 도출되었다 할지라도 심각한 분쟁이나 이해가 상충된 주요 쟁점이 완전히 해결했다고 확신할 수도 없다. 하지만 이 경우에도 당사자 간의 부분적 합의는 복잡한 이해 다툼이나 분쟁을 일시적으로 중단시키는 역할을 할 수 있으며, 이러한 노력은 논쟁 사안에 대한 완전하고 영구적인 해결에 중요한 법적·제도적 발판을 마련하기도 한다.[5] 이런 점에서 물리적 폭력이 동원된 전쟁을 종결시키거나 분쟁 해결을 위해 상호 수용가능한 합의를 도

4 Therése Pettersson, Stina Högbladh, and Magnus Öberg, "Organized Violence, 1989-2018 and Peace Agreements," *Journal of Peace Research*, vol. 56, no. 4 (2019), pp. 589-590.

5 Lotta Harbom, Stina Högbladh, and Peter Wallensteen, "Armed Conflict and Peace Agreements," *Journal of Peace Research*, vol. 43, no. 5 (2006), pp. 617-631.

출하는 것은 평화를 달성하기 위한 핵심적인 작업인 것이다.[6] 합의는 대화나 교섭이라는 외교의 양식을 통해 결과로 주어진다. 따라서 외교가 실패한다면 합의는 이루어질 수 없으며, 당사자 간의 갈등이 깊어질 가능성이 크다.

외교는 국제 행위자 간 평화적 수단을 사용하는 관계의 행위로, 보통은 정부에 의해 진행되는 경우가 많다.[7] 1648년 베스트팔렌 조약Treaty of Westphalia 이후 근대국가 체제가 유럽에 형성되면서 자국의 주권과 이익을 보전하기 위한 노력들은 근대외교의 형식과 내용을 만들어냈다.[8] 그렇지만 외교는 근대사회가 외교라는 명칭을 붙이기 이전부터 존재하였다고 해도 과언이 아닐 만큼 오랜 역사적 배경을 갖고 있다.[9] 국가, 제국, 혹은 다른 힘의 세력이 상호 간의 공식적인 문제를 다루기 시작하면서부터 외교는 존재했기 때문이다.

외교의 핵심적인 행위, 즉 해외의 정치적 관할 지역에 공식적인 대사를 보내 조약을 맺고 다른 국가와 동맹을 맺는 것은 15세기에 시작된 것으로 알려져 있지만, 외교 행위는 그 이전인 고대 그리스와 아테네의 도시국가 시절로 거슬러 올라간다. 그리스, 페르시아,

---

6 데이비드 바래시, 찰스 웨벨 저, 송승종·유재현 역, 『전쟁과 평화』(명인문화사, 2018), p. 311.

7 Andrew F. Cooper, Jorge Heine, and Ramesh Thakur, "Introduction: The Challenges of 21st-Century Diplomacy," in Andrew F. Cooper, Jorge Heine, and Ramesh Thakur, eds., *The Oxford Handbook of Modern Diplomacy* (Oxford: Oxford University Press, 2013), p. 2.

8 Ivor Roberts, *Satow's Diplomatic Practice* (Oxdord: Oxford University Press, 2017), p. 11.

9 Pauline Kerr and Geoffrey Wiseman, *Diplomacy in a Globalizing World* (Oxford: Oxford University Press, 2013), p. 3.

인도, 중국의 지도자들은 공식적인 메시지와 선물을 교환하거나 조약을 체결하고 동맹을 맺으며 평화조약에 조인하고 주변 국가들 간의 분쟁을 조정하였다.[10]

이런 일을 전문적으로 수행하는 외교관은 한때 '배후의 조정가'로 폄하되기도 했지만, 프랑스어로 diplomatie(diplomat)의 어원은 '협상가'인 만큼 국가 수장(이전엔 군주)의 대리자로서 공식적인 의사소통을 담당하고 중요한 합의를 진행하는 직업적 특성은 점차 인정받기 시작했다. 유럽 역사의 대표적인 외교관으로는 마키아벨리Machiavelli(1469-1527), 리슐리외 추기경Cardinal Richelieu(1585-1642), 메테르니히Metternich(1773-1859)를 들 수 있을 것이다.[11] 특히 17세기 초 루이 18세 때 재상을 역임했던 리슐리외 추기경은 외교관으로서 군주의 이익을 대변하는 역할을 통해 오늘날의 외교적 의례diplomatic protocol를 정착시키는 데 중요한 역할을 하였다.[12]

외교의 일반적 행위나 국가 수반이나 정치가와 구별된 외교관의 직업적 전문성은 1815년 비엔나 회의Congress of Vienna 이후 공식적으로 인정받기 시작하였다. 그 이후부터 대부분의 국가들은 해외에 대사관을 설치하고 대사 혹은 공사를 교환함으로써 외교관계를 모색하게 된다.[13] 다른 나라에 대사를 보내 국가 간 관계를 발전시키고 주요 문제를 협상을 통해 조정하는 것은 외교의 핵심으로 자리 잡게

10 Cooper, Heine, and Thakur, "Introduction: The Challenges of 21st-Century Diplomacy," p. 3

11 Ibid, p. 3

12 데이비드 바래시, 찰스 웨벨 저, 송승종·유재현 역, 『전쟁과 평화』, p. 316.

13 국가 간 외교와 관련된 규칙과 행위, 외교관의 업무 등은 1961년 외교관계에 관한 비엔나 협약Vienna Convention on Diplomatic Relations을 통해 보다 구체화된다.

된다. 이러한 외교 행위는 ① 전쟁을 예방하고 적대를 종식시키는 일, ② 조약을 맺는 일, ③ 평화로운 관계나 무역을 유지 혹은 확대하는 일과 긴밀히 연결되기 시작했다.

제1차 세계대전의 종결은 근대외교에 있어 정상회담summit을 등장시키는 계기가 되었다. 1919년 1월 프랑스, 영국, 이탈리아, 일본, 미국 등 5개 주요 강대국이 중심이 되어 개최된 파리 평화회의Paris Peace Conference는 정상외교의 전형이었다.[14] 여기서 논의가 시도된 미국 윌슨Woodrow Wilson 대통령의 14개 조항Fourteen Points은 국제연맹League of Nations의 핵심적인 아이디어가 되었다.[15] 또한 1919년 6월 연합국과 독일 간 전쟁의 결과로 초래된 손실 및 피해를 규정하고 독일의 책임을 물은 베르사유 조약Treaty of Versailles은 전쟁 종결 및 책임 부과, 국제연맹을 통한 재발 방지, 평화 유지 측면에서 중요한 의미를 갖고 있었다. 베르사유 조약 체결 과정은 조약을 주도했던 승전국 4개국 지도자들[16]의 힘의 정치 현실을 유감없이 보여주는 사례이기도 하였다.

유엔헌장Charter of the United Nations은 현대 외교사에서 전쟁예방과 평화조성을 위한 가장 중요한 합의 중 하나이다. 제2차 세계대전 이후 1945년 10월에 선포된 유엔헌장은 인류 역사에 참혹한 결과를 낳은

---

14 파리 평화회의는 베르사유 강화 회의Versailles Peace Conference, 베르사유 회담Versailles Conference으로 불리기도 한다.

15 윌슨은 제1차 세계대전이 종결되기 이전인 1918년 1월 8일 미국 의회 연설에서 세계평화를 위한 14개 조항을 발표한다.

16 '빅4Big4'라 불렸던 영국 수상 데이비드 로이드 조지David Lloyd George, 이탈리아 수상 비토리오 오를란도Vittorio Emanuele Orlando, 프랑스 수상 조르주 크레망소Georges Clemenceau, 미국 대통령 우드로 윌슨Woodrow Wilson이 바로 그들이다.

전쟁을 더 이상 반복하지 말자는 집단적 반성이나 유엔이라는 조직의 근간을 합의한 문서 이상의 의미를 갖는다. 1943년 모스크바, 테헤란 회의Moscow and Teheran Conferences를 시작으로 1944년 10월에는 미국의 덤버턴 오크스 저택에서 국제기구 설립에 대한 제안과 함께 유엔헌장의 원안을 합의한 덤버튼 오크스 회의Dumbarton Oaks Conference가 있었고, 1945년 2월 얄타 회의Yalta Conference, 그리고 1945년 3월 샌프란시스코 회의San Francisco Conference를 거치면서 유엔헌장은 최종적으로 합의되어 국제연합이라는 국제기구 설립이 이루어진다.[17] 이 과정에서 루스벨트Franklin Roosevelt, 스탈린Joseph Stalin, 처칠Winston Churchill은 유엔헌장 타결에 적극적으로 개입하였다. 유엔헌장은 국제정치가 '국제기구'에 의해 만들어지고 적용될 수 있다는 새로운 규범을 보여준 것이었다. 이는 다자협력 질서에 대한 강대국 간의 치열한 협상의 결과이기도 하였다.

제1, 2차 세계대전을 거치면서 주목할 수 있는 사실은 정부 중심의 양자외교가 현대에 들어 다자외교로 확대되면서 외교의 양식과 통로가 확대된 점이다. 국제노동기구ILO, International Labor Organization가 1919년에 설립되었고 유엔UN, United Nations이 1945년에, 세계보건기구WHO, World Health Organization가 1948년, 그리고 국제원자력기구IAEA, International Atomic Energy Agency가 1957년에 각각 설립되면서 다자외교의 중요성이 점차적으로 부각되었다. 탈냉전 시대에 키신저Henry A.

17 유엔 홈페이지의 유엔헌장 역사 참고. 〈https://www.un.org/en/sections/history-united-nations-charter/1944-1945-dumbarton-oaks-and-yalta/index.html〉 (검색일: 2019. 7. 10)

Kissinger의 셔틀 외교shuttle diplomacy처럼 고위급 정부 관료가 이면 경로back-channel를 활용하여 국가 간 분쟁을 종식시키고 합의를 이끌어내는 방식이 중용되어 온 것은 사실이다. 그렇지만 1945년 이후 다자외교는 점차 보편화되었고 국가와 국제기구, 국제기구 간의 국제적 합의가 늘어나게 된다.

이와 더불어 민간기업, 다국적기업MNCs, Multinational Corporations, 비정부기구NGOs, Non-Governmental Organizations, 시민사회단체CSOs, Civil Society Organizations, 지역 간 그리고 국제기구IGOs, Intergovernmental Organizations가 활발하게 활동하면서 다양한 행위자들이 합의의 주체가 되기 시작하였다.

현대외교의 분야 역시 전쟁, 국제무역 등과 같은 전통적인 대외정책 이슈에서 인권, 내전, 정권교체, 테러리즘, 기후변화, HIV/AIDS 문제 등으로 폭넓게 확대되었다. 갈등 조정과 국제적 도전에 대한 다자협력, 평화조성을 위한 활동이 외교의 영역이 되면서 합의 혹은 조약의 범주나 대상도 이와 크게 다르지 않았다. 즉 국가와 국제기구에 의해 체결되는 조약이나 합의 내용이 전통적으로 내전이나 군사적 분쟁 종식, 대량살상무기와 군축에 대한 것이었다면, 현대에 들어 환경과 기후 문제, 보건, 난민, 사이버 안보 등으로 영역이 확대되어 간 것이다.

3) 합의의 방법

합의가 이견과 분쟁 해결을 위한 노력이자 다양한 분야에서의 공동의 대응을 약속한 것이라 한다면, 관건은 '어떻게' 해결하는가에 있다. 실제로 내전, 인종갈등, 인권탄압, 군사적 분쟁 등 다양한 갈등은 평화협정peace agreement[18]을 통해 해결이 된다. 분쟁 종식이나 국제적 도전을 극복하기 위한 노력은 외교라는 큰 틀 안에서 교섭과 제3자 개입의 방법들이 동원되지만, 근본적으로는 상호의 입장을 확인하는 의사소통과 의견교환, 잠정적 혹은 부분적 합의가 사전에 다양하게 이루어진다. 그렇다면 합의를 위한 방법에는 구체적으로 어떤 것들이 있는가?

국내뿐 아니라 양자와 다자 외교에서 분쟁 해결을 위한 평화적 수단으로는 교섭, 중개, 조정, 조사,[19] 중재재판, 사법적 해결 등이 있다.[20] 특히 국가 단위의 분쟁 해결을 위해서 교섭, 중개, 조정이 주로 많이 사용된다.

직접교섭negotiation은 심각한 분쟁을 완화하거나 해결하기 위해 분쟁 당사자 간 다양한 방식으로 의견을 교환하는 것을 의미한다.[21] 교섭은 우선적으로 각각의 해외 공관 혹은 외교 대표들에 의해서 공식적인 외교적 통로를 통해 진행된다.[22] 구체적인 주제나 사안의 특

---

18 평화협정은 당사자들 간의 공식적으로 문서화된 합의로 폭력적인 (보통은 군사적인) 내부 갈등을 중단시키고 새로운 정치적·법적 제도를 구축하는 것을 의미한다. 다만 여기서는 다양한 원인으로 야기되는 분쟁을 종식키는 평화적 합의라는 광의의 의미로도 사용할 수 있음을 밝힌다.

19 조사inquiry는 법정이나 다른 기관들이 논쟁 사안 해결을 위해 독립적으로 조사하거나 이를 진행하는 과정을 뜻한다. 실제 이러한 조사 활동은 조정과 중재재판의 중요한 부분이기도 하다. 특히 조사는 제도적으로는 국제재판소International Tribunal를 통해 진행되며, 유엔에서는 조사위원회Commissions of Inquiry를 설치하여 상충되는 쟁점들을 평가한다.

20 유엔헌장 제6장 제33조 1항.

21 패트릭 모르간 저, 민병오 역, 김계동 감수, 『국제안보: 쟁점과 해결』 (명인문화사, 2011), p. 268.

22 J. G. Merrills, *The International Dispute Settlement* (Cambridge: Cambridge University Press, 2005), p. 8.

성에 따라 정부의 권한 있는 기구들이 교섭에 나서기도 한다. 국가 간 무역이나 무역협정의 타결을 위해 경제부처나 위원회가 교섭을 맡는 것이 대표적인 사례이다.[23] 공식·비공식 교섭을 위해 '정상회담'이나 '트랙 2 외교track Ⅱ diplomacy'를 사용하기도 한다. 특히 트랙 2 외교는 비정부 차원의 행위자 간 비공식적이며 비형식적인 접촉을 통해 이루어지는 것으로, 공식 차원의 교섭을 통해 해결하지 못한 문제들을 해결하고자 하는 방식이다.[24] 정상회담은 이른바 톱다운top-down 방식으로 정부 차원의 실무 단계에서 타협점을 찾지 못하는 경우 이를 돌파할 수 있는 계기를 만들 수 있다는 점에서 장점이 있다. 그렇지만 두 정상 간 세간의 주목을 받으며 이루어진 '상징적 합의'가 현실적인 합의나 세부 이행 방안을 찾지 못할 경우 실패할 가능성이 있다.

트랙 2 외교는 정부 관료가 아닌 비정부기구, 학자, 인도적 지원 기구, 전직 관료 등 다양한 행위자들이 진행한다. 정부를 대표하는 입장이 아니기 때문에 제3자는 상대적으로 자유롭게 대화하며 해결 방안을 제기할 수 있다는 장점이 있다. 트랙 2 외교는 대립하는 집단들의 상호작용을 돕고 정부 차원의 활동의 기반을 마련하는 등 현대외교에 긍정적 영향을 미치고 있는 것은 분명하다. 하지만 개인 간 관계 설정에 의해 움직여지는 경우가 많고 실질적인 협상을 이끄는 데는 한계가 있을 수밖에 없다.

23 Ibid., p. 8.

24 Charles Homans, "Track II Diplomacy: A Short History," *Foreign Policy* (Jul. 2011), issue 187.

국제기구 역시 다양한 회의와 포럼, 위원회 등을 통해 협의(consultation)나 교섭이 진행될 수 있도록 한다. 물리적 충돌이 있은 후에도 분쟁 당사자 간의 입장과 비용 계산에 의해 교섭이 시도될 수 있다는 점에서 교섭은 분쟁의 모든 단계에서 사용가능한 옵션이다. 실제로 정부 차원에서 이루어지는 교섭은 분쟁과 화해의 과정에서 다른 수단들 가운데 가장 자주 그리고 우선적으로 사용된다.[25]

중개mediation는 교섭과 더불어 분쟁 상황에서 많이 활용되는 방법이다. 중개는 국제분쟁이 직접교섭을 통해 해결할 수 없을 경우 제3자의 개입을 통해 난관을 타개하거나 수용가능한 해결책을 분쟁 당사자들에게 제시하는 것을 말한다. 제3자의 의한 중개 활동은 분쟁 당사자들로 하여금 교섭이 재개될 수 있도록 권유하거나 교섭 중단 상황에서 새로운 의사소통의 통로를 제공하는 소위 주선 'good office' 역할을 한다.[26] 특히 유엔은 내전이나 교전 당사국을 대상으로 합의가능한 타협점을 만들어내는 중개 역할을 수행해 왔다. 합의안에 만족하지 못하는 분쟁 당사국 혹은 그들의 지지자들을 관리하면서 합의의 큰 틀을 유지하도록 하는 것이다.

더 나아가 중개 담당자는 분쟁의 사실관계를 조사하여 당사자들에게 해결을 위한 공식적 제안을 하는 '조정conciliation' 역할을 하기도 한다.[27] 즉 중개mediation와 조정conciliation 모두 제3자의 개입이 이루어

25 Christine Bell, "Peace Agreements: Their Nature and Legal Status," *The American Journal of International Law*, vol. 100, no. 2 (2006), pp. 373-412.

26 Merrills, *The International Dispute Settlement*, p. 28.

27 중개를 mediation으로, 조정을 conciliation으로 번역하지만, 법률상 mediation과 conciliation의 개념을 명확하게 구분하지 않는 경우도 있다.

진다는 점에서는 동일하지만, 전자가 교섭의 확장된 과정으로서 당사자 간의 합의를 돕는 일반적인 노력을 의미한다면, 후자는 비록 법적 구속력을 갖지는 않지만 공식적인 지위를 통해 분쟁 당사자들에게 수용가능한 대안이나 해결책을 제시한다는 점에서 차이가 있다. 특정 국가나 저명인사가 중개를 수행하기도 하지만, 국제기구와 비정부기구 역시 제3자의 역할을 담당하기도 한다.[28] 중개의 특징은 분쟁 당사자들이 스스로 문제를 해결하는 것이 불가능할 때 사용되며, 중개 담당자가 교섭보다 적극적으로 양자의 입장을 전달하고 해석하며 타협점을 찾아 새로운 제안을 한다는 것이다. 또한 교섭이나 중재재판이 보다 공식적인 채널을 통해 이루어진다면, 중개는 교섭 당사자들에게 비공식적으로 협상을 권유하고 협의안을 제공하는 방식으로 진행된다.

이 외에도 제3자가 분쟁 당사자들을 대리하여 국제법의 근거를 갖고 구속력이 있는 결정을 함으로써 분쟁을 해결하는 중재재판arbitration이 있다. 중개를 통해 문제가 해결되지 않는다면 쌍방이 제3자의 판결을 준수하기로 하고 중재재판의 단계를 밟는 것이다. 중개나 조정 담당자는 분쟁 당사자들에게 수용가능할 만한 제안을 제시하지만, 제안을 받아들일지 말지는 당사자들의 자발적인 의지에 달려 있다. 이에 반해 중재 방식은 분쟁 당사자들이 사전에 제3자인 중재자에게 분쟁 해결을 맡기고 그 판단을 받아들이기로 합의한다는 점에서 차이가 있다.[29]

28 Merrills, *The International Dispute Settlement*, p. 29.
29 데이비드 바래시, 찰스 웨벨 저, 송승종·유재현 역, 『전쟁과 평화』, p. 324.

교섭과 중개가 외교적 수단으로서 분쟁 당사자가 전체적인 통제권을 가지고 협의안을 수용하거나 거절할 수 있다면, 중재재판은 분쟁 당사자들이 개입할 여지가 적고 중재인이 제시한 판정이 법적인 근거를 갖는다는 점에서 차이가 있다.[30]

3. 합의의 지속가능한 조건

1) 합의의 종류

국제관계에서의 분쟁을 해결하는 방식은 다양하지만, 궁극적인 목적은 분쟁 당사자들의 이익이 조정된 평화협정을 만들어내는 데 있다. 물론 모든 합의가 분쟁종식과 평화정착을 이끌어내는 것은 아니며, 평화협정을 맺은 후에도 갈등은 지속될 수 있다. 그렇지만 평화협정 없이 폭력적 갈등은 해결될 수 없으며, 분쟁 후 평화구축post-conflict peacebuilding은 요원할 가능성이 크다.

합의는 이행 과정을 수반한다. 전쟁이나 폭력이 여전히 진행됨에도 불구하고 당사자 간 이를 끝내기 위한 합의는 시작될 수 있다. 합의의 성격과 종류에 관계없이 최종적 합의에 이르기 위해서는 부분적 이행이나 단계적인 합의 과정을 거치는 경우가 많다. 실제 평화협정은 당사자 간의 불일치를 완전히 해결한 '완전한 합의full agreement'만 존재하는 것이 아니라, 해결되어야 할 사안들이 존재하는 '부분적 합의partial agreement'와 핵심적 갈등 사안들에 대해 협상을 하는

30 Merrills, *The International Dispute Settlement*, p. 91.

것 정도만 정리된 '평화 과정 합의peace progress agreement'도 있다.[31]

또한 평화협정은 평화 모색, 평화 설정, 평화 추진 단계에 따라 '예비적 기초협정', '실질적 기본협정', '보완적 이행협정'으로 유형화되기도 한다.[32] 문서의 합의가 평화로 이어지는 데 가장 중요한 것은 비폭력적 방식을 통한 합의의 적용과 실천이라고 할 수 있다.[33] 합의는 체결될 때까지 여러 위기를 극복해낸 결과이지만, 합의의 이행은 가장 불안한 과정이다. 합의 이행의 주체가 정부일 때 합의 이행이 지연되거나 실패하는 경우 의심을 촉발하기 쉽고 기만당했다는 두려움이 생겨남으로써 합의를 완전히 저버리게 되는 결과를 초래할 수 있다. 이는 갈등 상황에서 당면한 도전을 극복하고 평화의 조성으로 나아가기 위해서는 이행 과정이 반드시 뒤따라야 함을 의미한다.[34]

2) 합의의 (비)지속성

아르노Jean Arnault는 합의 이행 과정을 약화시키는 요인으로 세 가지를 지적한다.[35] 우선 합의 이행에 영향을 미치는 가장 흔한 문제는

---

31 Lotta Harbom, Stina Högbladh, and Peter Wallensteen, "Armed Conflict and Peace Agreements," *Journal of Peace Research*, vol. 43, no. 5 (2006), p. 622.

32 황수환, 「평화협정의 유형 분석: 이스라엘-팔레스타인 평화협정 체결 과정을 중심으로」, 『국제관계연구』 제21권 2호 (2016), pp. 71-75.

33 Christine Bell and Catherine O'Rourke, "Peace Agreements or Pieces of Paper? The Impact of UNSC Resolution 1325 on Peace Processes and Their Agreements," *International and Comparative Law Quarterly*, vol. 59. no. 4 (2010), pp. 941-980.

34 Nigel J. Young, *The Oxford International Encyclopedia of Peace* (Oxford: Oxford University Press, 2010), p. 24.

35 합의 이행 과정을 약화시키는 세 가지에 대해서는 Jean Arnault, "Good Agreement? Bad Agreement? An Implementation Perspective," *Centre of International*

이행 능력에 대한 과대평가이다. 신중한 교섭가들은 합의 이행의 세부 타임라인을 검토하거나 의제의 우선순위들을 재확인함으로써 이러한 함정을 피하고자 한다. 평화협정의 경우 대중과의 관계도 중요한 영향을 미치는데, 현실적인 내용보다 대중의 기대를 과하게 반영하고자 하는 경우 이행은 어려움을 겪을 수 있다.

다음으로 합의 이행의 중대한 문제는 평화합의와 당사국의 정치적 상황으로부터 초래된다. 아르노는 이 관계에 영향을 미치는 요인으로 다음 네 가지를 지적한다. 즉 ① 오랜 갈등 상황 속에서 발생한 대중의 극단적 의견 대립, ② 합의 이후 교전국들이 지지자들을 통해 얻었던 권위와 영향력 감소, ③ 합의에 반대하는 그룹들의 내부 결집과 동원, ④ 반란이나 폭동을 일으킬 수 있는 전투력이 협상 테이블에서 주요한 레버리지로 작용하는 문제 등이 그것으로, 이러한 요인으로 인해 합의가 깨질 수 있다.

세 번째로 합의 이행 과정을 약화시키는 가장 심각한 요인은 분쟁 당사국에 있어 중요한 문제들이 해결되지 않을 때 발생한다. 분쟁 당사자들의 신체적 안전, 갈등 행위에 대한 사법적 기소로부터의 보호, 지도자와 전투원들의 사회경제적 복지, 분쟁 당사자들의 정치적 생존 능력, 그리고 정부 요직에 대한 접근성, 정권의 변화, 권력 분포의 사회경제적·문화적 토대에 대한 개혁이 핵심적인 요인이 된다. 따라서 합의 이행 과정에서 신체적 절멸, 사법 기소, 사회경제적 곤궁, 정치적 배재나 근본적인 기대를 만족시키지 못하는 상황으로 이

Studies (Princeton: Princeton University, 2006), pp. 3-6의 일부를 요약·정리하였다.

어질 경우 갈등을 종식시키기로 한 약속이나 합의를 부인하게 된다.

분쟁 당사국 간의 평화협정뿐 아니라 국가 간의 조약 모두 합의의 지속가능성은 여러 요인에 영향을 받기 쉽다. 특히 현실정치realpolitik에서 국가는 철저히 국익을 추구하며 안보와 안전을 가장 중요시하게 된다. 따라서 국가 간 조약이나 다자간 합의가 이루어진다 할지라도 내·외부 환경이 달라짐에 따라 기존의 약속을 뒤엎거나 파기하는 경우도 있다.

국제관계에서 합의의 지속가능성은 안보와 이익의 관점에 대한 상반된 시각과도 관련이 있다. 제2차 세계대전 이후 전쟁이 가져오는 참혹함에 대한 반성, 무력 사용에 대한 고비용, 국내 여론 등의 측면에서 전쟁이라는 마지막 수단을 동원하는 것은 어려워졌다. 국제무역의 확대, 경제적 상호의존의 심화, 의사소통의 증대, 제도와 규범의 발전은 자유주의liberalism의 토대를 강화하였고 국가 간 협력에 대한 기대를 높였던 것이 사실이다. 특히 탈냉전 이후 국가 단위의 분쟁의 횟수와 분쟁으로 인한 사망자 수는 전 세계적으로 줄어든 반면, 평화협정의 수는 증가한 점이 이를 뒷받침한다.[36] 자유주의 입장에서는 국가 간의 협력이 가능하다고 보며, 자유주의 국가들 사이에서 평화는 더욱 현저히 나타난다고 판단한다. 또한 평화는 주어지는 것이 아니라 '의도적으로 고안된 기제'가 필요하다고 본다.[37]

---

36 Stina Högbladh, "Peace Agreements 1975-2011: Updating the UCDP Peace Agreement Dataset," in Pettersson Therése and Lotta Themnér, eds., *States in Armed Conflict 2011* (Uppsala University: Department of Peace and Conflict Research Report 99, 2012), p. 49.

37 Evan Luard, *Basic Texts in International Relations* (London: Macmillan, 1992), p. 465.

이런 점에서 볼 때 합의는 분쟁 해결에 기여하고 협력을 제도화하는 실천적 수단이 된다. 양자 간 합의에 있어서 당사자들은 합의 도출을 위해 상대방이 원하는 것을 얻도록 돕고 절대이익의 크기를 늘리면서 협상력을 높이고자 한다.[38] 다자간 합의의 경우에는 규범과 제도를 마련함으로써 초국가 협력이 가능하다고 본다. 특히 국제기구들은 참여자 간 공동의 이익을 강조하고 조율된 대응을 할 수 있도록 관련 국가들의 이행을 유도하고 설득한다. 유엔 설립과 유엔헌장의 제정이 가장 대표적인 예라고 할 수 있다.

이런 의미에서 유엔 설립 이후 국제기구들의 노력으로 다양한 타협안과 합의들이 이루어지고 있지만, 힘의 논리와 국익의 이름으로 합의가 지속되지 못하는 경우 또한 많은 것이 오늘의 현실이기도 하다. 즉 현실주의realism의 관점에서는 국제정치 현실은 무정부 상태에 있으며, 국가는 힘을 추구하며 안보의 증진을 위해 군비증강이나 동맹을 선택한다고 본다.

신현실주의neorealism가 글로벌 시대의 상호의존 현상을 인정하고 국가 간 협력의 가능성을 완전히 배제하지는 않지만 상대적 이득, 즉 누가 더 많은 이득을 얻느냐의 문제로 갈등은 불가피하다고 본다. 따라서 국익에 관점에서 심각한 반목이나 내전, 인명피해, 자연재해에 대응하여 합의나 조약을 맺을 수 있지만, 같은 이유로 이러한 국제적 약속을 저버릴 수도 있는 것이다. 현실주의 입장에서는 자구책self-help 차원에서 합의가 교섭이나 중개, 중재를 통해 이루어진다 하더라도, 이는 국가의 힘과 결단력이 투영된 결과이며 압력과

38 데이비드 바래시, 찰스 웨벨 저, 송승종·유재현 역, 『전쟁과 평화』, p. 328.

회유, 강압을 통해 자신의 힘과 의지를 관철시켜야 한다는 생각에서 접근한다. 따라서 평화협정을 포함한 국가 간 합의 역시 이행 과정에서 자국의 안보와 이익에 불리하다고 판단될 경우 파기는 충분히 일어날 수 있다. 특히 분쟁의 주요 원인이 안보 문제에 직결되거나 주권이 위협받는 문제 혹은 국가의 영토가 주요 쟁점인 경우 합의는 매우 어려울뿐더러, 부분적 합의나 합의 과정 중이라 하더라도 이행은 쉽게 이루어지지 않을 수 있다.[39]

합의의 지속가능성에 영향을 미치는 요인들은 결국 협정 그 자체의 문제, 이행의 환경 문제, 이행 당사자의 역량과 관련이 있다.[40] 우선 합의의 성격이 이행 과정에 직접적인 영향을 미칠 수 있다. 합의의 목표가 추상적이거나 내용이 방대할 경우 이행 과정이 복잡할 수밖에 없고, 완전한 합의에 이르는 기간도 늘어날 수 있다. 합의의 목적이 지나치게 원대하거나 분쟁 당사자 혹은 참여국의 사활적인 국가이익과 결부될 경우 합의는 이행되기 어려울 것이다. 그렇기에 부분적 합의를 통해 이행 단계를 거치면서 가장 쟁점이 되는 부분의 타결을 위해 노력하는 것이 중요하다. 특히 합의를 체결했다 하더라도 분쟁의 핵심 사안을 해결하는 데 실패할 경우 합의의 불안정성은 높아지며 갈등은 재발할 가능성이 크다.[41] 역으로 본다면 합의 내용이 구체적이고 일방적이지 않으며 실현가능한 내용일 경우 합의의

---

39 패트릭 모르간 저, 민병오·김계동 역, 『국제안보: 쟁점과 해결』, p. 299.

40 Young, *The Oxford International Encyclopedia of Peace*, p. 24.

41 Suzanne Werner, "The Precarious Nature of Peace: Resolving the Issues, Enforcing the Settlement, and Renegotiating the Terms," *American Journal of Political Science,* vol. 43, no. 3 (1999), p. 912.

이행가능성은 높아지게 될 것이다.

다음으로 이행의 환경은 합의 지속가능성에 영향을 미칠 수 있다. 국내적으로는 합의에 찬성하는 내부 지지자들의 결속과 지도자와의 연대가 합의를 반대했던 세력보다 우세할 경우 이행은 유리할 것이다. 또한 국가 단위 양자합의의 경우 분쟁 당사국에 대한 인식과 신뢰가 중요한 요인으로 작용할 것이다. 합의 조건으로 이루어지는 보상이나 군사적 또는 경제적 지원에 숨겨진 의도가 있거나 정권 지속성에 영향을 미치는 위협으로 인식될 경우 이행은 중단되거나 지연될 경우가 많다. 특히 이행 차원으로 어느 한쪽에서 다른 한쪽으로 대규모의 경제협력이나 경제지원이 이루어질 경우 이러한 외부지원은 '트로이 목마Trojan Horse'로 보여질 가능성이 있다.[42] 다자간 합의의 경우 합의를 주도했던 국가의 중도 이탈이라든지 합의를 깨트렸을 때 발생하는 손해가 제3자의 연대와 협력으로 만회될 경우 합의의 결속력은 떨어질 수 있다.

끝으로 이행 당사자의 역량과 의지는 합의의 지속가능성에 중요한 영향을 미칠 수 있다. 전쟁 종결 이후에 맺어지는 평화협정이든 다자간 조약이든, 합의에 이르는 과정은 여러 차례의 교섭을 통해 타협안을 교환하고 이를 조정하는 절차가 수반되기 마련이다. 이러한 합의 당사자가 국가인 경우 정책 결정자의 역할은 매우 중요하다. 부분적 합의이든 최종적 합의이든, 그 과정에서 타협안을 수용

42 Curtis H. Martin, "The US-North Korean Agreed Framework: Incentives-based Diplomacy after the Cold War," in Steve Chan and A. Cooper Drury, eds, *Sanctions as Economic Statecraft: Theory and Practice* (London: Palgrave Macmillan, 2000), p. 90.

하는 것은 때론 제3자의 개입이나 다양한 형태의 강압의 결과일 수 있다. 지도자는 합의나 관련된 정책이 왜 필요한지, 타협안을 왜 수용해야 하는지 설득하는 과정이 필요하다. 특히 분쟁 상황에서는 부분적 양보라 할지라도 국내적으로는 이를 꺼려 할 수 있으며, 최종적 합의를 수용하는 것은 상대방에 대한 지나친 양보나 정치적인 약함, 굴욕으로까지 비춰질 수도 있다. 월렌스틴Peter Wallensteen이 지적한 것처럼, 기본적인 사실이지만 당사자들의 협상 타결을 적극적으로 원하지 않는다면 합의는 이루어지기 어려운 것이다.[43]

정책 차원에서 이루어지는 합의의 경우 그 과정이 비밀리에 진행되기도 하며, 대중의 동의와 이해를 충분히 구하지 못하는 상황에서 진행되기도 한다.[44] 이러한 경우 최고지도자와 행정부에 반대하는 정당이나 시민사회로부터 합의에 대한 반대나 지지 거부, 이행 불가라는 내부 저항에 직면할 수도 있다. 제3자의 개입으로 분쟁이 해결되었다 하더라도 이행 과정에서의 제3자의 영향력은 제한적일 수 있다. 이 경우 외부의 도움 없이 합의를 이행해야 하기 때문에 이행 당사자의 역량은 합의의 성공을 위해 필수적이라 할 수 있다. 그러므로 합의가 이행될 수 있도록 정책 결정자들이 국내 기반을 만들고 상대의 이탈가능성을 예방하며 필요한 재원을 투입하는 행위자의 역량과 의지는 합의 이행에 결정적인 영향을 미친다. 특히 내전을

43 Peter Wallensteen, "Dag Hammarskjöld and the Psychology of Diplomacy," in Peter Wallensteen, *Peace Research: Theory and Practice* (Abingdon: Routledge, 2011), p. 162.

44 이스라엘과 팔레스타인이 상호 존재를 인정하고 분쟁 종식에 합의한 1993년 오슬로 협정Oslo Accords이나 보스니아 전쟁 종결을 이끈 1995년 데이턴 평화협정Dayton Peace Agreement이 대표적이다.

겪고 평화협정을 맺은 경우 합의 주체가 되는 국가의 역량은 지속가능한 평화를 위해 핵심적인 요인이 된다.[45]

4. 미이행 합의: 남북기본합의서

한반도는 남한과 북한이 한국전쟁 종결과 함께 1953년 7월에 맺은 정전협정 이후 분단 상태가 지속되고 있다. 국제법상 군사적 분쟁을 종결하기 위해 휴전협정은 맺었으나, 그 이후 평화협정이 체결되지 않는 채 공존하고 있는 것이다.

남북한은 1972년 '7·4남북공동성명'을 통해 분단 이후 처음으로 '자주', '평화', '민족대단결'이라는 통일에 대한 기본원칙에 합의한다. 그 후 남북한 간 수차례의 회담과 합의가 있었지만, 1992년 2월에 채결된 '남북 사이의 화해와 불가침 및 교류협력에 관한 합의서'(남북기본합의서)는 남북관계 발전 및 화해협력의 제도화 측면에서 매우 중요한 합의라고 할 수 있다.[46] 남북기본합의서 서문에서는 남북관계에 대해 "쌍방 사이의 관계가 나라와 나라 사이의 관계가 아닌 통일을 지향하는 과정에서 잠정적으로 형성되는 특수관계"로 규정하였다. 남북한은 기본합의서를 통해 '7·4남북공동성명'에서 합의된 통일의 3대 원칙을 재확인하고 화해, 불가침, 교류협력의 분야별 부속

45 Karl DeRouen, Jr. et al., "Civil War Peace Agreement Implementation and State Capacity," *Journal of Peace Research*, vol. 47, no. 3 (2010), p. 333.

46 남북기본합의서는 서문과 4장 25개조로 구성되며, 남북화해(제1장), 남북불가침(제2장), 남북교류협력(제3장), 수정 및 발표(제4장)에 대한 합의 내용을 포함하고 있다.

합의서를 채택해 상세한 이행과제에 대해 합의했다. 남북기본합의서는 남북한 관계를 명문으로 정의하고 다방면의 합의를 이끌어냄으로써 한반도 통일을 위한 방안 및 남북관계의 규범을 마련했다는 점에서 매우 중요한 의미를 갖는다.[47]

그렇지만 남북기본합의서는 이행되지 못했다. 1993년 3월 북한의 핵확산 금지조약NPT, Nuclear Non-Proliferation Treaty 탈퇴 선언 및 1994년 3월 북한 회담대표의 '서울 불바다' 발언, 1994년 7월 김일성 주석 서거와 이어진 조문 파동[48] 등으로 남북관계는 긴장과 대립 국면으로 다시 전환되었다. 남북대화, 남북기본합의서 및 그 후속조치들로 얻어진 교류협력 추진 및 남북관계 개선의 동력이 급격히 약화된 것이다. 특히 북한 핵문제의 부상은 북한에 대한 신뢰를 약화시키고 위협 인식을 증가하게 만들었다.

그렇다면 남북기본합의서가 이행되지 못했던 이유는 무엇인가? 상술한 바와 같이 합의의 지속가능성에 영향을 미치는 요인은 합의의 성격, 이행의 환경, 이행 당사자의 의지와 역량으로 요약할 수 있다. 이 점에 비추어 본다면 첫째, 남북기본합의서는 합의의 구체성 및 포괄성 면에서 이행가능성이 높았음에도 법규범성에 근본적인 한계를 갖고 있었다. 남북기본합의서는 남북한 관계, 통일에 관한 기본원칙은 물론 한반도의 평화정착과 교류협력 등 매우 구체적인

47 배광복, 『남북대화 1971~1992』(아연출판부, 2018), p. 325.

48 1994년 7월 9일 김일성 주석 서거 이후 김영삼 대통령은 군 경계령을 내리고 이영덕 통일부 장관을 통해 김일성이 한국전쟁을 일으킨 주범이므로 조문을 할 수 없다는 입장을 발표한다. 이와 같이 조문단 파견 여부를 가지고 국내에서는 찬반 논쟁이 있었다. 한완상, 『한반도는 아프다』(한울, 2013), p. 232.

합의 사항들을 포함하고 있다. 또한 합의 내용의 이행을 위한 부속 합의서도 채택되어 있어 이행가능성이 높았다고 볼 수 있다. 하지만 남한정부는 국회의 동의 절차와 대통령의 비준 없이 결재만으로 남북기본합의서를 발효시켰으며, 북한 역시 국가주석이 이를 비준하지 않고 중앙인민위원회와 최고인민회의 상설회의 연합회의에서 이를 승인하였다.[49] 즉 남북기본합의서는 법적 효력을 갖는 조약이 아닌 일종의 정치적 공동성명 혹은 신사협정의 성격을 가짐으로써 법적 구속력을 갖지 못하는 근본적인 한계를 갖고 있었다.[50]

둘째, 남북기본합의서는 남한정부 입장에서는 성공적인 합의였지만, 북한 입장에서는 양보가 불가피했던 합의였다. 당시 노태우 정부는 탈냉전이라는 국제적 환경 변화에 능동적으로 대응하며 북방정책을 펼쳤으며, 북한에 대해서도 공세적으로 접근하였다. 이에 반해 미소 간의 데탕트와 1980년대 말부터 1990년대 초까지의 동구권 국가 및 중국, 소련의 한국 수교는 북한에는 충격적인 변화였다. 소련의 붕괴와 사회주의 진영 국가로부터의 우호적 무역관계가 중단되면서 북한의 내부 경제상황은 상당히 악화되었다. 이러한 외부적 변화와 내부적 위기는 북한이 방어적이 된 계기가 되었다. 남북기본합의서는 "북한이 가장 어려웠을 때 가장 수세적인 입장에서 합의한 문서"였으며 북한에게는 아픈 기억으로 인식되었다.[51] 당시 남북한 합의는 외부 부정적인 환경 변화로부터의 적응을 위한 '방어적 대화

49 이효원, 『판례로 보는 남북한관계』 (서울대학교출판문화원, 2012), p. 519.

50 남북기본합의서의 법적 성격에 대한 관련 판례로 '헌법재판소 2000. 7. 20. 98헌바63, 대법원 1999. 7. 23. 98두14525'가 있다.

51 김연철, 『70년의 대화』 (창비, 2018), p. 168.

노선'의 결과로 볼 수 있다.[52] 이에 따라 북한의 경우 남북기본합의서 이행을 적극적으로 수행할 동기부여가 남한에 비해 상대적으로 약했다고 할 수 있다.

이와 더불어 합의 소극론자와 합의 적극론자로 국내 여론과 지지층이 갈려진 상황도 이행의 동력을 약화시킨 요인이 되었다.[53] 1990년대 초 북한 핵과 미사일 문제가 본격화되면서 남한에서는 남북관계 개선과 핵 프로그램 해결과 연결시켜야 한다는 '연계 전략'과 병행해야 한다는 '병행 전략' 간에 팽팽한 대립이 생겨났다. 이러한 입장 간의 긴장과 충돌은 합의의 지속가능한 토대를 약화시킨 중요한 외부 요인이 되었다.

끝으로, 최고지도자들의 인식과 태도 역시 합의 이행에 영향을 미쳤다고 볼 수 있다. 노태우 정부는 임기 말 북핵 문제와 남북관계 연계 입장을 분명히 함으로써 대북인식은 점차 보수화되었다. 또한 남북경협과 같이 북한에서 관심을 보이고 남북기본합의서에서 우선적으로 추진할 수 있던 영역마저도 지지부진하게 되었다. 결국 1992년 10월 한국 정부가 팀스피리트 훈련 재개를 발표함에 따라 남북기본합의서를 통해 이어진 대화와 협력 무드는 중단되었다. 1993년 2월에 출범한 김영삼 정부는 북한의 NPT 탈퇴로 불거진 1차 북핵위기를 경험하면서 연계 전략의 입장을 분명히 함에 따라 남북갈등은 더욱 깊어졌다.[54] 같은 해 인도적 문제를 제외한 대북경제협력 중단,

52 우승지, 『남북관계의 이해』(경희대학교출판문화원, 2018), p. 38.

53 임동원, 『피스메이커: 남북관계와 북핵문제 20년』(중앙Books, 2008), pp. 259-260.

54 김영삼 대통령은 1993년 6월 3일 취임 100일 기자회견에서 "우리는 핵무기를 갖고 있는 상대와는 결코 악수할 수 없다"고 언급하였다. 김영삼, 「취임 100일 기자회견

1994년 5월 핵문제 해결을 위한 카터 전 미국 대통령의 방북에 대한 반대 입장, 대북 경제제재조치 찬성 등은 김영삼 대통령의 부정적인 대북인식을 보여준다고 할 수 있다. 즉 핵문제 해결을 우선시해야 한다는 정부의 태도와 정책 결정자의 대북인식은 합의 이행에 부정적 요인으로 작용할 수밖에 없었다.

5. 맺음말

합의는 평화가 깨진 상태를 회복하고 당사자 간의 분쟁과 갈등을 해결하기 위한 노력이라는 점에서 평화를 지향한다. 국가의 경계를 넘어 정부, 기관, 개인 간의 의견충돌이나 다툼이 있는 이상 국제적 분쟁은 항상 일어날 수밖에 없다. 국가와 이웃 간 그리고 가족 내에서도 분쟁은 일어날 수 있기 때문에, 분쟁은 국가와 개인 관계의 한 부분으로 받아들여야 한다.

국가 단위에서 합의는 안보와 직결될 경우가 많으며, 외교라는 대외정책 수단을 통해 분쟁을 해결하고 그것의 재발을 방지하는 방법이 되어 왔다. 전쟁을 종식시키며 적대적 세력 사이의 물리적 폭력을 중단하기 위한 평화협정은 평화형성에 핵심적인 절차가 되어 왔다. 탈냉전 상황에서는 합의는 기후변화나 난민, 군축과 같은 인류 보편적 문제에 초국가적인 대응을 약속하는 위한 수단이 된다는 점

문(신한국을 향한 제2의 건국)」(1993. 6. 3), 대통령기록관, 대통령기록연구실. 〈http://www.pa.go.kr/research/contents/speech/index.jsp〉(검색일: 2018. 8. 2)

에서도 그 중요성은 간과될 수 없다.

그렇지만 문서로서의 합의가 실질적 평화로 이어지기 위해서는 이행의 노력이 반드시 필요하다. 합의 내용 자체가 성공을 보장하지 않기 때문이다. 이에 따라 과거의 조약이나 합의가 실패하게 된 이유들을 분석하고 지속가능한 합의를 위한 조건을 탐색하는 것은 매우 중요한 과제이다. 이런 작업들은 한반도의 평화를 지키고 조성하는 것과도 깊은 관련이 있다.

남북기본합의서가 약속했던 남북 화해, 군사적 긴장 완화, 신뢰구축, 평화체제로의 전환은 아직도 이루어지지 않았다. 70년이 넘게 지속되는 분단체제에서 남북한이 전쟁을 억제하고 평화적으로 공존하면서 통일을 모색하는 것은 한국 정부의 일괄된 목표가 되어 왔다. 이를 위해 한반도의 완전한 비핵화와 항구적인 평화정착을 담보하며 실질적 이행 과정을 담은 평화협정을 체결하고 준수하는 일은 핵심적인 과제가 될 것이다.

8 화해[1]

김병로 (서울대학교 통일평화연구원)

1. 왜 화해인가

2019년 6월 30일, 하노이 북미회담의 결렬로 냉랭한 기운이 형성되던 한반도에 트럼프–김정은–문재인의 판문점 3자 회동은 화해와 평화를 향한 전격적이고도 대담한 행보였다. 1953년 7월 휴전협정 이후 70여 년간 적대적 대립을 지속하던 미국과 북한의 지도자가 분단의 상징적 공간인 판문점에서 군사분계선을 넘나들며 양측을 오가는 모습은 매우 신선했다. 2018년 4·27 판문점선언 당시에도 문재인 대통령과 김정은 위원장이 두 손을 맞잡고 군사분계선을 넘었을 때 온 세계가 주목하였다. 넘을 수 없는 선, 넘어서는 안 되는 위험한 선으로만 인식되던 그 선이 사실은 아무것도 아닐 수 있다는 것, 그 선을 넘어도 그다지 문제가 되지 않을 수 있다는 믿음을 우리

1 이 글은 『통일과 평화』 제11집 2호(2019)에 실린 필자의 논문(「화해는 어떻게 가능한가? 이론적 고찰과 한반도에의 적용」)을 수정·보완한 것이다.

에게 보여준 멋진 장면이었다. 그들은 단순히 선을 넘은 것이 아니라 적대적 대립의 담, 두려움의 담을 허물고 화해와 협력, 평화로 향하는 새 발걸음을 내디딘 것이다.

국가적 차원에서 추진하는 이러한 화해의 노력도 쉽지 않은 일이지만, 사회 안으로 들어와 보면 그 현장은 더 심각하며 치열하다. 남북 이데올로기 분단의 갈등과 분열이 체제 안에 깊숙이 스며들어 있기 때문이다. 작금의 한국 사회에서 남남갈등의 상징으로 되어 있는 태극기 부대와 촛불 세력의 대립은 한 치의 양보도 없이 무한 대치 중이다. 이 갈등은 정치권에서부터 일반시민에 이르기까지 광범위하게 확산되어 있다. 그 배경에는 분단을 살아온 경험이 다르고 그 과정에서 다른 신념과 세계관을 형성해온 산업화 세력과 민주화 세력 간의 구조적인 갈등이 자리 잡고 있다.

이처럼 서로 다른 신념과 세계관이 충돌하여 만들어내는 파열과 분열은 우리 사회에 심각한 정치사회적 갈등을 야기하고 있다. 남북의 이데올로기 분단이 사회 내적으로 빚어낸 결과라 할 수 있다. 이러한 갈등을 해소하기 위해 국가적으로는 '통일국민협약'을 제정하려는 노력이 진행되고 있으나, 태극기 부대와 촛불 세력의 대화와 소통은 쉽지 않아 보인다.

이와 같은 갈등과 분열은 한반도에 사는 사람만이 고민하는 주제는 아닐 것이다. 모든 인간이 갈등과 고통에서 벗어나고 싶어 하는 보편적 열망이 있고, 그러한 갈등을 해결함으로써 평화로운 공동체 건설을 희망하고 있기 때문이다. 더욱이 제2차 세계대전과 같은 끔찍한 살상을 경험하고 9·11테러와 같은 무차별적인 폭력으로 수많은 인명이 희생되는 불안한 국제 환경에서 화해와 평화의 중요성은 더 커지고 있다.

뿐만 아니라 미국이나 유럽 선진국은 점점 자국우선주의 경향을 띠면서 극우세력들이 정치적 지지를 얻고 있는 추세여서 불안감이 증대하고 있다. 국제사회가 아직은 인류공동체 차원에서 화해와 평화를 논의할 만큼 진화되지 못한 것이 현실이다.

이러한 상황에서 평화로 나아가는 길에 화해는 더없이 필요하고 소중한 가치이다. 평화를 증진하는 방편으로서 혹은 평화의 다른 얼굴로서 화해의 의미와 중요성은 대단히 크다. "화해 없이 진정한 평화가 가능할까?"라는 질문을 던져보면 평화의 길에 화해는 없어서는 안 되는 관문이라 생각된다. 진지한 화해 없이 평화는 실현되기 어렵다. 갈퉁Johan Galtung은 평화를 심각하게 저해하는 요인의 하나로 트라우마를 꼽는데, 과거의 폭력적 갈등에서 형성된 부정적 경험과 상처인 이러한 트라우마를 해결하지 않으면, 즉 과거의 경험과 감정이 서로 화해되지 않으면 평화의 단계로 나아가기 어렵기 때문이다.

이런 맥락에서 이 장에서는 평화를 구성하는 중요한 요소로서 화해의 가치를 집중적으로 분석해 본다. 화해란 무엇을 의미하며, 화해를 하기 위해서는 어떤 조건과 절차 혹은 과정이 필요한지 이론적으로 검토한다. 이와 함께 이론적으로 주장하는 화해가 어떠한 역사적 현실 속에서 실현되었는지 살펴보고, 우리가 발을 딛고 살고 있는 한국 사회 안에서 당면한 화해의 주제는 무엇이고, 어떻게 가능한지를 마지막으로 논의한다.

2. 화해는 어떻게 가능한가: 화해를 설명하는 이론

1) 화해의 개념

화해는 과거에 갈등관계에 있던 행위자들이 관계를 개선하는 과정으로 정의할 수 있다.[2] 즉 과거의 정서적·인식론적 혹은 실질적 경험이 만족스럽게 해결되어 미래에 더 좋은 관계가 보장될 때 우리는 그것을 화해라고 말한다. 이 개념 정의에서 짐작할 수 있듯이 화해는 현재나 미래보다는 과거의 문제에 초점을 맞추고 있음을 알 수 있다. 화해의 결과는 평화롭고 공정한 미래의 관계를 의미하는 것이지만, 화해의 과정은 일반적으로 과거의 갈등과 부당한 경험에 의해 생겨난 악의적인 감정, 의심 혹은 피해 등 주로 과거의 문제를 다루는 것이 특징이다.

이런 점에서 갈퉁은 화해를 갈등해결conflict resolution과는 다른 차원에서 과거의 부정적 경험인 트라우마를 해소하는 과정으로 설명한다.[3] 즉 실질적인 이익갈등이라는 현재의 문제를 다루는 갈등해결 과정과는 달리, 과거의 폭력적 경험으로 형성된 부정적 감정과 정서의 문제를 해소하는 과정을 화해라고 말한다.

이런 개념의 화해는 사실 매우 소극적이다. 화해를 조금 더 적극적 의미로 해석하는 우드하우스Tom Woodhouse는 화해를 적대적 관계

2 "Reconciliation," *Stanford Encyclopedia of Philosophy* (May 11, 2015), p. 1. 〈https://plato.stanford.edu/entries/reconciliation/〉 (검색일: 2018. 11. 20)

3 Johan Galtung, "The Four Components of Peace," Civil Peace Lecture, The Archbishop Desmond Tutu Center for War and Peace Studies, Liverpool Hope University (The Capstone Theatre, 2013. 1. 28). 〈http://www.youtube.com/watch?v=JcqPOlqdRrg〉 (검색일: 2013. 12. 20)

의 회복, 근본적인 차이에도 불구하고 비폭력적으로 공존하는 방법을 배우는 것으로 정의한다.[4] 과거의 부정적 경험으로 형성된 적대적 감정을 극복하여 그것을 바탕으로 현재 당면한 대립적 갈등과 차이를 해결하기 위해 대화와 소통, 협력하려는 태도와 가치를 화해라는 개념으로 포괄한다. 따라서 그에 의하면 화해는 심도 있는 평화조성과 문화적 평화구축의 핵심이며, 평화구축 혹은 갈등해결 그 자체라 할 수 있을 만큼 평화의 핵심적 요소로 간주된다.

스톱E. Staub과 바르탈D. Bar-Tal은 화해를 서로에게 적대적인 혹은 이전에 적대적이었던 집단 구성원에 의한 상호 수용 및 그러한 수용을 발전시키고 유지해 나가는 데 직접적으로 관여하는 사회적 구조 및 심리적 프로세스라고 정의한다.[5] 이에 의하면 진정한 수용이란 서로에 대한 신뢰 및 긍정적인 태도, 그리고 상대방의 요구 및 이익에 대한 민감성 및 고려를 의미한다. 켈만H. C. Kelman은 화해를 사회에서 갈등을 경험한 후 함께 공존하며 살아가는 방법을 배우는 과정, 특히 정체성 변화 과정으로 정의한다.[6]

이처럼 화해의 의미를 소극적 개념에서 적극적 개념으로 확장되

4 Oliver Ramsbotham, Tom Woodhouse, and Hugh Miall, *Comtemporary Conflict Resolution* (Third Edition) (Cambridge: Polity Press, 2011), p. 246.

5 Ervin Staub and Daniel Bar-Tal, "Genocide, Mass Killing and Intractable Conflict: Roots, Evolution, Prevention and Reconciliation," in Leonie Huddy, David O. Seas, and Jack S. Levy, eds., *The Oxford Handbook of Political Psychology* (New York: Oxford University Press, 2003), pp. 832-833. 박주화, 『한반도 평화연구(2): 평화담론과 평화인식의 간극과 함의』 (통일연구원, 2019) 재인용.

6 Herbert C. Kelman, "Reconciliation from a Social-Psychological Perspectives," in Arie Nadler, Thomas E. Malloy, and Jeffrey D. Fisher, eds., *The Social Psychology of Intergroup Reconciliation* (New York: Oxford University Press, 2008). 박주화, 위의 책, 재인용.

는 것으로 본다면 그 과정을 네 차원으로 나누어 볼 수 있다. 첫째는 가장 소극적으로 현상을 받아들이고 인정하는 차원에서 화해의 개념을 사용하는 경우이다. 이상적이지 않은 현 상황을 자발적으로 받아들이는 행위로서 다소 부정적 개념이긴 하지만 평화형성을 위해서는 필수적인 요소이다. 둘째는 경제적 상황을 참는다는 의미에서 화해의 개념을 사용하는 경우이다. 그 상황이 치명적으로 양립 불가능하지만 않다면 그것을 인정하고 받아들이는 차원에서 화해의 개념을 사용하기도 한다. 셋째는 다양한 주체 혹은 상반되는 주체를 서로 연결하는 행위로서 화해의 개념을 사용하는 경우이다. 이 경우는 서로 모순된 상황에 직면한 당사자가 공존해야 하므로 서로 변화를 도모해야 하는 어려운 상황에 도달한다. 마지막 넷째는 과거에 적대적이었던 대상들 사이의 관계 개선을 의미하는 개념으로 사용하는 것인데, 관계를 조정하고 새롭게 형성하기 위한 정서적 공간 창출이 필요한 영역이다.

화해를 과거의 문제를 해결하고 이를 바탕으로 미래에 더 나은 관계로 발전해 나가는 과정으로 정의할 때, 과거의 문제를 어떻게 해결해야 미래의 건강한 관계로 나아갈 수 있는가의 문제에 이른다. 특히 과거의 잔혹한 행위를 어떻게 처리하는 것이 좋은가라는 난제에 부닥친다. 르완다나 유고슬라비아처럼 내전으로 대량학살을 경험한 나라에서 볼 수 있듯이, 과거의 문제가 너무 심각하여 이 문제를 해결하지 않고 평화롭고 공정한 미래로 나아가기 어렵기 때문이다. 이행기 정의transitional justice는 바로 폭력적 갈등을 겪은 사회가 민주사회로 발전하는 과정에서 과거의 문제를 어떻게 다루어야 하는가의 고민을 담고 있다.

화해는 이행기 정의에서 중요한 개념으로 갈등 후 평화구축이나 제도화, 또는 민주화 과정에서 과거사(국가기관에 의한 폭력) 처리와 밀접하게 연관되어 있다. 화해를 논의하는 데서 이행기 정의에 관한 기존 논의는 크게 세 가지로 정리된다. 즉 응징적retributive 접근과 화해적reconciliatory 접근, 이들을 결합한 전체론적holistic 접근이 그것이다. 응징주의자의 핵심 주장은 범법자가 그에 상응하는 처벌을 받아야 한다는 것이며, 잘못된 행동에 대해 응당한 처벌을 가하는 것이 바로 정의라는 입장이다. 과거의 잘못을 공정하게 처리하는 과정을 제대로 다루어야만 평화롭고 공정한 미래를 설계할 수 있다는 관점을 유지한다. 그러나 화해적 접근, 회복적 정의를 강조하는 입장은 과거의 진실을 밝히되, 더 나은 미래를 위해 과도한 처벌 대신 화해를 중시하는 관점이다. 남아프리카공화국이 대표적인 사례로, 과도기적 정의를 세우는 데 있어서 화해의 중요성을 인식하여 구체적으로 진실화해위원회TRC를 구성해 과거의 범죄를 밝히되, 미래를 위해 화해에 무게를 두는 방식으로 문제를 해결하였다.

가장 높은 수준에서의 화해는 이전에 갈등을 경험한 둘 이상의 당사자 간 관계개선을 의미한다. 상대방과의 관계개선은 상호작용의 패턴, 상대방에 대한 태도, 상대방에 대한 기대 및 신념으로 구성된다. 화해를 주제로 다루는 연구는 관계개선의 범주를 크게 네 가지로 분류한다. 첫째, 외부행동의 변화이다. 공격적이거나 모욕적인 행동 중단, 상대방과 긴밀한 협조, 상대방과의 협력 증가, 공유된 기관 또는 관행에 대한 참여 등이 그 예이다. 둘째, 신념의 변화이다. 상대방이 본질적으로 악하거나 도덕적 가치가 낮다는 믿음의 버리고 예측가능하고 일관성이 있다는 믿음을 수용하는 것, 그리고 상대방이 더 이상 자신에게 불리한 위험을 제기할 가능성이 없다는 신념을 갖는 것이다. 셋째, 부정적 감정과 태도를 해소하는 것이다. 단순히 바꿀 수 없는 것을 받아들이는 과정으로 공포, 증오 또는 분노를 극복하고 수치심이나 죄책감을 잘 관리하는 것이다. 넷째, 긍정적 감정과 태도의 수용이다. 상호 존경, 연민, 사랑, 정체성의 공유 또는 연대, 공동 규범의 공유 또는 상호 신뢰에 대한 헌신 등의 태도를 갖는 것이다.

화해는 다양한 관계 속에서 이루어지는 것이므로 기존의 관계가 어떤 것인가를 먼저 설명해야 한다. 그래야만 두 당사자 간의 관계 중 어느 것이 화해하는지를 파악할 수 있다. 예를 들어 두 당사자가 단순히 친구관계인지, 아니면 직장관계인지, 혹은 종교집단의 일원인지를 밝혀야 어느 부분에서 화해가 일어났는지 파악할 수 있게 된다. 또 그 관계의 수준이 개인과 소그룹인지, 아니면 국제사회와 같은 큰 단위의 관계인지도 설명해야 한다. 신념과 태도 변화가 화해를 다루는 데서 중요한 역할을 하기 때문에, 그 집단의 성격과 수준을 명확히 해야만 화해의 특징을 이해할 수 있게 된다.

2) 화해의 과정과 절차

화해는 다양하고 복합적인 일련의 과정으로 진행된다. 화해가 어떤 요소로 구성되는지, 어떤 절차로 진행되는 것이 바람직한지에 관한 논의가 심도 있게 진행되었다. 대체로 화해를 위해서는 몇 가지 핵심 요소가 필요하다고 주장하거나, 화해에 필요한 일련의 과정을 9단계 혹은 12단계로 설명한다. 레더라크J. P. Lederach는 화해의 핵심 요소로 진실, 자비, 정의, 평화의 네 요소가 필요하다고 강조하였고,

롱W. Long과 브레케P. Brecke는 화해를 위해 양측의 행위에 대한 진실 말하기truth telling, 상대방에 대한 새로운 견해를 필요로 하는 용서, 보복에 대한 포기와 완전한 정의, 새로운 긍정적 관계 형성 등 네 가지 요소가 필요함을 주장하였다.[7] 여러 학자들이 다양한 개념으로 화해의 과정을 설명하는데, 대체로 배려, 안보, 존중과 인정, 협력 등을 기본개념으로 하고 있다.

스탠퍼드 사전에는 사과-추모-진실규명-사면-재판과 처벌-법적 과거 말소-배상-용서-참여의 9단계 과정으로 화해를 설명한다.[8] 적대적 관계에 있는 행위자 간 화해는 서로에게 피해를 입힌 부분에 대해 사과를 하는 데서 시작됨을 강조한다. 사과와 추모를 통해 어느 정도의 화해가 진전되면 진실규명 작업을 통해 화해를 더 증진시켜 나간다. 진실규명 이후 상황과 맥락에 따라 사면과 처벌, 배상 등이 적절히 이루어지도록 한다. 그리고 적극적 화해의 과정에 필수요소라 할 수 있는 용서를 통해 신뢰의 회복과 정서적 화해를 도모해 나가며, 행동으로 참여함으로서 화해가 완성되는 그림을 보여준다.

갈퉁은 화해를 위해 12가지 차원에서 접근할 수 있다고 제안한다.[9] ① 모든 사람(집단)이 피해자임을 강조하는 면죄부 접근, ② 가

---

7 William J. Long and Peter Brecke, *War and Reconciliation: Reason and Emotion in Conflict Resolution* (Cambridge, MA: MIT Press, 2003). 박주화, 『한반도 평화연구(2): 평화담론과 평화인식의 간극과 합의』(통일연구원, 2019)에서 재인용.

8 "Reconciliation," *Stanford Encyclopedia of Philosophy* (May 11, 2015), pp. 5-12. 〈https://plato.stanford.edu/entries/reconciliation/〉 (검색일: 2018. 11. 20)

9 Johan Galtung, "After Violence, Reconstruction, Reconciliation, and Resolution," in Mohammed Abu-Nimer, eds., *Reconciliation, Justice Coexistence: Theory & Practice* (New York: Lexingon Books, 2001), pp. 3-23. 박주화, 위의 책, 재인용.

해자가 피해자에게 하는 유무형의 배상과 보상, ③ 가해자의 사과와 피해자의 용서, ④ 가해자의 죄책과 참회(기독교적 접근), ⑤ 재판과 처벌, ⑥ 모든 사람이 가해자임을 강조하는 불교적 접근, ⑦ 사실과 역사를 있는 그대로 접근하기, ⑧ 피해자의 주관적인 경험에 초점을 맞추는 진실과 공개 접근, ⑨ 많은 사람들이 슬픔을 공유할 수 있는 행사, 기념일, 기념공간 마련으로 힐링, ⑩ 갈등집단이 함께 재건 노력, ⑪ 정치적 엘리트에 의한 협상과 문제 해결, ⑫ 복합적 접근 등이 그것이다.

앞서 설명한 것처럼 9단계로 진행되든 12가지 차원으로 진행되든, 화해가 이루어지려면 여러 복합적 과정과 절차로 진행됨을 알 수 있다. 모든 요소와 단계가 중요하지만, 화해가 무엇을 어떻게 해야 시작될 수 있는가 하는 문제가 가장 중요하다. 일반적으로 화해의 시작은 과거의 잘못을 인정하는 사과apology에서 출발한다는 데 동의한다. 사과는 자기의 잘못을 상대에게 인정하는 것인데, 그 사과에 얼마나 진정성이 담겨 있느냐 하는 것 때문에 다음 단계로 진전되지 못하고 사과 단계에서 맴도는 경우가 허다하다. 진정성이 담긴 사과라면 응당 자신의 어떤 부분이 잘못되었다는 점과 그에 대한 책임을 인정하고, 동시에 잘못에 대한 뉘우침의 표현까지 수반되어야 한다. 우리 주변에서 흔히 접할 수 있듯이, 그 실수가 무엇인지 밝히지 않은 채 단순히 "실수가 있었다"라든가, "유감을 표한다"라는 정도로는 진정한 사과로 받아들이기 어렵다.

그러나 반드시 명확하고 진실된 사과를 해야만 화해가 가능한가에 대해서는 의문을 제기하기도 한다. 문화와 정치적 상황에 따라 과거의 잘못을 구체적으로 적시하지 않고 두루뭉술 넘어가는 것도 현명한 방법일 때가 있기 때문이다. 과거를 잊고 넘어가는 것도 하나의 대안이 될 수 있고, 혹은 과거를 인정하더라도 가볍게 인정하고 넘어가는 것이 때로는 화해를 위해 효과적일 수도 있다.[10] 구체적 행동을 특정하지 않더라도 "미안하다"는 한마디 말 속에 진정성 있는 사과의 마음이 담겨 있을 가능성도 있다. 무엇을 어떻게 사과해야 하는가는 문화와 상황에 따라 다를 수 있으므로 유의할 필요가 있다.

이런 점에서 갈퉁이 제안하듯 피해자의 관점에서 화해를 먼저 시작하는 것은 매우 유용한 접근이다. 즉 가해자가 피해자에게 미안하다고 사과한다거나 유무형의 피해보상을 하기 이전에, 가해자와 피해자 모두 어떤 피해를 입었는가의 시각으로 문제를 접근하는 방법이 화해를 위해 결정적이다. '누가 가해자인가?'라는 시각보다 '누가 피해를 입었는가?'라는 시각에서 문제를 푸는 것이 화해를 위해 더 필요하고 도움이 된다. 즉 '누가 범죄를 저질렀는가who is guilty'가 아니라 '누가 피해를 입었는가who is harmed'라고 질문하며 가해자보다는 피해자에 초점을 맞춘다.[11] 따라서 화해를 가능하게 하려면 피해자

---

10 데이비드 바래시, 찰스 웨벨 저, 송승종·유재천 역, 『전쟁과 평화』(명인문화사, 2018), p. 575.

11 이스턴 메노나이트 대학Eastern Mennonite University의 칼 스타우퍼Carl Stauffer 교수와의 면담(미국 버지니아주, 2012. 5. 21). "누가 책임이 있느냐?"라고 질문하면 가해자와 국가 두 행위자밖에 없지만, "누가 피해자냐?"라고 질문하면 관련자stakeholder는 가해자와 국가, 피해자와 시민사회의 네 행위자로 늘어나기 때문에 화해의 가능성이 높아진다. 또한 책임과 처벌은 실체(특정인이나 집단)에 초점을 맞추는 경향이 있는데, 처벌을 받는 사람의 입장에 서 보면 대부분 처벌이 불공평하다고 인식하여 교정 효과가 발생하지 않는다. 처벌과 문책은 특정한 상황 속에서만 기능한다.

의 입장에서 경험한 사건을 말하는 스토리텔링story-telling이 효과적이다. 서로의 경험을 말하고 듣는 데서부터 출발해야 공감도 생겨나고 사과도 할 수 있게 되기 때문이다.

추모memorials는 기념비, 박물관, 아카이브, 비극적 사건의 장소 보존, 행사, 교육활동 등 다양한 형태로 가능하다. 이러한 기념비와 활동은 과거의 사건을 보존하고 기억을 되살림으로써 가해자가 혹시라도 부정할 수 있는 가능성을 차단하는 역할을 한다. 과거의 집단기억을 보존함으로써 집단 정체성을 재구성하는 데 도움이 된다. 또한 기념행사는 가해자 집단에게 잘못에 대해 인정하고 피해자를 존중하며 그러한 불법 행위를 다시 반복하지 않도록 돕는다. 또한 피해자에게는 희생자의 명예와 인간으로서의 존엄을 지킴으로써 자존감을 북돋워준다. 그러나 이러한 추모가 이를 반대하는 사람들에 의해 훼손되는 경우가 종종 있다. 과거의 끔찍한 범죄를 심판하는 행위가 어떤 사람에게는 불쾌감을 주거나 냉소적으로 비쳐져 또 다른 갈등을 야기하는 계기가 되기도 한다. 또한 시간이 지남에 따라 추모의 의미가 달라지고 재해석되는 경우도 있어, 추모를 한다고 하여 화해가 자동적으로 가능하다고 단정할 수는 없다.

그다음으로 필요한 절차는 진실규명truth-finding이다. 과거 사실에 대한 소통과 규명은 화해를 위해 매우 중요하다. 피해자들은 과거에 발생한 중대한 사실을 제대로 파악하지 못하면 그다음 단계로 나아가지 못한다. 때문에 희생자에게 정확히 무슨 일이 일어났으며, 어떤 고통을 겪었고, 누가 그러한 폭력적 행동을 저질렀는지, 누가 그러한 명령을 내렸는지, 어디에 시신이 묻혀 있는지 등 구체적 사실을 알고 싶어 한다. 진실규명은 그 자체만으로도 생존자의 고통을 끝낼 수 있을 만큼 절박하고 중요한 과정이다. 진실규명을 위해서는 가해자와 피해자가 자기 입장에서 진실 말하기truth-telling 혹은 경험 진술story-telling의 과정이 필요하다. 그러나 가해자가 자기 입장을 정당화하는 방식으로 사건을 진술할 때 피해자가 받아들이기 어려워 양측의 진술을 통한 진실규명과 책임소재accountability를 확인하는 작업은 쉽지 않다. 따라서 일반적으로 진실위원회truth commission를 설치하여 공개적인 조사를 통해 진실규명 절차를 진행한다. 그럼에도 어떻게 진실을 확보하느냐의 문제는 어려운 과제이다.

진실규명 후에는 그 결과에 따라 법적 절차를 밟는 것이 일반적이다. 사면amnesty, 재판과 처벌trials and punishment, 법적 과거 말소lustration, 배상reparation 등의 과정은 화해의 과정에 거치는 법적 절차이다. 가해자에게 법적 처벌을 면제해 주는 사면은 분쟁의 종식이나 화해의 촉진을 위해 사용한다. 그러나 사면은 자칫 정의를 훼손할 우려가 있어서 가급적 마지막 수단으로 사용한다.

재판과 처벌은 법의 지배와 규범적 표준을 재확인해 줌으로써 사회 전체적으로 화해에 기여하며, 피해자의 권리를 보호하고 존엄성을 되찾는 데 도움을 준다. 그러나 처벌이 과거의 진실확인 차원이 아닌 범죄자에게 죄책감을 주는 쪽으로 초점이 맞춰진다거나, 사법제도가 공정하지 않은 사회에서는 처벌이 화해를 촉진하는 것이 아니라 오히려 갈등을 증폭하는 경우가 있다.

법적 과거 말소는 이전의 억압 정권과 협력했는지 확인하기 위해 개인을 조사하는 것을 허용하거나 요구하는 법적 조치를 말한다.

배상은 분쟁으로 인한 피해를 복구하기 위한 노력을 지칭하는 것으로, 물질적 보상 외에 사과나 진실 말하기와 같은 행위도 포함하여 광범위하게 사용된다. 사망이나 부상과 같이 대체가 불가능한 손실을 보전해 주는 행위가 배상이므로 상징적 의미가 강하다. 성의가 담긴 최소한의 물질적 배상은 진정성 있는 사과를 담보해 주며, 희생자에 대한 존중을 상징적으로 표현해 준다. 그러나 소중한 인명의 손실을 돈이나 다른 물질적 상품으로 상환될 수 있는가에 대한 회의론도 존재한다.

용서는 화해의 마지막 관문이다. 화해한다는 것은 과거의 폭력으로 발생한 파괴와 상처를 치유하고 회복하는 행위이다. 파괴와 상처가 치유되지 않고 잘못을 행한 사람이나 집단에 대해 책임을 묻고 처벌하는 정도로 끝난다면 가해자나 피해자 모두 그 결과의 희생자로 머물고 말 것이다.[12] 화해한다는 것은 이미 일어난 피해와 상처를 용서한다는 말에 다름 아니기 때문이다. 이런 측면에서 새로운 관계의 시작을 위해 화해는 필수 요건이다. 용서는 갈등 속에 있는 사람들의 깊은 상처와 고통을 치유하고 악순환의 굴레에서 해방시켜 새로운 미래를 함께 열어가는 반전의 기적을 내장하고 있다.[13]

그러나 용서와 화해는 상당히 다루기 어려운 주제이다. 예를 들면, 범죄를 저지른 가해자로부터 용서를 받지 않고 화해할 수 있는지, 혹은 화해하지 않고 용서를 할 수 있는지의 문제가 제기된다. 당사자들이 용서를 거부하면 화해는 불가능한 것인가? 용서를 하지 않고도 화해를 할 수 있는가? 가해자와 피해자가 용서를 하면서도

---

12 한나 아렌트, 이진우·태정호 역, 『인간의 조건』(한길사, 1996). p. 301. 이승훈, 「화해의 조건: 동감과 용서의 정치성」, 『현상과 인식』 43(1) (2019), p. 72에서 재인용.

13 이해완, 「용서와 화해, 그 불가능성에서 가능성으로 가는 길」, 『용서와 화해에 대한 성찰』(명인문화사, 2018), p. 49.

관계회복을 거부하면 그 용서는 가짜인가? 이러한 어려움을 반영하듯 대부분의 사람들은 범죄자를 용서해야 한다는 주장에 대해 강력히 반대한다. 왜냐하면 범죄자들을 그냥 용서해 주게 되면 잔혹한 잘못을 저지르고도 뉘우치지 않는 범죄자가 많아질 수 있기 때문이다. 그러나 상황에 따라 해결하기 어려운 경우에는 용서를 하지 않고도 화해를 하는 것이 더 긍정적인 방안이 될 수도 있다.

특히 정치적 문제를 다루는 영역에서 화해와 용서의 가치는 회의론으로 귀결되는 경향이 있다. 독재자와 전쟁을 저지르는 통치자들은 자신들의 공격성을 중단하지 않으면서 화해라는 가치를 종종 립서비스 정도로 사용한다. 독재자와 전쟁광들이 화해라는 말을 상투적으로 사용하기 때문에 화해의 가치에 대한 회의론이 제기된다. 비판론자들은 '화해'라는 이름으로 희생자들에게 부당한 요구를 강요하고, '평화'라는 이름으로 정의를 희생한다고 주장한다. 따라서 화해가 무엇인지 명확한 내용과 확실한 규범적 표준을 갖고 있지 않으면 화해는 무기력한 가치로 전락해 버리고 만다.

끝으로 화해는 여러 관계회복 증진 활동에 관련 당사자들이 적극적으로 참여하는 과정으로 마무리된다. 지금까지 설명한 사과, 진실규명, 배상 등 모든 과정에 희생자가 적극적으로 참여함으로써 자신의 분노나 두려움을 털어내는 기회를 얻고 자신의 삶에 대한 자신감을 회복해야만 지역사회의 소중한 구성원으로서 함께 살아갈 수 있게 되기 때문이다. 가해자도 피해자 배상에 적극 참여할 수 있는 기회를 줌으로써 미래에 더 좋은 관계를 회복할 수 있다는 기대감과 자존감을 높일 수 있는 가능성을 열어준다. 어떤 경우는, 특히 정치적 갈등의 경우 피해자와 가해자의 역할이 불분명한 때가 있어서 모두가 함께 참여하는 화해의 최종 과정이 쉽지는 않다. 그러나 이러한 참여의 노력은 공동체의 미래를 위해 가치 있는 행위이며, 평화롭고 공정하며 공평한 방식으로 갈등을 해결하는 실질적 규범을 수립하는 매우 중요한 과정이다.

3. 화해의 공간과 구조

1) 가치의 충돌: 화해가 이루어지는 공간

앞에서 화해가 일련의 과정으로 진행된다고 하였지만, 우리가 화해의 대상으로 다루는 현재의 갈등은 말처럼 쉽게 해결되는 것이 아니며, 또 순차적으로 진행되지도 않는다. 갈등의 특성에 따라 어느 부분에서 멈춰 더 이상 해결할 수 없는 난관에 봉착하는 경우가 허다하다. 화해가 이루어지는 삶의 현장은 해결하기 힘든 여러 문제들이 중층적으로 얽혀 있어 매우 어렵고 복잡하다. 이런 점에서 화해가 이루어지는 공간과 구조는 여러 집단의 요구와 상호 모순되는 가치들이 충돌하는 현장이라 할 수 있다.

우리가 화해의 대상으로 다루는 갈등의 공간은 상당 부분 인접한 집단들 간에 발생한다는 특징을 지닌다. 갈등집단은 지리적으로 근거리에 살고 있고 분쟁이나 폭력이 여러 세대에 걸쳐 축적되어 있어 적대감과 원한의 역사가 뿌리 깊게 내려 있다.[14] 따라서 모든 갈

---

14 John Paul Lederach, *Building Peace: Sustainable Reconciliation in Divided Societies* (Washington, D.C.: USIP, 1997), p. 23; 존 폴 레더라크 저, 김동진 역, 『평화는

등하는 집단은 역설적으로 가장 가까운 이웃으로 살아가는 '잘 아는' 사람들이다. 지리적으로 인접한 이웃들 사이에 분쟁과 폭력이 반복되면서 적대적인 상호작용의 악순환이 구조화됨으로써 상호 간에 적개심과 공포, 그리고 고정관념이 뿌리 깊게 자리 잡고 있다.

또한 그 갈등은 실질적인 문제와 감정적인 문제라는 두 차원을 함께 갖고 있다. 갈퉁의 주장처럼 표면적으로 실질적인 이익갈등의 충돌이 일어나면서 심층에서 정서적이고 감정적인 문제가 대립하고 있는 것이다. 현실주의자들은 냉혹한 정치세계에서 권력다툼과 군사적 문제, 경제적 이익이라는 실질적 문제를 우선적으로 다루어야 한다고 주장한다. 그러나 관계를 중시하는 평화학자들은 갈등 이면에 깔려 있는 트라우마를 동시에 해결해야만 화해가 가능하다고 주장한다. 그것을 가능하게 하려면 실질적 이익갈등을 적당히 협상하는 수준을 넘어서는 창의적 아이디어와 실천의 개발, 혁신을 요구한다.[15] 트랜센드transcend라는 초월적 방법이 아니고서는 갈등의 복합성을 풀어낼 수 없다.[16]

레더라크J. P. Lederach는 화해가 이루어지는 공간이 모순적인 가치들이 충돌하는 곳이라 보았다. 즉 진실과 자비가 충돌하고, 정의와 평화가 부딪히는 장소인 것이다. 〈그림 8-1〉에서 볼 수 있듯이 자비는 수용, 용서, 지지, 동정, 치유를 말하며, 진실은 공개조사(과거에 대한 조사), 인정, 투명성, 명확성을 의미한다. 정의는 평등, 바른 관계, 정상

어떻게 만들어지는가』(후마니타스, 2012), p. 48.

15 레더라크 저, 김동진 역, 『평화는 어떻게 만들어지는가』, p. 51.

16 Johan Galtung, "Transcend: Methods and Solutions," *Alternate Focus* (2011. 1. 26). 〈https://www.youtube.com/watch?v=j0KHBhrbffQ〉

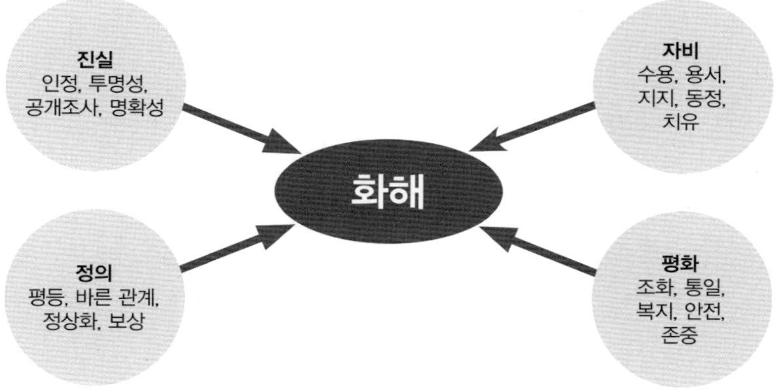

그림 8-1. 화해의 공간

출처: Lederach, *Building Peace: Sustainable Reconciliation in Divided Societies*, p. 30.

화, 보상 등을 포괄하며, 평화는 조화, 통일, 안전, 존중, 복지 등을 포함한다. 이 네 가치가 만나는 곳이 화해이니 화해가 얼마나 어려운 일인가를 단적으로 보여준다. 진실은 상대가 잘못을 인정하고 자신의 고통스러운 손실과 경험이 확인되기를 기대한다. 그러나 이는 수용과 초월, 새로운 시작의 필요성을 원하는 자비와 짝을 이루어야 한다. 정의는 개인과 집단의 권리, 사회의 재구성, 손해배상을 추구한다. 그러나 이는 상호 의존성, 삶의 행복과 평안, 안보의 필요성을 강조하는 평화와 연결되어야 한다. 이러한 모순된 가치들을 구약성서 시편 85편 10절을 인용하며 "긍휼과 진리가 같이 만나고 의와 화평이 서로 입 맞추는" 공간으로 승화시켜야 함을 강조하지만, 엄연한 현실은 모순된 두 가치가 충돌하는 공간이다.

이처럼 화해의 현장은 역설적인 주제를 다루는 역동적인 공간이다. 화해가 전반적으로 고통스러운 과거를 털어놓는다는 하나의 측면과 상호 의존적이며 장기적인 미래를 추구한다는 다른 측면 사이의 만남이기 때문이다. 뿐만 아니라 화해는 양립하기 어려운 진실과 자비가 만날 수 있는 공간을 제공하며, 정의와 평화 모두에 잘못을 수정하면서 동시에 서로 연결된 공동의 미래를 그릴 수 있는 시간과 공간을 제공해야 하기 때문이다. 이런 점에서 화해의 기본 패러다임은 역설을 받아들이는 것이다.

레더라크는 이 난제를 풀어내야 하는 작업이 화해임을 강조한다. 이런 점에서 매우 창의적인 방법이 아니고서는 풀기 어려운 작업이다. 따라서 현상적으로 나타난 갈등만을 보지 않고 그 갈등을 야기하는 관계에 초점을 맞춘다. 레더라크에 의하면, 갈등은 장기적으로 보면 거대한 하나의 체계이므로 그 체계 안의 관계에 초점을 맞추어야 화해가 가능하다. 그 관계 안에서 갈등하는 집단을 서로 만나게 하는 중재의 역할이 바로 화해인 것이다. 화해를 위해서는 갈등하는 두 집단이 상호 배타적 존재가 아니라 상호 의존적 존재임을 확인해야 한다. 사람들은 상실에 대한 트라우마와 그로 인한 슬픔, 불의에 대한 기억과 고통을 동반하는 분노를 서로에게 표현할 수 있는 기회와 공간을 필요로 한다. 이런 점에서 인정acknowledge은 화해의 역학관계에서 결정적이다. 다른 사람의 이야기를 듣고 이를 인정하는 것은 경험과 감정을 확인하는 것이며, 관계회복을 향한 첫걸음이다.[17]

2) 화해의 중층적 구조

화해는 참여하는 행위자의 수준에 따라 개인-집단으로 나누어 보기

---

17 레더라크 저, 김동진 역, 『평화는 어떻게 만들어지는가』, p. 52.

도 하고, 국가–시민사회 차원으로 나누어 설명하기도 한다. 개인들 사이에 이루어지는 화해의 과정과 집단과 집단이 해결해야 하는 화해의 과정은 다를 수 있다. 마찬가지로 국가 차원에서 진행하는 화해와 시민사회 수준에서 해결해야 하는 화해는 문제의 성격이 조금 다를 것이다.[18]

레더라크는 화해에 참여하는 행위자의 수준에 따라 세 층위로 구분한다.[19] 맨 상층에 정치·군사·종교 고위지도자들 간의 수준이 있다. 대체로 갈등과 분쟁을 종식하는 휴전에 초점을 맞추어 매우 인지도가 높은 지도자들 간에 고위층 협상으로 진행된다. 여기에 참여하는 행위자는 매우 소수이며, 주요 대중적 관심은 지도자에 쏠린다. 대중적 관심은 지도자의 기반과 정당성을 강화하므로 지도자는 집단의 문제를 대변하기 위한 측면과 지도자 자신의 영향력을 확보하기 위한 측면을 함께 고려한다. 이러한 대중적 지도자 외에, 잘 보이지는 않지만 대중적 지도자에 못지않은 영향력 있는 지도자가 있다. 가시적 지도자 간의 협상을 통해 얻어진 평화조약이 계급구조상의 대표자들과 그들의 이행을 전제로 한다 하더라도, 이러한 보이지 않는 영향력 있는 지도자의 존재로 사회 내부는 상당히 복잡한 방식으로 화해가 진행된다.

---

18 국가 간 화해는 현실주의 입장에서 보는 국가이익론적 접근, 자유주의 관점에서 보는 제도론적 접근, 구성주의적 관점의 상호인식론적 접근, 징벌적 정의를 강조하는 국제정의론적 접근, 회복적 정의를 강조하는 용서론적 접근 등 다섯 가지 화해 이론으로 설명할 수 있다. 천자현, 「화해의 국제정치: 화해 이론의 발전과 중일관계에 대한 비판적 적용」, 『국제정치논총』 제53집 2호 (2013), pp. 14-28.

19 Lederach, *Building Peace*, pp. 37-55; 레더라크 저, 김동진 역, 『평화는 어떻게 만들어지는가』, pp. 66-74.

그 아래로 학자·지식인·종교 분야에서 중간 수준의 지도자의 화해가 있다. 널리 존경받는 개인, 또는 교육·상업·의료와 같은 분야에서 지도적 위치인 사람들, 그리고 종교집단과 학문기관, 인도주의 기관에서 일하는 사람들이 대표적이다. 때로는 유명한 시인이나 노벨 평화상 수상자 같은 인사들이 여기에 해당한다. 이 중간 수준 지도자들이 참여하는 화해는 문제해결 워크숍이나 갈등해소 트레이닝 혹은 평화위원회 등을 구성하여 참여함으로써 진행된다. 중간 수준의 지도자들은 위로는 최고위층 인사와 연결이 되고, 아래로는 풀뿌리 지도자와도 긴밀하게 연결되어 있는 사람들이다. 그러나 고위층 지도자들처럼 정치적 계산에 얽매일 필요가 없고, 풀뿌리 지도자들과 같이 주민들의 생존 문제에서 자유롭기 때문에 중간 수준 지도자의 역할은 매우 중요하다.

맨 아래에는 지역 지도자, 원주민 NGO 지도자, 공동체 개발자, 지역 보건공무원, 난민캠프 지도자 등 풀뿌리 지도자들 사이에 진행되는 화해의 수준이 있다. 풀뿌리 지도자는 대중과 사회의 근간을 대표한다. 이들은 주민들과 밀접한 관계를 맺으며 때로는 음식과 물, 피난처, 안보를 직접 해결해 주어야 하는 위치에 있다. 이들은 지역 정치에 대한 전문적 지식을 갖고 있으며, 갈등 상대방을 개인적으로 잘 알고 있다. 최고위층 지도자나 중간 수준 지도자와는 달리 풀뿌리 지도자들은 매일의 삶을 통해 뿌리 깊은 증오와 적대감을 가장 먼저 목격한다. 이 풀뿌리 지도자들 간의 대화에는 지역평화위원회와 트라우마 치유 전문가들이 직접 참여하며, 다수의 지역주민을 대상으로 화해를 진행한다.

앞에서 설명한 화해의 과정을 구조적 차원에서 살펴보면 크게 4단계로 진행된다고 볼 수 있다.[20] 즉 폭력을 끝내는 단계, 양극화를 극복하는 단계, 대립을 관리하는 단계, 다름을 인정하는 단계로 설명할 수 있다. 먼저 폭력을 종식하기 위해서는 정치적 분리를 단행해야 한다. 패자는 승자를 용서할 마음이 없지만 달라진 상황과 빨리 타협하기를 원한다. 그러나 승자는 상황과 타협하기를 원치 않고 패자에 뭔가 더 처절히 가해지기를 바란다. 더욱이 패자가 아직 완전히 힘을 잃은 것이 아니라 잠재적 위협 요소가 여전히 남아 있다고 느끼는 경우 승자는 패자와 화해하기를 원치 않는다. 이 경우 당사자 간의 분리가 먼저 확보되어야 한다.

두 번째 단계에서는 당사자가 타협할 수 없는 갈등이 무엇인지를 파악하여 그것을 극복해야 한다. 양 당사자가 상대를 악마화하고 자기는 피해자라는 확신을 갖고 있는 한 더 깊은 화해의 단계로 들어가기는 어렵다. 양측이 모두 피해자라는 사실을 공감하는 것이 중요하며, 상대를 악마화하던 데서 벗어나 인간적으로 받아들일 수 있도록 해야 한다.

세 번째 단계는 양측의 갈등이 여전히 존재하지만 서로 다른 정치적·경제적 요구와 차이를 연결시키는 과정이다. 이는 매우 복잡한 과정이지만, 중요한 것은 여러 불만족스러운 점이 있음에도 불구하고 정치적 참여와 공정한 경제적 기회를 통해 기본적인 필요가 충족될 것이라는 확신을 갖도록 하는 것이다. 이 과정에서는 과거 적대적이었던 상대를 포용하거나 용서해야 한다는 의무감을 요구하는

---

20 Ramsbotham, Woodhouse, and Miall, *Comtemporary Conflict Resolution*, pp. 258-261.

것은 아니다.

마지막 네 번째 단계는 갈등하던 당사자 간에 차이를 이해할 뿐 아니라, 그것을 인정하고 더 관계가 돈독해지는 과정이다. 서로 과거의 잘못에 대해 진심으로 사과하고, 문화에 따라서는 속죄와 용서가 수반되기도 한다. 상대에 대한 과거의 관념을 수정하고 상대를 인간으로 받아들이며 더 깊이 이해하게 된다.

4. 화해의 쟁점과 성찰적 논의

앞서 살펴본 바와 같이 화해가 이루어지려면 서로 다른 요구와 이해로 야기되는 갈등을 해소해야 하며, 그 저변에 깔려 있는 감정과 정서를 제대로 다루어야 한다. 이러한 문제들을 해결하는 데는 시간이 소요되며, 일정한 과정과 절차를 거쳐야만 화해가 가능하다. 또 화해의 과정에 참여하는 여러 행위자의 수준, 즉 개인 혹은 시민사회, 국가체제나 국제기구 등 행위자의 수준에 따라 화해의 성격과 해결 방법이 전혀 달라질 수 있다. 구체적으로 화해의 과정 안으로 들어가면 화해를 위해 진실규명이나 가해 책임의 확인과 처리의 주체는 누구여야 하며, 평화구축이나 민주화 같은 체제전환의 흐름에 가장 효과적으로 기여하는 최적의 방식은 무엇인가 하는 각각의 과정에서 제기되는 어려운 질문들이 존재한다. 이러한 질문들은 다음과 같이 몇 가지 보다 근본적인 쟁점들과 연관되어 있다.

1) 분리와 융합

당사자들의 분리가 화해를 위해 도움이 되는지, 아니면 함께하는 것이 도움이 되는지에 관한 문제는 논쟁적이다. 좋은 이웃이 되기 위해서는 멋진 담을 쌓는 것이 도움이 될 수 있듯이, 갈등하는 당사자들이 서로 적당한 거리를 두고 관계를 유지하는 것이 필요한 경우가 있다. 그러나 전 지구화 시대에 국가나 집단은 점점 상호 의존성이 높아져 상대의 차이를 받아들이고 함께 살아가는 방향으로 변화하고 있다. 논리적으로는 초기 단계에서 분리를 통한 안정을 추구하고 시간의 진전에 따라 융합으로 나아가는 것이 타당할 것이다. 이러한 점들을 고려하면 정체성의 분리와 융합 사이에서 무엇이 화해에 도움이 되는가는 갈등의 상황과 맥락, 그리고 화해의 수준에 따라 다르게 판단할 수 있다.

2) 실체와 관계

갈등과 폭력의 원인을 당사자의 본질적 문제나 존재의 문제로 보는 입장과 어그러진 관계의 문제로 보는 입장이 대립한다. 실체적 변화와 관계의 개선 사이에서 무엇을 더 중시하는가에 따라 처방이 달라질 수 있다. 실체적 변화보다 관계를 중시하는 이론가들은 '회복적 정의restorative justice'라는 관점에서 화해를 도모해 나가야 한다고 주장한다. 회복적 정의라는 관점에서는 범죄를 단순히 가해자의 잘못으로만 보지 않고, 피해자와의 관계 속에서 발생하는 것이므로 범죄로 인해 깨진 관계를 어떻게 회복할 것인가 하는 데 초점을 맞추어 범죄 문제를 다루어야 함을 강조한다. 따라서 처벌 위주의 해결보다는 관계를 회복하기 위해 보상금 지급이나 대면대화 같은 실질적인 조치를 강구하는 쪽으로 해법을 모색한다.

관계를 중시하는 회복적 정의의 관점에서 접근하면 다른 방식으로 질문하며 출발할 수 있다. 즉 '누가 범죄를 저질렀는가'라는 가해자의 관점이 아니라 '누가 피해를 입었는가'라는 피해자의 관점에 초점을 맞추는 것이다. 화해를 가능하게 하려면 관계에 초점을 맞추어 접근할 필요가 있으며, 피해자의 입장에서 서로의 경험을 말하고 듣는 데서부터 출발해야 공감도 생겨나고 사과도 할 수 있게 된다. 실체적 변화를 중시하는 사람들은 진실확인과 정의실현에 더 무게를 두고 문제해결을 도모하는 반면, 관계를 중시하는 사람들은 용서와 평화실현에 더 무게를 두고 화해를 시도한다.

레더라크가 설명한 화해가 이루어지는 공간에서 가시적으로 충돌하는 정의와 평화, 진실과 자비는 바로 실체와 관계의 시각이 서로 부딪히는 곳이다. 실체(본질)의 문제를 더 중요하게 보는 정의와 진실이 관계를 더 중시하는 평화와 자비와 만나기 때문에 그만큼 해결하기도 어렵다.

3) 정의와 화해, 그리고 평화

정의는 과거의 잘못에 부합하는 형벌을 가하는 데 초점을 맞추는 반면, 화해는 미래의 좋은 관계를 가져오는 데 관심을 둔다. 과거의 잘못을 밝히고 형벌을 가함으로써 정의를 세워야 한다는 입장과, 더 나은 미래를 위해 관계개선과 화해를 우선적으로 추진해야 한다는 입장이 팽팽히 맞선다. 평화를 확보하기 위해 공동체가 처벌의 방법을 회피할 때 정의와 화해의 충돌이 일어난다. 체제전환 사회에서 과거의 잘못을 처벌하지 않고 화해를 추진할 경우 상당한 도덕적 비

표 8-1. 소극적 평화와 적극적 평화 사이에 있는 정의

소극적 평화	정의	적극적 평화
폭력의 부재	법치, 진실위원회, 재판, 배상, 분배정의	장기적 화해

출처: Ramsbotham, Woodhouse, and Miall, *Comtemporary Conflict Resolution*, p. 251.

용을 감수해야 한다.

같은 맥락에서 평화와 정의는 일반적으로 모순관계에 있다고 말한다. 그런 측면이 있다. 정의가 가해자에 대한 처벌을 통해 형평성을 유지하는 것이라면, 평화는 서로의 관계에 초점을 맞추는 경향이 있기 때문이다. 정의가 실체적 접근을 한다면, 평화는 관계의 접근을 시도한다는 측면에서 일면 모순된 측면이 있다. 그러나 정의는 소극적 평화에서 적극적 평화로 나아가기 위해 필요한 과정이어서 정의와 평화를 한꺼번에 실현하는 일은 쉽지 않다.

'회복적 정의restorative justice'는 이런 점에서 의미가 크다. 즉 관계회복과 정의를 동시에 추구하려는 시도라는 점에서 그렇다. 물론 관계를 더 중시하는 입장이기는 하나, 궁극적으로 과거의 잘못을 밝히고 정의를 세우려는 목적을 갖고 있다는 점은 중요하다. 회복적 정의의 관점에서는 범죄를 단순히 가해자의 잘못으로만 보지 않고 피해자와의 관계 속에서 발생하는 것으로 보고, 범죄로 인해 깨진 관계를 어떻게 회복할 것인가 하는 데 초점을 맞추어 문제에 접근한다. 따라서 처벌 위주의 해결방법보다는 관계를 회복하기 위해 보상금 지급이나 대면대화 같은 실질적인 조치를 강구하는 쪽으로 해법을 모색한다.

4) 트라우마 치유와 화해

과거의 끔찍한 경험과 부정적 감정으로 받은 상처와 충격, 즉 트라우마의 치유가 화해 과정에 얼마나 결정적인 역할을 하나? 갈퉁이 주장하듯 과거의 폭력적 경험으로 형성된 부정적 경험과 감정이 화해를 방해하므로, 이 부정적 경험과 감정을 제대로 다루어야만 화해가 가능하다. 이런 점에서 외상후 스트레스PTSD 연구나 심리상담 및 여러 전문적인 치료 과정이 화해를 촉진하는 데 기여할 수 있다.

그렇지만 적극적 화해를 위해서는 실질적인 이익갈등을 해소하는 일도 중요하다. 화해를 증진하고 서로를 결속하는 힘은 경제적 이익을 서로 나누는 과정에서 생겨나기 때문이다. 헤이너P. B. Hayner는 화해증진을 위해 관련 집단이나 당사자 간에 존재하는 사회경제적 불평등을 시정하고 개발사업이나 재건사업 같은 데 양 집단이 함께 참여하는 것을 권장한다.[21] 이는 심리·정서적 트라우마 치유 못지않게 구조적 차별 해소와 이익 공유가 화해 증진에 중요하게 기여함을 보여준다.

5) 화해를 위한 다른 대안

갈등과 분쟁은 반드시 화해를 해야만 해결이 가능한가? 갈등과 분쟁 이후 화해를 하지 않고도 문제를 해결하는 경우가 종종 있기 때문이다. 과거의 잘못을 구체적으로 따져서 응당한 벌을 주고 보상을

21 프리실라 B. 헤이너 저, 주혜경 역, 안병욱 해제, 『국가폭력과 세계의 진실위원회』 (역사비평사, 2008), pp. 286-289. 차승주, 「평화·통일교육의 핵심 내용으로서 '화해'에 대한 시론적 고찰」, 『평화학연구』 제20권 3호 (2019), p. 38 재인용.

받는 그러한 방식을 택하지 않을 수도 있다. 많은 경우 과거의 사건을 용서하고 잊어버리자forgive and forget는 '기억 지우기amnesia'가 화해를 위해 전진하는 하나의 대안이 되기도 한다.

그러나 이와는 반대로 과거의 사건을 잊지 않고 기억해야만 과거의 잘못이 되풀이되지 않는다고 생각하며 공식적 기억 사면에 대해 반대하는 사람들이 있다. 물론 진실화해위원회처럼 과거에 대한 잘못을 철저히 처벌하는 방법과 국가적 차원에서 과거를 문제 삼지 않고 사면해 주는 방법 사이에 '제3의 길' 처방이 가장 합리적이라고 이해는 하지만, 상황과 문화적 맥락에 따라서는 잊어버리는 방법이 화해의 대안이 될 수 있다.

또 다른 차원에서 개인적으로 복수하는 것도 화해를 위한 하나의 방법이 될 수 있다. 적절히 보복하는 것이 화해를 위해 필요한 경우도 있다. "눈에는 눈, 이에는 이"라는 함무라비 법전의 보복의 법칙처럼, 생명에는 생명으로 보상하도록 하는 철저한 보상의 법칙을 적용하면 정의가 보장되고 사람들이 만족을 느낄 수 있다. 정의를 위해 사법적 방법에 의존하는 것은 그러한 이유에서일 것이다. 그러나 사회와 문화에 따라 원칙이 다르게 적용될 수도 있다.[22]

22 Ramsbotham, Woodhouse, and Miall, *Comtemporary Conflict Resolution*, p. 250.

5. 화해의 사례와 현장

1) 독일과 폴란드의 사례

독일의 전후 행보는 역사적으로 화해를 시도한 전형적인 사례이다. 제2차 세계대전 중에 나치가 저지른 끔찍한 인종학살로 수많은 사람들이 희생되었다. 그중 유태인이 600만 명으로 가장 많았고, 로마Roma(집시), 동성애자, 정신병자, 정치적 반체제 인사 및 슬라브 민족도 피해를 당했다. 독일은 이러한 과거의 잘못을 다루면서 '과거극복Vergangenheitsbewältigung'이라는 용어를 사용하였다. 이 용어는 '과거Vergangenheits'라는 단어와 '합의를 보다bewältigung'는 단어로 구성되어 있는데, 과거를 극복하는 일은 투쟁이라는 추가적 의미가 있다. 독일교회(루터 교회와 가톨릭 교회)는 독일인들이 과거 죄를 인정하도록 유도하고 회개의 신학을 고무하는 데 중요한 역할을 하였다. 학교들도 과거극복에 초점을 맞추어 강제수용소 견학과 홀로코스트 생존자 증언을 포함하여 나치 시절의 인권유린을 학생들에게 알릴 수 있는 교재와 사례를 활용하였다. 문학작품과 문화적 영역에서도 독일의 과거 악행이 다루어졌다. 여러 잔학한 행위의 장소가 보존되어 있고, 홀로코스트 희생자 기념비가 세워져 있으며, 다하우Dachau, 부헨발트Buchenwald, 베르겐 벨젠Bergen-Belsen과 같은 죽음의 수용소들은 추모 순례 방문객을 위해 개방되었다. 1999년에는 독일의 수도를 본에서 베를린으로 옮겨 홀로코스트 기념관을 개관하였다.

특히 독일은 폴란드와 역사 화해를 가장 훌륭히 이룬 모범사례로 거론된다. 독일과 폴란드의 적대와 갈등의 역사는 독일 중세 기사단의 역할, 18세기 말 폴란드의 분할, 나치 독일의 폴란드 침공과 범죄,

전후 독일의 영토 상실, 피추방자 문제 등이 복잡하게 얽혀 있었다. 가장 많은 유태인들을 학살한 곳으로 악명이 높은 아우슈비츠 수용소가 바로 독일이 자국에 저항하는 폴란드 정치범들을 수용하려는 목적으로 만들어졌다. 제2차 세계대전 당시 독일의 지배를 받으면서 폴란드는 정치범으로 이곳 아우슈비츠에 끌려온 희생자 15만 명을 포함해 전체 인구의 16%인 560만 명이 숨지는 엄청난 피해를 당했다. 당시 폴란드인이면 누구나 한 명 이상 가족을 잃었다는 끔찍한 학살로 기억되는 참극이었다.

이러한 과거를 가진 독일과 폴란드는 어떻게 화해를 할 수 있었을까? 1960년대 들어 폴란드와 독일의 지식인과 종교인들이 화해를 조심스럽게 거론했지만, 전쟁 책임을 묻는 폴란드인들의 마음은 풀리지 않았다. 분위기를 반전시킨 것은 수교를 위해 1970년 폴란드를 찾은 서독의 빌리 브란트Willy Brandt 총리가 폴란드인들 앞에서 무릎을 꿇고 사과를 한 뜻밖의 사건이었다. 이날 그는 폴란드 바르샤바의 추모지에서 무릎을 꿇고 과거에 대한 참회의 눈물을 흘렸다. 독일과 폴란드의 화해는 바로 이 지점부터 시작됐다. 미안하다고 사과하는 행위가 화해의 시작이라는 이론이 작동하는 순간이었다.

독일은 또한 말로만 반성하지 않았다. 즉 화해의 이론에서 말하는 배상과 보상을 실천함으로써 사과의 진정성을 보여주었다. 전쟁으로 폴란드에 빼앗긴 땅을 단 한번의 반환 요구도 하지 않고 그대로 폴란드 땅으로 인정했다. 또한 재단을 만들어 피해자들에게 40억 유로를 배상했다. 독일과 폴란드의 관계 정상화 노력은 오랜 기간 계속되었고, 2008년에는 공동 역사교과서를 발간하기로 합의했다.

독일 국가지도자들의 사과는 한번으로 끝나지 않고 이후에도 지속되어 신뢰를 쌓았다. 1999년 12월 17일 요하네스 라우Johannes Rau 독일 대통령은 과거 독일 국가와 기업이 저지른 범죄를 인정하고 독일민족의 이름으로 용서를 구하는 사과를 하였다. 2015년 앙겔라 메르켈Angela Herkel 독일 총리도 "독일인들은 범죄자였고 공모자였습니다. 만행을 못 본 척했고 침묵했습니다. 독일은 '홀로코스트'라는 문명파괴 행위에 대해 영구적인 책임을 가져야 합니다"라며 사과하였다. 독일의 계속된 사과는 폴란드인들의 마음의 문을 열었다. 독일은 일찍이 역사교육의 중요성을 인식해 전후 끊임없는 역사대화를 통해 가해와 범죄에 대해 인정하고, 고통과 희생에 대해 공감하며, 역사의 정치적 악용을 경계해 민족주의가 아니라 인권과 평화의 보편가치가 국제역사 정의의 기준이 되고 있음을 증명하고 있다.

그러나 독일의 이러한 노력에도 불구하고 독일의 화해에 대한 비판이 없는 것은 아니다. 가해자 측의 개인적 책임 인정이 포함되지 않았다는 점이 특히 비난의 표적이 되고 있다. 나치 정권에 공모했던 많은 독일인과 오스트리아인들은 죄를 자백하기보다는 부정, 편의적 기억상실과 거짓말이 더 일반적이었다. 대표적 사례로 그리스 몰살부대의 연루를 숨겼던 전임 유엔 사무총장이자 오스트리아 대통령이었던 쿠르트 발트하임Kurt Waldheim과 게슈타포와 연계된 부대인 친위대 가입을 뒤늦게 인정했던 소설가 귄터 그라스Günter Grass를 들 수 있다. 통일 이후에는 동독 공산당에 의해 저질러진 잔혹한 과거 행동들도 과거극복 노력의 대상이 되었다.

세계적으로 많은 분쟁이 있는 반면 화해의 사례는 많지 않은 것을 보면 화해가 그만큼 어렵다는 사실을 반증한다. 또 앞에서 설명한 이론과는 달리 문화에 따라서는 진실규명이나 처벌을 명확히 하기 힘든 경우도 많다. 1970년대 후반 크메르루즈의 킬링필드에 대한 화해 과정처럼 국제 및 국내 정치변화의 주요 계기와 규명 주체, 그리고 가정의 어려움 등을 예로 들 수 있다. 또 인도네시아에서처럼 민주화에도 불구하고 1960년대 중반 공산주의 토벌 명목의 대규모 학살에 대한 이행 정의, 또는 화해의 과정이 부재한 부분도 해결되지 않은 채 묻혀 있다. 아르헨티나에서는 '국가실종자위원회'가 과거 정권의 인권유린에 대한 진실을 명확히 규명하여 독재자들이 권력을 포기하는 대신, 독재자와 그 심복들의 기소 면제를 보장하고 그들의 악행을 공표하지 않는 방식을 택하여 성공한 사례가 있다.

2) 한반도의 사례

한국 사회에서 화해가 언급되는 맥락을 박명규는 네 가지로 정리한다. 첫째는 북한과의 관계에서 논의되는 화해, 둘째는 식민지 유산의 청산 및 극복과 관련한 화해, 셋째는 한국전쟁과 권위주의 정부 하에서 이루어진 국가폭력 희생자들과의 화해, 넷째는 사적 인간관계에서 겪는 상처로부터의 해방 및 트라우마 해소 차원에서 논의되는 화해 등이다.[23] 네 범주로 구분한 한반도의 갈등해소와 화해의 문제는 각 영역이 배타적으로 존재하는 것이 아니라 서로 중첩되고 혼재되어 있다. 20세기 식민통치 유산으로 남겨져 있는 남북분단의 문제는 식민지 유산의 청산과 직결되어 있으며, 분단체제하에서 분단을 명분으로 국가가 인권을 유린하고 폭력을 자행하고 있기 때

23 박명규, 「평화와 화해: 책임정치와 심정윤리의 간극과 긴장」, 『용서와 화해에 대한 성찰: 한반도 분단과 통일을 중심으로』 (제57차 KPI 한반도평화포럼, 2018. 3. 19).

문이다. 이러한 분단의 정치사회적 환경은 전쟁의 트라우마를 가진 남북 구성원들에게 심대한 스트레스와 불안을 주고 있어, 크게 보면 한반도에서 화해는 분단의 문제를 어떻게 접근하고 다루느냐 하는 주제와 직결되어 있다.

한국전쟁 이후 북한과 대치하며 군사적 긴장관계를 지속하고 있는 한반도에서 화해만큼 절실한 주제는 없을 것이다. 200만 명이 목숨을 잃은 한국전쟁은 남북 주민의 마음에 커다란 상처를 주었고, 그 참상의 기억은 지난 70년간 남북 갈등의 근원이 되고 있다. 전쟁 이후에도 남북 간에 수없이 많은 폭력과 분쟁이 있었었다. 그런가 하면 남북 대립은 남과 북 사회 안으로도 크고 작은 폭력으로 이어졌다. 해방 공간에서는 좌우 이념 갈등으로 수많은 폭력과 테러가 자행되었고, 전쟁 이후에도 사회 내적으로 이념을 명분으로 한 국가폭력이 남과 북의 구성원들에게 가해졌다. 이런 맥락에서 한반도에서 화해가 필요한 영역은 남북 갈등만이 아니라 남한사회 내부의 폭력적 갈등을 해소하는 문제도 포함된다. 북한이 분단을 명분으로 '관리소'에 정치범들을 수용하여 주민들의 인권을 잔혹하게 유린한 경우와, 남한도 권위주의 정부 시기에 '북한'을 이용하여 수많은 정치인과 학생들을 탄압하고 주민을 억압한 것이 대표적인 사례이다. 이처럼 남북분단의 상황이 지속되고 있는 한반도에서 화해의 문제는 분단폭력과 직결되어 있다.[24]

그러나 그간 남북이 화해의 노력을 기울이지 않은 것은 아니다. 1972년 '7·4남북공동선언'과 1991년 12월 13일 합의한 남북기본합

24 김병로·서보혁, 『분단폭력』(아카넷, 2016).

의서, 2000년 6·15공동선언과 2007년 남북관계발전과 평화번영을 위한 10·4선언, 그리고 2018년 4·27판문점선언, 9·19평양선언까지 남과 북이 화해를 실천하기 위한 여러 제안을 하고 협력을 추진하였다. 그때마다 남북 간에 가로놓인 갈등과 골 깊은 감정이 작동하여 대화가 깨지고 말았지만, 상호 인정과 미래 협력의 필요성에 대해서는 많은 부분 공감이 이루어졌다.

특히 관계회복과 화해의 첫걸음으로서 중요한 상호 인정 부분에 관해서는 남북이 국가 수준에서 어느 정도 인정하는 조치를 취하였다. 1991년 12월에 타결된 남북기본합의서 제1조는 "남과 북은 서로 상대방의 체제를 인정하고 존중한다"라고 명시하였다. 물론 이러한 합의가 아직은 후속조치들이 수반되지 않아 기반이 취약한 상태이다. 시민사회 수준으로 내려오면 남과 북에서 각각 54%와 50%의 주민들이 상대를 서로 힘을 합쳐 협력해야 할 대상으로 인식한다.[25] 남북에서 절반 이상의 시민들이 상대의 존재를 인정하는 상황으로 화해의 첫걸음은 뗀 셈이다. 분리와 융합의 측면에서도 남과 북이 분단평화에 머물지 않고 통일을 통한 평화로 나아가야 한다는 통합의식을 갖고 있다는 측면에서도 화해의 잠재력은 크다.

그러나 여러 측면에서 남북한은 아직 구체적으로 화해를 진전시키지 못하고 있다. 화해를 위해서는 남과 북이 서로 분단의 피해자라는 인식을 공유하고 피해자의 관점에서 화해를 시작해야 할 텐데,

25 2019년의 경우 남과 북에서 각각 10.8%와 29.3%가 상대를 '적'으로, 17.0%와 11.2%는 '경계' 대상으로, 13.5%와 6.0%는 '지원' 대상으로, 54.0%와 50.0%는 '협력' 대상으로 인식하였다. 서울대학교 통일평화연구원이 연례적으로 실시하는 한국인 대상 『통일의식조사』와 북한이탈주민 대상 『북한주민의식조사』 참조.

그 부분에 관하여 아직 구체적인 논의가 이루어지 않고 있다. 한국전쟁으로 200만 명이 살육을 당하는 과정에서 남과 북이 전쟁을 어떻게 겪었는지 각자 피해자의 입장에서 진지하게 경청하는 과정이 전혀 없다.[26] 남과 북의 지도자가 화해의 선언을 하는 자리에서도 과거 한국전쟁 당시 서로에게 많은 피해를 주었다는 사실을 인정하지 않고 있을 뿐 아니라, 공식적으로 사과를 한 적이 없다. 묵시적으로는 서로가 피해자라는 사실을 공감하면서도 공식적으로 드러내기를 꺼린다. 6·15공동선언이나 판문점선언 등 남북의 국가적 선언에서는 과거의 잘못에 대한 인정이나 사과보다는 미래지향적 관계개선과 협력을 약속하는 내용이 대부분이다. 과거에 대한 진정성 있는 사과가 없기 때문에 약간의 갈등에 부딪쳐도 관계가 금방 깨지고 만다. 사실 남북 간에는 무엇을 어떤 수준에서 사과해야 하는지도 진지하게 성찰해볼 여유가 없었던 것 같다.

최근 일본과의 무역갈등이 심각해지면서 역사 문제와 외교, 군사 등 모든 영역에서 대립과 갈등이 심화되고 있다. 한일 간에는 식민지 유산의 청산 및 극복과 관련한 화해의 문제가 핵심 과제로 놓여 있다. 일본은 독일과 달리 난징 강간(1937년 12월부터 1938년 1월까지), 연합국 전쟁포로 학대, 성노예 강제동원을 포함한 제2차 세계대전 잔학행위에 대한 비난과 책임 수용을 거부하고 있다. 일본은 독일의 과거극복 방법과는 달리 과거에 비윤리적 행동은 실제로 없었고, 모든 일들은 합법적인 자기방어적 군사행동의 맥락에서 일어난 것이

26 김병로, 『다시 통일을 꿈꾸다: 한반도 미래전략과 '평화연합' 구상』 (모시는사람들, 2017), pp. 173-177.

며, 잘못을 인정하는 것은 국가적 화해를 고무하기보다는 국가적 분열을 가져오는 것으로 인식하고 과거를 부정하는 태도를 취하고 있어 실질적인 역사화해가 이루어지지 못하고 있는 상황이다.

물론 과거 행위를 부정하는 태도는 일본만이 유일한 것은 아니다.[27] 제2차 세계대전 초기 폴란드 동부를 침공한 소련은 침공 이후에 있었던 폴란드 장교에 대한 '카틴숲Katyn Forest 대학살에 대한 사과를 거부하고 있다. 터키도 20세기에 있었던 아르메니아인들에 대한 집단학살을 부인하고 있고, 중국도 마오쩌둥 치하 수백만 명의 살해 의혹과 1989년 톈안먼 광장에서 살해된 사람들에 대해 침묵하고 있다. 미국도 아메리카 원주민 대량학살과 히로시마와 나가사키의 원자탄 투하에 대한 책임을 공식적으로 인정하지 않고 있다.

과거의 잘못을 어느 정도로 공개해야 화해에 도움이 되는지는 문화와 정치적 상황에 따라 다를 수 있다 하더라도 최소한의 진실을 밝히는 작업은 매우 중요하다. 진실과 정의가 화해에 얼마만큼 도움이 되는지는 여전히 논쟁 중이다. 정의가 실현되지 않은 상태에서 피상적으로 진행하는 화해의 과정에 대해 우려를 표하는 사람들이 많다. 대량학살과 고문, 인종청소 등 잔인한 폭력을 저지른 사람들에 대해 그에 상응하는 처벌을 내리지 않으면 미래에 비슷한 문제가 되풀이될 우려가 있으므로 일벌백계의 차원에서 반드시 처벌하여 폭력의 남용을 억제해야 할 필요가 있다.

그러나 진실화해위원회를 통해 진실을 밝히고 용서하는 방식을 통해 화해를 촉진하는 회복적 정의가 더 효과적인 경우도 있다. 사

27 데이비드 바래시, 찰스 웨벨 저, 송승종·유재천 역, 『전쟁과 평화』, p. 569.

람들은 한편으로는 응당한 처벌을 통해 범죄에 상응하는 보복을 하기를 원하는 마음과, 다른 한편으로는 용서해야 한다는 두 마음이 동시에 자리 잡고 있기 때문이다.

또 국가지도자 간의 화해와 시민사회 구성원들 간의 화해라는 두 측면을 살펴보아야 한다. 국가지도자 수준에서는 여러 공동선언으로 화해의 노력을 진행하였으나, 중간 지도자 수준이나 풀뿌리 지도자 및 시민사회의 참여가 부재하였다. 제주 4·3사건과 광주 5·18 민주화 항쟁 등 국가폭력 갈등이 시민의 참여를 바탕으로 진상조사와 보상을 진행하며 화해를 성공적으로 추진한 것과는 대조적이다. 이런 맥락에서는 향후 평화조약 체결과 통일국가 구성이 국가지도자 수준에서는 쉽게 타결될 수도 있다. 그러나 시민사회 차원으로 내려오면 그 안에서 대립과 갈등은 훨씬 심각하다. 1989년 이후 최근까지 국제적으로 49건의 평화조약이 체결되었으나, 평화가 안정적으로 구축된 경우는 드물다. 국가 수준에서는 평화조약을 체결하였으나, 그것을 받아들이는 시민사회는 더 치열하게 갈등하고 분열되어 있는 현실을 반영하고 있는 것이다. 한반도에서도 이런 상황이 벌어질 가능성은 충분히 있다.

이런 점에서 화해를 실행할 수 있는 역량 강화는 매우 중요하다. 국가지도자 차원에서도 그렇고 시민사회에서도 화해를 가능하게 하는 개인적·집단적·제도적 역량은 절대적으로 필요하다. 화해를 해야 한다는 당위성에는 공감하지만, 그것을 실행할 역량이 갖추어져 있지 않으면 무용한 것이다. 실행할 역량이라는 측면에서만 보면 화해를 할 수 있는 능력이 현저히 부족한 상황에서는 비관주의로 흐르기 십상이다. 남북관계를 비롯한 여러 현실 사안에서 이런 현실주의 입장만을 고려하면 갈등의 악순환을 벗어날 계기를 찾기 어렵게 된다. 이런 상황에서는 레더라크가 주장하는 도덕적 상상력이 필요하다.

새로운 관계를 만들어 가는 과정은 기존의 질서나 구조를 파괴하는 것보다 훨씬 어렵고 복잡하다. 폭력으로 사회관계가 깨뜨려지고 갈등이 증폭되는 것은 쉽지만, 다시 관계를 회복하고 재건하는 화해의 과정은 매우 어렵다. 화해를 어떻게 해야 하는지, 그 과정에 폭력 가해집단에 어느 만큼의 처벌을 해야 하는지에 대한 보편적으로 적용가능한 해결책은 없다. 그러나 화해는 필요하며, 진실을 밝히는 작업과 그러한 작업을 가능하게 하는 화해의 역량은 평화로운 미래의 관계를 위해 더없이 필요하다.

9 안보[1]

정승철 (제주평화연구원)

1. 들어가는 말

전통적으로 국제정치학자들과 국가정책결정자들은 '안보'라는 개념을 국가의 안전보장을 지칭하는 좁은 의미로 사용해 왔다. 즉 전통적으로 군사와 정치의 측면에서 보았을 때 안보는 곧 국가의 생존과 직접적인 관련이 있었다. 예를 들어, 주류 국제관계 이론 가운데 하나인 구조적 현실주의의 대표적인 학자인 케네스 왈츠Kenneth Waltz는 국가가 추구하는 가장 큰 가치는 '생존'이라고 주장하였다.[2] 왈츠에 의하면 국제정치는 국내정치와 달리 국가들 사이의 질서를 관리·감독하는 중앙정부가 없는 무정부 상태이다. 따라서 그 누구도 자신을

1 이 글은 『문화와 정치』 제6권 3호(2019)에 실린 필자의 논문(「안보화, 인간안보, 그리고 한국: 한국인들이 일상에서 느끼는 위협에 대한 경험적 연구」)을 일부 수정·보완한 것이다.

2 Kenneth N. Waltz, *Theory of International Politics* (Reading, MA: Addison-Wesley, 1979).

대신 지켜주지 않기 때문에 모든 국가는 누군가로부터 공격당할 경우 스스로 자신을 지켜야 하는 자조自助, self-help의 상황에 놓여 있다. 이처럼 무정부적인 국제체제는 국가가 자신의 생존을 최우선의 가치로 여기게 만든다.

이렇듯 전통적으로 안보의 대상은 국가로 여겨져 왔으며, 국가안보란 국가 영토를 방어하고 외부로부터의 군사 위협을 억제하는 것으로 인식되어 왔다. 영토 방어가 곧 국가의 생존을 보장하는 첫 단계이기 때문이다. 그리고 질병, 가난, 문맹 같은 문제들보다는 군사, 정치와 같이 국가의 안보에 직접적인 영향을 끼치는 분야를 우선시하는 태도와 제도가 사회 및 국가 깊숙이 박히게 되었다.

그러나 인간 복지를 위해서 국가 주권과 영토의 방어가 필요하긴 하지만, 이 두 가지만으로는 충분하지 않다. 전쟁 방지 및 억제 등을 통해 표면적으로는 소극적 평화 유지에 성공하더라도, 이러한 국가의 안전이 일상에서 국민들의 안전을 보장하지는 않기 때문이다. 전 세계 수많은 사람들에게 있어서 더 큰 위협은 전쟁 혹은 외부로부터의 군사 위협보다는 내전, 질병, 빈곤, 환경오염, 길거리 범죄, 가정폭력 혹은 정치적 억압과 같은 일상생활에서 비롯된다. 즉 전통적인 개념의 안보에 의하면 안전하다고 볼 수 있는 나라의 국민들도 정작 일상 현실에서는 안전하지 않을 수 있는 것이다.

이처럼 국가의 방어 및 생존에 초점을 맞춰온 국가안보 개념은 전쟁과 분쟁의 부재라는 소극적 평화 달성에는 성공할지 모르나, 적극적 평화 달성에는 오히려 저해할 수 있다고 여겨진다.[3] 국가의 안보

3 이 장에서도 적극적 평화의 정의는 요한 갈퉁Johan Galtung이 소개한 개념에 따른다.

에 지나치게 집중하는 나머지 정작 그 국가에 의해 개개인들이 어떻게 다루어지고 있는지, 혹은 비非군사적인 위험에 국민이 얼마나 노출되어 있는지를 간과하게 되기 때문이다.

따라서 냉전이 끝나가던 무렵인 1980년대부터 학계와 정책결정자들 사이에서는 서서히 안보의 개념을 확장해야 한다는 움직임이 등장하기 시작하였다. 국가 간 전쟁과 군사적 위협에 대한 염려가 줄어들자 이제는 모두가 소극적 평화만이 아닌, 적극적 평화를 달성하기 위해 노력해야 한다는 주장이 주목받기 시작한 것이다. 그리고 이에 맞춰 안보라는 개념 역시 시대에 맞게 변해야 한다는 주장이 소위 안보 개념 '확장파'들을 중심으로 등장하기 시작하였다. 안보 개념 또한 국가안보라는 틀에서 벗어나 인간 개인의 안전을 더욱 강조하는 '인간안보'에 주목해야 한다는 것이 이들의 주장이다. 보다 구체적으로, 확장파들의 주장은 전통적인 안보 개념이 국가와 군사안보에만 너무 집중한 나머지 다루고 있는 분야의 범위가 너무 좁고

즉 적극적 평화란 단지 직접적인 폭력direct violence의 부재뿐만 아니라, 인간이 불안을 느끼지 않으며 아무런 억압도 받지 않는 상태까지 동반된 상태를 의미한다. 이는 인간 개개인의 안전이 보장되는 상태에서 전쟁과 폭력에 대한 걱정 또한 없는 상황을 일컫는다. 더 나아가 갈퉁은 적극적 평화의 의미를 확장하여 인간이 단지 사회 및 국가로부터의 간접적 폭력인 구조적 억압structural violence을 받지 않는 상태뿐만 아니라, 그 억압을 정당화하는 배경인 문화적 억압cultural violence도 없는 상태를 의미한다고 하였다. Johan Galtung, "Cultural Violence," *Journal of Peace Research*, vol. 27, no. 3 (1990), pp. 291-305. 즉 적극적 평화의 개념에 의하면, 사회 혹은 국가 내 구조적 억압으로 인한 기회의 박탈 같은 경우 직접적 폭력이 가해지지 않았더라도 피해자에게 간접적인 폭력을 사회 혹은 국가가 가했다고 여긴다. 그리고 이러한 사회 및 국가의 구조적 억압의 근원이 되는 것으로 문화적 억압이 지목된다. 다시 말해 적극적 평화는 개개인이 직접적 폭력뿐만 아니라 모든 구조적·문화적 억압 등 간접적 폭력으로부터도 해방된 상태를 의미한다.

정작 개개인들의 일상에 더 큰 위협을 끼치는, 이들의 적극적 평화를 해치는 비군사적 요소들에 대해서는 다루지 못한다는 것이다. 개개인의 권리와 자유가 보장되어야만 사회 내, 국가 내, 그리고 더 나아가 국제사회에서도 적극적 평화가 달성될 수 있는데, 기존의 안보 개념은 소극적 평화 달성에만 집중할 뿐 적극적 평화 성취에 대한 필요성, 이를 이루는 과정 등에는 등한시한다고 확장파들은 주장하고 있다.

따라서 이 장에서는 탈냉전 시대에 들어서면서 안보란 개념이 어떤 이유로 어떻게 확장되었는지 구체적으로 살펴보고, 이는 안보와 평화 연구에 어떤 공헌을 하였는지, 새로운 안보 개념이 적극적 평화 개념과 어떤 관계가 있으며, 적극적 평화를 달성하는 데 어떻게 이바지하는지도 알아볼 것이다. 이와 더불어, 새로운 안보 개념을 둘러싸고 어떤 쟁점들이 존재하는지 또한 살펴볼 것이다. 이어서 안보라는 가치가 이 책의 다른 가치들과 어떻게 연계되는지, 마지막으로 두 가지 사례를 통해 인간안보라는 새로운 안보 개념이 어떻게 실생활에 적용되는지 알아본다.

2. 안보 개념의 확장과 평화

1) 인간안보와 평화

냉전이 끝나고 본격적으로 세계화가 진행되던 맥락에서 등장한 '인간안보human security' 개념은 안보의 관심 대상을 국가에서 인간 개개인으로 전환시켰다. 냉전의 종식과 함께 국가안보에 대한 우려가 완화된 것도 있지만, 한편으로는 본격적으로 시작된 세계화 역시 교통과 통신의 발달을 통해 인간안보 개념에 대한 지지가 확산하는 데 이바지하였다. 세계화로 인해 도덕적 책임성 및 인권과 관련된 초국가적 규범의 등장과 확산이 과거보다 쉬워졌으며, 이를 다수의 정부가 받아들이게 된 것이다. 예를 들어 환경, 국제평화와 안보, 질병 확산, 마약 확산, 테러, 개발, 내전 등은 한 국가가 관리할 수 있는 사안이 아니며 집단 관리가 필요하다는 것을 국가지도자들, 정책분석가들, 학자들이 깨닫게 된 것이다.

그렇다면 인간안보란 무엇인가? 인간안보의 정의는 1994년 유엔개발계획UNDP, United Nations Development Programme이 발표한 「인간개발보고서Human Development Report」에서 최초로 제시되었다. 이는 안보의 대상이 단지 국가뿐이었던 상황에서 모든 인간으로까지 넓히는 수직적 확장과, 군사 분야에만 집중하던 기존 안보의 영역을 다른 분야로까지 넓히는 수평적 확장을 추구한 것이다.[4] 즉 유엔 보고서에 의하면 인간안보란 개인들을 대상으로 "첫째, 기아, 질병, 억압 등과 같은 만성적인 위협으로부터의 안전을 의미하며, 둘째, 가정에서건, 직장에서건, 공동체에서건, 일상적인 삶의 유형을 갑작스럽게 혹은 고통스럽게 방해하는 것들로부터의 보호"를 의미한다.[5] 이처럼 인간안보란 개개인이 궁핍으로부터의 해방freedom from want과 공포로부터의 해방freedom from fear을 성취하는 것을 뜻한다.

---

4 이혜정·박지범, 「인간안보: 국제규범의 창안, 변형과 확산」, 『국제지역연구』 제22권 1호 (2013), p. 3.

5 "Human Development Report," *United Nations Development Programme*(*UNDP*) (New York, Oxford: Oxford University Press, 1994), p. 23.

이러한 인간안보 개념을 구성하는 일곱 가지 요소로 「인간개발보고서」에서는 ① 경제안보(빈곤으로부터의 해방), ② 식량안보(식량에 대한 접근), ③ 보건안보(건강보험에 대한 접근과 질병으로부터의 보호), ④ 환경안보(환경오염 혹은 고갈과 같은 위험으로부터의 보호), ⑤ 개인안보(고문, 전쟁, 범죄자의 공격, 가정폭력, 마약사용, 자살, 심지어 교통사고로부터의 물리적 안전), ⑥ 공동체 안보(전통문화, 인종집단의 생존 및 이들의 물리적 안전), ⑦ 정치안보(시민, 정치적 권리 향유와 정치적 억압으로부터의 자유)를 제시한다. 인간안보를 구성하는 이 일곱 가지 요소들은 그 중요성과 목적이 모두 동등하게 여겨진다. 예를 들어 환경안보건 정치안보건 분야별로 중요성의 차이가 없으며, 모든 분야가 공포와 궁핍으로부터 개인을 해방시키는 것을 목표로 하는 것이다.

이처럼 인간안보는 다양한 분야를 포괄함과 동시에 전 분야가 중요함을 강조하기 때문에, 인간안보 성취는 단지 소극적 평화가 아닌, 사회의 통합을 추구하는 적극적 평화를 이루기 위해 선행되어야 하는 단계이다.

한편 2012년 9월 「유엔총회 결의안 보고서United Nations General Assembly A/RES/66/290」는 인간안보란 회원국들이 인간의 생존, 삶, 존엄성에 대한 도전을 발견하고 대처하도록 돕기 위한 접근이라고 규정한다.[6] 이를 바탕으로 회원국들이 인간안보에 대해 다음과 같은 이해를 공유한다고 언급하였다.

6 "Resolution Adopted by the General Assembly on 10 September 2012," *United Nations General Assembly* (October 25, 2012).

> 인간은 가난과 절망으로부터 자유롭게 자유와 존엄을 누리며 살 권리가 있으며, 모든 인간은 공포로부터의 자유와 결핍으로부터의 자유를 누릴 권리가 있다. 또한 모든 인간과 공동체의 보호와 역량 강화를 위해 인간중심적이고 종합적이며 구체적인 맥락에 맞는, 예방 지향적인 반응을 촉구한다.

이처럼 개인의 보호와 자유를 중시하는 인간중심 안보의 핵심은 취약한 이들을 보호하는 것이다. 인간안보는 개인의 결핍에 주목하여(사회경제적 결핍, 소외, 인권 유린, 전염병 등으로 인한) 그 결핍이 국가 간 혹은 국가 내부의 평화와 안정에 악영향을 준다고 보기 때문에, 인간안보는 인간의 필요에 대처함과 동시에 자신들의 필요에 스스로 대처할 수 있도록 인간의 능력도 키우고자 한다. 즉 개개인의 권리와 그들의 근본적 자유가 보장되어야 국제사회에도 평화와 안보가 있을 수 있다고 보는 것이다.[7]

2) 안보화와 평화

지금까지 논의한 인간안보는 안보의 개념을 경제, 사회, 환경 등 비非군사 영역으로까지 확장하고 공포와 결핍에 대한 공포로부터 인간을 해방시키고자 하는 취지에서 등장하였다. 이처럼 인간안보가 제시한 (관심과 조치가 필요한) 영역을 어떻게 안보의 영역으로 규정하고 필요한 조치를 취하는지에 대한 과정을 분석 및 설명하는 것이 안

7 "Human Security Report of the Secretary-General," *United Nations General Assembly A/64/701* (March 8, 2010).

보화securitization라는 개념이다.[8] 즉 개개인에게 실존적인 위협existential threat을 인식시키는 것은 인간안보 지지자들이지만, 특정 안보정책에서 누가, 언제, 무엇을, 어떻게 해야 하는가에 대한 구체적인 구상을 실천하는 것은 안보화의 과정이다.

각 이슈는 안보화되기 전에 우선 비정치화non-politicization와 정치화politicization 단계를 거친다. 특정 이슈가 대중으로부터 그들의 일상을 방해하는 것으로 여겨지지 않는다면(따라서 특별한 대응책이 필요하지 않다고 간주된다면), 그 특정 이슈는 그 사회 내에서 비정치화 단계에 놓여 있다. 한편 다른 특정 이슈가 대중들이 일상적인 삶을 살아가는 데 방해가 되고 위협을 줄 수 있는 사안으로 여겨져 공론의 장이 열리고(기존 정치체제 및 제도 내에서) 정부의 대응이 필요한 것으로 여겨진다면, 그 이슈는 정치화 단계에 놓여 있다고 볼 수 있다. 그리고 바로 그다음 단계가 안보화인 것이다.

안보의 개념에 있어서 확장파에 속하는 코펜하겐 학파Copenhagen School 역시 국가안보에만 주목했던 전통적인 안보 개념이 인간의 삶과 생존을 위협하는 비군사적 요소들을 소외시킨다는 문제의식을

---

8 Securitization을 국내에서는 흔히 '안보화安保化'라고 번역하는데, 이것이 올바른 번역인지에 대해서는 논쟁의 여지가 있다. 영어의 security에는 동사 개념이 약해서 securit-ization이라는 신조어가 형성될 수 있지만, '안보'라는 한글 단어에는 이미 안전을(安) 보장하다(保)라는 동사 개념이 내재되어 있기 때문이다. 예를 들어 '백성을 편안하게 하다'는 뜻의 안민安民에다가 '~화'라는 동적 개념을 다시 한번 넣으면 동사가 이중으로 적용되는 것이다. '안보화' 용어의 경우에도 안보에 '~화'를 추가함으로써 '안전을 보장한다'에 더해 동적 개념이 한번 더 추가되는 것이다. 하지만 일단 한국학계에서는 '안보화'라는 단어가 securitization을 나타내는 단어로 이미 널리 쓰이고 있어 여기에서도 securitization을 의미하는 한국어로 '안보화'를 채택하였다.

통해 안보 개념의 수직 및 수평적 확산을 추구하였다. 즉 코펜하겐 학파 역시 전통적인 국가와 군사 중심의 안보 외에도 그 개념에 다른 분야를 포함하여 안보의 영역을 확장함과 동시에, 개개인과 사회 및 국제적 차원의 문제들까지 포함하여 그 개념에 깊이를 더해야 한다는 입장인 것이다.

이 코펜하겐 학파에 의하면, 안보란 객관적인 상황이 아니라 구체적인 사회 과정의 결과이다.[9] 안보란 어느 특정한 상황을 일컫는 것이 아니라, 개인·사회·국가에서 지정하고 받아들이는 상황이 곧 안보와 직결된 상황이 된다는 것이다. 이러한 안보화를 위해서는 안보화 주체securitizing actor, 안보의 대상referent object, 그리고 청중audience이라는 세 종류의 행위자와 언어행위speech act라는 안보화 주체의 행동이 필요하다.

보다 구체적으로, 안보란 안보화 주체들이 발언utterance이라는 언어행위를 통해 안보의 대상과 위협을 규정하고 이것이 청중으로부터 인정되는 사회적 과정을 통한 결과인 것이다. 특정 언어행위가 구체적인 안보행위라는 자격을 갖추기 위해서는 특정 사안이 개인 혹은 사회에 실존적인 위협을 가하게 될 것을 안보 대상에게 설득할 수 있어야 한다. 동시에 이 사안에 대처하기 위해서는 일상생활을 벗어나야 할 만큼의 특별한 비상조치가 요구된다는 것을 그들에게 인식시켜야 한다. 이러한 문제제기와 설득 과정을 통해 안보 담론이 형성되며, 그 특정 사안은 국가가(혹은 사회가) 개개인의 안전을

9 Michael C. Williams, "Words, Images, Enemies: Securitization and International Politics," *International Studies Quarterly*, vol. 47 (2003), p. 513.

보장하기 위해 해결해야 할 최우선의 과제로 격상되어야 한다. 그리고 마침내 국가지도자가 그 사안으로부터 오는 위협을 완화시키기 위해서 특별한 조치를 취해야 한다고 언급함으로써 그 사안은 정치화되고 더 나아가 안보화된다.

다만 안보화 언어행위는 반드시 청중이 받아들여야만 의미가 있다. 성공적인 안보화는 그 주체가 아니라 청중이 결정하게 된다는 것이다. (청중은 바로 안보의 대상일 수도 있지만, 특정 사안과 관련된 혹은 그 사안에 관심이 있는 사람일 수도 있다.) 따라서 성공적인 안보화를 위해서는 안보화 주체가 언어행위를 통해 자신의 목적을 청중이 받아들이도록 확신시킬 수 있어야 한다. 안보화가 성공한 이후에야 그 문제에 대응하기 위한 국가의 특별 권한(일반적인 상황에서의 정부 권한을 넘어서는 물자동원, 무력사용, 집행권 등) 사용이 정당화될 수 있기 때문이다. 만약 특정 사안이 실존적인 위협을 줄 만큼 위급하고 중대하다는 점을 청중에게 설득하지 못한다면 안보화는 완성되지 못하고 단지 움직임에 그치고 만다.[10]

코펜하겐 학파는 누가 안보화 주체가 될 수 있다고 특정짓지는 않는다. 이는 개개인이 안보 대상이자 안보화 주체가 될 수 있음을 인정하는 것이다. 하지만 이론적으로는 누구나 언어행위를 하는 안보화 주체가 될 수 있지만, 현실에서는 행위자들마다 지닌 능력과 동원가능한 자원이 다르기 때문에 누구나 안보화 주체가 될 수 있는

10 Rita Floyd, "Human Security and the Copenhagen School's Securitization Approach: Conceptualizing Human Security as a Securitizing Move," *Human Security Journal*, vol. 5 (2007), p. 41.

것은 아니다. 즉 현실적으로 청중을 움직일 능력과 수단을 보유한 행위자는 국가이기 때문에 안보화는 여전히 국가가 주도하게 된다. 안보화 접근법이 여전히 국가중심적이라는 비판을 받는 이유도 여기에 있다.

이처럼 안보화란 제도화된 상황을 벗어난, 예외적인 상황 사이에서 행해지는 것이다. 하지만 때때로 성공적으로 이루어진 안보화는 제도화되며, 이를 통해 과거에 비상조치로 여겨졌던 행위를 앞으로는 필요에 따라 언제든지 할 수 있게 된다. 고도로 제도화된 안보 사안은 청중이 그 중요성을 이미 수용하였기 때문에, 이를 설득하기 위한 언어행위 역시 더 이상 필요하지 않게 된다. 또한 그 사안에 대응하기 위한 조치가 이미 (군대, 응급실 등과 같이) 제도화를 통해 상시 준비되어 있다. 따라서 성공적으로 제도권에 포함된 사안들은 더 이상 기존 규칙과 법을 일시 중지시키는 비상사태를 선포할 필요가 없게 된다. 제도화를 통해 기존에 비상조치가 필요한 상황으로 여겨졌던 사건에 대한 만반의 준비를 갖추어 두었기 때문에 더 이상 특정 사안이 일상상황에 위협이 되지 않는 것이다.

이처럼 위협에 대한 안보화는 어떠한 과정 및 대응을 통해 인간안보가 제시한 새로운 분야에서 개인의 자유와 안전을 지킬 것인지를 보여줌으로써 안보 연구에 공헌하였다. 안보화 과정과 이를 통한 성공적인 결과는 개개인의 생존과 공포 및 궁핍으로부터의 자유 획득에 도움이 된다는 측면에서 적극적 평화 성취에 필수적인 과정이라고 할 수 있다.

3. 새로운 안보 개념을 둘러싼 쟁점과 비판

1) 인간안보 개념을 둘러싼 쟁점과 비판

인간안보 개념이 그동안 국가안보에 밀려 등한시되었던, 국가 외부 세력의 침략보다 개개인에게 더욱 빈번하고 직접적인 피해를 끼치는 요소들인 질병, 빈곤, 자연재해, 불평등 등에 주목할 필요성을 강조하고 주의를 환기했다는 점은 부정할 수 없다. 냉전이 끝나고 세계 환경과 전후 사정이 변화함에 따라 국가 간 정치, 군사 문제 외에도 민족분쟁, 대량살상무기 관리, 환경 및 인구 문제, 전염병 확산 등과 같은 사안에 주목하고 대응할 기회가 주어진 것이다. 이처럼 인간안보 개념은 적극적 평화 달성을 위해서는 보다 확장된 안보 개념이 필요하다는 것을 보여주었지만, 한편으로는 동시에 쟁점을 제시하기도 한다.

우선 인간안보는 국가가 아니라 개인을 위주로 안보 개념을 재설정해야 한다는 의제를 내포하고 있기 때문에 규범적인 성격이 있다고 여겨진다.[11] 또한 인간안보는 선천적으로 수정주의적이라고 여겨진다. 인간안보는 인간의 취약성, 불안정, 불안감은 기존에 존재하는 힘의 구조 때문에 발생하며, 그 구조가 바뀌어야 취약한 집단 및 계층에 속한 사람들이 위협을 느끼지 않게 될 것이라고 본 것이다. 이처럼 인간안보는 사회 및 국가 내에 존재하는 (적극적 평화를 저해할 수 있는) 힘과 분배의 구조와 제도에 대해 의문을 제기한다.

---

11 Edward Newman, "Human Security and Constructivism," *International Studies Perspectives*, vol. 2 (2001), p. 240.

한편 인간안보는 안보에 대한 생각과 정책을 개인을 대상으로 전환함과 동시에 개인, 국가, 국가 주권의 관계에 대한 질문을 제기한다. 전통적으로 국가 주권과 주권의 정통성은 정부의 영토 통제 및 방어, 국가 독립 유지, 다른 국가의 인정에 기반하였으며, 시민의 역할은 정부의 역할을 지지하는 것이었다. 하지만 인간안보 접근법은 반대로 인간으로부터 국가의 정통성이 비롯되기 때문에 국가와 국가 주권이 인간을 지지하고 그들의 인권과 복지를 지원해야 한다고 보는 것이다. 즉 그동안 전통적인 국가안보 개념이 국가중심의 위로부터의 접근에 집중하였다면, 인간안보는 인간중심의 아래로부터의 접근을 제시하였다고 볼 수 있다.[12]

그렇다고 해서 인간안보 개념이 국가를 부정적으로만 바라보는 것은 아니다. 물론 냉전시기 동안 국가안보를 우선시하였던 '국가'는 국가 주권 및 영토 방어를 위해 정치·군사 분야에만 주목한 나머지 인간안보를 희생하면서 국가안보를 성취해 왔다고 여겨져 왔다. 그렇지만 인간안보 개념이 반드시 국가안보 및 국가 주권과 갈등관계에 있는 것은 아닌 이유는, 일차적으로 시민들의 인간안보를 보장할 책임이 바로 '국가'에 있기 때문이다.[13] '국가'가 인간안보의 제공자가 될 가능성이 가장 큰 이유는, 결국 동원가능한 능력과 자원이 다른 하위 행위자sub-state actors보다 '국가'가 더 크고 많기 때문이다.

전염병, 마약, 테러, 반인륜적 무기, 지뢰, 사이버 전쟁, 인신매매

12 서보혁, 「인간안보에 있어서 국가의 역할 연구: 남북관계에의 적용 가능성」, 『동북아연구』 제27권 2호 (2012), p. 76.

13 위의 글, p. 147.

와 같은 위협을 해결하기 위해서는 그 역량과 의지가 충분한 '강한 국가strong state'가 필요하며, '약한 국가weak state'의 경우 자신의 문제 대처 능력을 강화해야 한다.[14] 국가가 약할수록 그 국가의 개인들이 안보를 누릴 수 있는 가능성이 줄어들 것이기 때문이다. 또한 약한 국가의 역량 부족으로 인해 위협이 주변 국가들로 확산되는 것을 방지하기 위해서 강한 국가와 국제사회가 그 약한 국가 주변국들의 대처 능력도 함께 강화해야 한다. 이처럼 국가가 인간안보 성취를 저해하기도 하지만, 한편으로는 인간안보 성취를 위해서는 국가의 능력 강화가 필수적인 것이다. 따라서 인간안보 개념은 국가 주권이 인간안보 성취를 방해하는 요인이 아니라 둘이 '상호 보완관계'라는 것을 부각시켰다.[15]

예를 들어, 앞서 언급한 2012년 9월 「유엔총회 결의안 보고서United Nations General Assembly A/RES/66/290」는 ① 인간안보가 국가안보를 대체하는 것이 아니며, ② 국가 사이와 내부 사정에 따라 인간안보를 위한 정치·경제·사회·문화 상태가 다르기 때문에 지역 현실에 맞는 국가적 해결방안을 강화해야 하고, ③ 정부가 시민의 생존, 생계, 자존감을 보장하는 주된 역할과 책임을 보유하며, ④ 인간안보는 국가 관할구역 내의 문제에 개입하지 않으면서 국가의 주권 및 영토를 존중하면서 시행되어야 한다고 함으로써, 인간안보 성취에 있어서 국가의 역할을 강조하는 동시에 국가의 주권을 존중한다.

이처럼 인간안보 개념을 둘러싼 대표적인 쟁점은 바로 인간안보

---

14 위의 글.

15 이혜정·박지범, 「인간안보: 국제규범의 창안, 변형과 확산」, p. 14.

성취에 있어서 국가의 역할은 무엇이며, 어디까지 국가가 개개인의 삶에 개입해야 하는지, 또는 국가의 개입을 개인의 삶 어디까지 허용해야 하는지 등이다. 국가는 개인의 안보를 보장하면서도 이를 저해할 수 있는 이중적인 면을 갖고 있기 때문이다.

다른 한편으로는 인간안보라는 개념 자체에 대한 보다 근본적인 비판 또한 존재한다. 인간안보 개념은 전통적인 국가중심 안보 개념에 의문을 제기하며 인간 개인과 하위 정치 분야에도 주목할 것을 제시하였지만, 전통파는 인간안보란 개념이 너무 범위가 넓고 모호하다고 여긴다. 이러한 논쟁은 냉전이 끝나면서 전통파와 확장파 사이에서 시작되었다. 앞서 언급했듯이 확장파는 안보 개념을 그동안 하위 정치 영역에 속한다고 여겨졌던 질병, 기아, 환경오염 등까지 확장해야 한다는 것이다.

하지만 너무 광범위하고 모호한 개념으로 인해 인간안보는 누구를 위한, 어느 가치를 지키기 위한, 어느 위협으로부터, 어느 수단을 통해, 어떤 비용을 치르며, 얼마 동안, 얼마만큼의 안보를 확보해야 하는가 등 구체적인 정책을 수립하기 위한 질문들에 대한 답을 하기 어렵다. 이러한 인간안보의 모호성은 정책결정자 혹은 분석가의 선입견이나 이익에 따라 특정 가치와 정책이 지지를 받거나 소외될 수 있다는 것을 의미하기도 한다.

반면에 전통파는 안보에 있어서 여전히 국가 및 군사 안보가 중요하며, 개념의 일관성 유지를 위해서라도 개념의 확장은 피해야 한다는 입장이다. 즉 전통파는 안보 연구가 군사력에 대한 위협, 사용, 통제 등 전쟁에 관한 학문이라고 본다. 게다가 전통파는 환경오염, 질병, 아동학대, 경제불황 등을 모두 안보에 대한 위협이라고 여기면

과도하게 안보 연구의 범주를 확장시키게 되는데, 이로써 문제들에 대한 해결방안을 창안하는 데도 어렵게 된다고 본다.

또한 개개인의 안보에 주목한다는 인간안보는 한편으로는 모든 것 혹은 아무것도 우선시하지 않는다는 비판에 직면하게 된다. 개개인을 안보의 대상으로 본다면 지구상의 모든 개개인이 염려의 대상이다. 따라서 모든 이들의 안보를 지키기 위해서는 한정된 자원을 다른 비非안보 분야로부터 재분배해 와야 하는데, 이렇게 된다면 과연 안보의 영역을 넓힘으로써 우리가 얻는 것은 무엇이며, 얻는 것이 더 많은가 잃는 것이 더 많은가에 대해 생각해 봐야 한다. 즉 한정된 자원을 너무 많은 분야에 무차별적으로 사용하게 되면, 이는 곧 동원가능한 자원의 고갈로 이어지고, 이어 모든 개개인을 우선시함으로써 그 누구도 혜택을 받지 못하는 상황이 벌어질 수 있게 된다. 또한 이처럼 경제, 식량, 보건, 환경, 개인, 공동체, 정치 등 모든 분야에서 인간안보를 성취하려는 시도는 (국가 혹은 국제기구 같은) 안보 제공자가 개입 피로를 느끼게 함과 동시에, 그들의 과도한 개입을 야기하게 된다는 비판을 받게 된다.

더불어 인간안보는 인간을 우선순위에 두고 그들의 안전이 국제평화와 안보를 증진 및 유지한다고 여기지만, 인간안보 개념이 너무 보편적이기 때문에 인간을 구별하지 않는다는 한계에 직면한다. 즉 인간안보는 특정 인간에게 위협을 가하는 가해자와 그 위협의 대상인 피해자를 구별하지 않는다는 것이다. 이는 다른 이들의 안보와 적극적 평화를 해치는 가해자들의 안보도 존중받아야 하는지에 대한 도덕적 논쟁을 야기하게 된다.

2) 안보화 개념을 둘러싼 쟁점과 비판

안보화와 관련해서 다음과 같은 쟁점과 비판들이 존재한다. 첫째, 안보화란 개념이 너무 넓은 영역을 다루고 있기 때문에 그 개념이 모호하며, 따라서 안보 의제에 제한이 필요하다는 지적을 받는다.[16] 예를 들어, 안보화 개념은 각 영역에 따라 안보의 주체와 대상, 실존적 위협을 명확하게 지정하는 데 한계를 보인다. 코펜하겐 학파에 의하면, 군사 영역의 주된 안보화 주체는 국가이고, 환경 분야에서는 그 주체가 국가, 인지공동체, 로비스트, 비정부기구들이다. 하지만 그들조차 경제 영역 혹은 사회 영역에서는 그 주체와 대상이 무엇인지 명확하게 설명하지 못한다.[17] 또한 코펜하겐 학파는 사회 분야에서는 무엇이 실존적인 위협이고, 무엇이 그것보다 약한 위협인지를 구분하기 매우 어렵다고 주장한다.[18] 그리고 경제 분야에서도 실존적 위협이 무엇인지 명확하게 제시하지 못하는 등 그 한계를 드러낸다. 이와 더불어 긴급조치를 시행하는 적절한 수단은 무엇인가 역시 논쟁의 대상이 된다. 이처럼 안보의 개념을 확장함으로써 과거에 주목받지 못했던 분야와 대상(개인)에 대한 관심을 촉구한다는 점에서 안보화 개념의 등장은 긍정적인 측면이 있음은 분명하지만, 한편으로는 너무 많은 분야, 주체, 대상을 포함시키려다 보니 인간안보 개념이 직면했던 문제와 동일한 문제에 직면하게 되는 것이다.

---

16 Williams, "Words, Images, Enemies: Securitization and International Politics," p. 513.

17 Barry Buzan, Ole Wæver, and Jaap de Wilde, *Security: A New Framework for Analysis* (Boulder, London: Lynne Rienner Publishers, 1998), pp. 22-23.

18 Ibid., p. 23.

또한 지나친 안보화는 편집증을 유발한다는 지적을 받는다.[19] 개인의 자유와 권리를 보호하기 위해서는 식량, 환경, 보건 등 다양한 비군사 분야들도 안보화해야 하는데, 이처럼 안보화되는 분야가 증가할수록 비이성적이고 과도한 안보화에 대한 우려와 피로를 낳게 되는 것이다. 특히 민주주의 국가에서 안보화가 성공하면 국가 및 사회의 지도자가 문제해결을 위한 특별 권한을 행사할 수 있게 된다. 이러한 예외 상황에서는 힘이 지도자에게 집중되며 기존의 법과 규칙이 적용되지 않는 상황이 이어지는데, 이는 지도자가 새로 부여받은 권한을 개인의 자유와 권리를 억압하는 데 악용할 수 있음을 의미한다. 이처럼 강압적인 국가는 개인의 삶 곳곳에 침투하여 그들의 안보를 해칠 수 있다. 인간안보 개념을 논할 때와 마찬가지로 안보화 과정에서 국가에 부여되는 권한이 어디까지, 얼마나 허용되어야 하는가에 대한 논쟁이 발생하게 되는 것이다. 이 외에도 한 국가의 과도한 안보화 행위는 주변 국가들에도 위협으로 여겨져 안보 딜레마를 유발할 수도 있게 된다[20]는 점에서 국제사회에 부정적인 영향을 끼친다.

이 외에도 특정 사안을 안보화할 경우 안보화되지 않거나 못한 사안은 등한시된다는 점도 지적받는다. 즉 보건 분야가 안보화되어 있는 동안에는 공동체 혹은 식량안보가 주목을 받지 못할 수 있으며, 공동체의 안보에 주목한다면 기후변화와 같은 환경 분야로부터 오

19 Barry Buzan, "Rethinking Security after the Cold War," *Cooperation and Conflict*, vol. 32, no. 5 (1997), p. 21.

20 Ibid. p. 21.

는 위협에 대응할 계획과 능력을 사전에 갖추지 못하게 될 수 있는 것이다. 하지만 그렇다고 해서 공동체, 식량, 보건, 환경 등 모든 분야를 안보화해 놓는다면 개인과 사회가 안보화 피로 및 우려를 느끼게 된다. 따라서 국가와 지도자들은 과도한 안보화와 지나친 불감증 사이의 균형점을 찾아야 하는 과제를 맡게 된다.

이러한 안보화의 부작용에 대처하기 위해서 안보화와 상반되는 '탈脫안보화de-securitization'라는 개념이 등장한다. 탈안보화는 이슈를 안보 의제에서 제거하고 상황을 다시 일상으로 되돌리는 과정이다. 만약 특정 사안이 특별한 조치가 필요한 상황으로 설정될 수 있다면 틀림없이 다시 일상상황으로 되돌리는 탈안보화도 가능하다고 보는 것이다. 코펜하겐 학파 역시 긴급상황이라는 미명 아래 특정 사안이 민주적인 절차를 생략하고 비밀스럽고 은밀하게 논의되는 일이 적을 것이기 때문에 탈안보화가 민주주의를 위해서도 좋다고 본다.[21]

4. 다른 가치와의 연계

지금까지 적극적 평화를 성취하는 데 있어서 안보는 어떤 역할을 할 수 있는지 살펴보았다. 적극적 평화 성취를 위해서만 안보가 필요한 것은 아니다. 안보 개념 역시 이 책에서 다루고 있는 다른 가치들과 깊게 연관되어 있는 가치들 가운데 하나이다.

21 Paul Roe, "Securitization and Minority Rights: Conditions of Desecuritization," *Security Dialogue*, vol. 35, no. 3 (2004), p.283.

우선 적극적 평화 달성을 위해 어느 안보 분야에 주목해야 하며 더 나아가 안보화 작업이 필요할지 여부는 개인, 사회 및 국가 간 합의에 의해 결정된다. 또한 전통적인 국가중심의 안보 개념을 벗어나 인간의 권리와 안전을 강조하는 인간안보 모델은 모든 인간이 공포로부터의 자유와 궁핍으로부터의 자유를 누리는 것을 목표로 하므로 권리보장, 사회참여, 부의 분배 등의 측면에서 공정성을 추구한다고 볼 수 있다. 즉 인간안보란 인종, 민족, 성(性), 나이, 교육수준, 소득수준 등에 따라 차별하지 않고 모두가 자유와 권리를 누리는 평화를 얻는 것을 목적으로 한다. 이는 사회 내에 존재하는 구조 및 문화적 억압을 제거함으로써 개개인에게 (결과가 아닌) 기회의 균등을 누릴 수 있는 환경을 조성하는 것이다. 이처럼 개개인의 안보 성취를 통해 직·간접적인 폭력이 모두 부재한 적극적 평화의 상태에 이르게 하고, 이는 사회 통합으로 이어질 수 있다.[22] 이러한 합의, 인권, 공정성, 통합을 통해 궁극적으로 사회 및 국가 내 모든 개개인이 평화롭게 공존하게 되는 것을 적극적 평화 상태라고 부를 수 있다.

하지만 안보와 민주주의 간의 관계는 두 가지 상반된 방향으로 흐를 수 있다. 인간안보 성취를 위해 때로는 일상 정치상황을 벗어난 특별한 조치를 취할 수 있는 예외적인 상황을 선포해야 하는데, 이는 민주적인 절차를 벗어나는 행동을 정당화하게 된다. 이는 개개인의 자유와 안보를 위해 민주주의의 일시 정지 혹은 후퇴를 감내해야 할 수도 있다는 것이다. 즉 국가안보에만 전념한 과거의 국가중심

---

22 갈퉁 역시 적극적 평화란 인간사회의 통합을 의미한다고 언급하였다. Johan Galtung, "An Editorial," *Journal of Peace Research*, vol. 1, no. 1 (1964), pp. 1-4.

안보 개념이 개인을 억압하였다고 인간안보 지지자들은 주장하였지만, 한편으로는 개인의 안보를 위해 민주주의를 희생해야 하는 아이러니한 상황에 놓이게 되는 것이다. 그렇다면 과연 개인의 권리 및 자유를 민주적인 절차와 규범 아래서 쟁취하고 사회 통합을 이루는 방법은 없는지 모색해 봐야 할 것이다.

5. 안보의 사례

지금까지 기존의 안보 개념을 확장한 인간안보와, 그 인간안보를 실행하기 위한 구체적인 방안으로 여겨지는 안보화란 무엇이며, 이를 둘러싸고 어떤 쟁점과 비판들이 존재하는지에 대해 살펴보았다. 이 개념들을 바탕으로 적극적 평화 달성을 위해 인간안보 및 안보화 개념을 적용한 구체적인 사례들을 소개하고자 한다.

1) 2014년 에볼라 창궐과 보건안보

1994년 유엔『인간개발보고서』는 인간안보의 한 요소로서 보건안보를 언급한다. 빈곤국과 개발도상국에서는 전염병 혹은 기생병이 주요 사망 원인인데, 이는 영양부족, 위생문제, 식수문제 등으로 인해 발생한다. 이러한 질병의 확산은 개개인의 건강과 삶에 위협이 되고, 그들이 공포로부터의 자유를 누리지 못하게 한다. 또한 질병의 확산은 개인과 공동체가 경제활동(생산노동과 소비생활)을 할 수 없게 만듦으로써 궁핍으로부터의 자유 또한 누리지 못하게 한다. 이러한 측면에서 질병의 확산은 보건안보에 위협이 되고, 이는 곧 인간안보

성취를 막는다고 볼 수 있다.[23]

그 구체적인 예로 2014년 2월 서아프리카 라이베리아, 기니, 시에라리온에서 발생한 에볼라Ebola 바이러스 확산은 그 지역뿐만 아니라 전 세계에 공포를 안겨주었다. 서아프리카에서 발병한 에볼라가 다른 국가들의 공공보건에도 매우 심각한 영향을 줄 수 있기 때문에, 2014년 8월 8일 세계보건기구WHO, World Health Organization는 '국제적 공중보건 비상사태PHEIC, Public Health Emergency of International Concern'를 선포하고 에볼라 확산을 억제하기 위해 조율된 국제적 대응이 필요하다고 발표하였다.[24] 또한 세계보건기구는 에볼라가 발생한 라이베리아, 기니, 시에라리온 지도자들에게 국가비상사태를 선포하고 의료기관을 설치하여 에볼라 의심 환자들을 특별 관리하는 등의 조치를 취할 것을 조언하였다.

2014년 9월 18일에는 유엔안전보상이사회UN Security Council 역시 결의안 2177을 통해 에볼라 바이러스 발생이 국제평화와 안보에 위협이 된다고 결정하였다.[25] 국가 및 국제기구에서 발병국의 국경 통제, 의심 환자 및 그들과 접촉한 자들의 이동을 제한하였지만, 수많은 인력과 물자들이 전 세계의 국경을 넘나드는 현실에서 완벽하게 에볼라 확산을 저지하는 것은 불가능하였기 때문이다. 그리고 2014년

23 실제로 에볼라 발병으로 인해 라이베리아, 기니, 시에라리온 모두 경제성장률, 농업생산량, 국내총생산GDP이 하락하는 경제적 타격을 입었다. 이호영, 「서아프리카 에볼라 사태의 배경과 영향」, 『대한정치학회보』 제24집 3호 (2016), pp. 119-122.

24 "Statement on the 1st Meeting of the IHR Emergency Committee on the 2014 Ebola Outbreak in West Africa," World Health Organization (August 8, 2014). 〈https://www.who.int/mediacentre/news/statements/2014/ebola-20140808/en/〉

25 "Resolution 2177 (2014)," United Nations Security Council (September 18, 2014).

9월 19일에는 유엔총회 결의안 69/1을 통해 에볼라 발병에 대한 염려를 표시하고 공공보건 위기를 억제하기 위해 국가, 국제기구, 지역기구 등 모두의 노력을 촉구하였으며,[26] 이 결의안의 결과로 에볼라 발병 중지, 감염자 치료, 추가 발병 예방 등을 목표로 하는 유엔 에볼라 긴급대응단UNMEER, UN Mission for the Ebola Emergency Response을 창설하였다. 이처럼 유엔은 인간안보 관점에서 에볼라 확산을 조명함으로써 인도주의적 개입에 대한 국제기구, 국가, 비정부기구 등의 의무에 대해 주지시켰다.

마지막으로, 유엔 외에도 아프리카 연합AU, African Union과 서아프리카 경제공동체ECOWAS, Economic Community of West African States 같은 지역 기구들도 에볼라 발병을 긴급상황이라고 규정하고 그 대응으로 각자 내부 절차에 따라 군대와 민간 의료진들을 파견하였으며, 국경없는 의사회MSF, Medecins Sans Frontieres와 같은 비정부기구 역시 의료진을 파견하고 국제사회의 동참을 촉구하는 등의 활동을 하였다.

이러한 국제사회의 노력으로 서아프리카 3국의 에볼라 바이러스 신규 감염자 수는 2014년 11월부터 꾸준히 감소하여(3,559명) 2015년 6월부터는 매달 400명 미만이었고, 2015년 12월에는 마침내 0명에 다다르게 되었다.[27] 이에 세계보건기구는 2016년 3월 29일 '국제적 공중보건 비상사태' 해제를 선언하였다.

26 "Resolution adopted by the General Assembly on 19 September 2014," United Nations General Assembly (September 23, 2014).

27 "2014 Ebola Outbreak in West Africa Epidemic Curves," Centers for Disease Control and Prevention (December 27, 2017). 〈https://www.cdc.gov/vhf/ebola/history/2014-2016-outbreak/cumulative-cases-graphs.html〉

에볼라 바이러스 확산이 시작된 후 세계보건기구와 유엔이 보여 준 대응은 질병의 확산이 인간의 보건안보에 위협이 된다고 인식하고 이를 안보화하는 것이었다. 먼저 '국제적 공중보건 비상사태'를 선포하고 바이러스의 확산이 국제평화와 안보에 위협이 된다고 결정한 언어행위들을 통해 이 사안이 특별한 조치가 필요할 만큼의 국가 및 세계적인 위기로 이어질 수 있다는 점을 강조하였다.

또한 국제 및 지역 기구들은 각 발병국 정부가 일상 정치상황에서 벗어나 특별 권한을 행사하여 질병을 통제하고 안보의 대상인 국민 개개인을 지키기 위해 노력해야 한다고 조언하였다. 이 가운데 위기에 대응하기 위해 여러 비정부기구와 민간 의료진 등 국제시민사회의 적극적인 참여가 있었다는 점에서 이들의 언어행위에 수용자들이 동의하고 설득되었다고 볼 수 있다.

마지막으로 2016년 3월 세계보건기구가 '국제적 공중보건 비상사태'의 해제를 선언함으로써 안보화되었던 이슈가 탈안보화되고 다시 일반 정치상황으로 되돌아오게 되었다.

이처럼 에볼라 바이러스 확산으로 인한 피해를 최대한 줄이는 선에서 국제사회가 대처했다고 평가받는 근거 중 하나는, 위협의 안보화를 통해 신속한 공동대응이 필요하다는 국제적 합의를 이끌어냈기 때문으로 여겨진다.

한편 에볼라 사태는 보건안보와 안보화에 대한 예시뿐만 아니라, 안보 제공자로서 국가의 역할에 대한 고찰도 제시해 준다. 에볼라 바이러스가 서아프리카 3국에 집중적으로 발생한 여러 원인 가운데 빈곤과 국가의 부족한 통치역량을 들 수 있다. 이로 인해 체계적이고 전문적인 의료 시스템(전문인력 양성, 전문장비 구축 등)이 그 국가들에는 부재했던 것이다.[28] 앞서 논의하였듯이, 국가안보를 위해 국가가 상위 정치 분야에만 지나치게 주목한 나머지 하위 정치 분야와 인간 개개인의 안보가 지켜지지 않는다는 취지에서 등장한 개념이 인간 안보이다. 즉 국가중심적인 기존의 안보 개념에서 탈피하여 인간중심으로 개념을 재편해야 한다는 것이었다. 하지만 여전히 인간안보를 제공하고 안보화를 주도하는 주된 주체는 이를 시행할 능력과 자원을 지닌 국가이다. 서아프리카 3국의 경우 자국민에게 인간안보를 제공하는 데 실패하였고, 이에 대한 대응으로 국제기구, 지역기구, 비정부기구 등 국제사회가 국가의 역할을 대신해야 했다. 결과적으로 외부의 도움으로 에볼라 사태는 약 2년 만에 마무리되었지만, 질병 발생 후 초기 대응을 위해서는 해당 국가의 정부가 대응능력이 있어야만 한다. 결국 국가가 개인의 삶에 지나친 간섭 및 억압을 할 경우 인간안보 성취를 저해할 수 있다는 우려도 있지만, 궁극적으로 개개인의 공포와 궁핍으로부터의 자유를 지키기 위해서는 국가역량의 강화가 필요하다고 볼 수 있다.

2) 기후변화와 환경안보

앞서 언급한 1994년 유엔 『인간개발보고서』는 인간안보의 한 요소로서 환경안보 또한 강조한다. 그중에서 유엔은 기후변화가 인간안보에 미치는 영향에 주목한다. 기후변화로 인한 해수면 상승은 농경지, 목초지, 거주지 등의 상실로 이어짐과 동시에 빈곤과 난민 문제 등을 일으키고, 이는 곧 한정된 자원을 놓고 벌이는 개인 및 국가 간

28 이호영, 「서아프리카 에볼라 사태의 배경과 영향」, pp. 116-117.

의 경쟁을 촉진하게 될 것이기 때문이다. 이처럼 기후변화는 개개인이 기존 삶의 터전에 더 이상 거주하지 못하게 함으로써, 그리고 식량생산을 방해하고 자원경쟁을 유발한다는 점에서, 개인이 공포와 결핍으로부터의 자유를 누리지 못하게 한다. 이러한 측면에서 기후변화는 인간의 환경안보에 위협이 되고, 이는 그들의 인간안보 성취를 막는다고 볼 수 있다.

예를 들어, 2013년 9월 6일 태평양 지역 15개국(호주, 뉴질랜드, 키리바시, 나우루, 쿡아일랜드, 마이크로네시아 연방국, 니우에, 팔라우, 파푸아뉴기니, 마셜 제도, 사모아, 솔로몬 제도, 통가, 투발루, 바누아투) 대표들은 마셜 제도의 수도인 마주로에 모여 마주로 선언The Majuro Declaration을 발표하였다. 이 선언의 목적은 기후변화에 대한 전 세계적 대처에 경종을 울리는 동시에, 그동안 진전이 더디었던 그 판도를 바꾸고자 하는 것이었다.[29] 보다 구체적으로, 마주로 선언에 동참한 태평양 지역 15개 국가들은 온실가스 배출을 줄이고 재생가능한 에너지 채택에 앞장서기로 동의하였다. 또한 선언을 통해 미국·중국과 같이 온실가스 배출량이 큰 경제 대국들도 참여하도록 설득 및 압박하고자 하였다. 마주로 선언에 동참한 태평양 지역 15개 국가들은 기후변화와 해수면 상승으로 인해 직접적인 피해를 이미 받았거나 가까운 미래에 국토의 일부가 해수면 아래로 잠기기 시작할 위기에 놓여 있기 때문에, 가장 적극적으로 기후변화가 끼칠 수 있는 피해에 대처하려는 움직임을

29 "Pacific islands hope to persuade world to move on climate change," Al Jazeera (September 6, 2013). 〈http://america.aljazeera.com/articles/2013/9/6/pacific-islands-leadershopetoconvinceworldtomoveonclimatechange.html〉

보임과 동시에 보다 많은 국가들의 참여를 요청한 것이었다.

이에 대한 대응으로 2013년 9월 27일 반기문 유엔 사무총장은 태평양 도서국 포럼The Pacific Islands Forum의 의장이자 마셜 제도의 대통령인 크리스토퍼 로익Christopher J. Loeak과의 만남에서 기후변화가 인류의 장기적 안전에 있어서 가장 큰 위협 가운데 하나이며, 다른 국가들도 온실가스 배출량 감축 등에 참여하도록 요청하겠다고 말하였다.[30]

또한 2018년 9월 26일 유엔총회에서 통가의 국왕 투포우 6세Tupou VI, 키리바시 대통령 타네스 마아마우Taneti Maamau, 나우루 대통령 디바베시 와카Divavesi Waqa, 팔라우 대통령 토마스 에상 레멘게사우Tommy Esang Remengesau, Jr.는 전 세계 국가들이 기후변화에 대처하기 위해 온실가스 배출량을 줄이고 지속가능한 개발을 추구할 것을 촉구하였다.[31] 이와 더불어 뉴질랜드 역시 2018년 12월 6일에 발표한 국방정책에서 기후변화가 뉴질랜드에 있어서 가장 큰 위협이라고 평가하고, 이에 대응하기 위해 태평양 지역 국가들과의 협력이 필요함을 강조하였다. 그리고 온실가스 배출을 줄이기 위한 프로젝트들을 지원하기 위해 뉴질랜드 정부는 1억 뉴질랜드 달러(6,820만 미국 달러)를 투자하기로 결정하였다.[32]

---

30 "Press Statement on Meeting of Pacific Islands Forum Leaders, UN Secretary-General, in New York on 27 September," United Nations (September 27, 2013). 〈https://www.un.org/press/en/2013/sg2203.doc.htm〉

31 "At UN, Pacific Island leaders warn climate change poses dire security threat to their fragile countries and marine resources," United Nations News (September 26, 2018). 〈https://news.un.org/en/story/2018/09/1020811〉.

32 "New Zealand defense report says climate change greatest security risk," Reuters

이처럼 태평양 지역 국가들이 적극적으로 나서서 기후변화에 대처하려는 움직임을 보이는 이유는 해수면 상승으로 인한 피해를 가장 직접적으로 이미 겪고 있기 때문이다. 예를 들어, 마주로 선언에 참여했던 국가 중 하나인 투발루에는 이미 '가라앉는 섬sinking island'이라는 수식어가 붙었다. 이들 국가들은 해수면 상승으로 인해 국민들이 삶의 터전과 경작지를 잃고 피난처를 찾아 떠돌게 되고, 수십 년 후에는 생존에도 위협을 느끼게 될 처지에 놓여 있다. 결국 태평양 지역 국가들에 거주하는 개개인의 삶을 위협하는 것은 전통적인 안보 개념에서 주장하는 주변국으로부터의 침략이 아니라, 지구상의 모든 국가들이 배출하고 있는 온실가스와 그로 인한 해수면 상승인 것이다.

앞서 언급한 에볼라 사태와는 달리 기후변화 문제는 오늘날에도 계속 진행 중이며, 유엔을 주도로 해결책을 꾸준히 모색하고 있는 상황이다. 하지만 당장은 기후변화로 인한 단기적이며 가시적인 피해를 보고 있지 않으면서, 동시에 환경 문제보다는 개발 및 경제발전에 더욱 집중하고 있는 국가들의 협조 부족으로 인해 온실가스 배출을 줄이거나 동결하기 위한 구체적이고 효력 있는 국제적 합의에 이르지는 못하고 있는 실정이다. 즉 기후변화 문제는 (태평양 지역 국가들의 요구에도 불구하고) 아직 전 세계 국가들의 합의 아래 안보화될 만한 이슈로 주목받지 못하고 있다.

(December 6, 2018). 〈https://www.reuters.com/article/us-climatechange-change-newzealand-pacif/new-zealand-defense-report-says-climate-change-greatest-security-risk-idUSKBN1O50CA〉

이러한 기후변화 사태는 태평양 지역 국가들의 정부가 약하고 무능력해서 발생했다기보다는, 다른 국가들이 수십 년 동안 경제발전 과정에서 배출한 온실가스의 양이 축적되어 서서히 발생한 문제이기 때문에, 태평양 지역 국가들과 국민들은 오히려 피해자이다. 전 세계 다른 지역 인간들이 자신의 삶의 질을 높이기 위해 한 활동들이 태평양 지역 저지대 국가에 거주하는 인간들의 안보에 위협을 가하고 있는 것이다. 따라서 국제기구, 지역기구, 비정부기구 등 국제사회가 나서서 그 책임을 나누고 이들 국가들의 생존과 국민들의 삶의 질 보존에 힘써야 할 것이다. 이를 위해서 국제사회는 태평양 지역 국가들이 해수면 상승에 보다 적극적으로 대응할 수 있도록 이들의 역량 강화를 돕는 동시에, 문제의 근본 원인인 온실가스 배출량을 모든 국가들이 줄이도록 노력해야 할 것이다.

6. 맺음말

지금까지 인간안보와 안보화 개념의 등장 배경, 추구하고자 하는 목적, 안보 연구에 있어서 그 의의, 이 개념들에 대한 비판과 쟁점 등에 관하여 알아보았다. 일단 이 두 개념은 냉전이 끝나면서 안보 연구가 마침내 개인을 안보의 대상으로 보고 이들의 안전, 자유, 권리에 주목하기 시작하였다는 데 그 의의가 있다. 기존의 국가중심 안보 개념과 달리 인간안보 개념은 아래부터의 접근법을 통해 인간의 자유, 권리, 안전 등을 보호해야 하는 이유에 대해 주의를 환기한 것이다. 또한 인간안보 개념은 군사 및 정치 분야뿐만 아니라 경제, 환경, 식량, 보건 등의 분야로까지 안보 연구의 범위를 넓힘으로써 탈냉전기 이전까지는 안보와 무관하다고 여겨졌던 분야들에 대한 관심을 끌어냈다는 점에서 큰 의의가 있다. 국가의 안전이 곧 개인의 안전으로 이어진다는 기존의 공식을 비판하고, 국가의 안전에 대한 지나친 집중이 오히려 개인의 안보 문제를 무시 혹은 저해할 수도 있다는 점을 마침내 사람들에게 각인시킨 것이다. 더불어 안보화 개념 역시 인간안보를 성취하기 위해 필요한 요소들(실존적 위협, 안보화 주체, 안보의 대상, 청중, 언어행위 등)과 구체적인 방법에 대해 논함으로써 어떤 식으로 적극적 평화를 달성할 수 있는지 그 답을 제시하고 있다. 이처럼 (국가가 아닌) 개인을 공포와 궁핍으로부터 보호함과 동시에 이들을 직접적 폭력과 간접적(구조적·문화적) 폭력 모두로부터 해방할 필요성을 강조한다는 점에서, 안보라는 가치는 적극적 평화를 달성하는 데 필수적인 요소들 가운데 하나이다.

하지만 주의할 점은 인간안보와 안보화는 개념들이 너무 모호하기 때문에 이들을 성취하기 위해서는 보다 명확한 정의들이 필요하다는 것이다. 이 두 개념 모두 너무 많은 분야에 주목하려는 나머지 무엇이 (어느 대상 혹은 분야가) 우선시되어야 하는지에 대해 명확한 답을 제시하지 못한다. 이는 곧 모든 분야를 중요시하지만 정작 이에 대처할 수 있는 시간, 자원 등의 현실적 한계로 인해 그 어떤 분야의 안보에도 제대로 대처하지 못하게 되는 상황이 벌어질 수도 있음을 의미한다. 즉 사회 및 국가 내 적극적 평화를 달성하기 위해서는 개인들의 어떤 안보가 보장되어야 하는지, 이를 어떻게 실현할 것인지에 대한 구체적인 답을 개인, 사회, 그리고 국가가 함께 제시할 수 있어야 할 것이다.

마지막으로, 인간 개개인의 안보에 주목하기 시작하였다고 해서 국가를 악惡으로 보는 이분법은 피해야 한다. 국가는 때때로 개인을 억압하여 인간안보를 저해한다는 우려를 불러일으키지만, 결국 인간안보 성취를 위해서는 비상시 동원가능한 자원을 많이 확보하고 그 자원을 효과적으로 활용할 수 있는 역량이 국가에 있어야 한다. 자원과 역량이 부족한 국가는 결국 국민의 자유, 권리, 안전을 보장하지 못할 것이기 때문이다. 따라서 인간안보 성취와 적극적 평화 달성을 위해서 국가는 어떤 역할을 해야 하며, 어떤 행위는 해서는 안 되는지, 그 균형점 또한 사회적 합의를 통해 찾아야 할 것이다.

이처럼 안보와 평화 사이에는 아직 답을 찾아야 하는 문제들이 많이 존재한다. 그럼에도 불구하고 인간안보라는 새로운 안보 개념은 국가의 안전보장을 통한 소극적 평화를 성취하는 방법에만 주로 주목해 왔던 주류 안보 연구의 틀에서 벗어날 수 있게 하였다는 점에서, 그리고 개개인이 일상에서 공포와 결핍으로부터의 자유를 누리고 적극적 평화를 성취하는 데 필요한 것은 무엇인지에 대한 개인, 사회, 국가의 관심을 주목시켰다는 점에서 큰 의의가 있다. 이처럼 적극적 평화를 논함에 있어서 기존의 개념보다 확장된 새로운 안보 개념은 결코 빼놓을 수 없는 필수 가치인 것이다.

3부

평화의 공고화

10 법치[1]

이효원 (서울대학교 법학전문대학원)

1. 평화와 법의 관계

1) 평화의 개념

인간은 누구나 평화롭게 살기를 원하지만, 정작 평화가 무엇인지에 대해 말하기는 어렵다. 국립국어원 표준국어대사전에서는 평화를 "평온하고 화목함"이라고 한다. 평화는 사람의 주관적 감정에 의해 평가되는 것이어서 상대적이며 그 내용도 개방적이다. 즉 어떤 사람에게는 평화라고 느껴지는 것이 다른 사람에게는 평화가 아니라고 느껴지기도 한다. 또한 평화는 특정한 시점에 완성된 상태를 의미하는 것이 아니라 주변의 환경에 따라 계속적으로 변화하기도 한다.

어떤 것이 평화로운지도 사람에 따라 다르게 결정될 수 있다. 특히 인간은 사회적 존재여서 다른 사람과 비교를 통해 평화를 인식하

1 이 글은 필자의 책 『평화와 법』 (모시는사람들, 2018)의 내용을 기초로 하여 법치의 구체적 실현을 위한 개별적 법률 영역을 보완하여 작성하였다.

기도 한다. 자기가 평화롭지 않다고 느끼다가도, 자기보다 더 폭력적인 상태에 놓여 있는 다른 사람을 보게 되면 자기의 상황을 평화롭게 느끼기도 한다. 따라서 일반적으로는 평화를 소극적으로 '폭력이 없는 상태'라고 한다. 하지만 '폭력'이란 것도 평화만큼 확정하기 어려운 개념이다.

최근에는 평화를 학문으로 연구하는 평화학이 독자적인 학문 분야로 자리 잡고 있다. 평화학은 그 연구의 대상과 범위를 보다 확장하여 평화의 개념을 설정하고 있다. 즉 폭력을 전쟁 등과 같은 물리적 폭력으로 제한하지 않고 사회심리적 폭력이나 문화적 폭력까지 포함시키고 있다. 또한 현실적으로 발생한 폭력뿐만 아니라 아직 발생하지 않았지만 사회적으로 구조화되거나 내면적으로 문화화되어 폭력이 잠재적 가능성으로 존재하는 것도 포함한다. 나아가 인간을 포함한 자연의 평화를 지향하는 생태평화 또는 녹색평화도 평화의 범주에 포함시킨다.[2] 자연환경은 인간이 평화롭게 살아갈 수 있는 터전이기 때문이다.

인간에게 구조화된 사회심리적 폭력과 문화적 폭력은 물리적 폭력 못지않게 위험하고 무서운 것일 수 있다. 또한 언제든지 폭력이 발생할 수 있다는 불안한 상황에서는 평화로울 수가 없으므로 폭력이 발생할 수 있는 가능성이 있는 상태도 비평화에 포함될 수 있다.

결국 평화란 전쟁과 같은 물리적 폭력은 물론, 억압적 정치시스템에 따른 사회구조적 폭력, 성이나 소수에 대한 차별과 같은 문화적 폭력, 자연에 대한 생태적 폭력이 없는 상태이며, 이러한 폭력이 발

2 이찬수, 『평화와 평화들』(모시는사람들, 2016), p. 35, p. 173.

생할 잠재적 가능성이 없는 상태, 그리고 이러한 조건과 능력을 실질적으로 갖춘 상태라고 정의할 수 있다.

평화는 소극적 평화와 적극적 평화로 구분되기도 한다. 소극적 평화는 폭력의 부재 상태이며, 적극적 평화는 이에 그치지 않고 평온하고 화목한 상태를 실현하는 조건과 능력을 갖춘 상태를 의미한다. 적극적 평화는 소극적으로 폭력이 없다는 것만으로는 진정한 평화를 실현할 수 없다는 현실을 인식하고 보다 적극적으로 평화를 실현하기 위한 방안을 제시한다.[3] 하지만 적극적 평화를 강조하게 되면 새로운 폭력적 상황이 발생할 위험성이 있다. 따라서 평화는 소극적 측면을 중심으로 하고, 그 불완전한 현실을 적극적 측면으로 보완하는 것으로 이해하는 것이 타당하다.

평화의 개념이 어려운 것과 별개로 인간에게 평화란 불가능한 것인지도 모른다. 인간은 누구나 권력의 보존과 확장의 욕망을 가진다. 인간의 이러한 본능을 고려할 때, 인간세계에 폭력이 없거나 폭력의 잠재적 가능성이 없는 상태는 존재할 수 없다고 생각할 수 있다. 평화란 일시적으로 폭력 또는 폭력의 잠재적 가능성의 부재라고 느끼는 착각이라는 것이다.

2) 평화의 법규범적 의미

인간은 자신의 존엄을 유지하면서 자유롭고 평등하게 자신의 행복을 추구하면서 살아갈 수 있는 상태를 원한다. 이를 위해서는 평화가 반드시 필요하다. 평화가 없는 폭력적인 상태에서는 인간이 존

3 정주진, 『평화를 보는 눈』 (개마고원, 2015), pp. 24-26.

엄할 수도 없고 가치로운 존재로 살아갈 수도 없다. 이때 평화란 단순히 폭력의 부재에 그치는 것이 아니라, 인간이 자유롭고 평등하게 자신의 행복을 추구할 수 있는 삶의 조건이 갖추어졌을 때 비로소 달성되는 것이다. 평화는 이와 같이 인간의 존엄을 기초로 하고 있기 때문에 폭력의 부재라는 가치중립적인 것이 아니라 인문학적 가치를 가진다.

인간은 정치적 동물이고 사회적 존재이다. 인간은 서로 다른 생각과 생활방식을 가지고 사회와 국가를 구성한다. 인간이 국가를 구성하는 것도 평화로운 삶을 영위하기 위한 것이다. 국가는 평화를 실현하기 위해 그 구체적인 내용과 절차를 사회적으로 합의하여 제도적으로 도출한다. 이것이 법이다. 법은 국가공동체에서 다양한 생각과 생활방식이 공존할 수 있도록 규범적 가치를 제도화한 것이다. 즉 서로 다른 인간들이 평화롭게 살아갈 수 있도록 국가를 유지하기 위한 장치이다.

법치란 '법에 의한 통치'를 의미하며 사람에 의한 통치인 '인치人治'를 배척한다. 이는 사람에 대한 불신을 전제로 하고, 자연과 모든 사람에게 공통적으로 적용되는 이성적 질서에 의한 통치를 말한다. 법은 정의를 목적으로 한다. 정의를 실현하는 것은 평화의 전제조건이다. 평화를 실현하기 위해서는 평화가 보장되어야 하고, 평화로운 법적 상태를 실현하는 것은 인문학적 가치인 평화를 달성하기 위한 조건이다.

대한민국 헌법은 인간의 존엄과 가치를 실현하는 것을 최고의 목표로 한다. 이는 평화학이 지향하는 목표이기도 하다. 바로 이 지점에서 평화와 법이 만나게 된다.

3) 평화와 법의 상관관계

법은 국가를 전제로 하고, 현대사회에서 국가는 가장 강력한 권력체이다. 다양한 생각과 이해관계가 대립하는 국가에서는 폭력이 발생하기 쉽고, 폭력이 있는 곳에서는 다양한 가치가 공존할 수 없다. 권력이란 자신의 의사를 관철시킬 수 있는 힘인데, 타자의 입장에서는 폭력일 수 있다. 국가는 법을 통해 자신의 권력을 행사하므로 법 역시 폭력적인 속성을 갖는다. 이러한 법이 어떻게 평화와 공존할 수 있으며, 평화와 법은 서로에게 어떤 의미를 가질까?

첫째, 평화는 법의 목적이고, 법은 평화를 실현하는 수단이다. 인간이 행복하게 살기 위해서는 평화가 전제되어야 한다. 인간은 평화로운 국가에서만 행복할 수 있는 것이 현실이다. 법은 폭력을 반대하고 평화로운 국가를 실현하는 강력한 제도적 정치이다. 서로 다른 이해관계가 대립하는 곳에서는 폭력이 발생하기 쉽고, 폭력이 있는 곳에서는 다양한 가치가 공존할 수가 없다. 법은 서로 다른 인간의 생각과 생활방식이 공존할 수 있도록 조정하는 기술이다. 인간들이 자신의 가치와 이익에 대해 소통하여 개인과 공동체가 공존할 수 있도록 합의한 결과물인 것이다.

평화는 법의 목적이므로 법의 정당성을 판단하는 규범적 기준이 된다. 즉 평화를 실현하는 법은 정당한 법이고, 평화에 장애가 되는 법은 정당하지 않는 법이라는 것이다. 법은 폭력을 배제하고 평화를 실현하기 위해 국가권력에 강력한 강제력을 부여한다. 국가권력은 평화를 실현하는 법에 의해 행사될 때에만 정당화된다. 대한한국에서는 국회가 제정한 법률이 평화를 침해하게 되면 헌법 위반이며, 헌법재판소는 이를 무효화시킬 수가 있다.

법은 도덕이나 윤리와 달리 국가에 의해 강제력을 갖는다. 인간의 본능이나 윤리에 의해서는 평화를 기대하기 어렵다. 평화를 위한 사회적 합의를 실천하고, 다양한 폭력으로부터 평화를 유지하기 위해서는 국가권력에 의해 강제력이 행사되는 법이 반드시 필요하다. 법은 자신이 침해되었을 경우에는 이를 강제적으로 정상상태로 회복할 수 있는 권력을 국가에 부여한다.

둘째, 법은 평화의 내용과 범위를 확정하고, 평화를 실현하는 절차를 규율하는 통제규범으로 기능하기도 한다. 법은 개인의 관점에서 머무르지 않고 국가 전체의 관점에서 모든 인간의 평화를 추구한다. 법적 정의는 특정한 개인이나 집단의 평화를 목적으로 하는 것이 아니라, 국가 구성원 모두의 평화를 목적으로 한다. 따라서 평화와 폭력은 개인의 주관적인 판단에 의해 결정되는 것이 아니라, 객관적인 법적 규범에 의해 확정되어야 한다.

평화란 법적 이념에 부합하는 경우에만 가치있는 것으로 인정된다. 평화의 구체적 내용과 범위는 법이 허용하는 경우에만 보장된다. 따라서 평화는 국민주권, 법치국가, 자유민주주의 등 헌법의 기본원리와 조화롭게 실현되어야 한다. 평화를 실현하는 수단은 다양하지만, 법적 이념에 부합하는 경우에만 허용된다. 법은 폭력적 방법이나 절차에 의해 평화를 실현하는 것을 허용하지 않기 때문이다.

셋째, 평화와 법은 공통의 목적을 가진다. 평화는 법의 목적이지만, 궁극적으로는 인간의 행복을 실현하기 위한 것이다. 모든 인간은 자신의 존엄과 가치를 가지고 자유롭고 평등하게 행복을 추구할 수 있는 국가를 추구한다. 이것은 평화의 목적이자 법의 목적이기도 하다. 평화와 법은 인간이라는 보편성을 전제로 하면서도 개인이 갖는 고유한 독자성을 인정한다. 자연적 존재로서 개인을 넘어 사회적 존재로서 인간이 서로 소통하고 공존하는 세계를 지향한다.

평화는 법의 목적이자 법이 존재하는 조건이며, 법은 평화를 실현하는 수단이자 평화 실현의 방법을 통제하는 규범이다. 평화와 법은 어느 일방이 전제가 되거나 조건이 되는 것이 아니라, 서로에게 영향을 주고받으면서 관계를 만들어간다. 평화와 법은 동전의 양면이라고 할 수 있고, 상호 의존적이고 선순환적 작용을 통해 서로에게 의미를 부여하고 강화한다. 법이 없는 평화는 공허하고, 평화가 없는 법은 무의미하다.[4]

2. 법치의 탄생과 발전

1) 법치의 탄생

인간은 오랫동안 왕이 지배하는 세상에서 살아왔다. 인간은 누구나 자기를 보존하고 확장하려는 욕망을 가지고 있으며, 대부분의 왕들은 자신의 권력 확장을 위해 타인을 폭력적으로 지배하였고, 권력을 보존하기 위해 왕위를 세습하였다. 어쩌다가 훌륭한 왕이 나온다 해도 그 후손도 훌륭한 왕이 된다는 보장이 없기 때문에 개인의 삶은 폭력적으로 지배될 가능성에서 벗어날 수 없었으며, 어떤 왕을 만나느냐에 따라 불안할 수밖에 없었다.

아리스토텔레스는 삶의 목적은 행복이고, 행복은 공적 영역인 폴

4 이효원, 『평화와 법』(모시는사람들, 2018), pp. 25-26.

리스polis와 사적 영역인 오이코스oikos가 조화로울 때 가능하다고 했다. 공적 영역인 폴리스는 이성에 의한 지배인 폴리테이아politeia, 즉 국가가 되어야 하며, 이는 바로 법에 의한 통치를 의미한다고 하였다. 루소도 국가는 인민의 일반의사에 의해 운영되어야 하며, 일반의사는 법의 제정을 통해 드러난다고 하였다.

법치란 사전적으로는 '법에 의한 지배'를 말한다. '사람에 의한 지배', 즉 인치人治와는 대비되는 개념이다. 법치는 영국에서 의회가 중심이 되어 절대왕정을 극복하는 과정에서 형성되었다. 의회가 왕으로부터 권력을 쟁취하는 과정에서 재정권과 입법권을 확보하고, 왕도 법 아래 평등하다는 '법의 지배'가 확립되었다. 왕으로부터 관습적으로 인정되어 온 자유와 권리를 보호하고, 이러한 보통법이 절대권력보다 우위이며, 법 앞에는 모든 사람이 평등하다는 것이다.

미국은 영국과 달리 성문헌법을 채택하고 법률에 대한 사법심사를 확립하여 법의 지배를 실질화하였다. 영미법에서는 법의 지배란 적법절차의 원칙을 의미한다. 이것은 첫째, 누구도 자신의 심판자가 될 수 없고, 둘째, 공정한 제3자에 의해서 재판을 받아야 하며, 셋째, 불이익한 처분에 대해서는 고지와 청문의 기회가 보장되어야 한다는 것이다.

한편 독일이나 프랑스와 같은 대륙법 국가에서는 자연법보다 실정법적 차원에서 법치가 확립되었다. 법률이 국가권력에 우월하다는 법률유보가 핵심이었으나, 법률에 대한 위헌법률심판제도가 도입되면서 영미법 국가의 적법절차의 원칙를 수용하고 있다.

우리 헌법은 "모든 인간이 존엄과 가치를 가지며 자유롭고 평등하게 행복을 추구하는 국가를 만드는 것"을 목적으로 한다. 인간이 자유와 권리를 안정적으로 보장받고 행복하게 살아가기 위해서는 사람의 지배가 아닌, 법의 지배가 필요하다는 것이 확립되었다. 우리 헌법은 법치에 대해 직접 규정하지는 않고 있지만, 헌법 해석을 통해 대한민국은 법치국가라는 것을 도출할 수 있다. 헌법재판소와 대법원의 판례를 통해 법치를 헌법의 기본원리라고 명확하게 선언하고 있다.

2) 법치의 이념

사람은 누구나 자신만의 고유한 삶의 세계를 가지기 때문에 모든 사람은 평등하고 존엄하며 가치있는 존재이다. 국가는 모든 인간이 자유롭고 평등하게 행복을 추구하면서 살 수 있는 사회정의를 실현하려 하지만, 국가공동체에서 모든 개인이 자신의 자유를 완전하게 누리는 것은 불가능하다. 자신의 자유가 타인의 자유를 침해할 수 있기 때문이다.

법치는 법에 의한 통치를 말하는데, 법은 무엇일까? 국가는 정치권력이 작동하는 시스템이며, 국가권력은 최고법인 헌법에 의해 정당화되고 통제된다. 국가는 사회의 구성원들이 가치와 이해관계에 대해 소통하고 형량하며 조정하여 합의한 결과를 법의 형식으로 도출한다. 이러한 의미에서 법은 서로 다른 생각과 생활방식이 공존하는 기술이라 할 수 있다.

법은 개인의 자유를 보장하고 정의를 실현하는 것을 목적으로 한다. 자유란 어떤 변화를 스스로부터 시작할 수 있는 능력이다. 자유로운 사람은 외부적인 구속이나 간섭을 받지 않고 하고 싶은 일을 스스로 할 수 있어야 한다. 사람은 자유로울 때만 행복할 수 있고,

자유는 행복을 증진시킨다. 한편 정의란 세계질서 내에서 모든 사물에 그에 걸맞은 올바른 자리를 배정하는 능력이다. 정의가 실현될 때 사회적 존재인 인간은 국가에서 자유롭게 공존할 수 있다.

국가에서 개인의 자유가 보장되고 정의가 실현될 때 비로소 평화가 찾아올 수 있다. 법치국가는 국민의 자유와 권리를 보장하기 위해 국가권력의 자의적 행사를 금지하는 것을 본질로 한다. 법치란 적극적인 최선의 선택이 아니라, 인간에 대한 불신을 전제로 하고 있기 때문에 소극적인 차악次惡의 선택이라 할 수 있다.

3) 법치와 국가권력

법치는 그 본질적 기능을 파악하는 관점에 따라 서로 다르게 이해될 수 있다. 법치를 국가에 권한을 부여하고 정치권력을 실현하는 기능으로 이해할 때에는 'rule by law'라고 할 수 있다. 이때에는 국가권력을 정당화하고 국가권력을 효율적으로 행사하는 수단이라는 측면이 강조된다. 이를 '형식적 법치'라고도 한다. 그러나 국가권력이 법에 의해 행사된다는 형식적인 요건만 갖추면 정당하다는 식으로 인식될 수 있어서 법치가 국가폭력을 행사하는 도구가 될 위험성이 있다.

반면 법치를 국가권력은 반드시 법에 의해 행사되어야 한다는 통제장치로 이해할 때에는 'rule of law'라고 할 수 있다. 이때에는 국가권력을 규율하고 통제하는 수단이라는 측면이 강조된다. 국가권력을 행사하는 방법과 절차를 규율할 뿐만 아니라, 그 내용과 결과가 법적 이념에 부합해야 국가권력의 행사가 정당화된다. 이를 '실질적 법치'라고도 한다.

현대국가에서 법치는 국가권력의 정당화 수단rule by law인 동시에 국가권력에 대한 통제장치rule of law이다. 이들은 평면적으로 구별되거나 어느 일방이 우월한 것이 아니라 관점의 차이에서 오는 법치의 특징이다. 다만, 역사적으로는 rule by law에서 출발하여 rule of law로 발전하였다. 현대국가에서 법치는 국가권력의 법률적합성에서 법률의 헌법적합성으로, 형식적 법치에서 실질적 법치로, 가치중립성에서 가치지향성으로 변화하였다고 평가되고 있다.

국가권력이 법에 따라 행사되는 경우에도 본질적으로는 여전히 폭력적인 속성을 가진다는 것에 유의해야 한다. 법은 국가권력의 폭력성을 통제하는 것이지만, 이와 동시에 국가권력을 효율적으로 행사하기 위한 수단으로 기능하기 때문이다. 국가권력이 법에 따라 행사되는 경우에도 그것이 정당화될 뿐이지 그 폭력적인 속성이 사라지는 것이 아니다.

3. 법치의 조건[5]

1) 절차적 정당성

현대 민주국가는 국민주권주의에 기초하고 있으며, 이는 국가공동체에 관한 최고결정권이 국민에게 있다는 것이다. 주권은 국가공동체의 의사를 결정하는 최고권력이다. 법은 주권자인 국민의 대표기관에 의해 제정되어야 한다. 이를 통해 국가권력의 행사에 대해 민

5 이 부분은 이효원, 『평화와 법』, pp. 32-37을 요약·보완하였다.

주적 정당성이 확보된다.

국민주권이란 모든 국가권력이 국민의 의사에 기초해야 한다는 의미일 뿐, 반드시 국민 전체가 국가기관으로서 통치권을 직접 행사해야 한다는 것을 요구하는 것은 아니다. 우리 헌법은 대의제를 직접적으로 규정하고 있는 것은 아니지만, 여러 조항을 조화적으로 해석할 경우에는 원칙적으로 대의제를 채택하고 있는 것으로 해석할 수 있다.

법치국가에서 국가기관은 법에 근거해서만 권력을 행사해야 한다. 법은 국가권력의 권원權原이고, 국가권력은 법에 의해서만 정당화된다. 법치가 제대로 실현되기 위해서는 우선 법이 잘 만들어져야 한다. 그리고 이러한 법은 제대로 집행되어야 하고, 올바르게 해석되고 적용되어야 한다.

헌법 제40조는 "입법권은 국회에 속한다"라고 규정하여 국민의 대표기관인 국회에 법률을 제정할 권한을 부여하고 있다. 국민이 직접 법을 제정하지 않고, 국민의 대표기관인 국회로 하여금 입법권을 부여하고 있는 것이다. 법치는 이러한 절차를 통해 민주적 정당성을 확보한다.

국회는 국민의 대표기관으로서 어떠한 내용을 법률로 규정할 것인지를 결정할 재량을 갖는다. 하지만 국가공동체의 기본적이고 본질적 사항에 해당하는 것은 반드시 국회가 제정하는 법률로 규정해야 한다. 국가권력의 기본적 조직, 권한의 내용과 범위 등과 개인의 권리와 의무에 관한 사항은 반드시 법률로 규정해야 한다.

국회는 국가의 현실적 조건을 반영하여 법률을 제정해야 그 법률이 규범력을 갖는다. 법률이 지나치게 이상적인 내용을 규정하여 현실과 괴리가 크면 제대로 지켜지지 않는다. 반대로 법률이 진화된 현실을 따라가지 못하면 더 이상 규범으로 기능하지 못하게 된다. 국회는 역사적 현실을 고려하여 구체적인 조건에 적합한 법률을 제정해야 한다.

헌법재판소는 "입법자가 형식적 법률로 스스로 규율하여야 하는 사항이 어떤 것인가는 일률적으로 획정할 수 없고 구체적인 사례에서 관련된 이익 내지 가치의 중요성, 규제 내지 침해의 정도와 방법 등을 고려하여 개별적으로 결정할 수 있을 뿐이나, 적어도 헌법상 보장된 국민의 자유나 권리를 제한한 때에는 그 제한의 본질적인 사항에 관한 한 입법자가 법률로써 스스로 규율하여야 한다"라고 판단하였다.[6]

국가권력은 법률에서 규정한 내용과 범위 안에서 권한을 행사해야 하고, 법률이 정한 절차에 따라야 한다. 국회가 입법권을 행사하여 법률을 제정한 경우에 행정권을 가진 정부는 법률을 공정하고 엄격하게 집행해야 한다. 헌법 제66조 제4항은 "행정권은 대통령을 수반으로 하는 정부에 속한다"라고 규정한다. 이때 정부는 법률에 따라 조직되며, 헌법을 구체화하는 법률의 규정에 따라 행정권을 행사해야 한다. 정부가 행정권의 재량을 갖더라도 이는 법률에 위반해서는 안 된다.

헌법은 제101조 제1항은 "사법권은 법관으로 구성된 법원에 속한다"라고 규정하면서 제6장에서 헌법재판소의 관할사항을 특정하고 있다. 헌법 제103조는 "법관은 헌법과 법률에 의하여 그 양심에 따

6 헌법재판소 2009. 10. 29. 2007헌바63.

라 독립하여 심판한다"라고 규정하여 사법권은 헌법과 법률에 따라야 한다는 것을 강조하고 있다. 특히 사법권이 법적 분쟁을 신속하고 공정하게 해결하기 위해서는 법원이 국회와 정부로부터 독립되어야 한다. 사법권의 독립은 권력분립의 원칙을 실천하고 법치를 완성하는 수단이라고 할 수 있다.

2) 내용적 정당성

법치국가에 관해서는 "악법도 법이다"라는 금언이 있다. 악법이라도 법인 이상 이를 준수해야 할까? 이는 법의 형식을 갖추고 있는 이상 비록 악법이라고 하더라도 그 법이 없어질 때까지는 유효한 것으로 존중해야 한다는 것을 의미한다. 법의 안정성을 강조한 것으로 이해된다. 하지만 법치를 법에 의한 통치로 이해할 경우에 통치의 수단이 되며 올바로 제정된 것이 아니라면 그 정당성을 상실하게 된다.

국가권력이 법률에 따라야 한다는 것은 단지 형식적으로 법률에 위반되지 않으면 된다는 것에 그치는 것이 아니다. 법치는 국가권력을 규율하는 법은 절차적으로나 내용적으로 올바르고 정당한 것이어야 한다는 것을 전제로 한다. 만약 법이 평화를 깨트리고 폭력적인 내용을 담고 있는 경우라면, 이때 법치는 평화를 실현하는 제도적 장치가 아니라 폭력을 정당화하는 수단으로 전락하고 만다. 실질적 법치는 형식적 법치에 더하여 법 자체가 정당해야 한다는 것을 포함한다.

법이 정당한지 아닌지는 어떻게 판단할 수 있을까? 바로 헌법이 기준이 된다. 헌법에 부합하면 정당한 법이고, 그렇지 않으면 정당하지 않는 법이다. 법은 최고규범인 헌법을 정점으로 체계적으로 구성되어 있으므로 최고법인 헌법에 위반되면 정당한 법이 아니다. 이때 헌법에는 헌법의 기본원리, 기본권의 보장, 국가기관의 조직과 권한 등 다양한 층위가 있고, 이들은 서로 규범적 효력에서 차이가 난다.

법의 정당성은 절차적 측면과 내용적 측면 모두에서 요구된다. 헌법은 법의 정당성을 심사하는 기준으로서 입법의 절차와 법률의 내용에 대한 규범적 기준을 제시한다. 국회가 헌법에서 정한 절차를 위반하여 법률을 제정하거나 헌법규정을 위반하는 내용을 규정한 경우에는 헌법 위반이 되며, 정당하지 않은 법이 된다.

입법의 절차와 법률의 내용이 정당한 것인지, 즉 헌법에 위반되지 않은 것인지는 누가 판단할까? 법을 제정할 때부터 집행하고 해석하고 적용할 때까지 모든 국가권력은 그것이 헌법에 부합하는 정당한 법인지를 판단할 권한과 책임을 갖는다. 하지만 우리 헌법은 헌법재판소에 헌법재판을 통해 최종적으로 이러한 판단을 할 수 있는 권한을 부여하고 있다. 헌법재판소는 국회가 제정한 법률이 위헌이라고 판단되면 이를 무효화할 수 있다. 실질적 법치는 헌법적 분쟁을 합리적으로 해결하는 헌법재판을 통해 최종적으로 실현된다. 따라서 법치란 최종적으로 헌법주의를 의미한다.

법치란 법에 의한 지배이고, 이때 법이란 법률뿐만 아니라 헌법을 포함하는 것으로 이해할 경우에는 헌법에 대한 정당성이 문제될 수 있다. 즉 헌법이 정당하지 않을 경우에는 어떻게 할 것인가? 헌법이 정당한지 여부를 판단하는 규범적 기준은 무엇인가? 헌법이 정당한지 여부를 누가 판단할 것인가? 이에 대해서 헌법은 아무런 규정을 두지 않고 있다. 주권자인 국민이 헌법을 제정하였다는 것만으로 정당화될 수 있을까? 이때에는 헌법의 합법성보다 정당성이 중요하게 된다.

3) 실효성의 확보

법치는 법의 목적을 달성하기 위한 방식이다. 법은 자유의 보장과 정의의 실현이라는 목적을 달성하기 위해 사전적으로는 권력을 분립시키고, 사후적으로 사법제도를 구축하고 있다.

첫째, 법은 국가권력의 원칙을 채택하여 국가권력이 그 권한을 남용하지 않도록 사전적으로 예방하고 있다. 즉 국가권력을 분립하여 다른 기관에 분산함으로써 서로 견제하고 균형을 유지하도록 한다. 권력분립의 원칙은 국가권력을 분립하여 각각 다른 기관에 부여해야 한다는 것이다. 이는 국민이 부여한 국가권력을 정의롭고 효율적으로 행사하기 위해 국가기관을 구성하고 운용하는 헌법 원칙이다.

법치가 제대로 작동하기 위해서는 국가권력을 그 성격에 따라 구분하고, 이를 서로 다른 국가기관에 분산하여 부여할 필요가 있다. 일반적으로 국가권력은 입법권, 행정권, 사법권으로 구분할 수 있고, 이들 국가권력은 국회, 정부, 법원과 헌법재판소라는 별개의 국가기관에 분산하여 부여된다. 국회에 입법권을, 정부에 행정권을, 그리고 법원과 헌법재판소에는 사법권을 각각 부여함으로써 법치가 실현될 수 있는 것이다.

법치는 법에 의한 통치를 의미하고, 법을 제정하는 기관과 이를 집행하는 기관은 구별되어야 한다. 또한 법에 대한 분쟁이 발생한 경우에 이를 해석하고 적용하는 기관도 독립적이어야 한다. 그렇지 않으면 법을 자의적으로 제정하고 집행하고 해석할 가능성이 있다. 권력분립의 원칙은 법치와 마찬가지로 인간에 대한 불신을 전제로 하고 있으며, 법치를 제대로 실현하기 위한 제도적 장치라고 할 수 있다.

둘째, 법은 사후적으로도 국가권력이나 개인이 권한이나 권리를 남용하여 법적 평화를 깨뜨렸을 경우에는 사법적 구제절차를 통해 이를 회복할 수 있는 제도적 장치를 마련하고 있다. 법이 자유와 정의를 실현하는 내용을 담고 있다고 하더라도, 이를 위반한 경우에 물리적 강제력을 통해 바로잡을 수 있는 제도적 장치가 없으면 소용이 없다. 개인의 자력구제를 금지하고 국가권력에 물리적 강제력을 독점적으로 부여하는 것도 법적 평화를 유지하기 위한 것이다.

법은 사회적 합의를 통해 다양한 가치와 이해관계를 조정하여 도출한 가치체계이고, 모든 사람에게 동일하게 적용된다. 따라서 그 해석과 집행에 있어서 갈등과 분쟁이 발생하기 마련이다. 국회가 법을 제정하고 정부가 법을 집행하는 과정에서 법적 분쟁이 발생한 경우에는 법원과 헌법재판소가 법을 해석하고 적용하여 이를 해결한다. 또한 국민이 그 법적 지위와 권리를 침해당한 경우에도 이를 안전하고 신속하게 구제하도록 한다. 법치가 강제적 규범력을 가진다는 것은 법적 평화가 깨어졌을 경우에 그 효과가 나타난다. 사법권의 독립은 공평하고 정당한 재판을 보장하기 위한 것이다.

헌법은 권력분립의 원칙에 따라 사법권을 법원과 헌법재판소에 부여하고 있다. 사법司法이란 구체적인 쟁송에 대해 법을 적용하고 선언하는 국가작용이다. 사법은 국가와 국민이 법률에 따라 권한과 권리를 행사하는지 여부를 확인하고, 그에 관한 분쟁을 법에 따라 해결함으로써 법적 정의와 평화를 실현한다. 법원과 헌법재판소는 국가공동체에서 발생하는 법적 갈등과 분쟁을 헌법과 법률에 따라 해결함으로써 법적 정의와 평화를 실현한다. 법치는 최종적으로 사법적 구제절차를 통해 그 실효성을 확보한다.

4. 법치의 한계

1) 법치의 폭력성

법은 국가를 전제로 한다. 법은 도덕이나 윤리와는 달리 국가권력과 관계한다. 법치국가란 인간에 의한 지배를 배제하고 법에 의한 지배를 선택한 국가이다. 법치는 자의적이고 폭력적인 지배를 배제하고, 국민의 의사에 따라 제정된 법에 의한 이성적 지배를 요구하는 통치원리라고 할 수 있다. 국가권력의 근거를 '사람'에서 '법'으로 대체하였지만, 여전히 국가를 전제로 한다. 국가는 법을 통해 자신의 권력을 행사하고, 법은 국가기관에 권력을 부여한다.

권력이란 자신의 의지를 타자의 의사에 반하면서 관철시킬 수 있는 힘인데, 본질적으로 폭력적 성격을 가진다. 국가권력은 사람에 의한 지배든지 법에 의한 지배든지 폭력적인 속성을 가질 수밖에 없다. 국가권력은 모든 사람에게 일반적으로 행사되어야 하고, 이때 개인의 입장에서는 자신의 의사에 반하여 국가권력이 관철되기 때문이다. 국가는 법을 통해 자신의 권력을 행사하고, 따라서 법 역시 폭력적인 성격을 가진다고 할 수 있다.

법이 본질적으로 폭력적이라면 어떻게 정당화될 수 있을까? 폭력을 선한 폭력과 악한 폭력으로 구분할 수도 있다. 하지만 평화를 실현하기 위해 폭력을 행사하는 것은 그 자체가 모순이고 정당화될 수 없는 수사라고 할 수 있다. 국가는 다양한 생각과 생활방식을 가진 인간이 사회적 존재로 활동하는 공적 공간이므로 단일한 정치적 의사를 결정해야 한다. 한 사람을 위한 평화는 진짜 평화가 아니듯이, 모든 사람을 위한 평화 역시 불가능한 허구라고 할 수 있다.

비록 법이 폭력적인 성격을 가진다고 하더라도 개인과 국가의 관계에서 자유를 보장하고 정의를 실현하기 위해서는 법치가 정당화될 수 있다. 이때 법이 정당화되는 이유는 다음 세 가지 측면에서 그 근거를 찾을 수 있다. 첫째, 절차적 측면에서 주권자인 개인이 동의하였다는 것이다. 둘째, 내용적 측면에서 개인의 자유를 보장하고 국가공동체의 안전과 평화를 유지한다는 것이다. 셋째, 통제적 측면에서 법의 실효성을 확보하고 법의 제정, 집행, 해석과 적용에 대해 책임을 진다는 것이다. 이는 각각 법의 절차적 정당성, 내용적 정당성, 그리고 실효성의 확보로 나타난다.

법치국가가 폭력체가 되지 않기 위해서는 이와 같이 법 자체가 정당성을 가져야 한다. 이러한 법적 정당성의 요소는 법치의 전제이자 요건이므로 법치의 한계로도 작용한다. 즉 법은 그 목적을 실현하기 위해서 국가권력이나 개인의 폭력에 대해 강력하게 대처할 수밖에 없다. 법은 개인의 자유를 침해하고 사회적 정의를 깨트리는 모든 폭력을 예방하고 제거하는 범위에서 그 폭력적 속성이 정당화될 수 있다. 폭력적인 속성을 가진 법치가 법적 평화를 유지하는 한에서는 허용된다는 것이다.

2) 민주주의와 조화

법치는 법에 의한 통치이며, 사람에 대한 불신을 전제로 한다. 사람을 대신하여 법적 이성을 찾아 이를 기초로 국가공동체를 운영하는 것이다. 한편 민주주의는 주권자인 국민에 의한 통치이며, 최종적으로는 다수결에 따라 국가공동체의 정치적 의사를 결정하는 방식이다. 법에 의한 통치를 의미하는 법치는 사람에 의한 통치를 의미하는 민주주의와 충돌할 수 있다.

법치는 사적 영역이나 공적 영역 모두에 적용되지만, 민주주의는 공적 영역에서만 적용된다. 법치는 법적 이성의 지배를 의미하고, 민주주의는 주권자인 사람, 다수의 지배를 의미한다. 법치에서는 사법부의 기능이 강조되고, 민주주의에서는 입법부의 역할이 중요하다. 법치는 다수의 지배에서 비롯되는 폭력으로부터 소수를 보호하고, 민주주의는 소수의 지배에서 비롯되는 폭력으로부터 다수를 보호한다.

법치와 민주주의는 모든 국민이 인간으로서의 존엄과 가치를 가지고 자유롭고 평등하게 행복을 추구할 수 있는 국가공동체를 지향한다는 점에서는 동일하다. 법치와 민주주의는 모두 국가권력의 행사를 정당화하는 근거가 되며, 국가권력을 통제하는 수단이 된다. 법치와 민주주의는 동일한 헌법적 이념을 실현하기 위해서 서로 다른 방식의 실천적 수단을 강조하는 것에 불과하다.

법치와 민주주의는 서로 충돌하고 모순되는 것이 아니다. 법치와 민주주의는 자신의 역할과 기능을 조화롭게 선순환시킴으로써 서로를 보완하는 관계라고 할 수 있다. 즉 법치와 민주주의는 자유민주주의와 실질적 법치주의를 통해 서로 융화되고 조화로운 관계를 형성한다. 또한 사회적 법치국가를 통해 시민적 자유와 정의의 실현을 조화롭게 지향할 수 있다. 다만 구체적인 현실에서 법치와 민주주의는 서로 갈등할 수 있으므로 이를 해결하는 최소한의 실천적 기준을 마련할 필요가 있다.

5. 헌법적 차원의 평화

1) 평화주의

헌법은 국가의 기본적 가치를 선언하고 이를 실현하는 국가의 조직과 권한에 관한 기본사항을 규율하는 최고규범이다. 이는 국가의 정치질서와 개인의 생활질서를 형성하는 근본규범이며, 공동체에서 인간이 평화롭게 생활하기 위한 최고의 법규범이다. 평화는 헌법적 가치로서 모든 국가기관과 국민을 지도하는 기본적 원리이다. 국가는 평화를 실현해야 할 헌법적 의무를 지며, 모든 국가기관을 조직하여 권한을 행사하는 것도 평화라는 헌법적 가치에 부합해야 한다. 국민도 평화에 대해 일정한 범위에서 권리를 가지며, 평화를 실현한 헌법적 의무를 진다.

대한민국 헌법은 다양한 방식으로 평화에 대해 규정한다.

대한민국은 1948년 헌법을 제정하면서부터 전문에서 "밖으로는 항구적인 국제평화의 유지에 노력하여"라고만 규정하여 평화를 헌법적 가치로 수용하였다. 그 이후 9차례에 걸쳐 헌법을 개정하면서 평화를 헌법원리로 강화하여 왔다. 1987년 개정된 현행 헌법은 전문과 본문에서 평화에 대해 다음과 같이 규정하고 있다.

첫째, 전문에서는 "… 평화적 통일의 사명에 입각하여, … 밖으로는 항구적인 세계평화와 인류공영에 이바지함으로써"라고 규정한다. 세계평화는 1948년 헌법이 제정될 때부터 현재까지 헌법의 기본원리로 인정되고 있다.

둘째, 제4조는 "대한민국은 통일을 지향하며, 자유민주적 기본질서에 입각한 평화적 통일정책을 수립하고 이를 추진한다"라고 규정한다. 이 규정은 현행 헌법에서 처음으로 규정되었으며, 자유민주주의와 평화주의를 통일에 관한 헌법원리로 수용한 것이다.

셋째, 제5조 제1항은 "대한민국은 국제평화의 유지에 노력하고 침략적 전쟁을 부인한다"라고 규정한다. 이 규정은 1963년 개정헌법에서 규정된 이후 지금까지 유지되고 있다.

넷째, 제66조 제3항은 "대통령은 조국의 평화적 통일을 위한 성실한 의무를 진다"라고, 제69조는 "대통령은 취임에 즈음하여 다음의 선서를 한다. 나는 헌법을 준수하고 국가를 보위하며 조국의 평화적 통일과 국민의 자유와 복리의 증진 및 민족문화의 창달에 노력하여 대통령으로서의 직책을 성실히 수행할 것을 국민 앞에 엄숙히 선서합니다"라고 각각 규정한다. 제92조 제1항은 "평화통일정책의 수립에 관한 대통령의 자문에 응하기 위하여 민주평화통일자문회의를 둘 수 있다"라고, 제2항은 "민주평화통일자문회의의 조직·직무범위 기타 필요한 사항은 법률로 정한다"라고 각각 규정한다. 이러한 규정도 모두 자유민주주의와 평화주의라는 통일원칙을 전제로 이해해야 한다.

다섯째, 제1조 제1항은 "대한민국은 민주공화국이다"라고 규정하고 있는데, 대한민국은 국민이 주권자이고 공공의 선을 지향한다는 국가정체성을 선언한 것이다. 이는 폭력적 지배를 거부하고 평화를 전제로 해서만 달성될 수 있다. 또한 헌법은 인간이 행복하고 평화롭게 생활하는 것을 보장하기 위해 다양한 기본권을 규정하고 있다. 특히 제35조 제1항에서 국가와 국민에게 환경보전의 의무를 부과하는데, 이는 생태평화를 지향하는 것으로 해석된다.

2) 국제평화의 유지와 침략전쟁의 부인

현대국가는 과학기술의 발달에 따라 세계화가 촉진되어 국제사회의 안전과 평화가 중요해지고 있다. 헌법 제5조 제1항은 "대한민국은 국제평화의 유지에 노력하고 침략적 전쟁을 부인한다"라고, 제2항은 "국군은 국가의 안전보장과 국토방위의 신성한 의무를 수행함을 사명으로 하며, 그 정치적 중립성은 준수된다"라고 각각 규정한다.

우리 헌법은 침략적 전쟁을 부인한다. 침략적 전쟁이란 영토를 확장하거나 국가이익을 확대하기 위해 수행하는 전쟁이다. 이는 외국의 무력공격으로부터 영토와 국민을 보호하기 위해 수행하는 자위전쟁에 대응된다. 우리 헌법은 침략적 전쟁을 금지하지만, 자위전쟁은 허용하는 것으로 해석된다.[7] 국군의 사명과 정치적 중립성, 국민의 병역의무, 대통령의 국군통수권, 군사법원의 운용, 선전포고 등 군사적 조치와 관련된 모든 헌법조항은 모두 침략전쟁이 아닌 자위전쟁을 전제로 하는 것이다. 하지만 침략전쟁과 자위전쟁을 구별하는 것은 매우 어려운 것이 국제사회의 현실이다.

헌법은 소극적으로 침략전쟁을 부인할 뿐만 아니라, 적극적으로 국제평화의 유지를 위해 노력할 것을 헌법적 의무로 규정한다. 평화의 개념을 확정하기 어렵듯이, 국제평화의 유지를 위해 노력한다는 것이 무엇인지 판단하는 것은 매우 어려운 일이다. 국제평화의 유지를 위해 노력할 헌법적 의무를 위반하면 헌법 위반이 되므로 헌법재판에 있어서는 매우 중요한 의미가 있다.

국제평화의 유지를 위한 노력은 국가의 안전을 포함하는 고도의

7 정종섭, 『헌법학원론』 (박영사, 2018), p. 256.

정치적이고 외교적인 문제와 밀접하게 관련되어 있어 사법부가 판단하기는 쉽지 않다. 헌법재판소가 위헌으로 판단하더라도 국가가 국제평화의 유지에 노력할 헌법적 의무를 위반하였다는 것을 선언할 수 있을 뿐, 국가에 특정한 조치를 취할 의무를 부과할 수는 없다. 이것은 권력분리의 원칙에 위반되기 때문이다.

3) 한반도 평화와 통일

헌법은 통일과 관련하여 평화를 가장 많이 규정하고 있다. 제4조는 "대한민국은 통일을 지향하며, 자유민주적 기본질서에 입각한 평화적 통일정책을 수립하고 이를 추진한다"라고 규정한다. 이 규정은 현행 헌법에서 처음으로 규정되었으며, 자유민주주의와 평화주의를 통일에 관한 헌법원리로 수용한 것이다.

첫째, 통일은 자유민주적 기본질서에 입각해야 한다. 통일은 자유민주적 기본질서를 바탕으로 하며, 자유민주적 기본질서에 위배되는 통일은 허용되지 않는다. 헌법재판소도 "우리 헌법에서 지향하는 통일은 대한민국의 존립과 안전을 부정하는 것이 아니고, 또 자유민주적 기본질서에 위해를 주는 것이 아니라, 그것에 바탕을 둔 통일인 것이다"라고 판단하였다.[8]

자유민주적 기본질서란 자유주의와 민주주의가 결합된 자유민주주의를 기초로 한다. 자유민주주의는 헌법적 가치로서 인간의 존엄과 가치를 보장하고, 개인의 자유와 평등, 그리고 정의를 실현하는 것을 목적으로 한다. 헌법재판소는 자유민주적 기본질서에 대해 "모

8 헌법재판소 2000. 7. 20. 98헌바63.

든 폭력적·자의적 지배를 배제하고 다수를 존중하면서도 소수를 배려하는 민주적 의사결정과 자유·평등을 기본원리로 하여 구성되고 운영되는 정치적 질서를 말하며, 구체적으로 말하면 국민주권주의, 기본적 인권의 존중, 권력분립제도, 복수정당제도 등이 현행 헌법상 주요한 요소라고 볼 수 있다"라고 판단하였다.[9]

둘째, 평화적 통일이어야 한다. 통일에 관한 모든 규정은 평화통일을 의미하는 것으로 해석해야 한다. 통일을 실현하는 방법과 절차는 국제환경이나 남북관계 등 역사적 조건과 현실에 따라 다양하게 결정될 수 있다. 하지만 통일국가의 미래상은 물론 통일을 달성하는 방법과 절차도 평화적이어야 한다. 무력이나 강압에 의한 비평화적 통일은 허용되지 않는다.

평화주의는 국가에 평화통일을 추진해야 할 헌법적 의무를 부여하지만, 국민에게 국가기관에 대해 평화통일을 추진할 것을 요구하는 구체적인 권리를 부여하는 것은 아니다. 헌법이 이를 기본권으로 인정한 것은 아니므로 국민이 국가기관을 상대로 평화통일을 위해 특정한 행위를 요구하거나 행정·입법 등 국가작용의 부작위에 대해 헌법 위반을 이유로 헌법소송을 제기할 수는 없다.

헌법재판소도 "헌법의 기본원리는 헌법이나 법률 해석에서의 해석기준으로 작용한다고 할 수 있지만, 그에 기하여 곧바로 국민의 개별적 기본권을 도출해 낼 수는 없다고 할 것이므로 헌법소원의 대상인 헌법상 보장된 기본권에 해당하지 아니한다"라고 판단하였다.[10]

---

9 헌법재판소 2014. 12. 19. 2013헌다1.

10 헌법재판소 2001. 3. 21. 99헌마139.

6. 평화적 기본권

1) 평화롭게 살 권리

현대사회에서 인간은 핵무기, 테러리즘, 환경오염과 자연재해 등으로 끊임없이 평화로운 삶을 위협받고 있다. 인간이 평화롭게 살기 위해서는 개인이나 국가 차원에서 폭력을 제거하는 것으로만 부족하다. 개인의 안전과 평화는 평화로운 국가에서만 가능하고, 국제적 차원의 평화가 보장되지 않고는 국가의 평화도 보장되지 않는다. 개인이 평화롭게 살기 위해서는 국가 차원은 물론 국제적 차원의 평화가 보장되어야 한다.

이에 따라 개인이 평화롭게 살아가는 것을 헌법적 기본권으로 인정해야 한다는 주장이 제기되고 있다. 이를 '평화적 생존권' 또는 '평화권the right to peace'이라고 한다.

기본권이란 국가의 최고규범인 헌법에 의해 보장되는 국민의 기본적 권리이다. 이것은 헌법적 가치로서 헌법이 직접 규정하거나 헌법 해석을 통해 도출되는 국가에 대한 주관적 공권이다. 기본권은 헌법 해석을 통해 기본권의 의미와 내용이 확정되어야 한다. 대한민국 헌법은 제10조에서부터 제39조까지 국민의 권리와 의무에 대해 규정하고 있지만, 평화적 생존권을 직접 기본권으로 규정하지는 않는다.

헌법은 인간의 존엄과 가치를 실현하는 것을 목적으로 하고, 이는 평화로운 삶에서만 실현될 수 있다. 개인이 평화로운 삶의 조건에서 살아가는 것은 헌법적 가치로서 인간이 보편적으로 누려야 하는 타고난 권리이므로 당연히 기본권으로 인정된다는 견해도 있다. 평화주의를 인권적 관점에서 재구성한 것이 평화권이라는 것이다.[11] 기본권은 천부인권과 자연권에 기초하고 있지만, 인권과 동일한 개념은 아니다. 즉 인권도 헌법에 포섭되지 않으면 기본권에 해당하지 않고, 인권이 아니라도 헌법이 특별히 가치를 인정하여 기본권으로 규정한 것은 기본권에 포함될 수 있다.[12] 따라서 평화적 생존권이 헌법적 기본권인지 여부는 헌법규정의 해석을 통해 결정해야 한다.

헌법재판소는 2006년 미군기지의 이전에 관한 헌법소원심판 사건에서 처음으로 평화적 생존권을 헌법적 기본권으로 인정하였다.

> 오늘날 전쟁과 테러 혹은 무력행위로부터 자유로워야 하는 것은 인간의 존엄과 가치를 실현하고 행복을 추구하기 위한 기본 전제가 되는 것이므로, 달리 이를 보호하는 명시적 기본권이 없다면 헌법 제10조와 제37조 제1항으로부터 평화적 생존권이라는 이름으로 이를 보호하는 것이 필요하다. 그 기본내용은 침략전쟁에 강제되지 않고 평화적 생존을 할 수 있도록 국가에 요청할 수 있는 권리라고 볼 수 있을 것이다.[13]

헌법재판소는 그 이후 전시증원연습 등에 관한 헌법소원심판 사건에서는 평화적 생존권을 헌법적 기본권으로 인정할 수 없다고 판단하여 그 입장을 변경하였다.

---

11 이경주, 『평화권의 이해』 (사회평론, 2014), p. 49.

12 성낙인, 『헌법학』 (법문사, 2018), p. 928.

13 헌법재판소 2006. 2. 23. 2005헌마268.

> 평화주의가 헌법적 이념 또는 목적이라고 하여 이것으로부터 국민 개인의 평화적 생존권이 바로 도출될 수 있는 것은 아니다. … 청구인들이 평화적 생존권이라는 이름으로 주장하고 있는 평화란 헌법의 이념 내지 목적으로서 추상적인 개념에 지나지 아니하고, 개인의 구체적 권리로서 국가에 대하여 침략전쟁에 강제되지 않고 평화적 생존을 할 수 있도록 요청할 수 있는 효력 등을 지닌 것이라고 볼 수 없다 할 것이다. 따라서 평화적 생존권은 헌법상 보장되는 기본권이라고 할 수는 없다.[14]

헌법재판소는 헌법 제10조와 제37조 제1항에 대한 해석을 통해 평화적 생존권을 기본권으로 인정한 적이 있다. 헌법이 직접 평화적 생존권을 기본권으로 명시하지는 않지만, 헌법 제10조에서 인간의 존엄과 가치를 실현하고 행복을 추구하기 위해서는 평화롭게 살 권리가 전제조건이며, 헌법 제37조 제1항에서 규정하는 '헌법에 열거되지 아니한 기본권'에 해당한다고 판단한 것이다. 하지만 헌법재판소는 평화적 생존권이라는 개념이 추상적이어서 국가에 대해 평화적 생존을 요구할 수 있는 헌법상 기본권이라고 할 수는 없다고 변경하였다.

헌법 제10조는 "모든 국민은 인간으로서의 존엄과 가치를 가지며, 행복을 추구할 권리를 가진다. 국가는 개인이 가지는 불가침의 기본적 인권을 확인하고 이를 보장할 의무를 진다"라고 규정한다. 행복을 추구할 권리는 일반적으로 소극적으로는 고통과 불쾌감이 없는

14 헌법재판소 2009. 5. 28. 2007헌마369.

상태를 추구할 권리, 적극적으로는 만족감을 느끼는 상태를 추구할 권리라고 할 수 있다.[15]

헌법은 다양한 기본권을 개별적 기본권으로 나열하고 있으나, 모든 종류의 기본권을 유형화하여 헌법규정으로 조문화하는 것은 불가능하다. 행복을 추구할 권리는 개별적 기본권에 포함되지 않는 헌법적 가치를 기본권으로 포섭할 수 있는 창구로 기능한다. 하지만 행복을 추구할 권리는 주관적이고 추상적이어서 그 내용과 범위가 매우 광범위하고 포괄적인 성격을 갖는다. 헌법은 평화적 생존권을 개별적인 기본권으로 규정하지 않지만, 인간이 평화롭게 살아가는 것은 행복추구권에 포함시킬 수 있다.

헌법재판소는 평화적 생존권을 헌법상 독자적이고 개별적인 기본권이 아니라고 판단하였지만, 이는 평화롭게 살아가는 것이 헌법적 가치가 아니라고 한 것은 아니다. 향후 개별적 사안에서는 평화적 생존이 행복을 추구할 권리의 내용에 포함되는 것으로 해석할 수 있을 것이다. 평화롭게 살 권리를 기본권으로 인정할 경우에는 이는 국가의 기본권 보장 의무의 대상이 되므로 국가는 평화롭게 살 권리를 보장하고 실현해야 할 헌법적 의무를 진다.

2) 양심적 병역거부

헌법 제39조 제1항에서 "모든 국민은 법률이 정하는 바에 의하여 국방의 의무를 진다"라고 규정하고, 병역법은 정당한 사유 없이 법률이 정하는 병역의무를 거부하는 자를 형사처벌한다. 헌법 제19조는

15 성낙인, 『헌법학』, pp. 1038-1039.

"모든 국민은 양심의 자유를 가진다"라고 규정하여 양심의 자유를 보장한다. 양심의 자유란 개인의 자율적인 판단하에 구체적으로 무엇이 옳고 그른 것인지를 결정할 수 있는 윤리적·도덕적 인식의 형성과 그에 기초한 행동의 자유이다.[16] 이것은 옳고 그른 것에 대한 판단을 추구하는 가치적·도덕적 마음가짐이다. 한편 '양심적 병역거부'란 종교나 비폭력·평화주의 신념 등에 따라 입영을 거부하는 것을 말한다.

대한민국에서는 오랫동안 종교나 양심을 이유로 병역거부를 한 자를 형사처벌하는 것에 대해 헌법적 논쟁이 계속되었다. 즉 개인이 평화롭게 살아가는 것은 양심의 내용에 포함되고 이른바 '양심적 병역거부'를 형사처벌하는 것은 양심의 자유를 침해한다는 것이다.

대법원은 "병역의무는 국민 전체의 인간으로서의 존엄과 가치를 보장하기 위한 것이라 할 것이고, 양심의 자유가 위와 같은 헌법적 법익보다 우월한 가치라고 할 수 없다. 그 결과 위와 같은 헌법적 법익을 위하여 피고인의 양심의 자유를 제한한다 하더라도 이는 헌법상 허용된 정당한 제한이라 할 것이다"라고 판단하였다.[17] 즉 대법원은 양심적 병역거부는 병역법이 규정하는 처벌의 예외사유인 '정당한 사유'에 해당하지 않는다고 판단하였다.

헌법재판소는 양심의 자유에 대해 "헌법에 의해 보호되는 양심은 첫째, 문제된 당해 실정법의 내용이 양심의 영역과 관련되는 사항을 규율하는 것이어야 하고, 둘째, 이에 위반하는 경우 이행 강제, 처벌

16 헌법재판소 2004. 8. 26. 2002헌가1.

17 대법원 2004. 7. 15. 2004도2965.

또는 법적 불이익의 부과 등 법적 강제가 따라야 하며, 셋째, 그 위반이 양심상의 명령에 따른 것이어야 한다"라고 판단하였다.[18] 또한 병역법에서 병역 의무를 부과하는 것은 양심의 자유를 침해하는 것이 아니며, 대체복무제를 도입할지 여부는 입법자의 재량에 속한다는 이유로 병역법의 규정은 위헌이 아니라고 판단하였다.[19]

하지만 2018년 헌법재판소는 병역법이 병역의무의 종류에 양심적 병역거부자의 대체복무를 규정하지 않은 것에 대해 헌법 불합치 결정을 하고, 2019년 12월 31일까지 입법을 개선할 것을 명하였다. 다만 정당한 사유 없이 병역을 거부한 자를 처벌하는 병역법 조항 자체는 헌법에 위반되지 않는다고 기존의 입장을 유지하였다.[20]

양심의 자유에 해당하는 양심이란 개인의 가치관이나 도덕관에 따라 다를 수 있으므로 규범적으로나 사회적으로 존중되는 것에 국한되는 것은 아니다. 양심은 종교나 사상과도 밀접하게 관련되어 있어서 그것이 헌법적 가치로 인정되는지 여부를 판단하는 것은 매우 어려운 일이다. 하지만 그 양심은 전적으로 개인의 주관적인 양심이 아니라, 최소한 국가공동체에서 합의하는 헌법적 가치로 인정될 수 있는 것이어야 한다. 대법원도 양심의 주관적 성격을 인정하면서도 사회적 평균인의 관점에서 그 기대가능성이 있어야 한다고 판단하였다.[21]

우리 헌법은 국방의 의무를 헌법적 의무로 규정하고, 그 구체적

---

18 헌법재판소 2002. 4. 25. 98헌마425.

19 헌법재판소 2011. 8. 30. 2008헌가22.

20 헌법재판소 2018. 6. 28. 2011헌바379.

21 대법원 2004. 7. 15. 2004도2965.

인 내용에 대해서는 국회가 법률로 정하도록 하였다. 병역법은 국가의 존립과 유지를 위해 외부로부터의 공격을 방어할 수 있는 군대를 구성하고 일정한 국민에게 병역의무를 부과하고 있다. 국방의무는 헌법적 의무이므로 개인의 주관적 신념이나 기본권을 이유로 그 자체를 거부할 수는 없다.[22] 다만 국회는 기본권을 과도하게 제한하지 않도록 국방의무의 내용과 범위를 정책적으로 선택하고 결정해야 할 것이다.

헌법재판소는 헌법적 의무인 국방의무나 병역법에서 규정하는 병역의무를 부인한 것이 아니라, 대체복무 등 대안을 마련함으로써 양심의 자유를 보다 강하게 보장해야 한다는 것으로 그 취지를 이해해야 한다. 또한 헌법재판소는 남성에게만 병역의무를 부과하는 것은 평등권을 침해한 것은 아니라고 판단하였다.[23] 국회는 헌법재판소의 결정에 따라 2019년 12월 31일 양심적 병역거부자에 대해 대체복무를 허용하는 내용으로 법률을 개정하였다.

3) 환경권

일반적으로 환경이란 인간에게 직접적으로 또는 간접적으로 영향을 주는 자연적 조건이나 사회적 상황을 말한다. 평화의 전제가 되는 환경은 전 지구적 차원에서 다루어야 할 이슈이며, 국가적 차원만으로는 확보될 수가 없다. 환경권은 산업화에 따른 자연환경의 파괴와 오염을 국가적으로 규제해야 한다는 문제의식에서 비롯되었다. 환

22 정종섭, 『헌법학원론』, p. 566.

23 헌법재판소 2010. 11. 25. 2006헌마328.

경권과 환경보전은 생태평화 또는 녹색평화를 실현하기 위해 헌법에 도입되었다.

우리나라는 1980년 개정헌법에서 처음으로 환경권을 기본권으로 인정하였다. 헌법은 제35조 제1항에서 “모든 국민은 건강하고 쾌적한 환경에서 생활할 권리를 가지며, 국가와 국민은 환경보전을 위하여 노력하여야 한다”라고 규정한다. 헌법은 환경권을 기본권으로 인정하지만, 제35조 제2항에서는 “환경권의 내용과 행사에 관하여는 법률로 정한다”라고 규정하여 그 구체적인 내용에 대해서는 국회가 법률을 통해 결정할 수 있도록 위임하고 있다.

헌법이 기본권으로 보장하는 환경권이란 건강하고 쾌적한 환경에서 생활할 수 있는 권리를 말한다. 건강한 환경은 육체적으로나 정신적으로 건강할 수 있는 환경이며, 쾌적한 환경이란 안락하고 평온한 환경이다. 이때 환경은 공기나 물 등 자연적 환경과 소음과 진동과 같은 생활환경만 포함되고 의료나 교육, 역사적 유산 등 사회적·문화적 환경까지 포함되는 것은 아니다.[24]

국회는 헌법에 의해 입법권을 부여받고 있으므로 헌법을 위반하여 법률을 제정할 수는 없으며, 환경권을 보장하고 환경보전을 위해 법률을 제정할 헌법적 의무가 있다. 환경권은 기본권이자 법적 권리이므로 국가에 대해 소극적으로는 환경파괴나 환경오염을 하지 말 것을 요구할 수 있고, 적극적으로는 환경파괴의 예방과 친환경적 생활조건을 형성할 것을 요구할 수도 있다. 대법원은 헌법규정만으로는 환경권의 내용과 범위가 명확하지 않아 개인에게 직접 구체적인

24 헌법재판소 2008. 7. 31. 2006헌마711

사법적 권리를 부여한 것은 아니라고 판단하였다.[25] 우리나라는 환경정책기본법을 제정하여 환경권을 내용과 범위를 구체화하고 있다.

헌법은 환경권을 국민의 기본권으로 보장하면서도 동시에 국민에게 환경보전 의무를 부과하고 있다. 즉 헌법 제35조 제1항은 후문에서 "국가와 국민은 환경보전을 위하여 노력하여야 한다"라고 규정한다. 환경보전이란 자연이 가진 본래의 깨끗한 상태를 유지하기 위해 인간이 환경을 보호, 정비, 관리하는 것을 말한다. 헌법은 환경보전의 의무에 대해서는 법률 유보의 형식을 채택하지 않고 있고 "노력하여야 한다"라고 표현하고 있지만, 다른 헌법적 의무와 마찬가지로 그 구체적인 내용은 법률을 통해 확정되는 것으로 이해해야 한다. 헌법은 환경보전을 위해 노력해야 할 의무를 국가뿐만 아니라 국민에게도 부과하고 있다.

25 대법원 1995. 5. 23. 94마2218.

11 민주주의[1]

정동준 (인하대학교 사회교육과)

1. 들어가는 말

> 오늘날 가장 뜨거운 화두는 어떻게 하면 서구식이 아닌, 자유주의적 liberal이지 않은, 자유민주주의가 아닌, 어쩌면 심지어 민주주의가 아닌 체제가, 그럼에도 불구하고 그 나라를 성공적으로 만들 수 있을까이다.… 헝가리 민족은 단순한 개인의 집합이 아니라, 조직되고 강해지며 발전되어야 하는 공동체이다. 이런 점에서 우리가 만들고자 하는 새로운 국가는 자유주의 국가liberal state가 아닌 비자유주의 국가illiberal state이다.
>
> 빅터 오르반Viktor Orbán[2]

1 이 글은 『현대정치연구』 제13권 1호(2020)에 실린 필자의 논문(「민주주의 위기의 원인과 대안에 대한 이론적 고찰: 국민투표, 사법심사권, 그리고 정당해산제도를 중심으로」)을 일부 수정한 것이다.

2 2014년 7월 26일 루마니아의 바일레 투스나드Băile Tuşnad에서 한 연설의 일부. 〈https://budapestbeacon.com/full-text-of-viktor-orbans-speech-at-baile-tusnad-tusnadfurdo-of-26-july-2014/〉 (검색일: 2019. 7. 9)

민주주의는 평화를 담보하는가? 이 책에서 언급하고 있는 평화의 여러 개념들은 모두 그 자체로 어떠한 가치를 가지거나(공정성, 공공성, 신뢰 등), 혹은 평화를 이루기 위한 조건의 하나(대화, 합의, 안보, 법치, 통합 등)로 다루어지고 있다. 이 장의 주제인 민주주의 역시 많은 사람들에게 그 자체가 목적이 되는 하나의 가치로, 아니면 적어도 평화와 같은 어떠한 목적을 달성하기 위한 하나의 도구로 여겨지고 있다.

고전적 평화학에서 갈퉁Johan Galtung과 젱하스Dieter Senghaas 같은 학자들은 민주주의 체제를 평화를 이루기 위한 제도 내지는 평화의 상태 그 자체로 보며 민주주의와 평화 간의 연관성을 강조하였다.[3] 구체적으로 갈퉁[4]의 경우 그가 제시한 '적극적 평화'의 하나인 '문화적 평화'를 이루기 위한 법적 제도로서 민주주의를 내세웠고, 젱하스[5]의 경우에는 평화를 이루기 위한 여섯 가지 요소를 얘기하며 민주주의의 제도와 가치를 확립하는 것이 필요하다고 역설하였다.

이러한 민주주의와 평화의 연관성은 20세기 후반까지만 하더라도 당연한 것으로 여겨졌다. 후쿠야마Francis Fukuyama는 1989년 베를린 장벽의 붕괴와 이어진 소련과 공산주의의 몰락을 보며 자유민주주의를 정부의 최종 형태로 추앙하며 역사의 종언을 외쳤다.[6] 이때까지만 하더라도 민주주의, 특히 서구식의 자유민주주의가 인류가 추구해온 최고의 정치체제로 받아들여진 것이다.[7] 하지만 오늘날 민

3 서보혁, 『한국 평화학의 탐구』(박영사, 2019).

4 Johan Galtung, *Peace by Peaceful Means: Peace and Conflict, Development and Civilization* (SAGE Publications, 1996).

5 디터 젱하스 저, 이은정 역, 『문명 내의 충돌』(문학과 지성사, 2007).

6 Francis Fukuyama, *The End of History and the Last Man* (Free Press, 1992).

7 야스차 뭉크 저, 함규진 역, 『위험한 민주주의: 새로운 위기, 무엇이 민주주의를 파

주주의가 평화를 담보하는 정치체제라는 확고한 믿음에 균열이 생기고 있다.

1990년 민주화 이후 처음으로 치러진 총선 이후 헝가리의 민주주의는 안정적으로 정착했다. 개혁 초반의 마이너스 성장을 제외하고는 경제 부문에서도 눈에 띄는 발전을 보이며 헝가리는 정치와 경제 모든 부문에서 성공적인 전환을 이뤄낸 국가라 칭송받았다. 하지만 무리한 해외자본의 도입과 재정지출 확대로 2008년 금융위기의 직격탄을 맞으면서 헝가리의 민주주의는 흔들리기 시작했다. 앞서 소개한 오르반 헝가리 총리의 연설은 오늘날 헝가리 민주주의의 현실을 여실히 보여준다. 2010년 총선 이후 근 10년간 헝가리를 통치해오고 있는 오르반의 '청년민주동맹Fidesz과 기독민주당 연합'은 반난민, 반EU, 민족주의를 내세우며 극우 포퓰리스트 정당[8]의 색채를 강화해 가고 있다. 오르반 총리는 언론과 사법부를 통제하고 자신에게 유리하도록 선거제도를 바꾸는 등 장기집권의 발판을 마련해 가고 있다. 같은 중부 유럽의 신생 민주주의 국가인 폴란드에서도 우파인 법과정의당PiS이 2015년 이후 집권하며 헝가리와 비슷한 반자유적 성향을 나타내고 있다.

이러한 극단주의의 등장과 민주주의의 위기는 새로 민주주의가 들어선 국가뿐 아니라 오랫동안 민주주의를 유지해온 나라들에서도

괴하는가』(와이즈베리, 2018).

8 피데스Fidesz 정당은 스스로를 극우가 아닌 우파정당으로 분류하고 있지만, 2017년 실시된 채플힐 전문가 서베이ChapelHill Expert Survey에 따르면 피데스의 이념성향 점수(0 극좌~10 극우)는 8.7점으로, 극우정당으로 분류되는 같은 나라의 요빅Jobbik 정당(8.5점)보다 더 보수적인 것으로 나타났다.

나타나고 있다.[9] 특히 프랑스의 민족전선, 독일의 독일을 위한 대안, 오스트리아의 자유당, 이탈리아의 민족동맹과 레가 노드Lega Nord 등, 반난민과 반EU를 내세우며 배타적 민족주의를 외치고 있는 극우정당들이 각종 선거에서 두각을 보이며 관용과 타협의 정신을 기반으로 한 민주주의의 가치를 위협하고 있다.[10]

미국의 도널드 트럼프Donald Trump 대통령은 당선 이후 연이은 극우 발언들을 쏟아내며 반난민주의와 미국중심의 보호무역과 국제질서를 외치고 있다. 대한민국에서도 2019년 제1야당인 자유한국당 대표들의 계속되는 극우발언이 논란이 되었고, 당명을 바꾼 우리공화당은 박근혜 전대통령의 석방을 외치며 광화문 광장의 불법점거를 시도하기도 하였다.

하지만 오늘날 민주주의의 위기를 더욱 위기로 느끼게끔 하는 것은, 이러한 극단주의와 정치적 양극화가 정당과 정치인 등 엘리트 차원에서만 일어나는 일이 아니라는 점이다. 각종 설문조사 결과에서 일반 시민들 사이에서도 민주주의 체제에 대한 지지와 민주적 가치에 대한 믿음이 점차 감소하고 있음이 발견되고 있다.[11] 특히 과거 권위주의 시대를 경험한 적이 없는 젊은 층에서 최근의 경기침체와 사회경제적 양극화가 맞물리며 민주주의 제도에 대한 불신이 두드러지게 나타나고 있다.

---

9 Cas Mudde, *On Extremism and Democracy in Europe* (New York, NY: Routledge, 2016); Anna Grzymala-Busse, "The Failure of Europe's Mainstream Parties," *Journal of Democracy*, vol, 30, no. 4 (2019), pp. 35-36.

10 정동준, 「2018년 지방선거 이후 유권자들의 정치 양극화: 당파적 배열과 부정적 당파성을 중심으로」, 『오토피아』 제33권 3호 (2018), pp. 143-180.

11 야스차 뭉크 저, 함규진 역, 『위험한 민주주의』, pp. 131-172.

이렇듯 오늘날 세계 곳곳에서는 민주주의가 오랫동안 추구해 오던 핵심 가치에 심각한 손상이 일어나고 있다. 물론 무엇이 민주주의의 핵심 가치인지에 대해서는 사람마다 이견이 존재하겠지만, 앞에서 언급된 극단주의나 비자유주의, 비관용, 비신뢰와 같은 모습들은 분명 우리가 오랫동안 알고 있던 민주주의의 모습은 아닐 것이다. 이러한 민주주의의 위기는 이 책에서 다루고 있는 평화의 다른 가치들, 즉 공공성, 신뢰, 공존, 대화, 통합 등과 같은 가치들과도 상충되고 있다.

이상을 통해 볼 때 민주주의가 곧 평화를 낳는다는 공식은 더 이상 자동으로 성립되지 않는 듯하다. 그렇다면 이렇게 민주주의가 위기를 맞이하게 된 원인은 무엇인가? 이러한 위기를 둘러싼 민주주의의 이론적 쟁점에는 무엇이 있는가? 민주주의가 평화로 이어지기 위해서는 어떠한 조건이 필요한가?

이 장에서는 오늘날 민주주의에 위기를 가져온 두 가지 현상, 대표성의 위기와 포퓰리슴의 등장에 주목해 본다. 이 장은 이러한 현상이 일어난 정치적 혹은 사회경제적 요인을 실증적으로 분석하는 것은 아니다. 이러한 현상을 둘러싼 이론적 논쟁을 소개하고 그 논쟁의 합의점을 모색해 봄으로써, 오늘날 민주주의 대한 이론적 설명 및 대안을 제시하는 것이 목표라 할 수 있다.

2. 대표성의 문제와 대안으로서의 국민투표: 간접민주주의 대 직접민주주의의 충돌

오늘날의 민주주의가 위기로 여겨지게 된 데에는 여러 이유가 있겠지만, 가장 큰 이유 중 하나는 바로 '대표성representativeness'의 위기이다. 현대의 민주주의는 모두 대표를 선출하여 그들에게 국정의 운영을 맡긴다는 점에서 대의민주주의 혹은 간접민주주의라 할 수 있다. 이러한 대의민주주의가 제대로 작동하고 있는지 가늠케 하는 대표적 척도 중 하나가 바로 대표성이다. 대표성은 "정치적 대표가 얼마나 국민의 선호와 이익을 대변하는지"를 의미하는 것으로, 대표성이 높을수록 그 나라의 민주주의는 잘 작동하고 있다고 할 수 있다.

하지만 오늘날 많은 민주주의 국가에서 이러한 대표성에 대한 문제가 제기되고 있다. 사실 소수의 대표를 선출하여 국정을 맡긴다는 것에서부터 대표성의 문제는 어느 정도 발생할 수밖에 없다. 모든 시민이 정치 과정에 직접 참여할 수 없기 때문에 이들의 선호와 이해는 간접적으로 대변될 수밖에 없고, 이 과정에서 대표자와 시민의 입장은 어느 정도 불일치가 일어날 수밖에 없는 것이다.[12]

오늘날에는 후기 산업화, 세계화, 뉴미디어의 등장과 같은 여러 사회적 변화로 인해 전통적으로 민의를 응집하고 대변했던 정당의 역할이 약화됨에 따라 대표성에 대한 논란이 더욱 증가하고 있다.[13]

12 정동준, 「한국 정치공간의 시민과 대표 간 이념적 일치: 개념화와 측정」, 『의정연구』, 제23권 2호 (2017), pp. 67-108; Hanna Fenichel Pitkin, *The Concept of Representation* (Berkeley: University of California Press, 1967).

13 박지영·윤종빈, 「정보화 시대 대의민주주의 위기 극복을 위한 한국형 정당모델의

또한 사회가 복잡해지고 기술이 발달함에 따라 정책의 수립과 집행이 소수 전문가의 손에 맡겨지게 되면서, 일반대중과 정책결정자의 거리는 더욱 멀어지고 대표는 정치적으로나 사회경제적으로 특권층이 되어가는 '엘리트주의'가 나타나고 있다.[14]

그렇다면 어떻게 이러한 대표성의 위기를 극복할 수 있을까? 소수의 손에 정책 결정을 맡기는 것이 문제의 근본이라면 해결책은 간단하다. 정책 결정의 권한을 다시 국민의 손에 쥐어주는 것이다. 즉 직접민주주의 제도가 오늘날 간접민주주의의 대안이 될 수 있다. 직접민주주의 제도란 "시민들이 쟁점에 대한 그들의 견해를 표현하거나 의사결정을 내리는, 공적으로 인정된 제도"를 뜻하는데,[15] 대표적으로는 국민투표가 있다.

국민투표 제도는 최근 30년간 전 세계적으로 그 사용이 증가하고 있는 추세이다.[16] 대표적인 예로 최근 전 세계의 이목을 집중시킨 영국의 '브렉시트Brexit' 국민투표는 영국 정계를 혼돈으로 몰아넣으며 민주주의에서 국민투표가 갖는 의미에 대한 논쟁을 불러일으켰다.[17] 또 다른 예로 2017년 터키에서는 의원내각제에서 대통령제로의 개헌을 묻는 국민투표를 실시하였는데, 투표 결과 유효투표율

모색」, 『미래정치연구』, 제9권 1호 (2019), pp. 122-123.

14 야스차 뭉크 저, 함규진 역, 『위험한 민주주의』, pp. 116-122.

15 David Altman, "The Potential of Direct Democracy: A Global Measure (1900-2014)," Social *Indicators Research*, vol. 133, no. 3 (2017), p. 1209.

16 Stephen Tierney, *Constitutional Referendums: The Theory and Practice of Republican Deliberation* (Oxford: Oxford University Press, 2012).

17 Colin Copus, "The Brexit Referendum: Testing the Support of Elites and Their Allies for Democracy; Or, Racists, Bigots and Xenophobes, Oh My!," *British Politics*, vol, 13, no. 1 (2018), pp. 90-104.

85%에 총 투표수의 51.4%가 찬성 표를 던짐으로써 대통령제로의 개헌이 이루어졌다. 이러한 개헌을 통해 대통령에 당선된 에르도안 Recep Tayyip Erdogan 대통령은 제왕적 대통령제를 바탕으로 장기집권의 초석을 마련하였다.

이와 같이 국민투표는 공산주의 붕괴에 따른 민주주의 정권 수립, 다민족 국가의 해체에 이은 신생국가 수립, EU와 같은 초국가 단체의 등장과 세계화, 그리고 시민들의 전반적인 교육수준 향상 등의 이유로 최근 들어 활발히 실시되고 있다. 하지만 무엇보다도 국민투표의 증가는 대의민주주의의 위기와 관련이 있다. 대의민주주의가 갖는 여러 문제점들이 국민투표의 실시에 정당성을 부여하고 있는 것이다.[18]

그렇다면 국민투표와 같은 직접민주주의 제도를 뒷받침하는 민주주의 이론에는 어떠한 것들이 있을까? 먼저 국민투표 제도를 옹호하는 쪽에서는 직접민주주의 제도가 대표성의 질을 높일 수 있다고 말한다.[19] 간접민주주의가 갖는 본질적인 대표성의 문제를 직접민주주의 제도가 보완할 수 있다는 것이다. 또한 국민투표는 민주주의가 추구하는 또 다른 가치인 책임성을 제고할 수 있다.[20] 책임성이란

---

18 Eoin Daly, "A Republican Defence of the Constitutional Referendum," *Legal Studies*, vol. 35, no. 1 (2015), pp. 30-54; Bruno S. Frey, "Proposals for a Democracy of the Future," *Homo Oecon*, vol. 34 (2017), pp. 1-9.

19 브루노 카우프만, 롤프 뷔치, 나드야 브라운 저, 이정옥 역, 『직접민주주의로의 초대』(리북, 2008); Matt Qvortrup, ed., *Referendums Around the World: The Continued Growth of Direct Democracy* (New York, NY: Palgrave Macmillan, 2014).

20 카우프만 외 저, 이정옥 역, 『직접민주주의로의 초대』; Tierney, *Constitutional Referendums*.

"대표가 자신의 정책 성과에 대해 정치적으로 책임을 지는 것"을 의미하는데, 국민투표는 우회적으로 이들 대표의 책임성을 강화하는데 기여할 수 있다. 국가의 중대사에 국민의 뜻을 묻고 이에 대해 법적 구속력을 부여함으로써 대표들에게 진정한 나라의 주인이 누구인지를 알게 해주는 한편, 대표의 결정과 다른 선택을 국민이 할 경우 자신의 결정을 돌아보게 함으로써 보다 신중하고 책임있는 정치를 가능케 할 수 있다는 것이다.

또한 국민투표는 그 과정을 통하여 국민들의 정치에 대한 참여와 관심을 높일 수 있다. 이렇게 국민투표가 높은 정치참여를 낳는 모범적 사례로 스위스를 들 수 있다. 카우프만 외(2008)에서는 스위스의 국민투표 분석을 통해, 국민투표가 정치적 생활의 일부분이 된 스위스와 같은 나라에서는 국민들이 정치에 대한 지식과 참여도가 매우 높다고 하였다. 스위스 국민들은 수많은 크고 작은 사안들에 대해 3개월에 한 번씩 국민투표를 함으로써 일종의 '비상근 정치인'의 역할을 수행하고 있다.[21] 이렇게 일상의 영역에까지 자신이 주인이 되어 결정을 내림으로써 시민들은 정치에 보다 많은 관심을 가지게 되고, 이렇게 '행함으로써 배운' 시민들의 선택은 효율적이고 성공적인 정책으로 이어지게 된다는 것이다.[22]

이렇듯 많은 학자들이 국민투표 제도에 대해 찬성의 목소리를 내고 있지만, 이에 대한 반론도 적지 않다. 직접민주주의를 비판하는 사람들이 가장 많이 지적하는 것은 바로 투표 과정에서 일어나는

---

21 카우프만 외 저, 이정옥 역, 『직접민주주의로의 초대』, p. 9.

22 카우프만 외 저, 이정옥 역, 『직접민주주의로의 초대』, pp. 129-138.

'숙의deliberation'의 부족이다.[23] 즉 해당 사안에 대한 높은 정치적 관심과 지식을 바탕으로 의견을 교환하며, 활발하고 공적인 토론의 과정을 통해 합의에 이르는 숙의의 과정이 국민투표에서는 일어나기 힘들다는 것이다. 물론 이러한 단점 또한 여러 차례 시행착오를 거치고 관련 제도를 보완함으로써 어느 정도 해결이 될 수 있겠지만, 그렇다 하더라도 국회에서 의원들 간에 일어나는 수준의 제도적이고 반복적인 상호작용이 시민 차원에서 이루어질 것을 기대하기는 힘들다.[24]

낮은 책임성 역시 국민투표의 한계로 지적된다. 국민투표의 결과가 좋지 못한 정책 결과로 이어진다면 그 책임은 누가 어떻게 질 것인가? 대표들이 '선거'라는 도구를 통해 자신의 행위에 대한 심판을 받는 책임성의 기제가 국민투표에서는 작동할 수 없다.[25] 또한 정책 결정이 국민의 손에 의해 이루어질수록 대표가 자신의 전문성을 발휘하여 정책을 마련할 유인이 줄어들게 되고, 이에 따라 정책의 질이 떨어질 수밖에 없다는 점도 문제로 지적된다.[26]

무엇보다도 이러한 국민투표는 '포퓰리즘populism'에 빠질 수 있다는 지적을 받는다. 포퓰리즘은 인기영합주의로 번역되며, 흔히 정

---

23 Daly, "A Republican Defence of the Constitutional Referendum"; Daniel Bochsler and Simon Hug, "How Minorities Fare Under Referendums: A Cross-National Study," *Electoral Studies*, vol. 38 (2015), pp. 206-216.

24 Bochsler and Hug, "How Minorities Fare Under Referendums," p. 207.

25 Daly, "A Republican Defence of the Constitutional Referendum," p. 34.

26 Simon Hug, "Some Thoughts about Referendums, Representative Democracy, and Separation of Powers," *Constitutional Political Economy*, vol. 20 (2009), pp. 251-266.

치적·경제적 제약을 고려하지 않고 일반대중이 좋아할 만한 선심성 정책들을 남발하는 것으로 이해된다. 보다 정확히는 사회를 부패한 엘리트와 순수한 대중으로 이분하고, 이러한 대중의 뜻을 대변하는 것을 자신들의 정치적 목적 및 전략으로 삼는 것을 의미한다.[27] 이러한 포퓔리스트 정당 혹은 리더가 무분별한, 하지만 대중의 입맛에 맞는 정책을 국민투표에 부치게 될 경우, 이러한 정책들이 대중의 지지를 얻어 통과됨으로써 그 사회에 위기를 초래할 수 있다는 것이다.

이러한 비판들의 기저에는 일반대중은 정치적 역량이 낮고 외부의 힘에 휩쓸리기 쉽다는 불신이 자리하고 있다. 특히 권위주의적 리더가 자신의 권력을 강화하기 위해 국가위기에 대한 공포를 조장하고 민족에 대한 열망을 고취시키는 경우, 국민들은 이러한 감정주의emotionalism에 선동되기 쉽다. 즉 국민들은 감정에 휘둘리기 쉽고 정치적으로 냉정한 판단을 내릴 만한 역량이 없기 때문에 국민투표제도에 반대한다는 것이다.

그렇다면 이러한 상반된 두 주장을 어떻게 절충할 수 있을까? 극단주의와 포퓔리슴의 등장은 이미 사회 내적으로 정치적 양극화가 상당히 진행 중임을 보여주는 것으로, 이러한 정치적 양극화의 바탕에는 사회경제적 양극화가 있다. 오늘날 유럽의 여러 나라에서 극우정당이 성장하게 된 결정적 계기 중 하나가 2008년 유럽 금융위기라는 것은 주지의 사실이다. 사회경제적 양극화가 정치적 극단주의가

27 Mudde, *On Extremism and Democracy in Europe*, p. 68.

자랄 수 있는 토양이 되는 것이다.[28] 따라서 사회경제적 격차를 줄이고 안정적인 경제발전을 이루어갈 때 국민투표와 같은 직접민주주의 제도가 보다 민주적으로 사용될 수 있다.

제도적으로 말하자면, 직접민주주의에 간접민주주의적 요소를 도입함으로써 그 약점을 보완하려는 시도가 필요하다. 특히 오늘날 많은 학자들이 직접민주주의에 숙의적 요소를 강화할 것을 제기하고 있다.

최근 정치권과 학계에서 활발히 논의되고 있는 '숙의민주주의deliberative democracy'란 폭넓고 개방된 공적 논의를 의사결정의 핵심으로 삼는 민주주의 제도를 의미하며,[29] 단순한 의사의 취합이 아닌 토론을 통해 서로의 선호에 영향을 미치는 것을 추구한다.[30] 다시 말해 숙의민주주의란 간접민주주의가 갖는 '높은 수준의 정치적 정보 및 토론'과 직접민주주의가 갖는 '높은 수준의 정치적 참여'라는 두 마리 토끼를 모두 잡으려는 시도라 할 수 있다.

최근 우리나라에서도 신고리 5·6호기 공론화위원회를 통하여 시민참여단을 조직, 여기에서 나온 의견을 실제 정책결정 과정에 반영

---

28 Anthoula Malkopoulou and Ludvig Norman, "Three Models of Democratic Self-Defence: Militant Democracy and Its Alternatives," *Political Studies*, vol. 66, no. 2 (2018), pp. 442-458; 스티븐 레비츠키, 대니얼 지블랫 저, 박세연 역, 『어떻게 민주주의는 무너지는가: 우리가 놓치는 민주주의 위기 신호』 (어크로스, 2018), pp. 279-280.

29 Joseph M. Bessette, "Deliberative Democracy: The Majority Principle in Republican Government," in Robert A. Goldwin and William A. Schambra, eds., *How Democratic is the Constitution?* (American Enterprise Institute for Public Policy Research, 1980).

30 John Dryzek, *Deliberative Democracy and Beyond Liberals, Critics, Contestations* (New York: Oxford University Press, 2000).

한 바 있다. 이러한 숙의적 요소를 직접민주주의의 과정에도 도입해 간다면 직접민주주의 제도의 문제들을 해결해 갈 수 있을 것이다.

3. 포퓰리즘의 대두와 대안으로서의 사법심사권: 절차적 민주주의 대 실질적 민주주의의 충돌

두 번째로 생각해 볼 수 있는 민주주의의 위기는 포퓰리즘의 대두이다. 앞서 말한 바와 같이 오늘날 유럽의 많은 민주주의 국가들이 극우주의 정당의 약진으로 몸살을 앓고 있다. 하지만 민주주의에 위기를 가져올 수 있는 것은 극우정당만이 아니다. 오늘날 많은 남미 민주주의 국가에 위기를 초래하고 있는 것은 극우라기보다는 극좌 포퓰리스트 정당들이다. 복지와 재정지출의 극대화를 통해 대중의 인기를 끌 만한 공약을 남발하고 이를 정책으로 실현할 때 어떠한 위기가 닥칠 수 있는지를, 우리는 작금의 브라질과 베네수엘라를 통해 생생히 보고 있다. 유럽, 특히 스페인, 그리스, 이탈리아와 같은 남유럽 국가들에서도 이렇게 극좌로 분류되는 여러 정당들이 많은 대중의 지지를 바탕으로 정권을 잡으면서 기존의 정당정치에 큰 반향을 일으키고 있다.

이러한 극단주의가 공통적으로 갖는 특징 중 하나가 바로 포퓰리즘이다. 포퓰리즘은 기존 정치의 부패함을 강조하면서 대중의 뜻을 강조하는 정치적 이념을 말한다. 포퓰리즘은 좌와 우를 가리지 않는다. 좌파 포퓰리스트들은 사회주의적 노선을, 우파 포퓰리스트들은 민족주의적 노선을 주창하면서, '국민의 뜻'이라는 모호한 캐치프레이즈를 내걸고 대중을 선동한다.[31] 이러한 포퓰리슴은 다수 일반대중의 선호를 추구한다는 점에서 본질적으로 비민주적이라 할 수는 없다. 즉 민주주의는 기본적으로 다수결의 원칙에 기반하고 있다는 점에서 포퓰리슴과 상통하는 측면이 있다. 하지만 다수가 원하는 쪽으로 의사결정이 이루어지다 보면 자연스레 소수의 권리는 침해되고, 민주주의가 지향하는 대화와 타협, 신뢰와 존중, 관용과 공존이라는 가치가 손상되게 된다. 따라서 포퓰리슴의 대두는 "합법적이고 민주적인 절차를 거쳐 결정한 사안이 민주적 가치에 위배되는 경우에 어떻게 해야 하나?"라는 질문을 야기한다.

여기서 우리는 민주주의를 바라보는 두 가지 관점, 즉 '절차적 민주주의' 대 '실질적 민주주의'의 충돌에 대해 생각해 볼 필요가 있다. 전자는 민주주의를 정부를 구성하고 의사결정에 도달하는 방식의 하나로 보는 것으로, 다수결의 원칙과 같은 절차적 민주성을 강조한다. 반면 후자는 위에서 언급한 여러 가치들을 수호하는 것이 민주주의의 가장 중요한 목적이라 여긴다. 절차적 관점에서 본다면 국민투표와 같이 적법한 민주적 절차를 통해 이루어진 결정은 그 자체로 존중받아야 하며, 어떠한 경우에도 번복될 수 없다. 하지만 실질적 관점에서 보면 의사결정의 절차와 과정보다도 결정의 내용이 갖는 민주성이 더 중요한 의미를 갖는다. 즉 아무리 민주적 절차를 통해 만들어진 결정이라 하더라도 그것이 민주주의 핵심 가치에 위배된다면 그 결정은 파기될 수 있다는 것이다.

앞서 얘기한 국민투표와 같은 직접민주주의 제도의 확대는 전자

31 Mudde, *On Extremism and Democracy in Europe*, p. 68.

의 관점에 가깝다 할 수 있다. 국민투표를 통한 결정은 최대한 많은 수의 공리를 따른 결정이므로 민주적 절차의 측면에서 아무런 문제가 없는 것이다. 포퓔리슴 역시 전자의 논리에 기반하고 있다. 특히 우파 포퓔리슴이 주로 내세우는 민족주의는 그 사회의 주류 민족의 이익을 추구한다는 점에서, 수에 있어 다수를 차지하는 이들 집단의 선호를 대변하는 것은 민주적이라 할 수 있다. 하지만 이러한 절차적 민주주의를 통해 소수자 집단이 차별받고 이들의 권리가 보호받지 못하는 상황이 된다면 어떻게 해야 하나?

절차적 민주주의를 통해 소외받는 집단이 생길 경우, 실질적 민주주의의 가치를 보호하기 위해서는 이를 바로잡고 보완해 줄 독립된 기구가 필요하다. 현대의 민주주의는 이러한 독립기구로 사법부를 두고 있고, 그중에서도 민주주의의 핵심적 가치를 수호하는 역할을 하는 헌법재판소, 보다 일반적으로 '사법심사권'이란 제도에 맡기고 있다. 사법심사권 제도는 입법부를 통하여 (혹은 국민투표와 같은 절차를 통하여) 만들어진 법안의 합헌 지위를 결정함으로써 다수의 이익을 위해 소수의 이익이 침해되는 일을 막도록 하고 있다. 즉 사법심사권은 다수결의 원칙으로 차별받을 수 있는 소수의 권리를 보호함으로써 대표성을 강화하고, 이를 통해 민주주의를 보다 완전하게 만드는 데 기여하고 있는 것이다.[32]

하지만 이러한 사법심사권의 강화는 문제의 해결이 아닌 원인이 될 수 있다. 특히 '선출되지 않은' 소수의 집단이 자신의 전문성만을

32 John Hart Ely, *Democracy and Distrust*: *A Theory of Judicial Review* (Cambridge, MA: Harvard University Press, 1980).

바탕으로 민주적 절차를 통해 '선출된' 대표의 결정을 뒤집을 수 있다는 것은 논란이 될 수 있다. 사법부는 사법심사권을 통하여 특정 집단의 이해관계를 침해한다고 여겨지는 법안이나 정책에 대하여 민주적 절차를 거쳐 만들어진 합의라 하더라도 이를 파기할 수 있다. 이러한 사법부의 권한은 암묵적으로 자신들이 자유와 권리에 대한 보다 나은 식견을 가졌음을 전제한다. 하지만 과연 그러한가? 다수의 선호에 따라 민주적 절차를 통해 만든 결정을 소수의 집단이 (자유주의라는 이름으로) 뒤집을 수 있는가?

먼저 '그렇다'고 말하는 쪽은 절차적 민주주의 대 실질적 민주주의에서 후자에 방점을 둔다. 이들은 민주주의에는 민주주의가 기반하고 있는 근본적인 가치들이 있고, 이를 수호하는 것이 민주주의의 가장 중요한 목적이라고 말한다.[33] 물론 민주주의가 기본적으로 다원주의와 도덕적 상대주의를 표방한다는 점에서 특정 가치에 우위를 두는 것은 경계하지만, 그럼에도 불구하고 민주주의를 민주주의 되게 만드는 최소한의 조건은 있다는 것이다.[34] 그렇다면 이들이 말하는 실질적 가치란 무엇인가? 민주주의의 실질적 가치는 다양한 집단의 권리를 보호하고 자유주의적 가치를 수호하는 것이라 할 수 있고, 자유주의적 가치란 한 마디로 소수의 권리를 보호하는 것이라 할 수 있다.[35] 개인의 자유는 신성불가침한 것으로 다수의 자유

---

33 Gregory H. Fox and Georg Nolte, "Intolerant Democracies", *Harvard International Law Journal*, vol. 36 (1995), pp. 1-70; John Rawls, *A Theory of Justice* (Boston MA: Harvard University Press, 1999).

34 David Prendergast, "The Judicial Role in Protecting Democracy from Populism," *German Law Journal*, vol. 20 (2019), pp. 245-262.

35 Alon Harel, "Rights-Based Judicial Review: A Democratic Justification," *Law and*

에 의해 제약되거나 침해될 수 없는 것이다.[36] 따라서 민주적 절차에 의해 차별받는 집단이 생기는 경우 이들의 권리를 보호하는 안전장치가 마련되어야 하고,[37] 이것이 사법심사권이란 제도를 통해 이루어질 수 있다는 것이다.

하지만 여기에서 또 하나의 질문이 나올 수 있다. 소수자의 권리를 보호하는 것은 좋으나, 왜 사법부에 그러한 권한이 주어져야 하나? 사법심사권을 옹호하는 쪽에서는 소수자 권리의 보호와 자유주의 가치의 수호에 있어 사법부가 입법부나 행정부와 같은 다른 대의기구들보다 우위에 있다고 믿는다.[38] 다수결의 원칙에 의해 차별받는 소수의 권리가, 역시 동일한 다수결의 원칙에 지배받는 입법부나 행정부의 손에 맡겨져서는 제대로 된 보호를 받을 수 없다. 즉 다수결의 원칙에서 어느 정도 자유로운, 독립된 기구인 사법부가 이러한 역할에 보다 적합하다는 것이다. 특히 국회의원과 같은 선출직 대표는 (법관과 같은 임명직에 비해) 더 많은 표를 얻기 위해 기본적으로 소수보다는 다수의 목소리에 귀 기울이기 마련이라는 점에서 더욱 그러하다.[39]

이러한 입장은 일반대중이 감정에 잘 휘둘릴 수 있다는 가정에 기초한다. 민주주의는 기본적으로 '이성reason'에 기반하는 데 반해, 포퓰리즘과 같은 극단주의는 '감정'에 호소하는 성질을 가진다. 최근

Philosophy, vol. 22, no. 3/4 (2003), pp. 247-276.

36 Horacio Spector, "Judicial Review, Rights, and Democracy," *Law and Philosophy*, vol. 22, no. 3/4 (2003), pp. 285-334.

37 Prendergast, "The Judicial Role in Protecting Democracy from Populism."

38 Spector, "Judicial Regiew, Rights, and Democracy."

39 Harel, "Rights-Based Judicial Review."

들어 유럽 지역에서 다시 나타나고 있는 이러한 극단주의와 감정의 정치에 대항하기 위해 사법심사권의 개입은 정당화될 수 있는 것이다.

이에 반해 사법심사권에 반대하는 쪽에서는 절차적 측면에서의 민주적 정당성을 강조한다. 민주주의란 누가 뭐래도 정부 형태의 일종으로, 어떠한 방식에 의해 정부가 구성되고 의사결정이 이루어지는가가 민주주의를 특징 짓는 가장 중요한 잣대가 된다. 즉 다수결의 원칙이라는 절차적 원리에 의해 민주주의가 정의된다는 것이다.[40] 이러한 절차적 관점에서 보자면 실질적 관점이 강조하는 가치라는 것은 매우 주관적인 개념이다. 민주주의는 본질적으로 '도덕적 상대주의'에 기반한다. 절대적으로 어떠한 가치가 우월하다고 말하는 것은 전체주의의 특징이다. 즉 민주주의는 '비지배non-domination의 원리'에 기반하기에 특정 가치가 다른 가치를 지배해서는 안 된다.[41] 따라서 어떠한 가치가 민주적인지 아닌지, 누가 민주주의의 적인지 결정하는 것은 작위적인 기준에 따라 정해질 수밖에 없는 것이다.[42]

이렇게 절차적 민주주의를 강조하여 사법심사권을 반대한 대표적인 학자로 제러미 월드론Jeremy Waldron을 꼽을 수 있다. 그는 권력을 얻게 된 절차적 정당성을 생각할 때, 국민의 손에 의해 선출된 입법부와 행정부가 그렇지 않은 사법부보다 우위에 있다고 주장한다.[43]

---

40 Miodrag Jovanovic, "How to Justify 'Militant Democracy': Meta-Ethics and the Game-Like Character of Democracy," *Philosophy and Social Criticism*, vol. 42, no. 8 (2016), pp. 745-762.

41 Prendergast, "The Judicial Role in Protecting Democracy from Populism."

42 Carlo Invernizzi and Ian Zuckerman, "What's Wrong with Militant Democracy?" *Political Studies*, vol. 65, no. 1S (2017), pp. 182-199.

43 Jeremy Waldron, "Judicial Review and the Conditions of Democracy," *The Journal*

민주적 절차에 의해 선출된 대표가 역시 민주적 절차를 통해 만든 정책이나 법안을, 그러한 절차를 거치지 않은 법관이 뒤집는 '반反다수적counter-majoritarian' 결정에 반대하는 것이다. 선출되지도 않고 따라서 그 행동에 책임을 지울 수도 없는 법관에게 다수결과 동등한 권한을 주는 것은 민주주의가 지향하는 정치적 평등의 원칙에 위배된다.[44] 즉 '일인 일표의 원칙'에서 보듯이 어느 누구의 정치적 권리가 다른 누구보다 크다고 할 수 없다는 점에서, 사람들 간의 이견은 다수결의 원칙에 의해 해결되는 것이 가장 합리적이다. 따라서 이러한 정치적 평등의 관점에서 볼 때 사법심사권은 정당화될 수 없는 것이다.

다음으로 이들은 과연 법관이 자유주의의 가치를 다른 대표들보다 잘 수호하느냐란 문제에 있어 회의적이다.[45] 법관 자체도 특정 신념과 가치에 사로잡힌 사람이기에 그로부터 자유로운 결정을 내린다는 것이 불가능하고, 또한 자신이 내린 결정에 자신의 권리 또한 영향을 받는다는 점에서 사적인 이익을 전혀 고려하지 않을 수 없는 것이다.[46] 따라서 절차적 민주주의와 실질적 자유주의를 모두 고려한다 하더라도, 전자에 있어서는 사법부가 열위에 있고 후자에 있어서도 사법부가 우위에 있다고 단정할 수 없기 때문에 사법부에 사법심사권과 같은 권한을 부여하는 것은 잘못이라 주장한다. 민주

of Political Philosophy, vol. 6, no. 4 (1998), pp. 335-355.

44 Annabelle Lever, "Democracy and Judicial Review: Are They Really Incompatible?," *Perspectives on Politics*, vol. 7, no. 4 (2009), pp. 805-822.

45 Lever, "Democracy and Judicial Review."

46 Patrick Lenta, "Democracy, Rights Disagreements and Judicial Review," *South African Journal on Human Rights*, vol. 20, no. 1 (2004), pp. 1-31.

적 절차로 어느 집단의 권리가 침해되는 일이 발생한다 하더라도, 이러한 문제는 입법 과정의 개선 등 대의기구 자체의 노력으로 해결할 수 있다는 것이다.[47]

그렇다면 어떻게 이러한 상반된 주장을 조율할 수 있을까? 먼저 사안의 개별적 특수성에 따라 서로 다른 적용이 가능할 것이다. 즉 (주로 입법기구를 통한) 다수결의 원칙에 따라 결정을 내리는 것이 적합한 사안이 있을 것이고, 사법부의 개입을 통해 결정을 내리는 것이 적합한 사안이 있을 것이다. 예를 들어 공공의 복지나 진보적 변화에 대한 문제에는 입법부가 더 유리하고, 소수의 권리 보호나 민주주의를 수호하는 문제에는 사법부가 더 유리하다는 견해가 있다.[48] 즉 사회를 변화시키는 결정에는 입법부가 유리하고, 현재의 상태를 지키는 데에는 사법부가 유리할 수 있다. 또한 민주주의 수준과 정치인의 부패 정도와 같은 그 나라의 정치적 맥락context이 고려되어야 한다.

트로체프Alexei Trochev는 러시아 지방법원에 대한 연구를 통해, 지방관료의 정치적 권력이 확고한 지역일수록 연방으로부터 독립적인 지방법원을 가지려 함으로써 권력의 정당성을 얻고자 하는 경향이 강하게 나타남을 발견했다.[49] 이는 민주주의 자체가 성숙하지 않

47 Corey Brettschneider, "Balancing Procedures and Outcomes Within Democratic Theory: Core Values and Judicial Review," *Political Studies*, vol. 53, no. 2 (2005), pp. 423-441.

48 Corey Brettschneider, *Democratic Rights and the Substance of Self-Government* (Princeton: Princeton University Press, 2007).

49 Alexei Trochev, "Less Democracy, More Courts: A Puzzle of Judicial Review in Russia." *Law & Society Review*, vol. 38, no. 3 (2004), pp. 513-548.

은 곳에서는 심판자로서 사법부의 역할이 온전히 행사되기 어려움을 말해준다. 사법심사권은 어느 정도 민주주의가 발전된 나라에서 본래의 목적에 맞게 사용될 수 있는 것이다.

다음으로는 사법부와 입법부 두 기구의 보완적 관계에 대한 이해가 필요하다. 즉 어느 한쪽이 다른 한쪽에 종속적인 관계가 아닌, 상호 보완하는 순환적 관계라는 인식이 필요한 것이다.[50] 법안이 발의, 입법, 적용되는 모든 과정은 입법부와 사법부 사이의 끊임없는 토론과 상호작용을 통해 이루어져야 하고, 이러한 순환적 관계를 통해 민주주의가 잘 작동될 수 있다. 이는 다시 민주주의에 있어 '숙의적 요소의 강화'라는 해법으로 연결된다.

민주주의가 기반으로 하는 이성이 의사결정 과정에서 보다 강력한 역할을 하도록 공적 숙의의 장을 활성화할 때, 최대한 다양한 집단의 이해관계가 대변될 수 있다.[51] 사법심사권의 행사에 있어서도 이러한 공론화 과정을 통해 다양한 목소리에 귀 기울임으로써 제도의 문제점이 극복될 수 있는 것이다.

50 Prendergast, "The Judicial Role in Protecting Democracy from Populism."

51 Christopher F. Zurn, "Deliberative Democracy and Constitutional Review," *Law and Philosophy*, vol. 21, no. 4/5 (2002), pp. 467-542.

4. 맺음말

이 장에서는 평화의 제도적 선결조건으로 거론되던 민주주의가 최근 겪고 있는 위기에 대하여 주목하고, 이에 대한 원인과 대안을 이론적으로 살펴보고자 하였다. 특히 오늘날 민주주의에 위기를 초래한 대표성의 악화와 극단주의의 등장이라는 현상에 초점을 맞추어, 이러한 현상을 둘러싼 간접민주주의 대 직접민주주의, 그리고 절차적 민주주의 대 실질적 민주주의라는 이론적 논쟁에 대하여 알아보았다. 그리고 각각의 이론적 쟁점을 대표하는 제도라 할 수 있는 국민투표와 사법심사권에 대한 찬반 양론을 살펴보았다. 그 결과 이러한 양론에 공통적으로 제시되는 해법을 발견할 수 있었는데, 그것은 크게 두 가지로 첫째, 그 사회가 속한 정치적 맥락과 이슈의 특성에 따라 민주주의에 대한 접근과 운용이 달라져야 하며, 둘째, 숙의민주주의의 요소를 의사결정 단계에서 강화해야 한다는 것이다.

먼저 첫 번째로 각 사안과 사회의 특수성이 고려되어야 한다. 모든 문제가 그러하듯, 민주주의의 여러 쟁점에 대해서도 어느 한쪽의 손을 일방적으로 들어줄 수 없는 데에는 각 사안과 맥락이 가진 특수성이 있기 때문이다. 앞서 언급한 바와 같이 그 나라의 민주주의 발전 단계, 정치 엘리트의 청렴, 권위주의적 역사와 유산, 사회경제적 양극화, 정치적 양극화 등과 같은 다양한 맥락들이 고려되어야 한다. 또한 사안별로도 각 사안의 성격에 따라 어떠한 관점에서 민주주의를 바라보아야 하고, 입법부와 사법부 중 어떠한 대의기구에 보다 많은 권한을 주어야 할지 유연하게 결정되어야 한다.

그렇다면 이를 오늘날의 대한민국이라는 특수한 맥락에 적용해보면 어떨까? 민주화를 이룬 지 어언 30년이 된 한국은 이제 신생 민주주의의 딱지를 떼고 선진 민주주의로 도약하려는 단계에 있다. 즉 민주주의의 공고화를 넘어 민주주의의 성숙을 향해 나아가는 사회인 것이다. 하지만 여전히 오랜 유교문화의 유산, 일제 강점기의 유산, 한국전쟁과 분단의 유산, 권위주의와 독재의 유산 등이 남아 있는 사회이기도 하다. 세계가 놀랄 만한 경제성장을 이루었지만 급속한 성장의 대가로 사회경제적 양극화가 중요한 사회 문제로 대두되었고, 이를 바탕으로 최근에는 정치적으로도 양극화의 양상이 나타나고 있다. 이러한 정치적 양극화는 민주주의를 부정하는 목소리에 힘을 실어줄 수 있고, 이것이 한국의 민주주의에 위협을 가져올 수 있다. 과거에 대한 향수로 권위주의로의 회귀를 주장하는 세력 역시 커질 수 있다.

하지만 아직은 이러한 세력이 국민 다수의 지지를 얻는 것으로 보이지는 않는다. 유럽의 몇몇 나라처럼 극단주의 정당이 하나의 정치적 세력을 넘어 실제로 정권을 잡는 것과 같은 사태가 한국에서 일어날 가능성은 아직은 낮아 보인다. 즉 과도한 사법심사권 제도의 활용을 통하여 절차적 민주주의를 무시할 만큼, 반민주적 가치가 다수의 지지를 받고 있는 상황은 아직 아닌 것이다. 따라서 아직까지는 소수에 머물러 있는 극단주의적 세력을 정치 과정에서 선불리 배제하려 하기보다는, 함께 끌어안고 공적인 논의 안에 포함시키려는 노력이 필요하다.

또한 앞서 언급한 트로체프의 연구에서처럼 민주주의의 역사가 오래되지 않고 아직 성숙한 단계에 진입하지 못한 나라에서는 사법부가 독립적인 심판자로 기능하기보다는, 오히려 권력을 비호하고 정당성을 부여하는 역할을 할 수 있다. 우리나라 역시 박근혜 전 대통령의 국정농단 사태를 통해 사법부가 권력의 남용을 효과적으로 제어하는 데 실패하였음을 보았다. 하지만 이와 반대로 촛불집회를 통해서 국민들의 민주주의에 대한 지지와 열망이 높은 수준에 있음도 볼 수 있었다. 즉 우리나라의 경우에는 절차적 민주주의와 실질적 민주주의의 관계가 서구의 오래된 민주주의와 같이 전자가 후자를 파괴하는 형태의 대립적 관계라고 할 수는 없는 것이다. 이러한 점에서 국가의 중요한 의사결정을 섣불리 사법부와 같은 전문적 대표에 넘기기보다는, 민주적 절차를 통해 민중의 손에 맡기는 것이 바람직할 것이다.

하지만 그렇다고 국가의 모든 중요한 결정을 국민의 손에 맡길 수는 없다. 민주주의 체제에 대해서는 높은 지지를 보일지 몰라도, 아직 짧은 민주주의의 역사 속에 자유와 평등, 책임성과 대표성, 소수자의 권리 보호와 같은 성숙한 민주주의의 가치를 대다수의 국민들이 내재화하고 있다고 보기는 힘들다. 또한 대다수의 국민이 정치에 대한 높은 관심과 정보를 가지고 적극적으로 정치 과정에 참여하고 있다고 할 수도 없다.

이러한 점은 두 번째 해결방안인 숙의민주주의의 강화로 연결된다. 우리나라에서도 신고리 원전 공론화 이후 숙의민주주의가 민주주의의 발전과 성숙을 위한 하나의 대안으로 부상하며 정치권과 학계 모두에서 활발히 논의되고 있다. 이러한 숙의민주주의는 제도로서의 민주주의만이 아닌 규범으로서의 민주주의를 촉진할 수 있다는 점에서 의미가 크다. 이 장에서도 여러 차례 언급한 바와 같이 민주주의 제도 자체는 이론적으로 모순되고 취약한 부분을 가지고 있다. 레비츠키Steven Levitsky와 지블랫Daniel Ziblatt은 미국 민주주의의 위기를 진단한 그들의 저서에서 민주주의는 그 제도의 힘만으로는 유지되기 힘들다고 하였다.[52] 그들은 민주주의가 안정적으로 지속되기 위해서는 '상호 관용'과 '제도적 자제'라는 규범이 회복되어야 한다고 주장했다. 이러한 회복은 숙의민주주의의 강화를 통해서 어느 정도 이루어질 수 있다. 숙의의 과정을 통해 상대를 토론의 대상으로 인정하는 가운데 관용의 정신을 기르고, 상대와 나의 이해를 조율하는 과정에서 절제의 미덕을 배울 수 있다. 이러한 민주적 규범은 이 책에서 다루는 다른 주제인 '공존'과 '대화'와도 연결된다고 할 수 있다. 나와 생각이 다른 사람을 없애야 할 적으로 여기는 것이 아니라 함께 부딪히며 경쟁하는 공존의 대상으로 여기고, 이들과의 끊임없는 대화와 토론을 통해 서로의 간극을 줄여갈 수 있는 것이 평화의 조건이 될 수 있는 것이다.

물론 숙의민주주의를 현실 정치에 구현함에 있어 문제가 없는 것은 아니다. 시민들의 직접적 참여를 추구한다고 하지만 어차피 모든 시민들이 공론화 과정에 참여하는 것은 아니라는 점에서 대표성에 문제가 생기기도 하고, 공론화의 결과가 좋지 못한 결과로 이어질 경우 이에 대한 책임을 지울 수 없다는 점에서 책임성의 문제가 거론되기도 한다.[53] 토론의 질 역시 관련 사안에 대해 특히 선호하거나 이해관계를 가진 특정 목소리에 그 결과가 좌우되는 등, 당초 기

52 스티븐 레비츠키, 대니얼 지블랫 저, 박세연 역, 『어떻게 민주주의는 무너지는가』.

53 최태현, 「참여 및 숙의제도의 대표성: 신고리 5·6호기 공론화위원회 사례를 중심으로」, 『한국행정학보』 제52권 4호 (2018), pp. 501-529.

대했던 만큼의 수준 높은 토론이 이루어지지 않았다는 우려 섞인 분석도 나온다.[54] 즉 이론적으로 간접민주주의와 직접민주주의라는 두 마리 토끼를 모두 잡을 수도 있지만, 같은 이유로 두 마리 모두를 놓칠 수도 있는 것이다.

하지만 아직 우리나라의 숙의민주주의는 초기 단계에 있는 만큼 속단은 이르다. 공적 영역에서의 다양하고 활발한 토론이 제도적으로나 문화적으로 자리 잡기 시작한다면 제도가 갖는 본래의 목적을 달성할 수 있을 것이다. 한 가지 제안은, 그렇게 자리를 잡기까지는 공론화 제도를 전국적으로 중대한 사안에 섣부르게 도입하여 이를 바로 정책결정에 활용하려 하기보다는, 먼저 지자체 차원에서 지역적 사안을 중심으로 다양한 시도를 할 필요가 있다. 이러한 시행착오들이 쌓여 숙의적 제도와 문화가 풀뿌리 수준에서 내면화되고, 이후에 전국적 사안의 의사결정에 숙의적 요소를 도입한다면, 그만큼 성숙한 제도의 운영이 가능하게 될 것이다.

민주주의는 평화를 담보하지 않는다. 민주주의 자체가 내재적으로 갖고 있는 이론적 다양성과 쟁점으로 인해 현실 정치에서는 서로 다른 모습의 민주주의가 실현될 수 있기 때문이다. 이 과정에서 오늘날의 여러 사례에서 보는 것과 같이 대의민주주의가 본질적으로 추구하는 대표성이 악화되기도 하고, 이를 메꾸기 위해 여러 극단주의 움직임들이 나타나기도 한다. 하지만 이 장에서 다룬 바와 같이 각 나라의 정치적 맥락과 사안의 특수성에 맞도록 민주주의 제도를

54 홍성구, 「숙의민주주의의 이론적 보완: 공화주의적 대안 모색을 중심으로」, 『언론과 사회』 제19권 2호 (2011), pp. 152-184.

운영하고, 또한 민주적 의사결정 과정에서 숙의적 요소를 강화해 나갈 때 민주주의는 이러한 위기를 극복해 나갈 수 있을 것이다. 그럼으로써 민주주의가 추구하는 공공성, 신뢰, 공존, 대화, 통합 등의 가치가 이루어질 수 있고, 이를 통해 민주주의가 평화로 이어질 수 있을 것이다.

12 통합[1]

김학재 (서울대학교 통일평화연구원)

1. 들어가는 말

남북 간 오랜 분단을 넘어 통일을 추구해온 한국 사회에서는 그동안 남북 국가 차원의 통합과 관련한 연구들이 주를 이루었다. 즉 한반도 분단의 이유를 묻고 분단이 지속되는 구조를 분석하는 수많은 논의들은 크게 보아 통일 문제와 관련된 실천적 고민들로 연결되어 왔고, 상대적으로 지역이 하나의 경제·정치 공동체를 이루는 지역 통합의 문제나, 이주민과 소수민족, 사회적 소수자를 한 사회로 받아들이고 수용하는 사회 통합의 차원은 별도의 문제로 여겨졌다.

하지만 한국의 분단과 통일 문제를 보다 일반적인 '분리'와 '통합'의 이론들과 접합시켜야 할 필요성도 꾸준히 제기되었다. 통일 문제를 보다 학문적으로 분석가능한 통합 개념으로 이해해 보자는 시도

1 이 글은 『통일과 평화』 제12집 1호(2020)에 실린 필자의 논문(「통합의 다양한 차원: 역사·비교 지역주의적 관점」)을 수정·보완한 것이다.

가 있었는데, 대표적인 것이 서울대학교 통일평화연구원의 통합지수이다. 『남북통합지수, 1989-2007』(서울대학교출판문화원, 2009)[2]의 기본적인 문제의식은 분단 문제를 실천적 통일 문제로만 보기보다 분석 가능한 통합 개념으로 이해해 보자는 취지로서, 남북 간의 통합 문제를 경제·정치·사회문화·의식 네 분야로 나누고 각 분야의 통합을 양적으로 측정하고 장기적 추세를 추적하려는 시도였다.

또한 분단과 통일은 한국만의 문제가 아니었다는 점에서 비교할 만한 200여 개국의 역사적 경험 중 약 20여 개 사례들과 비교 분석한 연구도 있었다. '분리-통합' 연구가 대표적이다. 분리통합연구회의 『분단-통일에서 분리-통합으로』(사회평론아카데미, 2014)는 한반도의 분단, 통일 문제를 보다 일반적인 역사적 현상들과 비교해 보자는 취지로 200개국 중 20여 개 사례들과 비교 분석을 시도했다. 독일의 분단·통일뿐 아니라 미국의 형성 과정, 이탈리아의 통일 과정, 양안관계[3]의 발전 과정 등 다양한 사례를 비교 분석했다는 의의를 갖고 있다.

그런데 오늘날에는 미국과 중국의 무역 분쟁, 브렉시트를 둘러싼 EU와 영국 정치의 혼란,[4] 한국과 일본의 역사 갈등, 중국과 홍콩의 갈등, 인도와 파키스탄의 카슈미르를 둘러싼 갈등과 같이 지정학

---

2 이 연구는 다양한 통합에 대한 이론과 지수를 검토해 남북관계에 적용한 한국형 통합연구의 기초라고 할 수 있다. 그럼에도 주로 유럽 통합적 수렴모델을 기준으로 하여 남북관계가 단계적으로 혹은 궁극적으로 지향해야 할 도달점이나 통일/통합 모델에 대한 충분한 논의와 가정들이 포함되었는지 좀 더 논의가 필요하다.

3 통일평화연구원, 『양안에서 통일과 평화를 생각하다』(진인진, 2016); 『남북한과 중국 양안의 통일과 통합 학술회의』(2019. 11. 15).

4 Kevin O'Rourke, *A Short History of Brexit* (Pelican Books, 2018).

적·정치경제적 갈등의 기운이 강화되고 있는 상황에서 다시 한번 새롭게 통합의 문제를 고민해야 할 필요성이 커지고 있다. 즉 최근의 지정학적 갈등은 지난 수십 년간 전례 없는 수준의 시장 통합이 전 지구적 수준에서 심화된 상황에서 대륙 간, 지역별, 국가 간 수준에서 분리와 통합의 문제가 광범위하게 대두되고 있음을 가시적으로 보여주고 있다.

알레시나Alberto Alesina와 스폴라올Enrico Spolaore은 *The Size of Nation* (The MIT Press, 2003)이라는 연구를 통해 이러한 문제에 대해 보다 이론적 차원에서 일반화를 시도했다. 국민국가의 시대에 왜 어떤 국가는 더 큰 정치체로 형성되었는가? 왜 유럽연합이 통합되고 독일이 통일되었는가? 지구화와 시장 통합의 시대에 왜 소수민족들이 독립하고, 작고 동질적인 국가들이 번영하게 되는가? 이러한 문제들이 이 연구가 제기하고 설명한 것들이라고 할 수 있다

이러한 새로운 현실은, 우리가 그동안 고민해온 분단과 통일의 문제, 지역/사회 통합의 문제, 국가 형성, 지역/사회 통합, 국가 분리 등의 현상들을 '다차원적인 통합의 현상'으로서 보다 종합적 체계적으로 이해하고, 여러 과제와 문제들 그리고 그에 대한 구체적이고 실질적인 해법과 전망을 수립할 필요성을 제기하고 있다.

2. 통합의 개념과 차원

그렇다면 '통합'이란 무엇인가? 통합의 사전적 의미는 "어떤 개인, 집단, 사회의 일부가 더 큰 집단, 공동체, 사회의 가치와 규범에 따르

는 구성원이 되는 과정"을 의미한다.[5] 통합 개념은 이렇게 주로 외국인, 이주민, 소수자들이 한 사회에 소속되거나 합류하게 되는 과정을 일컫는 개념이다. 통합과 관련된 개념에는 화합accomodation과 동화assimilation 등이 있고,[6] 다인종 사회의 통합과 관련된 분야의 연구가 가장 활발하게 이루어졌다.[7]

하지만 통합에 대한 연구는 매우 다층적인 현상에 대해 이루어졌다. 그동안 통합에 대해 가장 많은 연구가 이루어진 분야는 크게 세 분야로 ① 민족주의 시대가 본격화된 이후 국민국가 형성과 팽창, 국가 통합의 문제, ② 소수민족과 소수자의 사회 통합의 문제, 그리고 ③ 유럽 통합처럼 지역공동체 통합의 문제가 그것이다. 여기에서는 우선 국가 수준과 지역 수준의 통합 문제를 고려한 기존 연구의 성과들을 개괄적으로 검토해 본다.

1) 국가 통합의 문제

통합은 하나의 단일한 정치체를 형성하기 위한 국민국가 형성 과정에 대한 연구에서 많이 언급되었다.[8] 어떻게 단일한 국가가 형성되

---

5 통합 개념은 하나로 만드는 과정, 통합된 전체로 만드는 과정, 서로 다른 개인들을 한 사회의 동등한 구성원으로 받아들이는 것 등을 의미한다. John McGarry, et al., "Integration or Accommodation? The Enduring Debate in Conflict Regulation," in Sujit Choudhry, eds., *Constitutional Design for Divided Societies-Integration or Accommodation* (Oxford University Press, 2008), p. 45.

6 Integration, Assimilation, Akkulturation(동화)/ Akkomodation(조절, 적응)/ Enkulturation(편입, 문화화).

7 Sharon A. Stanley, *An Impossible Dream: Racial Integration in the United States* (Oxford University Press, 2017).

8 국민국가 형성에 관한 이론은 Charles Tilly, eds., *The Formation of National States in Western Europe* (Princeton University Press, 1975); 국가의 형성과 변형, 쇠퇴

는지, 어떤 경우에 연방국가가 형성되며, 언제 국가연합이 형성되는지, 그리고 그 과정에서 전면적 전쟁이나 갈등이 발생하는지, 특정 세력에 의해 일방적으로 통합되는지, 아니면 비교적 유연하고 느슨하게 통합이 이루어지는지 등이 이 연구의 주요 쟁점이라고 할 수 있다. 이를 아주 단순화하면 국가 통합의 문제는 결국 소위 근대 시기에 민족 단위의 정치체가 형성되고 팽창하고 축소되거나 분리되는 과정에 관한 연구라고 할 수 있다.

슈타인 로칸Stein Rokkan은 근대적 국가 형성 자체를 권력의 중심이 점차 주변부를 포함하며 하나의 정치체제를 구축해 가는 팽창과 통합의 과정으로 파악하고 이를 이론화했다. 그는 유럽에서 15세기부터 20세기에 걸쳐 약 24개국이 근대국가로 형성되는 과정을 분석하여, 크게 네 차원(사법, 군사, 종교, 경제-기술)에서 권력의 중심부가 점진적으로 주변 지역을 통합해 가고, 그것이 네 단계에 걸쳐 이루어지는 것으로 구분했다. 첫 번째 단계는 중세 말기에서 프랑스 혁명까지의 시기로 엘리트들 수준에서 정치·경제·문화가 통합된 초기 국가 형성 과정이고, 두 번째 단계는 더 많은 대중들이 체제에 통합되며 징병제, 의무교육제도, 대중매체 등이 만들어져 엘리트들과 대중 간의 직접적 대면과 소통이 이루어지는 단계이다. 세 번째 단계에서는 대중들이 반대 의견을 내고 선거에 참여하는 등 다양한 정치적 권리들을 확보하며 정치체제에 직접 참여하게 되고, 네 번째 단계에

에 대한 역사적·종합적 연구는 Michael Mann, "The Rise of Classes and Nation States, 1760-1914," *The Sources of Social Power*, vol. 2 (Cambridge University Press, 1993); Martin van Creveld, *The Rise and Decline of the State* (Cambridge University Press, 2004) 참조.

서는 행정기구가 확대되고, 재분배를 위한 기구가 생겨나며, 공공복지제도가 등장하고, 조세나 부조를 통해 경제적 조건을 동등하게 하려는 전국적 정책들이 발달하며 국가 형성과 통합이 완성되는 것으로 보았다.[9]

유럽에서도 근대적 민족국가의 수립 과정은 결코 평화롭지 않았으며, 국가들은 서로 팽창하고 경쟁하며 충돌하거나 균형을 이루는 과정이 지속되었다.[10] 최근의 연구에 따르면, 국가의 크기와 규모는 그 국가가 형성되던 시기의 주변 환경과 관련되어 있다. 먼저 근대적 국가가 형성되고, 서로 갈등하고 경쟁하는 국제질서에서는 보다 팽창적인 규모를 추구하는 국민국가가 형성된다. 외부의 안보, 군사적 위협은 한 국가의 공고화로 귀결되며, 외부의 갈등이 많을수록 더 큰 영토와 인구를 가진 국가가 더 유리해진다. 이들은 국가별 국방비 지출을 분석하여 이것이 평화적 협상이나 전쟁 모두에 중요한 영향을 미치고 있음을 확인했고, 결국 갈등과 전쟁 가능성이 높을수록 국가들은 더 큰 국가를 형성하려는 경향을 보인다고 주장했다.[11]

이렇게 근대적 민족국가가 형성되고 팽창하고 서로 충돌하는 과

9 Stein Rokkan, "Dimensions of State Formation and Nation-Building: A Possible Paradigm for Research on Variations within Europe," in Charles Tilly, eds., *The Formation of National States in Western Europe* (Princeton University Press, 1975), pp. 564-579; Jonah D. Levy, Stephan Leifried, and Frank Nullmeier, "Changing Perspectives on the State," in Stephan Leibfried, et al., *The Oxford Handbook of Transformations of the State* (Oxford University Press, 2015), pp. 33-57.

10 수많은 전쟁을 치르며 유럽의 근대적 국가들이 형성되는 과정에 대해서는 Tilly, eds., *The Formation of Natidnal Stayes in Wesfern Eunope*; Anthony Giddens, *The Nation-State and Violonce* (Basil Blackwell, 1985) 참조.

11 Alberto Alesina and Enrico Spolaore, *The Size of Nation* (The MIT Press, 2003), p. 106, p. 129.

정에서 국가 통합을 바라보면, 유고슬라비아와 체코슬로바키아 사례, 이탈리아 남부 문제와 이레덴티즈모(수복운동), 영국(북아일랜드, 스코틀랜드, 웨일스)의 분리와 통합, 독일의 분리와 통합의 역사, 스웨덴-노르웨이 연합의 성립과 해체, 중국의 분리와 통합, 일본의 분리와 통합, 미국 연방국가의 형성 과정이 모두 유사하면서도 다른 기원과 결과로 이어진 국가 통합의 성공과 실패 사례[12]라고 할 수 있다.

국가형성 과정에는 다양한 패턴이 있지만, 대체로 큰 국가들은 비교적 큰 영토와 인구 자원을 바탕으로 군사력을 키워 팽창하고, 그 과정에서 작은 국가들은 흡수되거나 불안정성에 노출되었다. 물론 상대적으로 국력이 약한 국가들이더라도 섬이나 균형지대와 같이 전쟁으로부터 거리를 두고 지정학적 안정성의 조건을 누리는 경우에는 독자적인 국가를 수립하고 발전이 지속되기도 한다. 국가형성, 팽창, 분리, 해체의 역사는 근대적 민주정치가 발달하는 과정까지 고려하더라도 기본적으로 지정학적 조건이 얼마나 중요한지를 분명히 보여주고 있다.[13]

이 과정에서 근대적 민족주의는 그 사회의 역사적·사회적 균열 socio-historical cleavages을 통합하는 역할을 하기도 했고, 더 상위의 정치 이념들에 의해 억제되거나 변형되는 과정을 겪기도 했다. 즉 근대적 국가 통합의 과정은 흔히 작은 집단에서 큰 집단으로의 정체성과 이념을 형성해 가는 과정으로 이해할 수 있다. 이 과정에서 기존의 인

---

12 분리통합연구회, 『분단-통일에서 분리-통합으로』 (사회평론아카데미, 2014).

13 Randal Collins, "Geopolitics and the Long-Term Construction of Democracy," in Joanne McEvoy and Brendan O'Leary, eds., *Power Sharing in Deeply Divided Places* (University of Pennsylvania Press, 2013).

종족적ethnic, 언어적language, 종교적religion 정체성이 민족적nation, 민중적people, 시민적citizen 정체성으로 대체되거나 변형되고, 그 과정에서 종족이나 인종에 대한 문화로부터 점차 고도의 종교, 민족주의, 20세기 정치이념(자유주의/사회주의)과 코즈모폴리턴적cosmopolitan 이념들이 통합의 이념들이 되었다.

이처럼 국가와 정치체의 형성과 발전에는 지정학적 안정도 중요하지만, 지정학적 위기 상황이라 하더라도 내부에서 작은 집단끼리 경쟁하고 보복하며 반란과 내전으로 치닫는 것보다 더 크고 개방적인 정체성, 권력을 나누고 분산시키는 열린 체제와 이념으로 내부의 극단적 갈등과 보복을 해소하고 사회를 통합해 내는 역량이 외적 위기에 대한 대응과 장기적 안정과 번영에 중요한 요인이라는 것을 역사적 사례들이 보여주고 있다.[14]

이러한 연구가 주로 유럽의 국가 형성에 대한 연구였다면, 두 번째 단계로 아메리카 지역에서 국가 형성에 대한 연구와, 세 번째 단계로 아프리카와 아시아에서 근대적 국가가 형성되는 과정에 대한 연구들이 이어졌다. 이 국가들의 경우엔 식민주의의 강력한 영향과 유산이 국가 형성에 미친 영향이 쟁점이 되고 있다.[15]

---

14 이탈리아 도시국가들 중 베니스의 사례가 대표적이다. Avner Greif, *Institutions and the Path to the Modern Economy: Lessons from Medieval Trade* (Cambridge University Press, 2006).

15 이 연구들의 쟁점은 식민지배의 유형(간접/직접 통치)과 식민 모국과의 관계에 따라 다양한 식민지 유산이 형성되고 그것이 이후 국가의 형성과 발전에 얼마나 영향을 미쳤는가 하는 것이다. 한편으론 직접 식민통치는 대체로 강력한 국가 형성의 유산을 남기고, 이후 국가 주도의 발전이 이루어지는 발전국가로 영향이 이어진다는 연구들이 등장했고, 다른 한편으론 식민지배 시기에 이루어진 다양한 인종주의적 차별들이 탈식민 이후에도 다양한 폭력적 갈등과 분열의 기원이 된다는 연구들

냉전과 탈냉전이 국가 형성에 미친 영향도 중요한 쟁점이다. 따라서 냉전 시기 국가들의 성격에 대한 연구에서부터 냉전 이후 새로 형성된 탈사회주의 체제전환 국가들과 경제위기 이후 사회복지 국가들의 발전 과정, 다양한 지역의 국가 형성과 변화를 비교하는 연구들로 이어지고 있다.[16]

냉전과 탈냉전은 이렇게 근대적 민족주의와 정치이념(자유주의/사회주의)의 통합적 기능이 어떤 역동적 정치 현상을 일으키는지를 보여주었다.[17] 특히 유고슬라비아처럼 아래로부터의 인종과 종교 균열이 이미 존재하는 사회에서는 민족주의를 통한 정치적 통합이 어려웠고, 그런 상태에서 사회주의 이념을 받아들이며 민족주의가 억제되어 있다가 탈냉전과 소련 붕괴로 다시 내부의 인종, 종교 균열과 긴장이 심해지고 공격적 민족주의가 분출하는 경우도 있었다. 이와 달리 상대적으로 인종, 종교적 차이가 없는 사회에서는 민족과 이념에 의한 통합이 여전히 강력하게 유지되는 모습도 나타나고 있다.[18]

마지막으로 오늘날 국가 이론의 한 가지 쟁점은 다층적으로 지구화가 이루어진 상황에서 다층적인 파편화가 이루어지며 한편으로는

이 있다. Stephan Leibfried, et al.. *The Oxford Handbook of Transformations of the State* (Oxford University Press, 2015), pp. 116-130.

16 Ibid.

17 Charles S. Maier, "Leviathan 2.0," in Emily S. Rosenberg, *A World Connecting, 1870-1945* (Harvard University Press, 2012), pp. 29-282.

18 남북이 분단되고 한국전쟁을 치르며 한국의 민족주의 역시 다양한 형태로 변형되었다. 분단 이후 한국의 민족주의 분화 과정에 대해서는 Bumsoo Kim, "Are North Korean Compatriots 'Korean'? The Trifurcation of Ethnic Nationalism in South Korea during the Syngman Rhee Era (1948-1960)," *Journal of Korean Studies*, vol. 24, no. 1 (2019), pp. 149-171 참조.

국민국가의 수가 지속적으로 증가하고, 다른 한편으로는 기존의 강력했던 국민국가의 역량이 점차 감소하거나 변화된다는 것이다. 이렇게 민족주의와 냉전적 이념의 시대를 지나 지역 통합과 세계적 통합이 진행되면서, 위로부터는 국제기구로부터 국민국가의 역량이 침식되고, 아래로부터는 지역적 차이가 깊어지면서 오히려 인종과 종교적 차이, 경제적 이해관계에 따라 새롭게 정치적 분리주의가 대두되는 현상도 나타나고 있다. 이런 과정에서 다양한 균열과 갈등이 존재하는 사회에서 예전처럼 하나의 이념을 통한 강력한 정치적 통합이 이루어지기 어렵고, 어떻게 보다 현실적으로 서로 공존하고 화합하며 살아갈 것인지에 대한 고민들이 대두되고 있다.

이런 측면을 고려해 오늘날 국가 통합을 사고할 때 고려해야 할 개념의 스펙트럼이 있다. 한쪽 끝에는 다른 집단들이 완전히 하나의 인종, 문화, 종교, 이념으로 동질화되는 동화assimilation 개념이 있고, 다른 쪽 끝에는 서로 인종이나 문화, 종교가 다를 경우 완전히 분리된 정치체를 수립하는 분리, 독립 혹은 분할 개념이 있다. 통합integration 개념이 이 양극단 사이에 존재하며 동화 개념과 가깝게 더 공통의 동질적인 것을 만들어 가려는 지향의 개념이라면, 좀 더 분리·독립의 방향에 가깝게 현실적 차이를 인정·존중하며 지나친 갈등을 억제하려는 개념이 바로 화합accommodation 개념이다(표 12-1 참조).[19]

이런 비교의 스펙트럼에서 볼 때, 통합 개념은 한 국가의 영토 내

19 John McGarry, Brendan O'Leary, and Richard Simeon, "Integration or Accommodation? The Enduring Debate in Donflict Regulation," in Sujit Choudhry, eds., *Constitutional Design for Divided Societies-Integration or Accommodation* (Oxford University Press, 2008), pp. 41-88.

표 12-1. 종족, 민족적 다양성에 대한 국가의 통합주의, 화합주의적 대응

통합 Integraion	공화주의(민족주의) Republicanism(Nationalism)	공공재의 촉진
	사회주의 Socialism	계급의식의 촉진
	자유주의 Liberalism	개인주의의 촉진
화합 Accommodation	구심주의 Centripetalism	집단 인정, 집단 간 연합 인센티브, 분리독립을 막고 잠재적 민족성을 나누기 위한 분산
	다문화주의 Multiculturalism	집단 인정, 비례성, 문화적 자율성
	합의주의 Consociation	집단 인정, 공동체 간 권력 공유, 비례성, 자율성, 비토권
	영토적 다원주의 Territorial Pluralism	집단 인정, 영토적 자치, 경계 간 제도적 연계
분리 분할 Secession/Partition		

출처: McGarry et al. (2008, p. 68).

에 있는 사람들에게 하나의 공적 정체성을 촉진하고 모두 법 앞의 평등을 추구하여 균등한 시민권을 부여하는 것이라고 할 수 있다.

'통합' 개념은 민간 차원에서는 다양한 집단적 정체성과 다양성을 수용하지만, 국가 차원에서는 공식적으로 한 영토 내에서 다른 집단의 정체성을 인정하지 않는 것을 의미한다. 이런 근대적 통합 개념은 공화주의적(민족주의적) 통합, 사회주의적 통합, 자유주의적 통합의 세 갈래 통합론으로 나누어지며, 전자로부터 좀 더 동질적 집단을 지향하고, 후자로 올수록 좀 더 다양성을 인정하는 경향이 있다.[20]

이러한 분류는 근대적 통합의 세 가지 방식에 관한 정치철학적 논

20 Ibid., p. 68.

의와도 잘 연결되어 있다. 1920~1930년대 독일의 사상가인 카를 슈미트Carl Schmitt, 한스 켈젠Hans Kelsen, 헤르만 헬러Hermann Heller의 입장은 각자의 입장에서 국가의 주요 역할, 기능, 목적을 통합으로 보았다고 할 수 있다.

가장 보수적인 입장의 국가주의자인 카를 슈미트는 "국가는 예외 상태를 결정하고 적과 아를 구분한다"는 논리를 통해 적과 경쟁하는 국가주의적 통합 개념을 제시했다고 할 수 있다.[21] 법실증주의자이자 자유주의자인 한스 켈젠은 배제적이고 적대적인 통합이 아니라, 민주주의라는 근본 규범을 반영한 헌법과 법치 질서에 따른 민주적 정치 통합을 국가의 역할로 보았다.[22] 일종의 민주주의적 통합론이라고 할 수 있다. 마지막으로 사회주의자이던 헤르만 헬러는, 우적友敵 투쟁에 기반한 국가주의적 배제적 통합에 반대하면서도 민주주의와 법 규범에 의한 정치적 통합에서 더 나아가, 사회적 불평등이라는 조건과 관련해서도 보다 균등한 사회적 토대를 이루는 사회적 통합을 국가의 역할이자 새로운 시대적 통합의 조건으로 제시했다. 이는 사민주의적 복지국가를 통한 사회 통합론이라고 볼 수 있을 것이다.[23]

이 세 가지 입장의 통합 개념은 한 세기가 지난 지금까지도 광범위한 영향력을 미치고 있다. 냉전 시기엔 말할 것도 없이 슈미트적인 적대적 안보 통합론이 강력한 영향을 미쳤고, 전 세계로 민주주

21 카를 슈미트 저, 김효전·정태호 역, 『정치적인 것의 개념』(살림, 2012), p. 39.

22 스멘트Smend의 국가론을 비판적으로 논평하는 과정에서 "국가는 사람들을 연결시키고 묶어내는 지속적인 과정이라고 하였다"라고 하였다. Hans Kelsen, *Der Staat als Integration- Eine Prinzipielle Auseinandersetzung* (Springer Vienna, 1930), p. 46.

23 헤르만 헬러 저, 김효전 역, 『바이마르 헌법과 정치사상』(산지니, 2016).

의가 확산되면서 모두에게 헌법과 법규범을 통해 동등한 인권을 보장해 주는 켈젠적 정치 통합론이 강화되었으며, 산업화·도시화·지구화 같은 사회경제적 변동의 과정에서 발생하는 불평등과 불균형의 문제에 대면하기 위해서 헬러적 사회 통합론이 강조되었다. 이렇듯 특정 문제와 영역, 시대적 조건, 사회발전 과정에 따라 통합에 대한 서로 다른 인식과 해법들이 등장했다고 할 수 있다.

이상이 통합에 대한 세 가지 근대적 이념이었다고 한다면, '화합' 개념은 이와 달리 법적으로도 유연한 공동지배 방식을 도입하고, 역사적 혼종성, 다양한 집단 정체성을 존중하며, 하나의 단일성을 추구하려는 노력을 하지 않는 개념이다. '화합'은 국가 차원에서도 이중 혹은 다중적 공적 정체성을 촉진하며, 각 집단들은 차이에 대한 제도적 존중과 함께 평등을 요구한다. '화합' 개념은 너무나 깊은 차이와 다양성을 안정적으로 관리하기 위해 이런 조치가 필요하다는 믿음에 기반해 있다. 하위 개념으로는 구심주의, 다문화주의, 합의주의, 영토적 다원주의라는 네 가지 갈래가 존재하며, 후자로 올수록 좀 더 유연하고 다원적인 지향을 갖고 있다.[24]

이처럼 통합지향적인 사회와 화합지향적인 사회는 서로 다른 헌법, 언어, 인권, 영토, 정부 형태, 권력 분산, 선거제도, 정당 지형, 시민단체, 정교 분리, 소수민족에 대한 태도를 갖고 있다. 통합은 하나의 민족, 국민, 언어, 법체계, 영토, 중앙집중, 전국 조직, 연합을 추구하지만, 화합은 다민족과 다양한 신념, 다양한 언어, 권력 분산과 공유, 소수민족 보호, 종교의 존중, 초국경적 제도를 중요시한다(표 12-2 참조).

24 McGarry et al., "Lntegration or Accomnodatron," pp. 51-67.

표 12-2. 통합주의와 화합주의의 제도적 레퍼토리

구분	통합 Integration	화합 Accommodation
헌법 전문	민족국가, 하나의 민족/국민	다민족국가plurinational state, 여러 민족과 신념
공식 언어	하나의 공식어	하나 이상의 공식어
권리장전	국가 차원의 권리장전, 개인의 권리에 대한 특별한 강조	국가, 지방 차원의 권리장전, 개인 권리와 집단 권리 모두 강조
영토적 권력 분할	중앙집중	탈중앙집중
국내 정치 경계	• 내부 경계 없는 단일unitary 국가 • 민족, 종족, 종교, 언어적 소수민족이 다수가 되는 영토 단위를 만드는 경계가 없는 연방	• 소수민족 자치를 허용하는 내부 경계 • 다원주의 연방 지원, 다원주의 연합국가, 큰 소수민족 지역의 분할도 수용
중앙정부의 권력 분립	권력 남용을 방지하기 위한 권력 분립 선호	권력 분립이 소수민족 보호에 충분하다고 여기지 않음.
입법부	개인과 (종족화되지 않은) 지역의 대표	할당제, 비례제
사법부와 관료	차별 없는 규칙, 불편부당, 전문직주의, 능력주의, 어퍼머티브 액션affirmative action	핵심 공직에 공동체의 대표를 명확히 기술
행정부	대통령제, 다수결제에 근거한 의회제	권력 공유, 연합, 대통령 로테이션, 연합주의적 연정, 다수결 연정 등
선거제도	단순지역구, 대안투표, 다수결 결선투표	비례대표, 정당명부
정치 정당	전국, 강령 정당, 전국 조직 선호	지역 거점, 종족, 종교 공동체에 기반한 정당제 수용
시민단체	연결하는 연합 선호	집단 기반 연합의 결합 인정
종교-국가 관계	정교 분리, 세속화된 공적 학교에 대한 재정 지원	다른 종교에 대한 공적 지원, 종교 학교에 대한 공적 지원
소수민족과 주변국 가족과의 관계	국경을 가로지르는 공적 제도 연결에 부정적	국경을 가로지르는 공적 제도 연결 지지

출처: McGarry et al. (2008, pp. 70-71).

이러한 개념의 스펙트럼에서 보았을 때, 국가 통합의 문제는 주로 민족주의, 공화주의, 사회주의, 자유주의와 같은 단일한 정치체 내에서 단일한 신념과 정체성을 가진 '통합'지향적 사고와 제도의 흐름을 따르고 있으며, 이런 통합이 충분치 않거나 여의치 않은 조건에서는 다양성과 다원주의를 지향하는 '화합'지향적 사고와 제도들이 도입되고 있다는 것을 알 수 있다.

2) 지역 통합의 문제

다음으로 살펴봐야 할 것은 단지 하나의 국가로의 통합이 아니라 국가들 간의 연합과 통합의 문제, 즉 지역 통합의 문제이다. 지역 통합 이론은 특히 1950년대 유럽의 지역 통합 현상을 설명하기 위한 학술적 논의를 통해 집중적으로 발전했다. 지역 통합에 대한 이론의 발전에는 크게 세 단계가 있는데, 첫 번째는 1950~1970년대의 지역 통합 이론의 형성, 두 번째는 1980~1990년대의 새로운 지역주의 이론의 등장, 세 번째는 2000년대 이후 최근의 비교지역주의 관점의 등장으로 나누어 볼 수 있다(표 12-3 참조).[25]

먼저 1950~1970년대에 등장한 가장 영향력 있는 이론에는 연방주의Federalism, 기능주의Functiondism, 신기능주의Neofunctionalism, 교환주의transactionalism와 정부간주의intergovernmentalism가 있다.[26]

---

25 Fredrick Söderbaum, "Old, New, and Comparative Regionalism: The History and Scholarly Development of the Field," in Tanja A. Börzel and Thomas Risse, *The Oxford Handbook of Comparative Regionalism* (Oxford University Press, 2016).

26 Antje Wiener and Thomas Diez, eds, *European Integration Theory* (Oxford University Press, 2009), pp. 6-11.

표 12-3. 지역 통합 이론들의 변화와 특성

세대	배경	이론적 입장	대표 저자	쟁점과 주장
1세대 지역주의	1950~70년대 유럽 통합	연방주의 Federalism	Altiero Spinelli, Ernesto Rossi	전쟁을 막기 위해 새로운 연방국가 수립
		기능주의 Functionalism	David Mitrany	공동의 필요와 기능이 국제적 협력과 통합을 가능하게 함.
		신기능주의 Neofunctionalism	Ernst Hass, Leon Lindberg, Jean Monnet, Philippe Schmitter, Joseph Nye	전략적 분야에서의 공통문제 해결, 초국적 지역 기구, 집단 정체성
		교환주의 Transactionalism 정부간주의 Intergovernmentalism	Stanley Hoffmann	국가들의 국익과 결합되는 경우
		안전보장공동체 Security Community	Karl Deutsch	안보공동체 수립을 위해 공동체 감각과 신뢰가 중요
2세대 신지역주의	1980~90년대 냉전 종식과 경제적 지구화	합리주의 Rationalism	Laursen, Mansfield and Milner, Mattli, Moravcsik	지역 기구의 형성과 통합의 속도, 효율적 통합을 위한 제도, 무역, 금융, 발전, 안보 분야에의 영향
		구성주의 Constructivism	Adler, Katzenstein, Acharya	규범과 정체성, 비국가 행위자들의 역할
		반영론 Reflectivist	Andrew Gamble, Anthony Payne	경제적 지구화와 패권의 발현으로서의 지역주의에 대한 비판
		지역구축 이론 Region-building Approach	I. B. Neumann	정치인들의 '정치적 기획'으로 형성되고 변화하는 지역 공동체
3세대 비교지역주의	2000년대 이후 지구 질서 다층화, 신흥 강대국 등장, 금융위기 반복	비교지역주의 Comparative Regionalism	Björn Hettne, P. J. Katzenstein Tanja A. Börzel, Thomas Rise, F. Laursen, N. Lenze, C. Schriwer	유럽, 동아시아, 아메리카, 아프리카, 중동 등 한 지역을 이상화하지 않는 비교 분석과 설명
		포스트 지구화 Post-globalization	Dan Rodrik, Coolin Crouch, Patrick Diamond, Torsten Geelan	일방적인 경제적 세계화와 지구화가 초래하는 문제점들에 대한 비판적 분석

출처: Söderbaum (2016, pp. 44-86)에서 저자가 수정·보완하여 정리.

연방주의는 하나의 이론으로서 국민국가를 넘어 새로운 종류의 국가를 수립하고자 했던 흐름으로, 이탈리아의 반파시스트주의자 스피넬리Altiero Spinelli와 로시Ernesto Rossi가 이후 유럽 연방주의 운동을 시작하였는데, 주요 저자들이 사망한 이후 뚜렷한 연방주의 이론은 발전하지 못했다.[27]

신기능주의는 1960년대 내내 상당한 명성을 얻었는데 그 대표적 인물이 에른스트 하스Ernst Hass이다. 하스는 장 모네Jean Monnet가 선도했던 지역 공동체 구축 방법을 이론화했으며, 단순한 기능주의가 아니라 초국가적 기구의 형성과 각 국가의 정당, 기업단체, 노조, 정부가 어떻게 국제적 의사결정 과정에서 협력해 나가는지에 주목했다. 하스는 지역 통합을 "서로 다른 국가의 정치적 행위자들이 그들의 충성과 기대와 정치적 행위를 기존의 민족국가 이상의 관할권을 갖고 있거나 요구하는 새로운 기관들 중심으로 이동시키도록 설득되는 과정"[28]으로 정의했다. 이러한 관점을 뒷받침하는 일련의 신기능주의자들[29]은 전략적 경제 분야에서 공동 시장을 만들어 가며 발생하는 공통의 문제를 푸는 가장 효율적 수단으로서 정교한 디자인의 초국적 지역 기구들을 강조했다. 이런 초국적 권위supranationality와 제도를 통해 기능적·정치적 확산spill-over이 발생해 결국 새로운 집단 정체성을 형성하는 단계에 도달할 것이라고 보았다.

---

27 Söderbaum, "Old, New, and Comparative Regionalism," p. 53.

28 Ernst Haas, *The Uniting of Europe: Political, Social and Economic Forces 1950-1957* (Stanford, CA: Stanford University Press, 1958), p. 16.

29 Leon Lindberg, Philippe Schmitter, 그리고 Joseph Nye가 대표적이다. Leon N. Lindberg, et al. eds., *Regional Integration: Theory and Research* (Harvard University Press, 1971).

칼 도이취Karl W. Deutsch 역시 동시대의 가장 중요한 지역 통합 이론가로, 주요 관심사는 NATO와 같은 북대서양 지역 국가들의 안보 공동체 설립 과정이었다. 그는 서로 다른 국가들이 다원주의적 원칙하에서 교환과 소통을 통해 안보라는 기능적 필요를 위해 공동체 감각과 신뢰를 키워 하나의 공동체로 결합amalgamated되어 갈 수 있다고 보았다.[30]

1970년대에 유럽에서는 다시 드골로 상징되는 민족주의적 리더십이 강화되면서 지역 통합 이론은 다소 이상적인 것이 되었고, 이런 시기에 호프만Stanley Hoffmann은 기대를 낮추고 정부 간 교환과 협력을 중시하는 입장intergovernmental[31]을 주도했다. 이 이론은 신기능주의와 달리 지역 통합은 낮은 정치(경제)로부터 높은 정치(안보)로 확산되지 않으며, 그것이 국익과 결합되는 경우에만, 그리고 그 국가들의 기억과 문제들을 껴안으며 발달할 수 있다고 주장했다.

나이Joseph Nye는 1960~1970년대 논쟁은 개념의 혼란과 일반 이론을 만들어 가는 데 실패했다고 지적하며, 통합의 분야를 정치·경제·사회로 나누고 통합의 수준을 정확하게 측정하여 이후 이론화를 시도하자고 주장했고, 상당한 성과를 만들어 냈다.[32] 하지만 이 시기

---

30 Karl W. Deutsch, et al., *Political Community and the North Atlantic Area: International Organization in the Light of Historical Experience* (Princeton, NJ: Princeton University Press, 1957).

31 Stanley Hoffmann, "Obstinate or Obsolete? The Fate of the Nation-State and the Case of Western Europe," *Daedalus*, 95(3), pp. 862-915 (1966).

32 Joseph S. Nye, "Comparative Regional Integration: Concept and Measurement," *International Organization* 22(4), p. 875 (1968). 이 시기에 지역 통합의 차원, 분야, 수준, 초국적 의사결정 발달 과정과 단계, 초국적 협력과 협상의 형식, 지역 공동체 형성 과정 등, 통합의 수준 측정요소 등을 가장 체계적으로 발전시킨 것이 린

의 지역 통합 이론은 처음부터 비교분석을 거부하진 않았지만 주로 유럽의 경험을 중심으로 등장했다는 한계가 있다.[33]

1980~1990년대에 다시 등장한 신지역주의 연구는 새로운 다차원적·다원주의적 유형의 지역주의, 안보 협력이나 보호주의적 무역과 상관없는 지역주의 등, 국가보다는 기업이나 시민사회 행위자들이 더 중요한 역할을 하게 되며 등장했다.[34] 이런 배경에는 냉전의 종식과 경제적 지구화의 가속화, 다자주의적 무역질서의 안정성에 대한 두려움과 국민국가 구조의 변화, 신자유주의에 대한 비판 등 동시적 변화들이 맞물려 있었다.

새로운 지역주의에는 다양한 신현실주의 이론, 신자유주의적 제도주의 이론, 무역 이론, 새로운 제도주의 이론, 다차원적 거버넌스 연구, 다양한 구성주의, 담론 분석, 안보 복합 이론, 비판 지역주의 접근 등이 관여하게 되었다. 초기에는 합리주의rationalism 이론들이 주도하며 주류를 이루었지만, 동시에 다양한 구성주의, 성찰주의적 접근들도 등장했다. 특히 성찰주의는 지역 통합이 초래하는 구조적 변동이 가져오는 문제들을 우려하고, 지구화로 인해 발생하는 정치적 문제들에 관심을 기울였다.

신지역주의 논의에서 주목할 것은 국가가 주도하는 지역주의보다 사회경제적 교류 과정에서 규제되지 않는 사회적 통합이 진행되

덴버그와 나이이다. 이들은 여러 논의를 종합해 Lindenberg-Nye 정책 통합 인덱스를 만들었다. 상세한 인덱스와 단계의 도식은 Lindberg, et al. eds., "Regional Integration," p. 60, pp. 67-72, pp. 101-102, p. 125, p. 209, p. 283 등을 참조.

33 Söderbaum, "Old, New, and Comparative Regionalism," pp. 57-58.

34 Söderbaum, "Old, New, and Comparative Regionalism," p. 62.

는 '지역화regionalization'에 대한 관심이 크다는 점이다. 그리고 합리주의 연구들과 달리 구성주의는 지역이 '어떻게 구성되는가'에 관심을 기울였다. 이 관점에서는 자연스러운 지역은 없으며, 지역이 '만들어지고 다시 만들어지고 없어지는 과정'을 보아야 한다는 입장을 보였다. 특히 노이만Iver B. Neumann의 지역구축 이론region-building approach은 주어진 지역의 정의나 개념은 거부하지만 지역을 건설하려는 '정치적 행위자들'이 있다고 보며, 그들이 '정치적 프로젝트'를 통해 지역을 상상하고 구성하려 했던 이해관계가 무엇이었는지를 분석했다.[35]

2000년대 이후에는 신지역주의 이론을 넘어 비교지역주의 연구가 등장했다. 비교지역주의 연구는 과거 지역주의 연구들이 서로 다른 분과, 지역, 이론적 입장 간에 대화가 부재하여 이론적 파편화와 논의의 축적에 따른 새로운 지적 혁신이 어려웠다는 문제의식을 강조하고 있다. 또한 비교지역주의는 유럽 중심주의를 넘어서 다양한 지역의 차이를 검토하고, 특정 사례에만 주목하는 협소parochial함이나 특정 맥락과 무관한 일방적 보편주의universialism 모두를 지양하고, 더 포용적inclusive이고 더 절충적eclectic인 방향의 연구를 지향하고 있다.[36]

이 시기에 등장한 개념들에는 '탈패권적 지역주의post-hegemonic regionalism', '후기-신자유주의적 지역주의', '비주류적heterodox 지역주의', '구멍난 지역질서porous regional order', '지역 세계들regional-worlds', '수렴되

35 신지역주의 연구에서는 구조와 거시적 지향의 연구, 행위자와 미시적 경향의 연구들이 상호 보완적으로 이루어졌다. Iver B. Neumann, "A Region-Building Approach," in F. Söderbaum and T. M. Shaw, eds., *Theories of New Regionalism* (Basingstoke: Palgrave Macmillan, 2003), pp. 160-178.

36 Söderbaum, "Old, New, and Comparative Regionalism," pp. 75-76.

는 지역들converging regions', '네트워크화하는 지역들networking regions' 등이 있는데, 이런 흐름의 배경에는 변화하는 환경과 맥락의 변화가 있었다.[37] 즉 지구적 질서가 점차 다층화되고, 새로운 강대국이 등장하며, 금융위기가 반복되고, 지역과 지역 간 프로젝트가 서로 영향을 주는 현상이 발생했다.

특히 주목할 것은 국가적·지역적·지구적 수준 등 다양한 층위에서의 거버넌스 양식의 관계에 대한 논쟁이 등장한 것이다. 처음에는 국민국가 이상의 지역주의를 논했지만, 신지역주의는 지구화와 지역주의의 관계에 주목했다면 이제는 양자, 지역, 지역 간, 지구적 수준 등 다양한 상호작용 수준에서 지역주의와 국가-비국가 행위자, 제도 간의 다층적인 상호작용의 복잡성을 강조한다.[38]

이렇게 다층성과 다차원성이 증가하는 것을 인정하며, 최근에는 이분법적 개념화(공식/비공식적 지역주의, 지역주의 대 지역화, 국가/비국가)를 넘어서 다양한 제도적 형태, 다양한 지역적 거버넌스 양식, 또는 다양한 국가-비국가 행위자가 있다는 것은 당연한 것이 되었다. 또한 이제는 유럽의 경우에도 통합의 수준이나 영토적 확장의 정도가 다양한 정책 분야(외교, 금융, 화폐, 젠더, 농업, 연구개발, 사회정책, 보건, 이주, 민주주의, 인권, 환경)에 따라 다르고,[39] 따라서 경제와 안보 중심 공동체 형

37 이 개념들은 지역주의의 복잡성과 다양성이 점차 증가하는 상황을 반영한 것으로서 신지역주의 이후 새롭게 등장한 것들이다. 각 개념을 제안한 저자들에 대해서는 Söderbaum, "Old, New, and Comparative Regionalism," pp. 68-69; B. Hettne, "Beyond the New Regionalism," *New Political Economy*, 10(4), pp. 543-571 (2005) 참조.

38 Söderbaum, "Old, New, and Comparative Regionalism," p. 71.

39 이렇게 정책 분야에 따라 중앙집중화 수준, 영토적 확장의 범위가 다른 통합을 차별화된 통합Differentiated Integration이라고 개념화하고 있다. Dirk Leuffen, et al.,

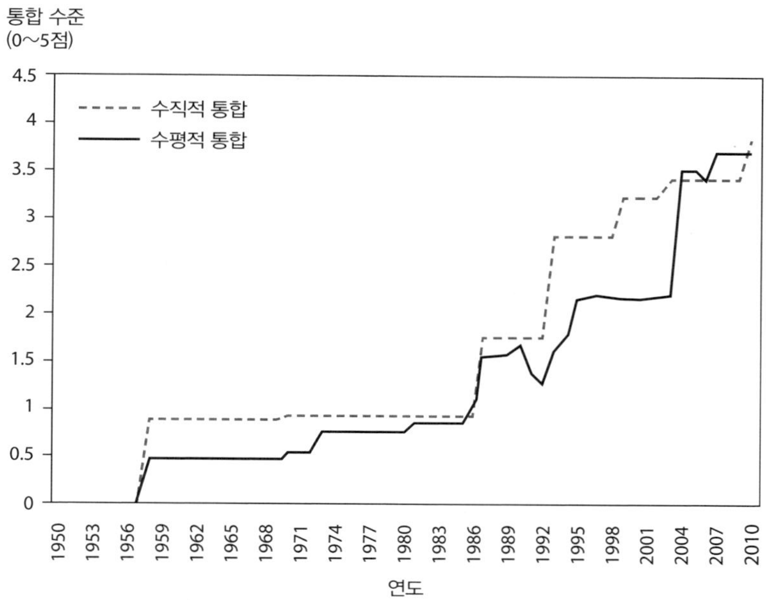

그림 12-1. 유럽의 시기별, 정책 분야별 수직/수평적 통합 수준의 변화
출처: Leuffen et al. (2013, pp. 20-21).

성 이후 국가와 정책 영역별로 개별 국가 간 이해관계가 서로 달라지기 시작하는 분화현상differentiation이 분석의 초점이 되었으며, 그럴수록 각 정책 분야에 적합한 지역 정책 거버넌스 문제가 중요해지고 있다.

이와 관련된 현상은 단지 통합이 상당히 진전되었던 유럽의 경우에만 해당되는 것이 아니다. 최근의 지구화에 대한 역풍과 다양한 변화가 나타나는 '포스트 지구화' 시대에는 기존에 높은 수준으로 이

Differentiated Integration: Explaining Variation in the European Union (Palgrave Macmillan, 2013).

루어진 지역 통합이 침식되거나 지구적 경제 통합이 진행됨에 따라 정치적 분리주의가 대두되는 현상이 나타났다.[40] 알레시나Alesina와 스폴라올Spolaore은 2003년 이러한 지역 통합의 동력이 되는 세계시장의 통합이 지역의 정치적 통합이나 발전에 미치는 영향을 주목하게 하는 연구를 진행했다.

이들이 보기에 큰 영토와 인구를 가진 국가가 형성되는 메커니즘이 작동되던 시기와 오늘날의 새로운 국가가 형성되고 발전하는 환경이 바뀌었다. 즉 19~20세기 초 유럽처럼 서로 갈등하고 경쟁하는 국제질서에서는 보다 팽창적인 규모를 추구하는 국민국가가 형성되지만, 이와 달리 국제적 갈등이 줄어들고 더 평화롭고 안정적인 국제질서와 환경하에서는 큰 국가를 형성하려는 요인이 줄어들며, 작은 국가라고 하더라도 얼마든지 더 발전하고 번영하는 사회를 이룰 수 있게 되어 정치적 분리주의가 대두된다는 것이다.

그런데 이러한 평화로운 국제환경은 한편으로는 국가 간 충돌을 감소시키고 팽창적 국가주의를 완화하지만, 더 안정적인 질서하에서 다른 인종, 문화, 종교를 가진 소수집단이 자신들의 국가를 수립하고 분리·독립하려는 정치적 분리주의가 등장하는 역설적 경향을 낳는다.[41] 이는 대규모 국가 간 갈등은 줄어들고 작은 내전과 내부

---

40 Dani Rodrik, *The Globalization Paradox* (London: Oxford University Press, 2011); Patrick Diamond, *The Crisis of Globalization, Democracy, Capitalism, and Inequality in the Twenty-First Century* (I. B. Tauris, 2019); Coolin Crouch, *Globalization Backlash* (Polity Press, 2018); Paul Collier, *The Future of Capitalism* (New York: Hapers, 2019).

41 이들에 따르면 미국과 유럽도 점차 분리주의적 경향이 나타날 수 있다. 먼저 미국은 건국 이래 중앙집중을 강화하는 의미의 연방주의(정치 통합론의 해밀턴주의와

갈등이 발생하고 있는 20세기 후반 이후 국제질서의 패턴을 그대로 보여주고 있다고 할 수 있다.[42]

만일 상대적으로 안정된 국제질서에서 다시 강대국 간 갈등이 발생하고 그것이 무역 분쟁이나 무역의 감소로 이어지게 된다면 어떤 상황이 발생할까? 큰 국가들 사이에서는 무역이 줄어들고 갈등이 지속될 순 있지만, 작은 국가들 사이에서는 오히려 상호 무역이 증가하고 갈등이 감소되는 이해관계가 발생하게 된다. 무역이 제약된 세계에서는 큰 국가들이 더 이득을 보게 되지만, 작은 국가들은 상대적으로 열린 무역 레짐하에서 역량에 따라 번영이 가능하기 때문이다.

따라서 작은 국가들은 시장을 보존하고 정책을 조율해줄 중요한 초국적 기구의 수립을 점점 더 요구하게 된다. 세계적 시장 통합하에서 새로운 정치적 분리주의가 대두하더라도 작은 국가와 집단일수록 더 평화롭고 안정적인 국제질서를 필요로 하기 때문에 지구적·지역적 차원에서 강대국 갈등을 억제할 필요성이 더 강화하게

시장 통합적 제퍼슨주의)를 추구해 오다가, 세계경제와 통합되어 갈수록 점차 규모의 경제보다는 지역별로 작고 동질적인 공동체-클러스터로 변해가는 경향이 나타난다. 유럽은 앞으로도 하나의 연방국가federal state가 되기는 어려울 것이며, 독립국가들 간의 느슨한 연방confederation이 유지될 것으로 보인다. 유럽은 장기적으로는 유럽 연합 안에서 느슨하게 연결된 지역의 집합들(Brittany, the Basque region, Scotland, Catalonia, Wales, Bavaria)이 되어갈 것이며, 소수민족들은 추가로 점차 독립하려는 경향이 나타날 것으로 예상하고 있다. Alesina and Spolaore, *The State of Nation*, p. 201, p. 219.

42 Meredith Reid Sarkees, Frank Whelon Wayman, and J. David Singer, "Inter-State, Intra-State, and Extra-State Wars: A Comprehensive Look at Their Distribution Over Time, 1816-1997," *International Studies Quarterly*, vol. 47, no. 1 (2003), pp. 49-70.

된다는 것이다. 세계적 시장 통합이 지속될수록 근대에 형성된 큰 강대국들의 이해관계와 20세기 중후반 이후 독립하고 새로 형성된 국가들의 평화로운 국제질서에 대한 이해관계가 달라지는 셈이다.

이러한 현상은 1970년대 이후 지구화가 본격적으로 진행된 세계적 경제 통합이 초래한 '포스트 지구화' 시대의 매우 복잡하고 다면적인 상황들의 일부이다. 세계적으로 2008년 금융위기는 금융화에 취약한 국가들에 큰 어려움을 주었고, 주요 국가들의 경제적 불평등이 증가하고 있으며, 미국과 중국이 패권경쟁과 무역분쟁을 심화하였으며, 석유와 에너지를 둘러싼 지정학적 갈등이 표출되었고, 지구온난화와 기후위기가 가시화되고 있다. 지역 통합과 경제 통합이 지속될수록 다양한 불확실성과 문제들을 모든 국가들이 동시에 대면하는 복잡성을 마주하게 된 것이다.

지금까지 살펴본 3세대에 걸쳐 발달한 지역주의/지역 통합 연구들은 특정 지역의 사례에서 먼저 발전했다는 한계가 있지만, 다양한 지역에서 다양한 수준과 조건의 통합이 이루어지고, 각 상황과 문제에 따라 다양한 분석과 해법이 제시되고 축적되어 있다는 것을 알 수 있다. 무엇보다 최근의 비교지역주의의 관점과 통합과 분리의 역설에 대한 분석은 동아시아와 한반도가 대면하고 있는 역사적 변화들과 동시대적 문제를 분석하고 진단할 수 있는 지적 도구들을 제공해 주고 있다.

3. 통합의 개념적 분류와 쟁점

이상의 연구들에서 국가 통합과 지역 통합에 대한 기존 연구와 이론들에 다양한 차이와 쟁점이 있다는 것을 확인하였다. 여기서는 통합에 관한 기존 연구들을 정리하여 ① 통합의 역사적 시기와 배경, ② 통합 이론들이 주목한 통합의 수준과 차원, ③ 지역별 비교를 위한 통합 유형의 분류를 제시한다. 이를 통해 여러 사례들을 포괄하고 비교할 수 있는 분석틀을 마련해 보고자 한다.

1) 통합의 역사적 시기와 배경

기존 국가/지역 통합 이론과 연구들은 모두 역사적 배경과 시기가 달랐다. 이런 기준으로 크게 다섯 가지로 서로 다른 시기와 배경을 구별해 볼 수 있다. 첫째는 민족국가 형성 과정nation-state building에서 발생하는 정치 통합이 있고, 둘째는 냉전 블록이 세계적으로 형성되는 과정에서 발생한 진영 통합이 있다. 셋째는 제2차 세계대전 이후 새롭게 독립국가가 수립되는 과정에서의 국가 통합 과정이 있고, 넷째는 지역 공동체/연합 형성 과정에서의 통합이 있다. 다섯째는 그런 지역 공동체 질서 안팎에서 새롭게 등장하는 집단의 정치적 분리주의political separatism와 민족주의적 경쟁의 문제가 있다.

첫 번째 단계는 정치 통합의 시기로서, 민족국가가 형성되는 이 시기에는 전쟁과 국가 형성이 상호 증폭하며 더 큰 규모의 정치체가 형성된다. 제2차 세계대전은 그러한 경향으로 볼 때 유럽의 산업화와 시장 통합 과정에서 국가형성, 팽창에 따른 강대국 경쟁의 파국적 귀결이었다.

두 번째 단계는 경쟁적 양대 이념에 의한 통합의 시기, 곧 냉전이 있었다. 이 시기 미국과 소연방이라는 초강대 연합국들은 각각 자유주의와 사회주의라는 이념을 내세우며 상호 경쟁과 적대를 통해 지구적 수준의 동맹 진영 질서bloc를 구축했다. 상대적으로 국력이 약한 국가들은 이 질서에 다양한 형태로 편입되고 영향을 받았다.

세 번째 단계는 지구적 수준의 단일 경제 통합과 정치적 분리의 시기이다. 탈냉전으로 경제·군사 경쟁을 통해 미국이 초강대국으로 남고 적대가 사라지자 수많은 독립국가들이 형성·독립되며, 한편으론 지구적 수준의 경제 통합이 지속·확대되고, 지역별로 국지적 분쟁이 발생하는 시기이다. 더 평화로운 질서 속에서 문화·언어가 다른 소수민족들의 독립 요구가 강화된다.

최근은 단일 경제 통합에 따른 국가별·지역별 피해와 격차에 따른 반작용이 대두되는 시기이다. 시장은 더욱더 통합되지만, 지역별·국가별 전략이 달라지고 강대국·중진국·약소국의 이해관계가 달라지고 있다.

이러한 역사적 시기와 배경에 따른 분리를 통해 국가별로 국가 통합 과정(국가의 확장과 팽창, 국가의 변형, 국가의 약화, 국가의 분화)과 지역별로 지역 통합 과정(지역 국가들의 지역화-지구화-포스트 지구화)이 어떻게 진행되는지의 순서도 비교 분석이 가능할 것이다.

2) 지역 통합/국가 연합의 수준과 형태

이러한 서로 다른 역사와 맥락에서 발생하는 국가/지역 통합 과정은 서로 다른 수준에서 발생한다. 즉 가장 높은 수준에서는 지역 국가들의 통합이 있고, 여기엔 EU 같은 지역 공동체에서부터 연방 국가,

표 12-4. 초기 지역 통합 이론이 강조한 통합의 수준과 차원

통합 이론	통합의 수준과 궁극적 형태	통합 분야
단일 정치체제	단일화, 통일	정치, 경제, 사회, 문화적 통합
연방주의/안보공동체	연방, 공동 안보	공동의 정체성, 공동의 군사 안보
신기능주의	초국가 공동체, 연합, 조합	핵심 전략 경제 분야
기능주의	무역, 경제통합	경제적 협력
정부간주의	다자간 협력	국익과 개별 국가의 맥락
국가 간 협력	국제적 협력	군사, 경제, 외교
민간 사회적 교류	사회적 교류, 이주	경제, 사회, 문화

국가 연합 등의 유형이 포함된다. 다음으론 일부 국가들이 좀 더 특정한 이유로 부분적으로 연합하고 통합되는 경우가 있으며, 더 낮은 수준에서는 지방local의 통합/적응 문제가 있다. 마지막으로 국가 내 이주민, 소수민족, 차별받는 집단의 사회 통합/적응의 문제가 있다.

3) 지역 통합의 유형 분류와 지역별 특성 비교

앞서 살펴본 신지역주의 이론과 비교지역주의 연구들은 지역별 비교에 유용한 지역 통합의 유형 분류를 제시하고 있다.

먼저 비교지역주의 연구를 주도하고 있는 뵈르첼Tanja A. Börzel과 리세Thomas Risse는 국가가 추진하는 지역주의regionalism와 민간 사회경제, 초국적 행위자들에 의한 교류인 지역화regionalization를 구분하고 그 수준이 높은지 낮은지를 기준으로 유형 분류를 제안했다.[43]

43 Tanja A. Börzel and Thomas Risse, *The Oxford Handbook of Comparative Regional-*

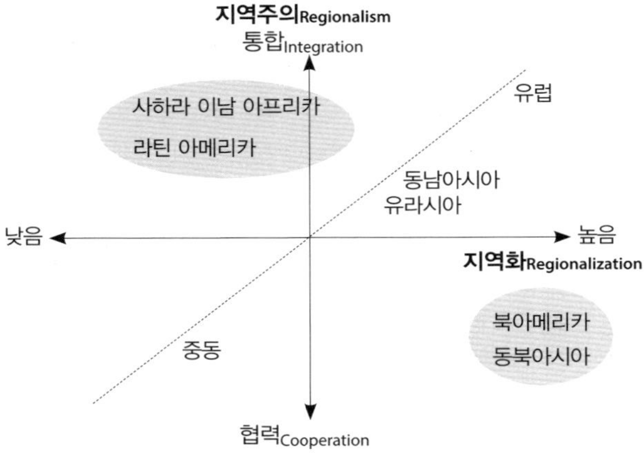

그림 12-2. 지역주의와 지역화에 따른 지역질서 분류
출처: Börzel and Risse (2016, p. 1202).

이에 따르면 유럽은 지역주의 통합이나 지역화의 수준이 모두 높고, 동남아시아나 유라시아 지역은 지역주의, 지역화 수준이 낮은 편에 속한다. 북아메리카나 동북아시아는 국가가 추진하는 지역주의와 통합의 수준은 매우 낮고 국가 간 협력만 이루어지고 있지만, 민간 사회경제 행위자들의 교류 협력에 의한 지역화 수준은 높은 유형으로 분류된다. 반대로 라틴아메리카는 국가가 주도하는 지역주의 수준은 상대적으로 높지만 민간 교류의 지역화 수준은 낮고, 중동 지역은 지역주의나 지역화 수준 모두 낮은 것으로 볼 수 있다.

이런 구분에 의하면 유럽, 동남아시아, 유라시아, 중동은 지역주의와 지역화 수준이 유사하게 연관되어 있는 지역이고, 북아메리카와 동북아시아는 국가들이 공동의 지역주의를 추구하진 않지만 지역화는

ism (Oxford University Press, 2016), pp. 1202-2013.

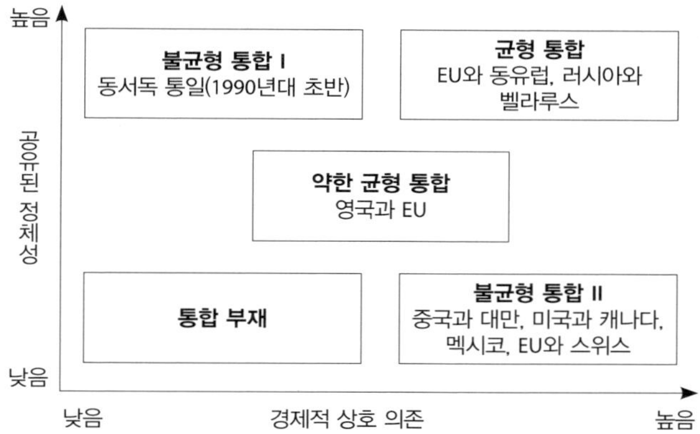

그림 12-3. 경제적·정치적 통합 수준에 따른 유형
출처: Mattlin (2005, p. 406).

높은 수준인 유사한 성격의 지역질서를 보이고 있다.

매틀린Mikael Mattlin 역시 EU 외 지역들의 통합 수준을 구분하기 위한 유형을 제시했다.[44] 그는 정치적 정체성 공유의 수준, 경제적 상호 의존의 수준에 따라 총 다섯 가지 유형의 통합 모델을 구분했다. 첫 번째 모델은 정체성도 높은 수준으로 공유되어 있고 경제적으로도 상호 의존의 수준이 높은 경우로서 대부분의 EU 회원들의 통합 사례에 해당하며, 이를 균형 통합symmetric integration이라고 지칭했다. 두 번째 모델은 중간 수준의 정체성 통합과 경제적 의존도가 특징으로 영국이 EU에 통합되어 있는 형태가 이에 해당되며, 이를 약한 균형 통합이라고 부를 수 있다. 세 번째 모델은 공유된 정체성도 없고 경제적 상호 의존도 없는 경우로 전혀 통합이 이루어지지 않은 유형이다.

---

44 Mikael Mattlin, *Structural and Institutional Integration: Asymmetric Integration and Symmetricity Tendencies, Cooperation and Conflict*, vol. 40(4) (2005), pp. 403-421.

네 번째 모델은 공유된 정체성이 매우 높고 정치적 통합이 우선적으로 이루어졌지만 경제적으로는 상호 의존이 높지 않은 경우로 동서독의 초기 통일 상황이 이에 해당되며, 이를 '불균형 통합Ⅰ' 유형으로 부를 수 있다. 다섯 번째 모델은 정치적으로는 공유된 정체성이 별로 없지만 경제적으로는 상호 의존성이 매우 높은 경우로서 중국과 대만 관계, 미국과 멕시코의 관계가 이에 해당되며, 이를 '불균형 통합 Ⅱ' 유형으로 부를 수 있다.[45]

매틀린의 분류에서 경제적 통합은 앞서 뵈르첼과 리세가 제안한 지역화와 유사한 개념이지만, 균형/불균형의 이분법적 구분이 지역적 차이와 현실을 식별해내는 것을 넘어 다소 규범적 평가를 하게 되는 단점이 있고, 중동 및 라틴아메리카를 포괄하고 북아메리카와 동북아시아 특유의 특성을 포착할 '지역질서' 개념을 제시하지 못한 한계가 있다.

이 글은 국가가 주도하는 지역주의적 통합과 민간 차원의 사회경제적 교류를 통합의 수준이라는 기준에 맞추어 하나의 차원으로 하고, 국가와 지역이 당면한 역사적 배경과 맥락에 따라 국가의 건설과 경제발전, 국가 간 갈등 해소와 협력, 자유무역질서 수립과 시장통합, 공동의 안보를 넘어 공동의 사회정책, 환경정책, 문화협력까지 국가 간 협력과 통합의 과제와 분야가 달라진다는 점에 주목해 〈그림 12-4〉와 같은 유형을 제시하고자 한다.

45 '불균형 통합 Ⅰ'의 경우는 이후 통합의 비용을 치르게 된다. 경제적으로도 통합을 감당하기 위한 경제적 지원이 필요하고, 정치적으로도 통합에 대한 지지가 약해지는 경험을 하게 된다. '불균형 통합 Ⅱ'의 경우는 정치적 통합 과정에서 배제되고, 그것이 정치적 영향을 가져오는 문제가 생긴다.

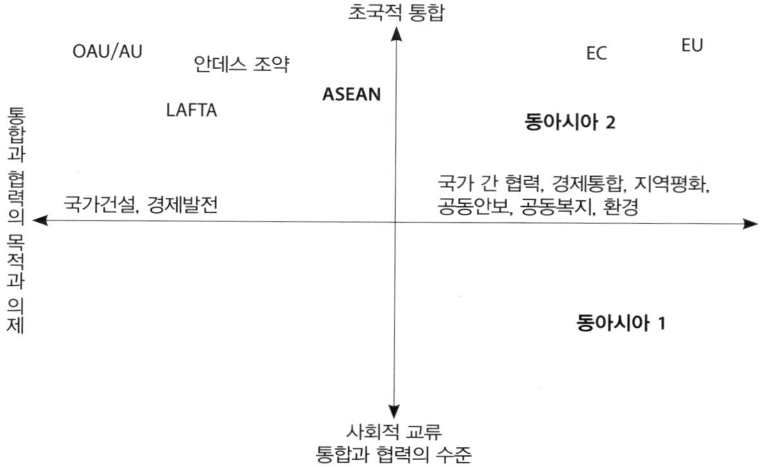

그림 12-4. 통합의 수준과 과제에 따른 지역별 통합 유형 분류

이런 관점에 따르면 지역마다 통합의 수준이 다를 뿐 아니라, 지역의 이해관계에 따라 국가 간 관계에서 통합을 위한 협력의 과제들과 지역의 이해관계가 서로 다르다는 점을 파악할 수 있다. 예컨대 역사적으로 라틴아메리카는 종속 이론, 불균형 발전론에 따라 지역 내 통합, 폐쇄적 지역주의를 지향했는데, 라틴아메리카에서의 지역주의 이론은 경제발전에 대한 구조주의 이론의 영향[46]을 많이 받았다.

이 이론은 지역 단위로 보호주의를 택하면 산업화와 경제성장을 이룰 수 있을 것이고, 이를 통해 경제발전과 (독립)국가를 형성할 수 있다는 점에 관심을 두었다. 그 결과 LAFTA(1960년)가 등장하고 안데스 조약(1969년)도 등장했지만, 멕시코나 아르헨티나, 브라질 같은 지역 강국에게만 이익이 되었고 지역 전체가 조율된 공동 정책을 펴

46 대표적인 이론가로는 Gunnar Myrdal, Arthur Lewis, Raúl Prebisch 등이 있다.

는 것으로 현실화되지 못했다.[47]

아프리카는 탈식민적 맥락에서 지역주의가 등장했고 기존의 범아프리카주의의 집단적 자급자족self-reliance과 보호주의에 기반한 중상주의적 전략, 계획된 수입대체 산업화 전략을 특징으로 한다. 아프리카 지역주의는 지역중심적 지역주의autocentric regionalism로 불리며, 주로 정부 주도의 지역주의 전략으로 발전해 남아프리카 발전조율회의SADC, OAU와 AU로 발전했다.[48]

아시아에서는 주로 1967년에 설립된 ASEAN에 대한 연구가 많이 이루어졌다. 아시아에서도 라틴아메리카나 아프리카와 마찬가지로 탈식민 이후 독립적인 국가를 건설하는 것이 주요 문제였지만, 공동의 안보 문제는 냉전의 갈등과 영향으로 인해 지역 차원의 협약으로 논의되지 못했으며, 1960~1980년대부터 경제발전과 지역경제 통합이 이루어지며 산업·무역과 관련된 공동 선언들이 조금씩 발전했다.[49]

특히 동아시아에서 경제적 통합과 상호 의존, 민간 사회경제, 초국적 행위자들 간의 상호 교류와 지역화 수준이 높아지면서 1990년 년대부터 수많은 지역주의, 지역공동체 구상들이 제시되었다. 그런데 워낙 오래된 냉전의 유산으로 동북아에서는 민감한 문제를 아우

47 Söderbaum, "Old, Now, and Comparative Realionalism," pp. 59-60.

48 Christof Hartmann, "Sub-Saharan Africa," in *Oxford Handbook of Comparative Regionalism* (2016).

49 Huh Hyeon-Seung and Park Cyn-Young, *Asia-Pacific Regional Integration Index: Construction, Interpretation, and Comparison* (ADB, 2017); Ikuo Kuroiwa, *Economic Integration and the Location of Industries: The Case of Less Developed East Asian Countries* (Palgrave Macmillan UK, 2012).

르는 지역 통합에 대한 논의가 진전되기 어려웠고, 미국과 러시아, 중국과 일본이 한반도를 둘러싸고 세력경쟁을 해온 지역 특유의 질서로 인해 국가 간 갈등이 쉽게 해소되지 못했다.

국가 통합과 지역 통합의 역사적 시기와 배경, 통합의 수준과 형태의 차이, 통합의 유형과 지역 비교의 틀을 비교 검토해 보았다. 이상의 검토와 분류 과정에서 파악된 개념과 지역별 차이에 기반해 이하에서는 크게 두 가지 사례에 대한 분석을 하고자 한다. 첫 번째는 한반도의 분단과 통일의 사례이고, 두 번째는 최근의 무역분쟁과 그것이 동아시아의 지정학에 영향을 미치는 사례이다.

4. 한반도 분단의 다층성과 통합 프로세스 사례

남북 분단의 문제를 앞서 살펴본 국가 통합과 지역 통합 개념들을 통해 분석하면, 먼저 역사적 시기와 배경의 특성, 다음으론 통합이 필요한 다층적 수준들, 마지막으로 지역 통합의 유형과 특성 측면에서 분석해 볼 수 있다.

먼저 한반도의 분단은 한반도 주변 국가들의 근대적 국가 형성과 통합, 팽창과 충돌, 지역의 통합과 분리, 새로운 지역질서의 형성 과정에서 발생한 일이다. 즉 통합 개념과 이론들이 등장한 역사적 시점과 배경을 고려할 때 한반도의 분단은 첫째, 동아시아 주변에서 근대적 민족국가의 형성과 팽창을 통한 주변의 통합과 다른 국가들과의 갈등 과정, 둘째, 미국과 소련이 초강대국으로 부상해 전 세계에 냉전 블록을 구축하며 자유주의와 사회주의로 통합을 시도한 과정, 셋째,

탈냉전 이후 지구화와 세계경제 통합 과정에서 완화된 국가 간 갈등과 지역 통합과 화해의 증대라는 세 시기에 걸쳐 분석할 수 있다.

먼저 한반도 주변에서 근대적 민족국가가 형성되는 과정과 그것이 팽창하여 충돌한 과정을 생각해 보면 근현대 동북아시아의 지역 질서regional order의 특이성을 인식할 수 있다. 동북아시아는 19세기 말부터 중국과 일본, 러시아와 미국이라는 세계 초강대국이 힘이 팽창하며 충돌하며 청일전쟁(1894년), 러일전쟁(1905년), 미일 태평양전쟁(1941년), 한국전쟁(1950년)을 치르며 권력 균형을 이루었던 지역이고, 한반도는 그 한복판에 위치했다.

전근대적 국가인 조선이 수백 년간 유지되었지만, 주변 강대국들이 근대적 국가의 형태로 형성되고 주변을 통합해 나가며 한반도로 팽창해 오는 과정에서 강대국의 세력권에 포섭되는 과정들이 분단의 1차적 배경이 되었다고 할 수 있다. 즉 공화주의 혁명과 산업혁명을 통해 근대적 민족주의/국가의 힘이 서유럽에서 등장해 미국·독일·러시아·일본으로 확산되는 과정에서 소위 '극동Far East'이라는 지역에서 그 세력권이 충돌했다고 볼 수 있고, 이러한 초강대국 질서라는 지역질서의 특수성이 한반도 분단의 1차적 배경이다.[50]

다음으로 한반도 분단의 직접적 원인은 무엇보다도 미소 냉전이라는 강력한 외부의 영향에 의해서 이루어졌다는 것이다. 남북은 각

50 동북아시아에서는 유난히 큰 국가들이 형성되어 서로 충돌했는데, 국가가 대면하고 있는 갈등이 많을수록 큰 국가가 형성되고 유지될 수 있다는 점(Alesina and Spolaore, 2003)을 생각하면 미·중·일·러라는 세계적 강대국들의 팽창하는 힘이 충돌한 곳도 한반도이지만, 한반도에서의 이들 강대국 간의 전쟁이 상대적으로 큰 국가의 형성에 미친 영향도 거꾸로 생각해 볼 수 있다.

각 미국과 소련이라는 강력한 국가의 팽창주의적 영향력을 받으며 냉전 진영bloc을 형성해 나가는 과정에서 서로 적대적·이질적인 근대 이념체제(자유주의/공산주의)에 근거한 국가로 형성되었다. 그리고 이런 분단이 오랫동안 지속되었던 이유 역시 주변 강대국들이 지역 전체에 걸쳐 서로 힘의 균형과 경쟁상태를 유지해 왔기 때문이다. 말하자면 한반도의 분단은 남북의 분단만이 아니라, 약 100년에 걸쳐 중국과 일본, 러시아와 미국이 지정학적으로 갈등하며 주변 지역 전체가 대립하고 힘의 균형을 이뤄온 산물이다.[51]

냉전사는 흔히 냉전의 기원을 1947년 유럽에서의 미소 간 긴장이 심화된 시기를 꼽지만,[52] 미국과 소련이 세계적 강대국으로 부상하며 그 힘을 확산해 나가다가 충돌한 것이 냉전이라고 본다면 그 기원은 적어도 제1차 세계대전 직후 유럽 국가들이 자기 파괴적 전쟁을 치르며 미국과 러시아가 초강대국으로 부상한 1917~1919년의 시점을 그 기원으로 볼 수 있다.[53] 더 나아가 유럽에서 근대적 자유주의와 사회주의라는 근대적 통합 이념의 등장을 추적해 보면 냉전의 역사적 기원은 14세기 서유럽과 동유럽의 격차와 불균형에서 시작된 것[54]으로 볼 수도 있다.

---

51 백낙청의 '분단체제' 개념과 이삼성의 '대분단 체제' 개념은 이렇게 남북의 분단과 동아시아의 분단이 상호 연결되어 오랫동안 유지되는 특성에 주목한 대표적 개념들이다.

52 이동기, 「몰락에서 평화로: 전후 유럽 냉전사」, 신욱희·권헌익 외, 『글로벌 냉전과 동아시아』(서울대학교출판문화원, 2019), p. 9.

53 Sebastian Conrad and Dominic Sachsenmaier, *Competing Visions of World Order* (Palgrave Macmillan, 2007), pp. 213-229.

54 대런 에쓰모글루, 제임스 로빈슨 저, 최완규 역, 『국가는 왜 실패하는가』(시공사, 2012), pp. 149-165.

이렇게 보면 동유럽의 끝에 러시아가, 서유럽의 끝에 미국이 19세기부터 발전하여 20세기에 충돌되는 과정은, 미국과 러시아가 자유주의와 사회주의라는 양대 이념을 대표하면서 냉전을 '국가화'했고, 제2차 세계대전 이후 양극 체제를 구축하면서 냉전이 '세계화'되었으며, 그 과정에서 발생한 한국전쟁과 베트남 전쟁은 '냉전이 열전화'된 것이고, 독일의 분단은 냉전이 세력균형으로 정리된 것이었다고 볼 수 있다.

이렇게 한반도의 분단을 일본·중국·러시아 등 강대국의 팽창과 충돌로 형성된 지역질서와 특히 미국과 소련의 팽창으로 인한 냉전에 의한 분단으로 본다면, 한반도의 분단과 통일 문제는 다음과 같이 설명할 수 있다. 먼저 한반도에서는 민족주의에 의한 국가 통합이 강대국들의 영향력 행사와 일본에 의한 식민지배로 인해 억압되어 있다가, 1945년 이후 독립국가 수립을 위한 '민족 통합'의 과제가 대두되었다. 그런데 그 시점에서 미국과 소련의 냉전체제로 편입되며 남과 북에는 각각 자유주의와 공산주의라는 서로 다른 근대적 이념에 의해 분단된 두 개의 '국가 통합'이 이루어지면서 한반도의 분단으로 귀결되었다.

탈식민 독립국가 건설의 시기에 미소 냉전체제로 편입된 한반도는 두 개의 분단된 정치체로 설립되었을 뿐 아니라, 한국전쟁의 발발로 인해 갈등이 미국과 중국이 직접 군사적으로 충돌한 전쟁으로 치달았으며, 전후 정전체제와 DMZ의 설립으로 군사적 분단이 더욱 공고화되었다. 한반도의 분단은 단순히 남북 내부의 갈등으로 인한 자연스러운 분단이 아니라 세계 냉전, 지역 냉전의 영향을 통해 심화되고 충돌하고 해소되지 못한 중층적 갈등의 산물이다. 이렇게 동북아 국가들 간의 지역질서는 초강대국, 지역 강국, 중소국 간의 계층화된 위계질서의 모습을 보이고 있는데, 특히 한국전쟁을 거치며 동북아에는 냉전적 대결의 결과 중국과 미국의 갈등, 한반도의 한국전쟁 정전체제, 샌프란시스코 체제라는 세 가지 유산을 남겼다.[55]

다음으로 세 번째 단계인 탈냉전과 지구화로 인한 세계경제 통합 과정에서 1979년 미소 데탕트, 미중 화해, 중일 화해가 이뤄지고, 1990년 구소련이 붕괴하고 1993년 한중수교가 이어지며 한반도 주변의 냉전적 적대가 해소되고 국가 간 협력과 화해, 동아시아 지역 전반에서 민간 차원의 사회경제적 교류의 심화와 경제 통합이 심화되었다.

이러한 '지역화' 과정에서 한국은 민주화되고 세계적 수준으로 경제발전을 이루며 미국·중국·일본·동남아시아·유럽 등과 경제적 상호 의존을 심화하며 개방되었고, 탈냉전으로 (구)소련과 중국으로부터의 통합이 약화된 북한은 개별적으로 선군주의, 병진노선, 핵개발, 자력갱생 노선을 지향하며 민간 차원의 교류 협력은 물론이고, 주변

---

55 샌프란시스코 체제로 형성된 동북아 국가 간 위계성과 지위의 문제에 대해서는 신욱희, 「샌프란시스코 강화조약: 한미일 위계성 구성」, 『샌프란시스코 체제의 점검과 동아시아 대안적 지역체제의 모색』(IPUS-한국냉전학회 공동학술회의, 2020); Sung Chull Kim, *Partnership within Hierarchy: The Evolving East Asian Security Triangle* (SUNY Press, 2017) 참조. 한국이 샌프란시스코 평화회담에 참석하지 못하게 되는 과정에 대해서는 정병준, 『샌프란시스코 평화조약의 한반도 관련 조항과 한국 정부의 대응』(국립외교원, 2019) 참조. 위 학술대회에서 남기정은 1965년 한일협정 체결 당시 미국·한국·일본 사이의 협상 과정과 쟁점, 결과에 대해 상세히 분석했다. 샌프란시스코 평화조약 제4조 B항은 당시 한국 외교의 성과라고 할 수 있다. 김성철에 따르면 한미일 삼각동맹의 형태로 유지되던 샌프란시스코 체제는 최근 한국의 국력이 상승하면서 동맹국간 부담공유burden sharing와 공약commitment의 측면에서 점차 작동하지 않게 되고 있다고 진단하고 있다.

국과 국가 간 협력의 채널도 줄어드는 경향을 보였다. 즉 동아시아의 '지역화' 과정에서 한국은 지역과 세계경제에 더욱 통합되었고, 북한은 동북아 국가 간 충돌과 비핵화와 제제를 둘러싼 갈등의 과정에서 세계경제, 지역경제와의 통합 정도가 낮아지는 큰 차이를 보이게 되었다. 이렇게 지역경제 통합의 측면에서 보면 남북 통합의 문제는 한국뿐 아니라 동아시아 주변국 모두가 호혜적 교류를 통해 점진적 통합으로 나아가야 하는 상황이다.[56]

이처럼 한반도의 분단을 국가 통합, 냉전적 통합, 지역 통합이라는 차원에서 살펴보면, 분단 자체의 다층성과 분단과 상호 간 장벽을 열고 상호 통합을 추구하는 과정 역시 복합적이고 다층적일 수밖에 없다는 점을 확인할 수 있다.

즉 남북 간의 통합이란 먼저 국가 통합의 차원에서는 서로 다른 두 개의 근대적 통합 이념으로 형성된 정치체제 간 상호 갈등과 적대를 줄여가는 '탈냉전적 화합accommodation' 과정이 우선되어야 한다. 즉 남북 간 통일은 서로 다른 근대적 통합 이념(공화주의, 자유주의, 사회주의)을 모두 포용하는 공존적 정치체제, 혹은 다른 이념과도 서로 존중하며 '화합'지향적 관점이 중요하다. 남북 간 적대를 해소하고 제거하며 장기간 교류 협력을 늘려가며 '화합'을 지향하려면, 서로 다른 이념이더라도 민주적인 제도 안에서 민주적 절차로 운용되는 유

56 북한 경제는 남북 경협이 한참 진행되던 2006년까지만 해도 의류산업이 발전하여 산업복잡도economic complexity의 수준에서 볼 때 중국보다 높은 수준을 보였지만, 2006년 핵실험 이후 대북제재가 시작되며 급격히 산업구조가 침체되었다. 대북제제로 인한 북한 경제구조의 변화와 북중 무역 의존도의 변화에 대한 상세한 분석은 이종민, 「대북제재 효과의 재평가: 북-중 무역의 구조적, 질적 변화를 중심으로」(서울대학교 통일평화연구원 HK평화학 세미나, 2020. 5. 12) 참조.

럽의 의회주의와 합의주의적 실천들을 주목할 만하다.[57]

다음으로 남북 간 통합을 지역 통합의 차원에서 보자면, 1차적으로 동아시아 지역질서 특유의 강대국 경쟁, 균형질서를 보다 온건하고 평화로운 국제질서로 만들어 가려는 노력이 필요하다. 즉 주변 강대국 간 적대나 경쟁 충돌을 지양하고 화해·협력·평화를 위한 국가 간 협력을 지향하는 것이다. 이를 위해서는 냉전적 갈등이 남긴 부정적 유산을 해소하기 위해 탈냉전 프로세스를 통한 주변국 적대 해소,[58] 관계 정상화, 우호 협력 강화, 사과와 화해, 교류와 협력 단계를 밟아나가야 할 것이다. 국가 단위의 지역주의 전략이 서로 충돌하는 것을 막고, 민간의 교류 협력이 활성화되는 '지역화'를 늘려가며, 동시에 국가 간 다양한 필요에 따라 정책적 협력과 공동 거버넌스가 필요한 부분을 더 늘려가는 것이다.[59]

이처럼 남북의 분단은 주변 강대국의 국가 형성과 팽창의 과정

57 기존 통합 이론들이 우리에게 시사하는 바는, 국가 간 통합의 궁극적 이상향이 무엇인가보다 어떤 과정을 거쳐야 더 안정적인 통합을 이룰 수 있는가 하는 것이다. 예컨대 Etzioni(2001)의 분석에 따르면, 통일 과정에서 사전 준비와 통일 과정의 통합력integrating power이 중요한 영향을 미친다. 성공적인 통합을 위해서는 상호 간 권력분배 문제, 공동 정체성과 공동의 상호이익뿐 아니라, 통합 과정과 통합 이후의 소통, 대표, 책임성도 중요하다는 것이다. 국가 간 연합은 정치적으로 최대한 평등해야 하고, 두 체제 각각의 입장이 아닌 초국적 연합을 추구하는 전문인력이 필요하며, 국제적 지원 역시 필요하다. 통합 과정에서는 서로 다른 두 지역을 결속시킬 역량(공동의 정체성, 증가하는 상호 의존)이 필요하고, 통합의 과정과 이후의 소통, 대표, 책임성 구조에 대비해 조화와 협력을 추구해야 한다. 섬세한 사회정책과 지역 불균형을 고려한 공간 정책도 중요한 영역이다.

58 유럽에서 냉전이 끝나자 위로부터의 체제 수준의 긴장이 완화되어 다원주의가 확대되었다.

59 기타 상세한 군사 통합, 경제적 차원, 사회적 차원, 문화적 차원에 대해서는 박명규 외, 『남북통합지수, 2008-2013 변동과 함의』(서울대학교출판문화원, 2013), pp. 107-108, p. 142 참조.

에서 기원했으며, 특히 냉전적 지역블록 구축 과정에서 두 개의 이념에 따른 정치체의 형성으로 제도화되었다. 동아시아의 지역 통합이 진행되는 과정에서 남과 북의 통합 정도에 큰 격차가 발생했으며, 따라서 남북의 통합과 동아시아의 통합은 초강대국 질서라는 특유의 지역질서와 냉전의 유산을 해소하는 사전 조건을 넘어 국가 간 화합과 지역화의 진전, 국가 차원 지역주의의 충돌 완화, 공동의 지역 거버넌스의 발전 과정을 거쳐야 가능할 것이다.

5. 지역경제 통합과 지정학적 갈등의 사례

비교지역주의의 관점에서 볼 때, 최근 유럽과 동북아시아에서 지역주의나 지역 통합과 관련해 두드러지게 주목할 만한 중요한 현상이 있다. 하나는 브렉시트이고, 다른 하나는 미중 무역분쟁과 동아시아의 국가 간 갈등 현상이다.

이 글은 이 두 현상의 공통적인 배경에는 지난 30여 년간 지속된 지구화와 그로 인해 불균형과 불평등으로 피해가 발생하는 지역과 집단의 정치적 갈등과 민족주의, 자국중심주의적 태도가 발생하는 '포스트-지구화' 현상이 있다고 보고 있다. 다만 유럽과 동아시아에서의 지역 통합의 수준, 지역주의의 형태, 지역질서의 특징이 달라 이 현상이 다르게 나타나고 있어, 각 지역의 통합 과정에 대한 역사적 배경과 그것이 초래한 문제나 해결 과제가 무엇이었는지 비교 분석해 볼 필요가 있다.

먼저 유럽에서의 브렉시트 현상은 제2차 세계대전 이후 약 75년

간 진행된 지역 통합 과정에 대한 부분적인 반작용과 탈지역화 현상이 발생하는 것이라고 볼 수 있다.

신기능주의 이론에서 설명했듯이 원래 유럽에서는 제2차 세계대전 이후 전쟁을 막고 평화를 구축하기 위해 유럽 통합을 추진하면서 1957년 로마 협약Treaty of Rome을 통해 서로 전략적인 분야에서 자유무역과 경제 통합을 이룬 것이 본격적인 지역 통합의 시작이었다고 할 수 있다.[60]

유럽 통합 초기에 네 가지 핵심적인 초국적 기구가 있었는데, 유럽위원회the European Commission, 공동농업정책기구Common Agriculture Policy, 공동교통정책기구Common Transport Policy, 그리고 유럽사회기금European Social Fund이 그것이다. 이들 중 공동농업정책기구는 제2차 세계대전 이후 농업의 자급자족의 중요성을 깨달은 유럽 국가들이 시장 통합 과정에서 농업인구 보호의 정치적 중요성을 공유했기 때문에 등장했다. 공동교통정책기구는 경제 통합과 무역을 위해서 공동 교통망과 관련된 정책을 수립해야 했다. 그리고 유럽사회기금은 경제 통합을 위해 상대적으로 피해를 보는 분야를 공동으로 보호하기 위한 기금을 마련하고 유사한 수준의 노동조건, 복지 수준을 맞추기 위해 창설된 것이었다.

하지만 1992년 단일유럽의정서Single European Act(1986년 체결)가 시행

60 1957년 7월 5일 파리에서 열린 외교부장관 모리스 푸레의 로마 협약 체결을 옹호하는 의회 연설. "동료 의원 여러분. 우리는 여전히 세계에 네 개의 열강great power이 있다는 허구를 믿고 있습니다. 글쎄요, 지금 열강은 네 개가 아닙니다. 두 개밖에 없습니다. 미국과 러시아지요. 이 세기 말 즈음이 되면 하나가 더 등장할 것입니다. 중국입니다. 그리고 네 번째 열강으로서 '유럽'이 존재하게 될지 말지는 지금 당신들의 결정에 달려 있습니다."

되며 단일 시장single market이 수립되고 1993년 마스트리히트Maastricht 협약이 체결되며 공동화폐가 도입되어 자유무역 질서를 확산하는 시장 통합 자체를 추구하는 흐름이 강화되면서 점차 유럽 국가 간, 지역 간 사회적 불균형이 심화되기 시작했다.[61]

이렇게 유럽에서 지구화에 따른 시장 통합이 심화되고 특히 시장 통합 그 자체가 지역공동체 유지를 위한 노력보다 중요한 흐름을 형성하면서 발생한 국가 간, 지역적 불균형[62]과 사회 내 계층 간 불균형으로 인해 등장한 대표적 현상이 바로 브렉시트 현상[63]이다.

브렉시트 현상을 설명하는 관점에는 크게 네 가지가 있는데, 크게는 문화적 접근과 경제적 접근이 있고, 영국 중심적 설명과 보다 지역적·국제적 차원에 주목하는 입장이 있다. 먼저 영국은 처음부터 유럽 통합에 대체로 회의적이었는데, 특히 1980년대 후반에서 1990년대 초반에 영국에서 유럽 통합에 매우 회의적인 세력eurosceptic들이 형성되었던 것에 주목하는 설명이 있다. 두 번째는 러시아의 개입이나 언론과 가짜뉴스의 영향에 주목하는 관점이다. 세 번째는 유럽에서 통합이 이루어지면서 점차 강화된 긴축정책austerity으로 인해 유럽 내 경제적 불균형이 심화되어 부담을 느낀 영국이 EU를 탈퇴하려는 경제적 이해관계가 형성되었다는 관점이다. 마지막은 좀

---

61 Werner Kampeter, "European Integration: Promises Lost?" A paper presented at Kim Il Sung University International Conference on the Development of Science and Human Welfare (Pyongyang, September 25, 2018).

62 Pierre-Philippe Combes, et al., *Economic Geography: The Integration of Regions and Nations* (Princeton University Press, 2008), pp. 17-24.

63 브렉시트 이전에는 그리스의 긴축정책에 대한 반발 등이 유럽 내 남유럽과 북유럽의 증가하는 격차를 보여주고 있었다.

더 포괄적으로 경제적 지구화의 결과에 주목하는 관점인데, 1980년대 이후 진행된 지구화와 2001년 중국의 WTO 가입으로 시장 통합이 심화되자 숙련 노동자들은 이를 선호했지만 비숙련 노동자들은 다층적 경쟁에 노출되며 경제 개방에 따른 직업의 불안과 이주민에 대한 반감이 증가했다는 것이다.[64]

이런 관찰에 따르면, 경제가 통합되어 갈수록 국가에 따라, 지역에 따라, 노동 숙련도에 따라, 계층에 따라 더 많은 기회와 자유가 주어지기도 하지만, 더 많은 경쟁의 압력과 사회경제적 격차, 직업의 불안정성과 임금 하락에 직면하는 경우도 발생하여 그것이 정부나 정책에 대한 선호로 이어지는 정치적 결과로 나타날 수 있다.

그렇다면 동아시아에서의 지역 통합 심화에 따른 다양한 국가 간 갈등과 특히 최근의 북미 무역분쟁은 어떻게 설명할 수 있을까? 먼저 역사적으로 동아시아에는 냉전의 강력한 유산과 (초)강대국 세력 균형이 오래 유지되는 특유의 '지역질서'로 인해 국가 간 협력이 쉽게 발전하지 못했고 공동의 지역주의 전략이 현실화되지 못했다. 또한 경제적으로도 국가들이 상대적으로 순차적인 근대화와 경제 통합을 하며 서로 다른 경제발전 수준을 보였고, 따라서 외교나 무역은 주로 양자 간 협약의 형태로 이루어졌다. 하지만 미소 탈냉전, 미중 화해가 이루어지며 국가 간 협력과 경제적 통합, 민간의 사회경제 문화적 교류가 심화되면서 아시아 국가들 간 상호 의존의 정도와 아시아와 미국, 유럽과의 교류 협력도 점차 확대되었다.

경제적으로 아시아는 유럽보다 지역 통합 수준은 낮지만, 아메리카

---

64 O'Rourke, *A Short History of Brexit*, pp. 175-202.

지역보다는 통합 수준이 높고, 유럽과 아메리카 지역 간 관계보다 아시아와 아메리카 지역 간 관계가 더 가까워지는 경향이 있다. 즉 경제적으로는 아시아는 유럽 수준으로 지역 내 상호 의존이 발달했고, 유럽과 북아메리카는 무역에 있어 지역 외부 파트너로서 아시아가 가장 중요한 상황이다. 유럽은 상대적으로 지역 내 무역이 약 69% 수준이며, 나머지 11%는 아시아, 8%는 북아메리카와 무역을 하고 있다. 아시아는 60%가 지역 내 무역이고, 18%는 북아메리카, 15%는 유럽과의 교역이다. 북아메리카는 30~40%가 지역 내 무역이고, 아시아와의 교역은 20%, 유럽과의 교역은 15%을 차지하고 있다.

아시아는 이렇게 경제적으로는 통합도가 지속적으로 높아지고 있고, 민간 사회경제 교류의 지역화 수준은 아시아 공동체론이 제기된 이후 그 어느 때보다도 높지만, 국가들 간의 지역주의나 지역 기구에 대한 발전 수준은 낮고 단지 국가 간 협력이 중시된다는 문제가 있다. 특히 〈그림 12-5〉에서 볼 수 있듯이, 아시아 지역 중 동아시아 지역에 한정해 볼 경우 동아시아 국가들 간의 무역은 전체 무역의 약 36%에 불과해 아시아 전체의 내부 무역 수준에 비하면 낮은 통합 수준을 보이고 있다. 이는 한국·중국·일본이 미국과 다른 지역과의 교역에 의존하는 비중이 그만큼 크다는 것을 보여준다. 동아시아가 아시아 수준, 유럽 수준으로 지역주의와 통합 수준에 도달하기 위해서는 역내 무역질서에 대한 공동의 합의뿐 아니라 다양한 지역 내 협력과 합의의 수준이 더 높아져야 할 것이다.[65]

---

65 한 연구에 따르면, 동아시아 국가들이 협의 중인 국가 간 포괄적 경제 협력 프로그램인 RCEP와 CPTPP가 현실화되면 경제사에서 가장 생산적인 지역 파트너십이 구

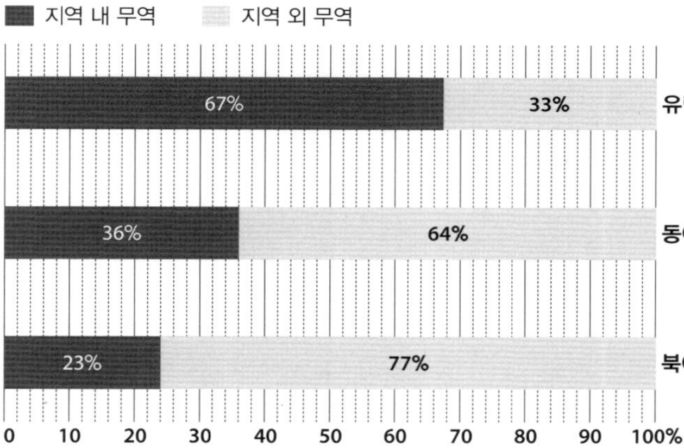

그림 12-5. 유럽, 동아시아, 북아메리카의 지역 내 무역비중 비교
출처: UNCTAD STAT (2018).

그런데 또 다른 문제는 중국이 1990~2000년대에 본격적인 경제 발전을 하면서 경제적으로 팽창하였고, 아시아의 주요 국가들이 중국 시장에 대한 경제의존도가 높아지고 미국과의 무역관계에서 미국의 무역적자가 급격히 늘어나기 시작하면서 미중 간 경쟁과 갈등이 다시 대두되었다는 점이다.

이와 함께 미국은 경제적·외교적으로 더욱 중요해진 아시아에서 영향력을 유지하려는 대외정책을 펴고, 중국은 개방된 무역질서에서 큰 이익을 보면서 점차 커진 내수시장을 바탕으로 확장적이고 공세적인 대외정책을 추진했다. 특히 중국 공산당 정부는 그간의 경제

축되고 깊은 수준의 합의가 이루어져 한중일 간 경제와 무역규모가 훨씬 커지게 되고, 세 국가 모두 기술력 수준이 높아 유럽형 분업이 진행될 것이라고 한다. 그로 인한 경제적 효과는 미중 무역분쟁으로 인한 피해를 상쇄할 것이라고 전망하고 있다. Peter Petri and Michael Plummer "New East Asian trade blocs create tough choices for China." (online, 2020. 7. 9) 〈http://www.voxeu.org〉

성장의 자신감에 기반해 국내 정치적 정당성을 더 확보하고 대외적 영향력도 더 확대하려는 지역 전략인 중국몽과 '일대일로(一帶一路)'를 추진[66]하면서 동북아의 긴장이 높아지기 시작했다.

2019년 미중 무역분쟁이 심화된 것에는 중국 국내 정치에서 기원한 팽창적 지역주의 전략뿐 아니라, 미국 국내에서 지구화에 의한 피해를 보는 지역(소위 러스트 벨트)에서 기원한 사회경제적 변화와 정치적 반발[67]이 대두되며 서로 충돌했기 때문이다. 즉 미국과 중국이 자유무역 질서에 기반해 상호 간 경제개방과 의존도는 커졌지만, 그러한 무역으로 인해 상대적으로 이익을 보고 상대적으로 피해를 보는 직업, 지역, 계층에 대한 국내 정책, 공동의 정책, 상호 협력이 부재한 상태에서 큰 무역적자를 보고, 중국에 대한 경쟁과 우월성을 유지하려던 자국중심주의적 대외정책이 정치적 지지를 받으며 강화되었던 전형적인 '포스트-지구화' 현상이 발현된 것이다.

그런데 이런 갈등에 대해 동아시아에서는 상대적으로 큰 국가들의 이해관계와 상대적으로 작은 국가들의 이해관계가 다르다. 상대적으로 큰 인구, 영토, 내수시장에 기반한 강대국들(미국, 중국, 일본, 러시아, 인도)은 외부 무역질서의 변동에 그리 민감하지 않다. 하지만 자국의 번영과 안정을 위해 보다 안정적인 외부 환경을 요구하는 중소규모의 국가들은 외부 갈등과 위기에 취약해 이런 불안정성에 매우

---

66 중국 대외정책의 변화와 중국 공산당의 내부 정치에 관련해서는 Jinghan Zeng, *The Chinese Communist Party's Capacity to Rule-Ideology, Legitimacy and Party Cohesion* (Palgrave Macmillan, 2016), pp. 121-140 참조.

67 Arlie R. Hochschild, *Strangers in Their Own Land: Anger and Mourning on the American Right* (New York: New Press, 2016).

표 12-5. 국가별 대내외 질서 안정의 이해관계

		외부 갈등 완화와 열린 무역 선호의 동기		
		상	중	하
민주화와 권력 분산	상	(한국)	미국	
	중	한국		중국
	하	(북한)	북한	

민감하다. 특히 무역에 가장 의존적인 한국 경제는 열린 무역질서에서 이익을 보기 때문에 다양하고 안전한 무역 채널을 확보하려 하고, (상대적으로 작고 동질적인 규모를 선호하며) 이를 위해 다른 중소국들과 함께 보다 평화롭고 안정적인 국제질서를 선호하게 된다.[68]

현재 북한은 상대적으로 닫힌 국제관계 속에서도 정치체제의 안정성을 유지하면서 점진적으로 경제를 개방하려는 움직임을 보이고 있다. 한국만큼 안정적인 국제질서를 필요로 하지는 않지만, 향후 경제를 더 개방하며 경제성장을 추구하게 될 경우 더 많은 경제적 협력 채널과 더 평화로운 국제질서를 필요로 하는 유사한 조건에 놓이게 될 것이다.

따라서 비교지역주의 관점에서 동아시아 지역질서를 고려하면, 지역주의가 발달하지 못하고 과거의 갈등 구도가 남아 있는 동아시아 평화를 위해서는 무엇보다도 큰 국가들(미국, 중국, 일본, 러시아)의 경쟁이나 긴장이 완화되고 협력이 강화되어야 하며, 중소 국가들(한국, 대만, 동남아, 몽골, 싱가포르, 홍콩, 베트남, 필리핀, 북한) 역시 보다 실용적으로

68 중견국의 외교 전략에 대해서는 김상배, 이승주, 전재성 편, 『중견국 외교의 세계정치』(사회평론아카데미, 2020) 참조.

협력을 추구할 필요가 있다.[69]

그동안 동아시아에서 공동의 지역주의 기획이 본격적으로 출현하고 발전하지 못하는 이유는, 남·북·미·중·일·러가 생각하는 지역주의의 목적과 지역 통합의 수준, 이해관계가 달랐기 때문이다. 중국과 미국, 러시아, 일본과 한국의 지역주의 전략은 때론 연결되기도 하지만, 어떤 경우엔 서로 경쟁적이고 충돌하는 경우도 있다. 또한 지역 외교의 목표와 과제도 다르다. 안보와 외교 주권을 가진 독립적 국가, 보다 자립적인 경제발전을 위한 국제적 파트너십, 특정 산업에 대한 보호와 시장 개방, 국가 간 갈등 예방과 화해, 공동 안보와 건강, 사회정책과 환경 문제에 대한 공동 대응에 이르기까지 모든 국가를 포괄하는 공동의 협력 의제와 유사한 이해관계가 폭넓게 존재하지 않는다.

이렇게 국가 주도의 단일한 지역주의 프로젝트는 약한 편이지만 민간 차원에서의 경제·사회·문화 교류는 매우 활발하고, 이로 인해 복합적 초국적 네트워크가 형성되어 사안과 영역에 따라 다양한 지역 거버넌스가 필요해져 형성되고 있는 중이다.[70] 특히 동아시아 국가들은 경제 통합과 발전으로 겪게 되는 사회 문제들이 매우 유사하다. 즉 산업화, 도시화, 개인화, 고령화, 인구감소, 불평등, 부채 문제, 실업, 지방 감소 등의 문제는 특히 일본-한국-대만-싱가포르-홍콩

69 동남아시아는 상당히 지역화가 이루어져 있고, 동북아시아에서는 한국과 같은 지정학-경제-정치 딜레마를 가진 국가들은 많지 않다는 점도 인식할 필요가 있다.

70 평화 연구의 대표적 연구자인 요한 갈퉁은 일찍이 지역 통합의 구조를 이론화·유형화하려 했으며, 영토적territorial, 조직적organizational, 조합적associational 통합의 수준으로 나누고 점진적으로 국가 중심의 영토적 통합은 줄어들고 점차 조직, 조합적 차원의 통합이 증가하고 더 지속될 것이라는 입장을 보였다(Galtung, 1968).

이 유사하고, 중국-베트남-북한 등이 유사하다.

따라서 동아시아 국가 모두가 참여하는 국가 주도의 공동 정책과 국제제도는 매우 추상적이고 일반적일 수밖에 없고, 민간의 교류 협력과 관련되어 있는 양자, 3자, 4자 간에는 매우 구체적인 분야의 위기 대응을 위한 협력과 공동 정책risk pooling governance이 가능한 것이다.

이와 같은 동아시아 특유의 지역질서, 지역 통합의 특성, 최근의 갈등은 남북 간의 통합에 어떤 함의를 갖고 있을까? 동아시아 특유의 지역질서는 강대국 간 갈등과 균형, 미국과 소련의 냉전 대립의 결과로 형성된 것이다. 동아시아의 지역 통합은 1차적으론 각국의 지역주의와 국익이 충돌하지 않도록 조율하고, 갈등을 해소하며, 보다 평화롭고 평등한 국제질서를 만들어 가야 가능할 것이다. 그 과정에서 한반도의 탈냉전과 남북의 화해·협력은 역사적으로 누적된 지역 갈등이 압축된 갈등을 함께 풀어가는 의미를 갖고 있다.

한편 아시아의 경제적 통합 수준이 북아메리카보다 높고 유럽 수준으로 높아지며 '지역화'가 심화되는 경향을 볼 때, 민간 영역의 사회경제적 교류의 수준이 높아짐에 따라 자연스럽게 등장하는 공동 정책 조율의 필요성이 관광, 질병, 무역, 환경, 기술, 교육, 사회정책 분야에서 다양하게 나타날 것으로 보인다. 남북한 협력이 상당히 진전되었을 때 공동의 거버넌스가 발전했고 최근의 코로나 위기와 식량 위기 등의 상황에서 당장 공동 협력이 절실한 분야는 보건의료, 식품영양, 농업, 수자원 분야 협력이라고 할 수 있다.

남북의 통합은 미국과 중국, 일본과 러시아 등과 협력하고 공동 이익을 조율해 본 경험 속에서 수많은 사례들을 찾을 수 있을 것이며, 서로 실용적으로 필요한 협력 분야들을 찾아가고 그런 분야를 늘려가는 공동의 거버넌스를 만들어 가는 일에 다름 아닐 것이다.

6. 맺음말: 비교지역주의적 이해, 포스트 지구화 현상

이 장에서는 단지 상호 간 갈등과 적대가 없다는 의미의 부정적 평화를 넘어서, 보다 적극적이고 긍정적인 평화를 추구하는 데 있어 필요한 통합의 문제와 개념에 대해 검토해 보았다.

먼저 국민국가 통합 이론을 검토하여 한반도 문제의 공간적·역사적 특수성을 확인하였다. 19~20세기 식민주의/제국주의, 냉전, 강대국 질서의 갈등과 충돌이 응축된 한반도는 근대의 부정적 경향을 기록하고 있어, 이를 잘 이해하고 분석하면 미래의 갈등과 위기를 억제할 수 있는 동아시아의 작고 강한 평화질서의 초자아super-ego가 될 수 있을 것으로 보았다. 남과 북은 전형적인 냉전적 통합의 이념에 따라 형성되었고, 그것의 충돌과 대립과 균형으로 분단이 유지되거나 악화되어 왔다는 것을 확인할 수 있었다.

또한 다른 지역들과 지역주의와 지역 통합의 역사와 동북아시아 지역질서와 통합의 수준과 특징이 어떻게 다른지를 분석했고, 다양한 층위에서 통합을 위해서 어떤 과제가 있고 어떤 가치가 있는지 확인했다. 오늘날 대면한 지정학적 갈등과 정치경제학적 불확실성과 다양한 통합 과제들에 대응하기 위해서는 통합 역량이 필요하며, 이는 〈표 12-6〉과 같이 간략히 정리해 볼 수 있다.

최근 미중 무역분쟁의 피해를 크게 입은 한국은 오늘날 탈냉전적인 새로운 평화적 지역주의를 필요로 하고 있다. 한국은 중국·북

표 12-6. 통합의 차원과 갈등 해소를 위한 가치들

통합의 차원	기존 차이와 갈등	통합의 가치
지정학과 주변국	패권 경쟁, 위협, 비협조, 무관심	반패권, 평화, 관여, 협력, 연합, 다원적 적응주의, 지역 정체성, 다자주의
남북관계	이념, 불신, 왜곡, 적대, 경쟁	신뢰, 인정, 정보, 협력, 민족주의, 공리주의
사회 수준의 통합	지역, 세대, 도시/지방, 교육, 소득	연대, 통합, 합의, 소통

한·한국·일본·미국의 관계에서 정확히 중간에 위치한다. 한국은 지정학적으로도, 또한 국가 간 관계의 측면에서도 왼쪽으로는 북한, 오른쪽으로는 일본과 균열을 잘 해소하고 협력의 분야를 키워 손을 잡아야 장기적 중미 관계 변화를 대비할 수 있다.

가장 바람직한 것은 중국과 미국이 화해·협력하고, 북한은 중국으로부터, 일본은 미국으로부터 좀 더 자율성을 갖고, 한국은 북한 및 일본과 조금 더 협력을 하며, 중미 사이의 중간지대의 이해관계와 관점을 만들어 내는 것이다. 그 과정에서 유럽과 다른 동북아 특유의 냉전 유산으로 인한 체제 차이를 상당 기간 감내하면서 지역공동체까지는 아니더라도 지역 국가 간 다차원적 화해와 협력이 절실하다.

탈냉전의 역사적 교훈을 얻는다면, 2019년에 파기된 미국과 러시아 간의 INF 협약을 미중러가 다시 체결하고, 중국과 미국이 기존에 없던 새로운 차원의 안보 협약을 체결하는 것도 필요할 수 있다. 그에 기반해 혹은 그전에 중소 규모 국가들이 남북 평화 프로세스에서부터 시작해 동북아 군축, 동북아 평화안보 프로세스를 추구해 갈 수도 있다. 미국과 중국은 상호 간 무역 규모가 확대되고 상호 의존이 높아질수록 발생할 수 있는 특정 산업, 지역, 계층, 세대가 입을 수 있는 피해를 완화하기 위한 국내 정책과 양국 간 협력과 공동 합의를 체결할 수도 있다는 희망이 불가능한 것만은 아닐 수도 있다.

물론 현실은 우호적이지 않다. 영국은 유럽연합을 탈퇴했고, 수십 년간 경제적 상호 의존을 높여가던 중국과 미국의 무역분쟁이 격화되었다. 그 원인은 상호 교류와 통합의 결과와 과정에서 피해를 입는 지역과 사람들의 문제를 국가 간, 사회 간 상호 조율하지 못했기 때문이다.

과거의 통합은 국민국가로 집결된 힘의 팽창의 산물이다. 그 파괴적 힘을 체험한 유럽의 경우 초국적 기구를 통한 평화, 상호 이익과 피해에 대한 공동책임, 농업 및 사회 정책을 추구했던 것이다. 또한 그것은 무조건적 시장 통합이 아니었다. 그것은 평화에 대한 뼈저린 후회 혹은 때늦은 지혜의 산물로서, 국가 간 평화뿐 아니라 국가 간 정치적·사회적 평화도 동시에 추구했던 노력의 산물이다. 즉 통합은 자연스러운 현상이기도 하지만, 매우 인위적인 적극적인 대응의 산물이기도 하다. 무엇보다 통합은 더 평화롭고 호혜적이기 위해 많은 세심한 원칙과 고려와 행동이 필요한 과정이다.

매년 11월 11일, 제1차 세계대전 종전 기념식에서 프랑스는 많은 전쟁 추모가 그렇듯이 애국주의를 중요시한다. 하지만 제1차 세계대전 종전 기념일은 다음과 같이 단지 자국중심주의를 강화하는 것이 아니라 '유럽과 함께한 일'로 기억되곤 한다.

> 당신이 콩피에뉴Compiegne에 살건, 벨기에나 네덜란드, 독일에 살건, 평화를 사랑하는 것은 유럽을 사랑하는 일입니다. 유럽 사람들과 문

화, 그리고 유럽의 다양성을요. 평화를 사랑하는 것은 유럽에서 거닐고, 공부하고, 아름다움과 역사를 발견하는 일입니다. 하지만 그것은 또한 정치적인 유럽을 사랑하는 것이기도 합니다. 유럽의 자유와 공유된 시민권을요. 그것은 유럽의 불완전함과 실패들을 사랑하는 것이기도 합니다. 유럽에서는 일의 처리가 복잡하고 지연되고 있는데도 말입니다. 그렇습니다, 당신이 유럽인이라면 평화를 사랑하는 것은 유럽을 사랑하는 일입니다. 우리를 단합하게 하는 그 영원한 가치들과, 우리가 추모하는 그 재앙을 떠올리게 하는 유럽을.

2017년 프랑스 총리의 제1차 세계대전 종전 기념식 연설

위 연설문에서 '유럽'을 '(동)아시아'로 바꿔 읽어보면 어떨까? 물론 아시아 국가들의 국제적 위상이 지금보다 더 높아지더라도 동아시아 내부의 수많은 차이를 이해하지 못하거나 단지 지역 간, 인종 간 우열 경쟁에만 매몰된다면, 아시아의 통합과 지역공동체 구축의 결과는 이상과 달리 다른 지역보다 더 폐쇄적이고 내부 격차가 더 심해질 수도 있다. 따라서 미래의 아시아는 이런 부정적 경향을 예방하려는 적극적인 이성의 개입이 필요하다. 동아시아 특유의 지역질서를 넘어서 새로운 지역질서를 구축region building하려는 관점, 그리고 수많은 다층적·다면적 차이를 이해하고 분야별로 협력의 수준과 규모를 늘려가려는 지혜와 의지가 필요하다.

이상 비교지역주의적 관점에서 다른 지역과 다른 동아시아의 과거와 현재를 분석해 보았다. 최근 미국과 중국, 러시아와 일본, 남북한의 상호 중첩되는 지역 전략과 외교들이 한편으론 상호 배제적 갈등의 요소를 키우기도 하고, 다른 한편으론 공동의 이해관계를 만들

어 내기도 한다. 남북관계 개선과 북미 화해를 추구하는 한반도 평화 프로세스의 성공은 상호 배제적 갈등의 구도를 키우기보다는 상호 협력과 공동의 이해관계를 많이 만들어내야 성공할 수 있다. 이를 위해 미중 갈등의 원인을 이해하고 지정학적 갈등을 완화하려는 노력, 한중일 민간 협력을 장기적으로 키워 가려는 노력으로 구조적 갈등은 해소하고 협력의 채널과 규모를 키워 공동의 이해관계를 만들어 가는 노력이 병행되어야 할 것이다.

참고문헌

1장 생태

구도완. 「생태민주주의 관점에서 본 환경운동 사례연구」. 『기억과 전망』 25호. 민주화운동기념사업회 한국민주주의연구소, 2011.

______. 「환경, 생명운동의 흐름」. 「생명평화운동의 필요성」. 민주화운동기념사업회 편. 『생명평화세상 만들기』. 2012, pp. 37-76.

______. 『생태민주주의: 모두의 평화를 위한 정치적 상상력』. 한티재, 2018.

기후변화에 관한 정부간 협의체. 『기후변화 2014 종합보고서』. 기상청, 2014. (IPCC, *Climate Change 2014: Synthesis Report*.)

박명규. 「녹색평화론의 문제의식과 쟁점들」. 박명규 외. 『녹색평화란 무엇인가』. 아카넷, 2013.

박태현. 「생태적으로 지속가능한 사회와 헌법: 환경국가 원리 선언」. 『ECO』 제22권 1호. 2018.

송태수. 「독일 녹색정치와 합의」. 구도완 외. 『녹색당과 녹색정치』. 아르케, 2013.

이병철. 『나는 늙은 농부에 미치지 못하네』. 이후, 2007.

이상헌. 『생태주의』. 책세상, 2011.

이찬수. 「녹색의 평화적 가치와 종교적 생명」. 박명규 외. 『녹색평화란 무엇인가』. 아카넷, 2013.

제러미 리프킨(Jeremy Rifkin) 저, 이경남 역. 『공감의 시대』. 민음사, 2010.

주요섭. 「루만으로 본 한살림선언: '작동적 구성주의'를 중심으로」. 한국사회체계이론학회 발표논문, 2018. 5. 25.

한살림모임. 「한살림선언」. 『한살림』. 도서출판 한살림, 1990.

2장 공정성

박효민, 김석호. 「공정성이론의 다차원성」. 『사회와 이론』 제27권. 2002, pp. 219-260.

Adams, J. Stacy. "Towards an Understanding of Inequity." *The Journal of Abnormal and Social Psychology*, vol. 67, no. 5. 1963, pp. 422-436.

Anderson, Bo, Joseph Berger, Morris Zelditch, and Bernard P. Cohen. "Reactions to Inequity." *Acta Sociologica*, vol. 12, no. 1. 1969, pp. 1-12.

Aristotle. *The Nicomachean Ethics*. Now York: Oxford University Press, 2009.

Berger, Joseph, Cecilia L. Ridgeway, and Morris Zelditch. "Construction of Status and Referential Structures." *Sociological Theory*, vol. 20, no. 2. 2002, pp. 157-179.

Cook, Karen S. and Richard M. Emerson. "Power, Equity, and Commitment in Exchange Networks." *American Sociological Review*, vol. 43, no. 5. 1978, pp. 721-739.

Davis, James A. "A Formal Interpretation of the Theory of Relative Deprivation." *Sociometry*, vol. 22, no. 4. 1959, pp. 280-296.

Deutsch, Morton. "Equity, Equality, and Need: What Determines Which Value will be used as the Basis of Distributive Justice?" *Journal of Social Issues*, vol. 31, no. 3. 1975, pp. 137-149.

Fiske, Susan T. and Shelley E. Taylor. *Social Cognition: From Brains to Culture*. Los Angeles: Sage, 2013.

Hegtvedt, Karen A. and Cathryn Johnson. 2000. "Justice Beyond the Individual: A Future with Legitimation." *Social Psychology Quarterly*, vol. 63, no. 4. 2000, pp. 298-311.

Homans, George C. *Social Behavior: Its Elementary Forms*. New York: Harcourt, Brace and World, 1974.

Jasso, Guillermina. "On the Justice of Earnings: A New Specification of the Justice Evaluation Function." *American Journal of Sociology*, vol. 83, no. 6. 1978, pp. 1398-1419.

______. "A New Theory of Distributive Justice." *American Sociological Review*, vol. 45, no. 1. 1980, pp. 3-32.

Kahneman, Daniel and Amos Tversky. "Prospect Theory: An Analysis of Decision under Risk." *Econometrica*, vol. 47, no. 2. 1979, pp. 263-291.

Leventhal, Gerald. "What should be done with Equity Theory?" pp.27-55. In K. Gergen, M. Greenberg, and R. Willis. *Social Exchange*. New York: Springer, 1980.

Lind, E. Allen and Tom R. Tyler. *The Social Psychology of Procedural Justice*. New York: Springer, 1988.

Markovsky, Barry. "Anchoring Justice." *Social Psychology Quarterly*, vol. 51, no. 3. 1988, pp. 213-224.

______. "Injustice and Arousal." *Social Justice Research*, vol. 2, no. 3. 1988, pp. 223-233.

Melamed, David, Hyomin Park, Jingwen Zhong, and Yue Liu. "Referent Networks and Distributive Justice." *Advances in Group Processes*, vol. 31. 2014.

Rawls, John, A *Theory of Justice*. Harvard University Press, 1971.

Thibaut, John Laurens Walker, Stephen La Tour, and Pauline Houlden. "Procedural Justiceas Fairness." *Stanford Law Review*, vol. 26, no. 6. 1974, pp. 1271-1289.

Thomas, George M., Henry A. Walker, and Morris Zelditch, Jr. "Legitimacy and Collective Action." *Social Forces*, vol. 65, no. 2. 1986, pp. 378-404.

Tyler, Tom. "The Psychology of Procedural Justice: A Test of the Group-Value Model." *Journal of Personality and Social Psychology*, vol. 57, no. 5. 1989, pp. 830-838.

______. "Procedural Justice, Legitimacy, and the Effective Rule of Law." *Crime and Justice*, vol. 30. 2003, pp. 283-357.

______. *Why People Cooperate: The Role of Social Motivations*. Princeton: Princeton University Press, 2010.

______. "Trust and Legitimacy: Policing in the USA and Europe." *European Journal of Criminology*, vol. 8, no. 4. 2011, pp. 254-266.

Walster, Elaine, Ellen Berscheid, and G. William Walster. "New Directions in

Equity Research." *Journal of Personality and Social Psychology*, vol. 25, no. 2. 1973, pp. 151-176.

3장 공공성

강기택. 「세대 이기주의」. 『머니투데이』(온라인), 2017년 2월 1일.

김공회. 「의료보장성 확대를 넘어 의료공공성 강화로」. 『한겨레신문』(온라인), 2017년 8월 17일. 〈http://www.hani.co.kr/arti/economy/economy_general/ 807164.html〉

김병제·이돈화. 『천도교의 정치이념』. 모시는사람들, 2015.

김태창 구술, 이케모토 케이코 기록, 조성환 역. 『공공철학대화』. 모시는사람들, 2017.

백도인. 「고창군 "동학농민혁명 기념일 '황토현 전승일' 선정 결과 수용"」. 『연합뉴스』(온라인), 2018년 11월 21일. 〈https://www.yna.co.kr/view/AKR20181112064000055〉

______. 「정읍시, '동물학대 논란' 소싸움장 건립 백지화…시민단체 '환영'」. 『연합뉴스』(온라인), 2019년 7월 3일. 〈https://www.yna.co.kr/view/AKR20190703114700055〉

사이토 준이치 저, 윤대석·류수연·윤미란 역. 『민주적 공공성』. 이음, 2009.

오문환. 「천도교(동학)의 민주공화주의 운동과 사상」. 『정신문화연구』 2007년 봄호, 제30권 1호(통권 106호).

오연택. 「우분투」. 『국민일보』(온라인), 2019년 5월 28일. 〈http://news.kmib.co.kr/article/view.asp?arcid=0924080322〉

와쓰지 데쓰로 저, 최성묵 역. 『인간의 학으로서의 윤리학』. 이문출판사, 1993.

이규성. 『최시형의 철학』. 이화여자대학교출판부, 2011.

이인규. 「교육의 공공성이란 무엇인가?」. 『에듀프레스』(온라인), 2018년 10월 31일. 〈http://www.edupress.kr/news/articleView.html?idxno=2971〉

장일순. 『나락 한 알 속의 우주』. 녹색평론사, 2016.

정상호. 「동아시아 공민 개념 비교 연구」. 『동북아연구』 제27권 1호(2012).

정태인 강연, 이수연 정리. 「공공경제, 공공성과 정의의 경제학」. '새로운 사회를 여는 연구원' 홈페이지. 〈http://saesayon.org/2012/07/06/11344/〉

조성환.「한국의 공공철학, 그 발견과 모색: 다산·세종·동학을 중심으로」.『동학학보』 제32권 (2014).

______.「공공철학의 관점에서 본 동학의 개벽사상: 공공과 천인 개념을 중심으로」.『원불교사상과 종교문화』 제71집 (2017).

조한상.『공공성이란 무엇인가』. 책세상, 2010.

조혜인.『공민사회의 동과 서』. 나남, 2009.

홍재희.「동학농민혁명기념일 싸움…부끄러운 지자체 이기주의」.『케이렌』(온라인), 2018년 10월 23일. 〈http://www.klan.kr/news_gisa/gisa_view.htm?gisa_category=05090000&gisa_idx=42195〉

山脇直司.「3·11以後の公共性」.『談』no. 98. 東京: 水曜社, 2013.

小松裕, 金泰昌 編.『田中正造—生涯を公共に献げた行動する思想人』. 東京: 東京大学出版会, 2010.

Tutu, Desmond and John Allen. *God is Not a Christian: And Other Provocations*. New York: HarperOne, 2011.

4장 신뢰

Bondokji, Neven. "The Expectations Gap in Humanitarian Operations: Field Perspectives from Jordan." *Asian Journal of Peacebuilding*, vol. 4, no. 1. May 2016, pp. 1-28.

Cawvey, Matthew, Matthew Hayes, Damarys Canache, and Jeffery J. Mondak. "Biological and Psychological Influences on Interpersonal and Political Trust." In Eric M. Uslaner, ed. *The Oxford Handbook of Social and Political Trust*. Oxford: Oxford University Press, 2018.

Fukuyama, Francis. *Trust: The Social Virtues and the Creation of Prosperity*. New York: Simon & Schuster, 1996.

Hardin, Russell. *Trust and Trustworthiness*. New York: Russell Sage Foundation, 2002.

Havel, Václav. "Power of the Powerless." In Václav Havel, et al. *The Power of the Powerless: The Citizens against the State in Central-Eastern Europe*. New York: Routledge, 2015.

Kuran, Timur. “Now Out of Never: The Element of Surprise in the Eastern European Revolution in 1989.” *World Politics*, vol. 44, no. 1. 1991, pp. 7–48.

Lebovic, James H. *Flawed Logics: Strategic Nuclear Arms Control from Truman to Obama*. Baltimore: Johns Hopkins University, 2013.

Letki, Natalia. “Trust in Newly Democratic Regimes.” In Eric M. Uslaner, ed. *The Oxford Handbook of Social and Political Trust*. Oxford: Oxford University Press, 2018.

Mann, Jim. “U. S. Starting to View China as Potential, Enemy.” *Los Angeles Times*. April 16, 1995. 〈https://www.latimes.com/archives/la-xpm-1995-04-16-mn-55355-story.html〉

McLeod, Carolyn. “Trust.” In Edward N. Zalta, ed. *Stanford Encyclopedia of Philosophy*. Fall 2015 Edition. 〈https://plato.stanford.edu/archives/fall2015/entries/trust/〉

Morgan, Forrest E., Karl P. Mueller, Evan S. Medeiros, Kevin L. Pollpeter, and Roger Cliff. *Dangerous Thresholds: Managing Escalation in the 21st Century*. Santa Monica: RAND Corporation, 2008.

OSCE Secretariat's Conflict Prevention Centre. *OSCE Guide on Non-Military Confidence-Building Measures*. Vienna: OSCE Secretariat, 2012.

Putnam, Robert D. *What Makes Democracy Work: Civic Traditions in Modern Italy*. Princeton: Princeton University Press, 1993.

______. “E Pluribus: Diversity and Community in the Twenty-first Century The 2006 Johan Skytte Prize Lecture.” *Scandinavian Political Studies*, vol. 30, no. 2. 2007, pp. 137–174.

Rathbun, Brian C. *Trust in International Cooperation: International Security Institutions, Domestic Politics, and American Multilateralism*. Cambridge: Cambridge University Press, 2012.

Starr, S. Frederick. “Sovereignty and Legitimacy in Afghan Nation-Building.” In Francis Fukuyama, ed. *Nation-Building: Beyond Afghanistan and Iraq*. Baltimore: Johns Hopkins University Press, 2006.

Stiles, Kendall W. “Trust and International Organization.” In *Oxford Research*

Encyclopedia of International Studies. Oxford: Oxford University Press, 2014.

U. S. Department of State. "Treaty between the United States of America and the Union of Soviet Socialist Republics on the Elimination of Their Intermediate-range and Shorter-range Missiles." 〈https://web.archive.org/web/20071010153409/〉〈http://www.state.gov/www/global/arms/treaties/inf1.html#treaty〉

Uslaner, Eric M. *The Moral Foundations of Trust*. Cambridge: Cambridge University Press, 2000.

Warren, Mark E. "Trust and Democracy." In Eric M. Uslaner, ed. *The Oxford Handbook of Social and Political Trust*. Oxford: Oxford University Press, 2018.

Yamagishi, Toshio, Masako Kikuchi, and Motoko Kosugi. "Trust, Gullibility, and Social Intelligence." *Asian Journal of Social Psychology*, vol. 2, no. 1. 1999, pp. 145-161.

5장 공존

구갑우. 「아일랜드섬 평화협정 20년: 아일랜드섬이 한반도에 주는 교훈은 무엇일까?」. 이찬수 외. 『세계의 분쟁: 평화라는 이름의 폭력들』. 모시는사람들, 2019, pp. 23-244.

정동준 외. 『2018 통일의식조사』. 서울대학교 통일평화연구원, 2019.

Bell, Christine. *Political Power-Sharing and Inclusion: Peace and Transition Processes*. Edinburgh: Political Settlements Research Programme, 2018.

Booth, Ken. "Step towards Stable Peace in Europe: A Theory and Practice of Coexistence." *International Affairs*, vol. 66, no. 1. 1990, pp. 17-45.

Brown, M. Ann. "Anthropology and Peacebuilding." In Roger Mac Ginty, ed. *Routledge Handbook of Peacebuilding*. London & New York: Routledge, 2013, pp. 13-146.

Costello, Susie, et al. "In the Best Interest of the Child: Preventing Female Genital Cutting (FGC)." *British Journal of Social Work*, vol. 45. 2019, pp.

1259-1276.

Douglas, Mary. *Purity and Danger*. New York & London: Routledge, 2002.

Frost, Catherine. "How Canada Killed Multiculturalism." *Canadian Ethnic Studies*, vol. 43, issue 1/2. 2011, pp. 253-264.

Galvanek, Janel B. and Katrin Planta. *Peaceful Coexistence? "Traditional" and "Non-Traditional" Conflict Resolution Mechanisms*. Berlin: Berghof Foundation Operations, 2017.

Haider, Huma. "(Re)imagining Coexistence: Striving for Sustainable Return, Reintegration and Reconciliation in Bosnia and Herzegovina." *The International Journal of Transitional Justice*, vol. 3. 2009, pp. 91-113.

Hromadzic, Azra. ""Smoking Doesn't Kill; It Unites!" Cultural Meanings and Practices of "Mixing" at the Gymnasium Mostar in Bosnia nad Herzegovina." In Claire McGlynn, et al. eds. *Peace Education in Conflict and Post-Conflict Societies: Comparative Perspectives*. New York: Palgrave Macmillan, 2009, pp. 109-126.

Ignatieff, Michael. "Afterwords: Reflections on Coexistence." In Antonia Chayes and Martha Minow, eds. *Imagine Coexistence: Restoring Humanity After Violent Ethnic Conflict*. San Francisco: Jossey-Bass, 2003, pp. 325-334.

Kriesberg, Louis. "Changing Forms of Coexistence." In Mohammed Abu-Nimer, ed., *Reconciliation, Justice, and Coexistence: Theory and Practice*. New York: Lexington Books, 2001, pp. 47-64.

Li, Xiaorong. "A Cultural Critique of Cultural Relativism." *American Journal of Economics and Sociology*, vol. 66, no.1. 2007, pp. 151-172.

McKeown, Shelley. "Social Psychology and Peacebuilding." In Roger Mac Ginty, ed. *Routledge Handbook of Peacebuilding*. London & New York: Routledge, 2013, pp. 117-131.

Moshe, Merav. "Peacebuilding: A Conceptual Framework." *International Journal of Social Welfare*, vol. 10. 2001, pp. 14-26.

Nyangweso, Mary. *Female Genital Cutting in Industrialized Countries: Mutilation or Cultural Tradition?* Santa Barbara: Praeger, 2014.

Oakes, Leigh and Jane Warren. *Language, Citizenship, and Identity in Quebec*. New York: Palgrave Macmillan, 2007.

Oberschall, Anthony. "History and Peacebuilding." In Roger Mac Ginty, ed. *Routledge Handbook of Peacebuilding*. London & New York: Routledge, 2013, pp. 171-182.

Renteln, Alison Dendes. *International Human Rights: Universalism Versus Relativism*. New Orleans: Quid Pro, 2013, pp. 83-84.

Wade, Lisa. "The Politics of Acculturation: Female Genital Cutting and the Challenges of Building Multicultural Democracies." *Social Problems*, vol. 58, no. 4. 2011, pp. 518-537.

Weiner, Eugene. ed. *The Handbook of Interethnic Coexistence*. New York: Continuum, 1998.

6장 대화

김덕영. 『사회의 사회학』. 길, 2016.

김연철. 『협상의 전략』. 휴머니스트, 2016.

______. 『70년의 대화: 새로 읽는 남북관계사』. 창비, 2018.

김재현. 「하버마스에서 공론영역의 양면성」. 이진우 엮음. 『하버마스의 비판적 사회이론』. 문예출판사, 1996.

넬슨 만델라(Nelson Mandela) 저, 윤길순 역. 『나 자신과의 대화』. 알에이치코리아, 2013.

대화문화아카데미 편. 『소통문화의 지형과 지향: 소통을 낳는 대화, 대화를 낳는 문화를 위하여』. 대화문화아카데미, 2010.

로베르트 웅거(Robert Unger) 저, 이재승 역. 『비판법학운동』. 앨피, 2019.

마르틴 부버(Martin Buber) 저, 표재명 역. 『나와 너』. 문예출판사, 1988.

마르틴 하이데거(Martin Heidegger) 저, 신상희 역. 『숲길』. 나남, 2008.

마셜 B. 로젠버그(Marshall B. Rosenburg) 저, 캐서린 한 역. 『비폭력 대화』. 바오, 2004.

위르겐 하버마스(Jürgen Habermas) 저, 장춘익 역. 『의사소통행위이론2』. 나남, 2015.

위르겐 하버마스(Jürgen Habermas) 저, 한상진 외 역. 『사실성과 타당성』. 나남, 2010.
이삼성. 『한반도의 전쟁과 평화』. 한길사, 2018.
이찬수. 『평화와 평화들: 평화다원주의와 평화인문학』. 모시는사람들, 2016.
장춘익. 「하버마스: 비판적 사회이론의 정립과 정치적 실천의 회복을 위한 노력」. 『사회비평』 11. 1994.
정선기. 『문화사회학 가치의 제도화와 생활양식』. 충남대학교출판문화원, 2011.
최상진. 『한국인 심리학』. 중앙대학교출판부, 2000.
커널리 & 코이트너(John M. Connolly & Thomas Keutner) 저, 이유선 역. 『해석학과 과학』. 민음사, 1993.
하워드 제어(Howard Zehr) 저, 손진 역. 『회복적 정의란 무엇인가』. KAP, 2010.
上田閑照. 『禪佛教-根源的人間』. 東京: 筑摩書房, 昭和 48.
李贊洙. 「平和はどのように成り立つのか: 減暴力と平和構築」. 『リーラー「遊」』 vol. 10. 東京: 文理閣, 2018.
Gadamer, Hans-Georg. *Truth and Method*. New York: Crossroad, 1982.
Pathak, Bishnu. "Johan Galtung's Conflict Transformation Theory for Peaceful World." Transcend Media Service 2016. 8. 29. 〈https://www.transcend.org/tms/2016/08/johan-galtungs-conflict-transformation-theory-for-peaceful-world-top-and-ceiling-of-traditional-peacemaking/〉

7장 합의

김연철. 『70년의 대화』. 창비, 2018.
데이비드 바래시(David P. Barash), 찰스 웨벨(Charles P. Webel) 저, 송승종·유재현 역. 『전쟁과 평화』. 명인문화사, 2018.
배광복. 『남북대화 1971~1992』. 아연출판부, 2018.
우승지. 『남북관계의 이해』. 경희대학교출판문화원, 2018.
이효원. 『판례로 보는 남북한관계』. 서울대학교출판문화원, 2012.
임동원. 『피스메이커: 남북관계와 북핵문제 20년』. 중앙북스, 2008.
패트릭 모르간(Patrick M. Morgan) 저, 민병오 역, 김계동 감수. 『국제안보: 쟁점과 해결』. 명인문화사, 2011.

한완상. 『한반도는 아프다』. 한울, 2013.

황수환. 「평화협정의 유형 분석: 이스라엘-팔레스타인 평화협정 체결 과정을 중심으로」. 『국제관계연구』 제21권 2호, 2016.

Arnault, Jean. "Good Agreement? Bad Agreement? An Implementation Perspective." *Centre of International Studies*. Princeton: Princeton University, 2006.

Bell, Christine. "Peace Agreements: Their Nature and Legal Status." *The American Journal of International Law*, vol. 100, no. 2, 2006.

Bell, Christine and Catherine O'Rourke. "Peace Agreements or Pieces of Paper? The Impact of UNSC Resolution 1325 on Peace Processes and Their Agreements." *International and Comparative Law Quarterly*, vol. 59. no 4, 2010.

Cooper, Andrew F., Jorge Heine, and Ramesh Thakur. "Introduction: The Challenges of 21st-Century Diplomacy." In Andrew F. Cooper, Jorge Heine, and Ramesh Thakur, eds. *The Oxford Handbook of Modern Diplomacy*. Oxford: Oxford University Press, 2013.

DeRouen, Karl Jr., Mark J. Ferguson, Samuel Norton, Young Hwan Park, Jenna Lea, and Ashley Streat-Bartlett. "Civil War Peace Agreement Implementation and State Capacity." *Journal of Peace Research*, vol. 47, no. 3, 2010.

Harbom, Lotta, Stina Högbladh, and Peter Wallensteen. "Armed Conflict and Peace Agreements." *Journal of Peace Research*, vol. 43, no. 5, 2006.

Homans, Charles. "Track II Diplomacy: A Short History." *Foreign Policy*, Issue 187, Jul 2011.

Högbladh, Stina. "Peace Agreements 1975-2011: Updating the UCDP Peace Agreement dataset." In Therése Pettersson and Lotta Themnér, eds. *States in Armed Conflict 2011, Uppsala University: Department of Peace and Conflict Research Report* 99, 2012.

Kerr, Pauline and Geoffrey Wiseman. *Diplomacy in a Globalizing World*. Oxford: Oxford University Press, 2013.

Martin, Curtis H. "The US-North Korean Agreed Framework: Incentives-based

Diplomacy after the Cold War." In Steve Chan and A. Cooper Drury, eds. *Sanctions as Economic Statecraft: Theory and Practice*. London: Palgrave Macmillan, 2000.

Merrills, J. G. *The International Dispute Settlement*. Cambridge: Cambridge University Press, 2005.

Pettersson, Therése, Stina Högbladh and Magnus Oberg. "Organized Violence, 1989-2018 and Peace Agreements." *Journal of Peace Research*, vol. 56, no. 4, 2019.

Roberts, Ivor. *Satow's Diplomatic Practice*. Oxdord: Oxford University Press, 2017.

UN doc. A/47/277-S/24111 "An Agenda for Peace." June 17 1992, para. 20.

Wallensteen, Peter. *Understanding Conflict Resolution*, 3rd. London: Sage, 2012.

______. "Dag Hammarskjöld and the Psychology of Diplomacy." In Peter Wallensteen. *Peace Research: Theory and Practice*. Abingdon: Routledge, 2011.

Werner, Suzanne. "The Precarious Nature of Peace: Resolving the Issues, Enforcing the Settlement, and Renegotiating the Terms." *American Journal of Political Science*, vol. 43, no. 3, 1999.

Young, Nigel J. *The Oxford International Encyclopedia of Peace*. Oxford: Oxford University Press, 2010.

8장 화해

김병로. 『다시 통일을 꿈꾸다: 한반도 미래전략과 '평화연합' 구상』. 모시는사람들, 2017.

김병로·서보혁. 『분단폭력』. 아카넷, 2016.

데이비드 바래시(David P. Barash), 찰스 웨벨(Charles P. Webel) 저, 송승종·유재현 역. 『전쟁과 평화』. 명인문화사, 2018.

리사 셔크(Lisa Schirch) 저, 김가연 역. 『전략적 평화 세우기: 정의와 평화를 위한 비전과 틀』. KAP, 2014.

박명규. 「평화와 화해: 책임정치와 심정윤리의 간극과 긴장」. 『용서와 화해에 대한 성찰: 한반도 분단과 통일을 중심으로』. 제57차 KPI 한반도평화포럼, 2018. 3. 19.

박주화. 『한반도 평화연구(2): 평화담론과 평화인식의 간극과 함의』. 통일연구원, 2019.

이승훈. 「화해의 조건: 동감과 용서의 정치성」. 『현상과 인식』 43(1). 2019, pp. 59-80.

이해완. 「용서와 화해, 그 불가능에서 가능성으로 가는 길」. 『용서와 화해에 대한 성찰』. 명인문화사, 2018, pp. 3-52.

전우택 외. 『용서와 화해에 대한 성찰』. 명인문화사, 2018.

존 폴 레더라크(John Paul Lederach) 저, 김동진 역. 『평화는 어떻게 만들어지는가』. 후마니타스, 2012.

차승주. 「평화·통일교육의 핵심 내용으로서 '화해'에 대한 시론적 고찰」. 『평화학연구』 제20권 3호. 2019, pp. 33-51.

천자현. 「화해와 국제정치: 화해 이론의 발전과 중일관계에 대한 비판적 적용」. 『국제정치논총』 제53집 2호. 2013, pp. 7-38.

Barash, David P. and Charles P. Webel. *Peace & Conflict Studies*. Fourth Edition. Los Angeles, CA: Sage Publications, 2018.

Galtung, Johan. "After Violence, Reconstruction, Reconciliation, and Resolution." In Mohammed Abu-Nimer, eds. *Reconciliation, Justice Coexistence: Theory & Practice*. New York: Lexingon Books, 2001.

______. "Transcend: Methods and Solutions." *Alternate Focus* (2011. 1. 26) 〈https://www.youtube.com/watch?v=j0KHBhrbffQ〉 (검색일: 2013. 12. 20)

______. "The Four Components of Peace." *Civil Peace Lecture, The Archbishop Desmond Tutu Center for War and Peace Studies*. Liverpool Hope University (The Capstone Theatre, 2013. 1. 28). 〈http://www.youtube.com/watch?v=JcqPOlqdRrg〉 (검색일: 2013. 12. 20)

Kelman, Herbert C. "Reconciliation from a Social-Psychological Perspectives." In Arie Nadler, Thomas E. Malloy, and Jeffrey D. Fisher, eds. *The Social Psychology of Intergroup Reconciliation*. New York: Oxford University Press, 2008.

Lederach, John Paul. *Building Peace: Sustainable Reconciliation in Divided Societies*. Washington, D. C.: USIP, 1997.

______. *The Moral Imagination: The Art and Soul of Building Peace*. Oxford: Oxford University Press, 2005.

Ramsbotham, Oliver, Tom Woodhouse, and Hugh Miall. *Comtemporary Conflict Resolution*. Third Edition. Cambridge: Polity Press, 2011.

Stanford Encyclopedia of Philosophy. "Reconciliation." *Stanford Encyclopedia of Philosophy*, May 11, 2015. 〈https://plato.stanford.edu/entries/reconciliation/〉 (검색일: 2018. 11. 20)

Staub, Ervin and Daniel Bar-Tal. "Genocide. Mass Killing and Intractable Conflict: Roots, Evolution. Prevention, and Reconciliation." In Leonie Huddy, David O. Seas, and Jack S. Levy, eds. *The Oxford Handbook of Political Psychology*. New York: Oxford University Press, 2003.

9장 안보

서보혁. 「인간안보에 있어서 국가의 역할 연구: 남북관계에의 적용 가능성」. 『동북아연구』 제27권 2호. 2012, pp. 73-100.

이혜정·박지범. 「인간안보: 국제규범의 창안, 변형과 확산」. 『국제지역연구』 제22권 1호. 2013, pp. 1-37.

이호영. 「서아프리카 에볼라 사태의 배경과 영향」. 『대한정치학회보』 제24집 3호. 2016, pp. 111-131.

정승철. 「안보화, 인간안보, 그리고 한국: 한국인들이 일상에서 느끼는 위협에 대한 경험적연구」. 『문화와 정치』 제6권 3호. 2019, pp. 39-76.

"At UN, Pacific Island leaders warn climate change poses dire security threat to their fragile countries and marine resources." United Nations News, September 26, 2018. 〈https://news.un.org/en/story/2018/09/1020811〉

Buzan, Barry. "Rethinking Security after the Cold War." *Cooperation and Conflict*, vol. 32, no. 5. 1997, pp. 5-28.

Buzan, Barry, Ole Wæver, and Jaap de Wilde. *Security: A New Framework for Analysis*. Boulder, London: Lynne Rienner Publishers, 1998.

Floyd, Rita. "Human Security and the Copenhagen School's Securitization Approach: Conceptualizing Human Security as a Securitizing Move." *Human Security Journal*, vol. 5. 2007, pp. 38-49.

Galtung, Johan. "An Editorial." *Journal of Peace Research*, vol. 1, no. 1. 1964, pp. 1-4.

______. "Cultural Violence." *Journal of Peace Research*, vol. 27, no. 3. 1990, pp. 291-305.

"Human Development Report." United Nations Development Programme (UNDP). New York, Oxford: Oxford University Press, 1994.

"Human Security Report of the Secretary-General." United Nations General Assembly A/64/701, March 8, 2010.

Newman, Edward. "Human Security and Constructivism." *International Studies Perspectives*, vol. 2. 2001, pp. 239-251.

"New Zealand defense report says climate change greatest security risk." Reuters, December 6, 2018. ⟨https://www.reuters.com/article/us-climatechange-change-newzealand-pacif/new-zealand-defense-report-says-climate-change-greatest-security-risk-idUSKBN1O50CA⟩

"Pacific islands hope to persuade world to move on climate change." Al Jazeera, September 6, 2013. ⟨http://america.aljazeera.com/articles/2013/9/6/pacific-islands-leadershopetoconvinceworldtomoveonclimatechange.html⟩

"Press Statement on Meeting of Pacific Islands Forum Leaders, UN Secretary-General, in New York on 27 September." United Nations, September 27, 2013. ⟨https://www.un.org/press/en/2013/sg2203.doc.htm⟩

"Resolution adopted by the General Assembly on 10 September 2012." United Nations General Assembly, October 25, 2012.

"Resolution 2177 (2014)." United Nations Security Council, September 18, 2014.

"Resolution adopted by the General Assembly on 19 September 2014." United Nations General Assembly, September 23, 2014.

Roe, Paul. "Securitization and Minority Rights: Conditions of Desecuritization." *Security Dialogue*, vol. 35, no. 3. 2004, pp. 279-294.

"Statement on the 1st meeting of the IHR Emergency Committee on the 2014 Ebola outbreak in West Africa." World Health Organization, August 8, 2014. ⟨https://www.who.int/mediacentre/news/statements/2014/ebola-

20140808/en/〉

Waltz, Kenneth N. *Theory of International Politics*. Reading, MA: Addison-Wesley, 1979.

Williams, Michael C. "Words, Images, Enemies: Securitization and International Politics." *International Studies Quarterly*, vol. 47. 2003, pp. 511-531.

"2014 Ebola Outbreak in West Africa Epidemic Curves." Centers for Disease Control and Prevention, December 27, 2017. 〈https://www.cdc.gov/vhf/ebola/history/2014-2016-outbreak/cumulative-cases-graphs.html〉

10장 법치

대법원 1995. 5. 23. 94마2218.

대법원 2004. 7. 15. 2004도2965.

성낙인.『헌법학』. 법문사, 2018, p. 928.

이경주.『평화권의 이해』. 사회평론, 2014, p. 49.

이찬수.『평화와 평화들』. 모시는사람들, 2016, p. 35, p. 173.

이효원.『평화와 법』. 모시는사람들, 2018, pp. 25-26.

정종섭.『헌법학원론』. 박영사, 2018, p. 256.

정주진.『평화를 보는 눈』. 개마고원, 2015, pp. 24-26.

헌법재판소 2000. 7. 20. 98헌바63.

헌법재판소 2001. 3. 21. 99헌마139.

헌법재판소 2002. 4. 25. 98헌마425.

헌법재판소 2004. 8. 26. 2002헌가1.

헌법재판소 2006. 2. 23. 2005헌마268.

헌법재판소 2008. 7. 31. 2006헌마711

헌법재판소 2009. 5. 28. 2007헌마369.

헌법재판소 2009. 10. 29. 2007헌바63.

헌법재판소 2010. 11. 25. 2006헌마328.

헌법재판소 2011. 8. 30. 2008헌가22.

헌법재판소 2014. 12. 19. 2013헌다1.

헌법재판소 2018. 6. 28. 2011헌바379.

11장 민주주의

디터 젱하스(Dieter Senghaas) 저, 이은정 역, 『문명 내의 충돌』. 문학과지성사, 2007.

박지영·윤종빈. 「정보화 시대 대의민주주의 위기 극복을 위한 한국형 정당모델의 모색」. 『미래정치연구』 제9권 1호. 2019, pp. 119-142.

브루노 카우프만(Bruno Kaufmann), 롤프 뷔치(Rolf Büchi), 나드야 브라운(Nadja Braun) 저, 이정옥 역. 『직접민주주의로의 초대』. 리북, 2008.

서보혁. 『한국 평화학의 탐구』. 박영사, 2019.

스티븐 레비츠키(Steven Levitsky), 대니얼 지블랫(Daniel Ziblatt) 저, 박세연 역. 『어떻게 민주주의는 무너지는가: 우리가 놓치는 민주주의 위기 신호』. 어크로스, 2018.

야스차 뭉크(Yascha Maunk) 저, 함규진 역, 『위험한 민주주의: 새로운 위기, 무엇이 민주주의를 파괴하는가』. 와이즈베리, 2018.

정동준. 「한국 정치공간의 시민과 대표 간 이념적 일치: 개념화와 측정」. 『의정연구』 제23권 2호. 2017, pp. 67-108.

______. 「2018년 지방선거 이후 유권자들의 정치 양극화: 당파적 배열과 부정적 당파성을 중심으로」. 『오토피아』 제33권 3호. 2018, pp. 143-180.

최태현. 「참여 및 숙의제도의 대표성: 신고리 5·6호기 공론화위원회 사례를 중심으로」. 『한국행정학보』 제52권 4호. 2018, pp. 501-529.

홍성구. 「숙의민주주의의 이론적 보완: 공화주의적 대안 모색을 중심으로」. 『언론과사회』 제19권 2호. 2011, pp. 152-184.

Accetti, Carlo Invernizzi and Ian Zuckerman. "What's Wrong with Militant Democracy?" *Political Studies* 65(1S). 2017, pp. 182-199.

Altman, David. "The Potential of Direct Democracy: A Global Measure (1900-2014)." *Social Indicators Research* 133(3). 2017, pp. 1207-1227.

Bessette, Joseph M. "Deliberative Democracy: The Majority Principle in Republican Government." In Robert A. Goldwin and William A. Schambra, eds. *How Democratic is the Constitution?* American Enterprise Institute for Public Policy Research, 1980.

Bochsler, Daniel and Simon Hug. "How Minorities Fare Under Referendums: A

Cross-National Study." *Electoral Studies* 38. 2015, pp. 206-216.

Brettschneider, Corey. "Balancing Procedures and Outcomes Within Democratic Theory: Core Values and Judicial Review." *Political Studies* 53(2). 2005, pp. 423-441.

______. *Democratic Rights and the Substance of Self-Government*. Princeton: Princeton University Press, 2007.

Copus, Colin. "The Brexit Referendum: Testing the Support of Elites and Their Allies for Democracy; or Racists, Bigots, and Xenophobes, oh My!" *British Politics* 13(1). 2018, pp. 90-104.

Daly, Eoin. "A Republican Defence of The Constitutional Referendum." *Legal Studies* 35(1). 2015, pp. 30-54.

Dryzek, John. *Deliberative Democracy and beyond Liberals, Critics, Contestations*. New York: Oxford University Press, 2000.

Ely, John Hart. *Democracy and Distrust: A Theory of Judicial Review*. Cambridge, MA: Harvard University Press, 1980.

Fox, Gregory H. and Georg Nolte. "Intolerant Democracies." *Harvard International Law Journal* 36. 1995, pp. 1-70.

Frey, Bruno S. "Proposals for a Democracy of the Future." *Homo Oecon* 34. 2017, pp. 1-9.

Fukuyama, Francis. *The End of History and the Last Man*. Free Press, 1992.

Galtung, Johan. *Peace by Peaceful Means: Peace and Conflict, Development and Civilization*. SAGE Publications, 1996.

Grey, Thomas C. "The Constitution as Scripture." *Stanford Law Review* 37(1). 1984, pp. 1-25.

Grzymala-Busse, Anna. "The Failure of Europe's Mainstream Parties." *Journal of Democracy* 30(4). 2019, pp. 35-36.

Harel, Alon. "Rights-Based Judicial Review: A Democratic Justification." *Law and Philosophy* 22(3/4). 2003, pp. 247-276.

Hug, Simon. "Some Thoughts About Referendums, Representative Democracy, and Separation of Powers." *Constitutional Political Economy* 20. 2009, pp. 251-266.

Jovanovic, Miodrag. "How to Justify 'Militant Democracy': Meta-ethics and the Game-like Character of Democracy." *Philosophy and Social Criticism* 42(8). 2016, pp. 745-762.

Lenta, Patrick. "Democracy, Rights Disagreements, and Judicial Review." *South African Journal on Human Rights* 20(1). 2004, pp. 1-31.

Lever, Annabelle. "Democracy and Judicial Review: Are They Really Incompatible?" *Perspectives on Politics* 7(4). 2009, pp. 805-822.

Malkopoulou, Anthoula and Ludvig Norman. "Three Models of Democratic Self-Defence: Militant Democracy and Its Alternatives." *Political Studies* 66(2). 2018, pp. 442-458.

Mudde, Cas. *On Extremism and Democracy in Europe*. New York, NY: Routledge, 2016.

Pitkin, Hanna Fenichel. *The Concept of Representation*. Berkeley: University of California Press, 1967.

Prendergast, David. "The Judicial Role in Protecting Democracy from Populism." *German Law Journal* 20. 2019, pp. 245-262.

Qvortrup, Matt, ed. *Referendums around the World: The Continued Growth of Direct Democracy*. New York, NY: Palgrave Macmillan, 2014.

Spector, Horacio. "Judicial Review, Rights, and Democracy." *Law and Philosophy* 22(3/4). 2003, pp. 285-334.

Tierney, Stephen. *Constitutional Referendums: The Theory and Practice of Republican Deliberation*. Oxford: Oxford University Press, 2012.

Trochev, Alexei. "Less Democracy, More Courts: A Puzzle of Judicial Review in Russia." *Law & Society Review* 38(3). 2004, pp. 513-548.

Waldron, Jeremy. "Judicial Review and the Conditions of Democracy." *The Journal of Political Philosophy* 6(4). 1998, pp. 335-355.

Zurn, Christopher F. "Deliberative Democracy and Constitutional Review." *Law and Philosophy* 21(4/5). 2002, pp. 467-542.

12장 통합

김병로, 김병연, 박명규, 정은미. 『남북통합지수: 개발을 위한 기초연구』. 서울대학교 통일연구소, 2007.

김병연, 박명규, 김병로, 정은미. 『남북통합지수, 1989-2007』. 서울대학교출판문화원, 2009.

김상배, 이승주, 전재성 편. 『중견국 외교의 세계 정치』. 사회평론아카데미, 2020.

김영희. 『베를린 장벽의 서사: 독일 통일을 다시 본다』. 창비, 2016.

김학재. 「포스트지구화 시대의 통일의식」. 통일평화연구원 편. 『2019 통일의식조사』. 통일평화연구원, 2020.

대런 에쓰모글루(Daron Acemoglu), 제임스 A. 로빈슨(James A. Robinson) 저, 최완규 역. 『국가는 왜 실패하는가』. 시공사, 2012.

박명규, 김병연, 김병로, 정은미. 『2008 남북통합지수』. 서울대학교 통일평화연구소, 2009.

박명규, 김병연, 김병로, 정은미. 『남북통합지수, 2008-2013 변동과 함의』. 서울대학교출판문화원, 2013.

박명규, 백지운 편. 『양안에서 통일과 평화를 생각하다』. 진인진, 2016.

분리통합연구회. 『분단-통일에서 분리-통합으로』. 사회평론아카데미, 2014.

서울대학교 통일평화연구원. 『남북한과 중국 양안의 통일과 통합 학술회의』. 2019. 11. 15.

성경륭. 『국민국가 개혁론: 연방주의와 지방주의의 논리』. 한림대학교 출판부, 1996.

손선홍. 『분단과 통일의 독일 현대사』. 소나무, 2005.

신욱희, 「샌프란시스코 강화조약: 한미일 위계성 구성」. 『샌프란시스코 체제의 점검과 동아시아 대안적 지역체제의 모색』. IPUS-한국냉전학회 공동학술회의, 2020.

신한대 탈분단경계문화연구원 편. 『아일랜드 평화 프로세스와 한반도』. 울력, 2019.

이동기. 「몰락에서 평화로: 전후 유럽 냉전사」. 신욱희·권헌익 외. 『글로벌 냉전과 동아시아』. 서울대학교출판문화원, 2019.

이종민. 「대북제재 효과의 재평가: 북-중 무역의 구조적, 질적 변화를 중심으로」.

서울대학교 통일평화연구원 HK평화학 세미나, 2020. 5. 12.

정병준. 『샌프란시스코평화조약의 한반도 관련 조항과 한국정부의 대응』. 국립외교원, 2019.

카를 슈미트(Carl Schmitt) 저, 김효전·정태호 역. 『정치적인 것의 개념』. 살림, 2012.

헤르만 헬러(Hermann Heller) 저, 김효전 역. 『바이마르 헌법과 정치사상』. 산지니, 2016.

Acharya, A. and A. I. Johnston, eds. *Crafting Cooperation: Regional Institutions in Comparative Perspective*. Cambridge: Cambridge University Press, 2007.

Alesina, Alberto and Enrico Spolaore. *The Size of Nation*. The MIT Press, 2003.

Börzel, Tanja A. and Thomas Risse. *The Oxford Handbook of Comparative Regionalism*. Oxford University Press, 2016.

Combes, Pierre-Philippe, Thierry Mayer, and Jacques-Francois Thisse. *Economic Geography: The Integration of Regions and Nations*. Princeton University Press, 2008.

Collier, Paul. *The Future of Capitalism*. New York: Hapers, 2019.

Collins, Randal. "Geopolitics and the Long-Term Construction of Democracy." In Joanne McEvoy and Brendan O'Leary, eds. *Power Sharing in Deeply Divided Places*. Philadelphia: University of Pennsylvania Press, 2013.

Conrad, Sebastian and Dominic Sachsenmaier. *Competing Visions of World Order*. New York: Palgrave Macmillan, 2007.

Crouch, Collin. *Globalization Backlash*. Cambridge: Polity Press, 2018.

De Lombaerde, P., R. G. Flôres, P. L. Iapadre, and M. Schulz, eds. *The Regional Integration Manual: Quantitative and Qualitative Methods*. Abingdon: Routledge, 2011.

Deutsch, K. W. et al. *Political Community and the North Atlantic Area: International Organization in the Light of Historical Experience*. Princeton, NJ: Princeton University Press, 1957.

Diamond, Patrick. *The Crisis of Globalization, Democracy, Capitalism and Inequality in the Twenty-First Century*. London: I. B. Tauris, 2019.

Dicken, Peter. *Global Shift-Mapping the Changing Contours of the World Economy*. The Guilford Press, 2015.

Etzioni, Amitai. *Political Unification: A Comparative Study of Leaders and Forces*. New York: Holt, Rinehart and Winston, 1965.

______. *Political Unification* (Revisited: on building supranational communities). Lexington Books, 2001.

Fawcett, L. and A. Hurrell, eds. *Regionalism in World Politics: Regional Organization and International Order*. Oxford: Oxford University Press, 1995.

Galtung, Johan. "A Structural Theory of Integration." *Journal of Peace Research* 5. 1968, pp. 375-395.

Giddens, Anthony. *The Nation-State and Violence*. Cambridge, United Kingdom: Polity Press, 1985.

Haas, Ernst B. "The Study of Regional Integration." In Leon N. Lindberg, et al. eds. *Regional Integration: Theory and Research*. Cambridge: Harvard University Press, 1971, pp. 20-21.

______. *The Uniting of Europe: Political, Social, and Economic Forces 1950-1957*. Stanford, CA: Stanford University Press, 1958.

Hartmann, Christof. "Sub-Saharan Africa." In Tanja A. Börzel and Thomas Risse. *The Oxford Handbook of Comparative Regionalism*. Oxford: Oxford University Press, 2016.

Hettne, B. "Beyond the 'New' Regionalism." *New Political Economy* 10(4). 2005, pp. 543-571.

Hochschild, Arlie R. *Strangers in Their Own Land: Anger and Mourning on the American Right*. New York: New Press, 2016.

Hoffmann, S. "Obstinate or Obsolete? The Fate of the Nation-State and the Case of Western Europe." *Daedalus*, 95(3). 1966, pp. 862-915.

Huh Hyeon-Seung and Park Cyn-Young. *Asia-Pacific Regional Integration Index: Construction, Interpretation, and Comparison*. ADB, 2017.

Kampeter, Werner. "European Integration: Promises Lost?" A paper presented at Kim Il Sung University International Conference on the Development of Science and Human Welfare. Pyongyang, September 25, 2018.

Kelsen, Hans. *Der Staat als Integration-Eine Prinzipielle Auseinandersetzung*. Springer Vienna, 1930.

Kim Bumsoo. "Are North Korean Compatriots 'Korean'? The Trifurcation of Ethnic Nationalism in South Korea during the Syngman Rhee Era (1948-1960)." *Journal of Korean Studies*, vol. 24, no. 1. 2019, pp. 149-171.

Kim Sung Chull. *Partnership within Hierarchy: The Evolving East Asian Security Triangle*. SUNY Press, 2017.

Kuroiwa, Ikuo, eds. *Economic Integration and the Location of Industries: The Case of Less Developed East Asian Countries*. Palgrave Macmillan UK, 2012.

Landecker, Werner S. "Type of Integration and Measurement." *American Journal of Sociology*, vol. 56, no. 4. Jan. 1951, pp. 332-340.

Leuffen, Dirk, et al. *Differentiated Integration: Explaining Variation in the European Union*. Basingstoke: Palgrave Macmillan, 2013.

Levy, Jonah D., Stephan Leifried, and Frank Nullmeier, "Changing Perspectives on the State." In Stephan Leibfried, et al. *The Oxford Handbook of Transformations of the State*. Oxford: Oxford University Press, 2015, pp. 33-57.

Lindberg, Leon N. *The Political Dynamics of European Economic Integration*. Stanford: Stanford University Press, 1963.

______. "Political Integration as a Multidimensional Phenomenon Requiring Multivariate Measurement." *International Organization* 24(4). 1970, pp. 649-731.

Lindberg, Leon N. et al. eds. *Regional Integration: Theory and Research*. Harvard University Press, 1971.

Mann, Michael. *The Sources of Social Power Vol. 2, The Rise of Classes and Nation-States, 1760-1914*. New York: Cambridge University Press, 1993.

Maier, Charles S. "Leviathan 2.0." In Emily S. Rosenberg. *A World Connecting, 1870-1945*. Cambridge: Harvard University Press, 2012, pp. 29-282.

Mattlin, Mikael. *Structural and Institutional Integration: Asymmetric Integration and Symmetricity Tendencies, Cooperation and Conflict*, vol. 40(4). 2005, pp. 403-421.

McGarry, John, Brendan O'Leary, and Richard Simeon. "Integration or Accommodation? The Enduring Debate in Conflict Regulation." In Sujit Choudhry, eds. *Constitutional Design for Divided Societies: Integration or Accommodation*. Oxford University Press, 2008.

Meijers, Evert and Dominic Stead. "Policy Integration: What Does It Mean and How Can It Be Achieved?" *A Multi-disciplinary Review*. 2004.

Mitrany, D. *A Working Peace System: An Argument for the Functional Development of International Organization*. London: Royal Institute of International Affairs, 1943.

Neumann, I. B. "A Region-Building Approach." In F. Söderbaum and T. M. Shaw, eds. *Theories of New Regionalism*. Basingstoke: Palgrave Macmillan, 2003, pp. 160-178.

Novotná, Tereza. *How Germany Unified and the EU Enlarged: Negotiating the Accession through Transplantation and Adaptation*. Palgrave Macmillan, 2015.

Nye, Joseph S. "Comparative Regional Integration: Concept and Measurement." *International Organization* 22(4). 1968.

O'Rourke, Kevin. *A Short History of Brexit*. Pelican Books, 2018.

Papadakis, Yiannis, eds. *Divided Cyprus: Modernity, History, and an Island in Conflict*. Indiana University Press, 2006.

Petri, Peter and Michael Plummer, "New East Asian trade blocs create tough choices for China." (online, 2020. 7. 9) 〈http://www.voxeu.org〉

Rodrik, Dani. *The Globalization Paradox*. London: Oxford University Press, 2011.

Rokkan, Stein. "Dimensions of State Formation and Nation-Building: A Possible Paradigm for Research on Variations within Europe." In Charles Tilly, eds. *The Formation of National States in Western Europe*. Princeton: Princeton University Press, 1975, pp. 564-579.

Sarkees, Meredith Reid, Frank Whelon Wayman, and J. David Singer. "Inter-State, Intra-State, and Extra-State Wars: A Comprehensive Look at Their Distribution over Time, 1816-1997." *International Studies Quarterly* 47, no.

1. 2003, pp. 49-70.

Söderbaum, Fredrick. "Old, New, and Comparative Regionalism: The History and Scholarly Development of the Field." In Tanja A. Borzel and Thomas Risse. *The Oxford Handbook of Comparative Regionalism*. Oxford: Oxford University Press, 2016, pp. 44-85.

Söderbaum, F. and T. M. Shaw. *Theories of New Regionalism: A Palgrave Reader*. Basingstoke: Palgrave Macmillan, 2003.

Solingen, E. *Regional Order at Century's Dawn: Global and Domestic Influences and Grand Strategy*. Princeton, NJ: Princeton University Press, 1998.

Stanley, Sharon A. *An Impossible Dream: Racial Integration in the United States*. Oxford University Press, 2017.

Tilly, Charles, eds. *The Formation of National States in Western Europe*. Princeton: Princeton University Press, 1975.

Van Creveld, Martin. *The Rise and Decline of the State*. New York: Cambridge University Press, 2004.

Van Langehove, L. *Building Regions: The Regionalization of the World Order*. Farnham: Ashgate Publishing, 2011.

Wiener, Antje and Thomas Diez, eds. *European Integration Theory*. Oxford: Oxford University Press, 2009.

Zeng, Jinghan. *The Chinese Communist Party's Capacity to Rule: Ideology, Legitimacy and Party Cohesion*. New York: Palgrave Macmillan, 2016.

찾아보기

ㄴ

ㄷ

저자 소개(게재순)

편저자

김성철 서울대학교 통일평화연구원 인문한국교수. 전공은 정치학으로 핵문제, 동맹관계 등을 연구해 왔으며, 현재 중국 주변국에 관한 책을 집필하고 있다. 최근 저서로 *Partnership within Hierarchy: The Evolving East Asian Security Triangle* (State University of New York Press, 2017), *North Korea and Nuclear Weapons: Entering the New Era of Deterrence* (Georgetown University Press, 2017, 편저) 등이 있다. 2013년에 창간된 아시아 최초의 평화연구 학술지 *Asian Journal of Peacebuilding*의 편집장이다. 이 학술지는 SCOPUS 및 KCI 등재지이다.

이찬수 보훈교육연구원 원장. 서강대학교에서 불교와 기독교를 비교하며 박사학위를 받았고, 강남대학교 교수, (일본)중앙학술연구소 객원연구원, (일본)코세이가쿠린 객원교수, (일본)난잔대학 객원연구원, 서울대학교 통일평화연구원 HK연구교수 등을 지냈다. 종교철학에 기반한 평화인문학의 심화와 확장에 관심을 기울이면서 『종교로 세계 읽기』(이화여자대학교출판부, 2009), 『다르지만 조화한다』(모시는사람들, 2015), 『평화와 평화들』(모시는사람들, 2016), 『한국인의 평화사상 1·2』(인간사랑, 2018, 공편), 『아시아 평화공동체』(모시는사람들, 2017, 편저), 『세계평화개념사』(인간사랑, 2020, 공저) 등의 책을 출간하였다.

집필자

구도완 환경사회연구소 소장. 환경운동, 환경정책, 생태사회적 발전 등에 대해 연구하고 있다. 한국환경사회학회장, ECO 편집위원장 등을 역임했고, 저서로는 『한국 환경운동의 사회학』(문학과지성사, 1996), 『마을에서 세상을 바꾸는 사람들』(창비, 2009), 『생태민주주의』(한티재, 2018) 등이 있다.

김석호 서울대학교 사회학과 교수, 서울대학교 사회발전연구소 소장. University of Chicago에서 박사학위를 받았다. 주 전공은 정치사회학으로 정치참여, 시민사회론, 다문화 사회 등에 관해 연구하고 있다. 관련 연구는 *Development and Society*, *Journal of Korean Medical Science*, 『사회와 이론』, 『한국 인구학』 등에 다수 게재되었으며, 『한국정치의 재편성과 2017년 대통령 선거 분석』(나남, 2019, 공저), 「시민의 정치참여를 통해서 본 한국 민주주의의 질」(『한국 민주주의의 질』, 박영사, 2018, 공저) 등을 출간하였다.

박효민 서울시립대학교 도시사회학과 교수. University of South Carolina에서 박사학위를 받았다. 전공은 사회학이며, 주로 사회심리학 연구를 통해 공정성과 사회적 협력에 관한 연구들을 진행하고 있다. 관련 연구가 *Social Psychology Quarterly*, *PloS One*, 『사회와 이론』 등에 소개되었으며, 김영란법과 관련한 사회심리학적 연구인 『청탁금지법의 법과 사회』(경인문화사, 2018, 공저) 등을 출간하였다.

조성환 원광대학교 원불교사상연구원 책임연구원. 한국근대 개벽사상을 연구하면서 지구인문학을 모색하고 있다. 저서로는 『한국 근대의 탄생』(모시는사람들, 2018)과 『개벽파선언』(모시는사람들, 2019, 공저)이 있다.

천경효 서울대학교 통일평화연구원 책임연구원. 캐나다 The University of British Columbia에서 인류학으로 박사학위를 받았으며, 성균관대학교 동아시아 학술원 선임연구원, 건국대학교 인문학연구원 HK연구교수를 거쳐 현재 서울대학교 통일평화연구원에 책임연구원으로 있다. 최근 논문으로는 「전쟁과 여성인권 박물관과 공공기억」, "Site for Multivocality: Locating Overseas North Korean Defector," 「베트남의 소수민족과 민족학박물관」, "Representation and Self-presentation of North Korean Defectors in South Korea: Image, Discourse, and Voices" 등이 있다.

최규빈 서울대학교 통일평화연구원 책임연구원. 한동대학교 국제어문학부를 졸업하고 영국 University of Manchester에서 국제개발학 석사학위를, University of Leeds에서 국제정치학 박사학위를 받았다. 주요 관심 분야는 남북관계, 대외정책, 경제제재, 경제지원, 인도주의 등이다. 최근 논문으로 "North Korean Refugees in South Korea: Change and Challenge in Settlement

Support Policy,"「베트남에 대한 중국의 경제지원과 경제제재, 1960-1978」 등이 있다.

김병로 서울대학교 통일평화연구원 인문한국교수. 성균관대학교 사회학과를 졸업하고 미국 인디애나 주립대학교에서 석사학위, 뉴저지 주립대학교(럿거스)에서 사회학 박사학위를 받았다. 통일연구원 북한연구실장, 아세아연합신학대학교 교수를 거쳐 현재 서울대학교 통일평화연구원 인문한국교수로 재직 중이다. 저서로『다시 통일을 꿈꾸다』(모시는사람들, 2017),『북한, 조선으로 다시 읽다』(서울대학교출판문화원, 2016),『북한 김정은 후계체계: 구축과정·엘리트·정책·안정성』(서울대학교 통일평화연구원, 2011, 공저),『탈사회주의 체제전환과 북한의 미래』(진인진, 2018, 공저),『북한-중국 간 사회·경제적 연결망의 형성과 구조』(서울대학교 통일평화연구소, 2008, 공저) 등이 있다.

정승철 제주평화연구원 연구위원. University of Florida에서 정치학(국제정치) 박사학위를 받았다. 한양대학교 평화연구소 박사후 연구원을 거쳐 제주평화연구원 연구위원으로 재직 중이다. 국제정치경제, 동아시아 국제관계, 연구방법론 등을 연구하고 있다. 주요 논문으로는 "Effects of Trade Relations on South Korean Views of China (*Asian Politics & Policy*)," "Economic Interest or Security Concerns? Which Affected How Individuals in Five Asian Countries Viewed China in 2013? (*Asian Journal of Political Science*)," "Effects of International Trade on East and Southeast Asians' Views of China (*Korean Journal of International Studies*)" 등이 있다.

이효원 서울대학교 법학전문대학원 교수. 헌법과 통일법을 전공하고 있으며, 서울대학교 헌법·통일법센터장이다. 헌법적 가치에 기반하여 남북관계의 발전과 통일국가를 준비하는 법제도에 대해 지속적으로 연구하였으며, 최근에는 헌법적 관점에서 평화의 규범적 의미와 그 실현 방안에 대해 연구하고 있다. 저서로는『통일법의 이해』(박영사, 2014),『통일헌법의 이해』(2016),『평화와 법』(모시는사람들, 2018) 등이 있다.

정동준 인하대학교 사회교육과 교수. 서울대학교 외교학과를 졸업하고 University of Florida에서 정치학(비교정치) 박사학위를 받았다. 서울대학교 통일평화연구원 선임연구원을 거쳐 현재 인하대학교 사회교육과 교수로 재직 중이다. 동유럽 탈사회주의 체제전환, 비교민주주의, 선거와 정당, 시민사회, 정치태도 등을 주제로 연구하고 있다. 주요 논문으로 "Does Partisanship Hurt Electoral Accountability? Individual- and Country-Level Comparisons of Western and Post-communist Democracies," "Irrationalizing the Rational Choice Model of Voting: The Moderating Effects of Partisanship on Turnout Calculi in Western and Post-communist Democracies," 「라트비아와 에스토니아의 민족 건설과 소수인종 보호: 유권자들의 투표행동을 중심으로」 등이 있다.

김학재 서울대학교 통일평화연구원 인문한국교수. 서울대학교 사회학과에서 박사학위를 받고 베를린 자유대학 동아시아연구원에서 연구했다. 주 전공은 비교역사사회학으로 주로 한국전쟁과 평화체제에 대해 연구했고, 한국의 민주주의, 정치경제, 지역주의의 특성을 비교하여 한반도 평화프로세스의 전개에 필요한 사회과학적 보편이론과 특수한 역사적 조건에 대한 인문학적 분석을 결합하는 것에 관심이 있다. 최근 연구로는 「포스트지구화 시대의 통일의식」(『2019 통일의식조사』, 2020), 「사회적 평화와 한반도 평화프로세스」(『경제와 사회』, 2019), 「3·1운동의 한 세기: 20세기의 비전과 한반도 평화」(『촛불의 눈으로 3·1운동을 보다』, 창비, 2019), 「판문점 체제의 기원과 변화」(『경제와 사회』, 2018) 등이 있다.